Atzert/ Müller (Hrsg.)
Immaterielle Arbeit und imperiale Souveränität

Thomas Atzert, geb. 1960, Redakteur von Subtropen und Übersetzer (u.a. Empire, 2001), veröffentlichte u.a. Umherschweifende Produzenten. Immaterielle Arbeit und Subversion, Berlin 1998 und Kritik der Weltordnung, Berlin 2003.

Jost Müller, Dr.phil., geb. 1959, Publizist und wissenschaftlicher Autor, veröffentlichte u.a. Mythen der Rechten, Berlin 1995, Sozialismus, Hamburg 2000 und Kritik der Weltordnung, Berlin 2003

Thomas Atzert / Jost Müller (Hrsg.)

Immaterielle Arbeit und imperiale Souveränität

Analysen und Diskussionen zu Empire

WESTFÄLISCHES DAMPFBOOT

Hans Kittel übersetzte den Beitrag von Nick Dyer-Witheford aus dem Englischen, Andreas Löhrer den von François Matheron aus dem Französischen. Die Übersetzungen der Beiträge von Antonio Negri, Warren Montag, Paolo Virno, Antonella Corsani, Michael Hardt, Luciano Ferrari Bravo, Sandro Mezzadra und Judith Revel übernahmen die Herausgeber.

Bibliografische Information der Deutschen Bibliothek
Die Deutsche Bibliothek verzeichnet diese Publikation in der Deutschen Nationalbibliografie; detaillierte bibliografische Daten sind im Internet über http://dnb.ddb.de abrufbar.

1. Auflage Münster 2004

Umschlag: Lütke · Fahle · Seifert, Münster
Druck: Fuldaer Verlagsagentur
Gedruckt auf säurefreiem, alterungsbeständigem Papier.
ISBN 3-89691-545-2

Inhalt

Vorwort

Als vor etwa vier Jahren das Buch mit dem knappen Titel *Empire* in der englischsprachigen Ausgabe erschien, löste es sofort heftige Debatten aus. Wie es nur selten bei einer weit über 400 Seiten umfassenden theoretischen Studie zu beobachten ist, überwand die Rezeption von *Empire* mühelos sowohl die Sprachgrenzen als auch die eingefahrenen Bahnen rein akademischer Diskussion. In mehrfacher Hinsicht kam das Buch einem sich ausbreitenden Bedürfnis nach Theorie und einem theoretischen Bedürfnis entgegen. Michael Hardt und Antonio Negri, seine Autoren, haben das Wagnis unternommen, nicht nur eine Zeitdiagnose des globalen Kapitalismus in der Gegenwart zu geben, sondern diese mit dem Entwurf einer kritischen Gesellschaftstheorie zu verbinden, die nach den bestimmenden ideologischen Strömungen der vergangenen Jahrzehnte, nach postmodernem Verständnis von Philosophie und Wissenschaft wie nach neoliberalem Anspruch auf Herrschaft, gar nicht mehr möglich sein sollte.

Wenn Hardt und Negri das Projekt einer kritischen Gesellschaftstheorie weiterverfolgen, so tun sie dies nicht, indem sie an den theoretischen Rastern überkommener Gesellschaftskritik einfach festhalten. Vielmehr beginnen sie wie jede Kritik der Gesellschaft mit einer erschreckenden Affirmation: Wir waren Zeugen einer unaufhaltsamen und unumkehrbaren Globalisierung des ökonomischen und kulturellen Austauschs, heißt es am Anfang. Die Globalisierungsprozesse, so ihre Diagnose, haben den bestehenden Ordnungen der Moderne die Grundlage entzogen, die dominante Rolle der industriellen Fabrikarbeit, die zivilgesellschaftlichen Institutionen, die nationalstaatliche Souveränität und die imperialistische Weltpolitik beseitigt. Dies gilt es zu bejahen. So weit die Affirmation, die einer Nostalgie älterer Formen von Herrschaft keinen Raum lässt. Herausgebildet hat sich eine neue Form der globalen Souveränität, die Hardt und Negri als imperiale Souveränität bezeichnen und über deren Unterdrückungs- und Zerstörungspotenziale sich niemand täuschen kann.

Das Empire ist diese neue Form globaler Herrschaft. Deren Kritik aber, und hier traf das Buch von Hardt und Negri auf ein zunehmendes Bedürfnis nach Theorie, begann sich in der globalisierungskritischen Bewegung gerade politisch zu formulieren und praktisch zu formieren; Seattle 1999, wo im November des Jahres Proteste und Demonstrationen den geplanten Ablauf der Welthandelskonferenz (WTO) behinderten, wurde zum Symbol ihrer Entstehung. Die Koinzidenz von politischen Oppositionsbewegungen gegen die neoliberale Globalisierung und theoretischer Kritik der Weltordnung, wie sie in dem gerade erschienenen Buch *Empire* vorgeführt wird, lenkte das Interesse weltweit auf die Thesen von Hardt und Negri. Im Konzept des Gegen-Empire ließen sich die Widerstände und Kämpfe artikulieren, in den Forderungen nach universellem Bürgerrecht, nach einem sozialen Lohn, der von Arbeit entkoppelt ist, einem garantierten Einkommen für jede und jeden, und nach der Wiederaneignung des gesellschaftlichen Lebens formulierten sich Bedürfnisse und Begehren, wie sie in den Oppositionsbewegungen auftraten. So zumindest entsprach es den Erwartungen ungezählter Gruppen und Zirkel junger Intellektueller, Wissenschaftler, politischer Aktivisten und Künstlerinnen, die sich überall, vornehmlich in den Städten, auf die Lektüre des Buchs warfen.

Dass solche Erwartungen von einem einzelnen Buch nicht zu erfüllen sind, steht auf einem anderen Blatt. Doch was hier unter der Hand geschah und was zweifellos das wichtigere Moment der *Empire*-Rezeption darstellt, ist der Umstand, dass diese Erwartungen eine gemeinsame Sprache finden konnten und zwar eine Sprache radikaler Gesellschaftskritik, wie sie lange Zeit nicht mehr zu vernehmen war, aber zugleich den beobachteten gesellschaftlichen Entwicklungstendenzen entsprach. In diesem Sinn hat das Buch nicht nur die Möglichkeit eines globalen Gegen-Empire aufgezeigt, sondern ist an dessen Konstitution direkt beteiligt. Allerdings ist *Empire* alles andere als ein Katechismus der Globalisierungskritik, wie manche Kritiker es hingestellt haben, um das Buch rasch abzuservieren. Die gemeinsame Sprache ist nicht einfach die Sprache der Autoren, eher schon die des Buchs selbst, wenn man davon ausgeht, dass die Autoren des Texts nicht restlos über sie verfügen können.

Tatsächlich verhält es sich allerdings umgekehrt: Die Sprache der Autoren wie auch die des Buchs partizipiert bereits an einer gemeinsamen Sprache radikaler Gesellschaftskritik, die sich sukzessive in den vergangenen Jahrzehnten herausgebildet hat und die heute auf dem Sprung ist, die Sprache des traditionellen Marxismus abzulösen. Dieses Moment einer neuen Sprache der Kritik berührt – neben dem aktuellen Bedürfnis nach Theorie – den zweiten Punkt, den wir oben bereits angesprochen haben, ein theoretisches Bedürfnis, dem *Empire* offenkundig entgegenkommt. Dieses Bedürfnis lässt sich als ein Bestreben umschreiben, vor dem Hintergrund der historischen Erfahrungen und der gegenwärtigen Beobachtungen, der sozialen Kämpfe, aus denen die globalisierte Weltordnung hervorgeht, und der Theoriebildung, die sie begleitet, die kritisch-materialistische Gesellschaftstheorie zu reformulieren und – wo nötig – neu zu formulieren. Auch in dieser Hinsicht haben Hardt und Negri in *Empire*, gleichgültig ob man ihren Überlegungen und Thesen in Allem folgen mag, Exzeptionelles ausgeführt. Denn das Buch verknüpft die unterschiedlichen theoretischen Konzeptionen, die in den vergangenen Jahrzehnten kritisches Denken geprägt haben. Dies gilt insbesondere für das Differenzdenken, wie es die Forschungen von Michel Foucault oder von Gilles Deleuze und Félix Guattari kennzeichnet, und den Begriff der Produktionsweise, wie er im marxistischen Diskurs präsent ist.

Im Blick auf Foucault ist dabei vor allem sein Konzept der Biomacht von zentralem Gewicht. Foucaults Interesse richtete sich zunächst auf jene Institutionen wie die Klinik, die Irrenhäuser und Gefängnisse, die den Rand des historisch sich herausbildenden Sozialstaats bildeten und die physische und psychische Devianz im Sozialverhalten zu überwachen hatten. Diese Institutionen waren es aber gerade, die im sozialistischen Etatismus sozialdemokratischer wie parteikommunistischer Orientierung niemals grundlegend in Frage gestellt wurden, stattdessen finden sich hier wie in der herrschenden Ideologie der kapitalistischen Gesellschaft Vorstellungen von sozialer Hygiene, die deren Ausbau noch befördert haben. Die von Foucault analysierten Disziplinarmechanismen sind mithin konstitutive Momente der Moderne wie der Modernisierung und nicht zuletzt auch den organisatorischen Formen des Klassenkampfs wie des Klassenkompromisses inhärente Muster der Sozialisierung. Mit der Krise des Sozialstaats im letzten Viertel des 20. Jahrhunderts erweisen sich diese Institutionen und die mit ihnen verbundenen Disziplinarregimes jedoch zunehmend als insuffizient. Ihre Normalisierungspraktiken werden in der Folge von 1968 selbst Kristallisationspunkte sozialer Kämpfe.

Mit Foucault können soziale Kämpfe in drei Dimensionen gefasst werden, als Kämpfe gegen die Ausbeutung, die den Produzenten von seinem Produkt trennt, als Kämpfe gegen die Ausgrenzung, die die Individuen diskriminiert und an der gesellschaftlichen Teilhabe hindert, und schließlich als Kämpfe gegen die herrschenden Formen der Subjektivität, die sie bestimmten Mustern sozial anerkannter Selbstdarstellung unterwirft und daran fesselt. Die Krise des Sozialstaats liegt in der Vervielfältigung dieser sozialen Kämpfe begründet. Foucault seinerseits trägt dieser Tendenz insofern Rechnung als er bereits Mitte der 1970er Jahre den relationalen, nicht instrumentellen Charakter von Macht herausstellte. Dieser neue Machtbegriff ist von zentraler Bedeutung für die Analyse des Zusammen- und Gegeneinanderwirkens von sozialen Institutionen, die in ein strategisches Feld von Machtbeziehungen, in ein Macht-Dispositiv, eingebunden sind, in ihm entstehen und sich auflösen können. In seiner Kritik der Repressionshypothese über die Macht öffnet er bereits den Blick für das Konzept der Biomacht, denn hier geht es nicht mehr allein um die einzelnen Institutionen, die im Zugriff auf die Individuen soziale Devianz abstellen sollen, sondern um deren Expansion in das gesellschaftliche Machtgeflecht.

Zentrales Feld der Biomacht ist nach Foucault die Regulierung der Bevölkerung; die oberste Funktion dieser Macht wäre es demnach, Leben einzusetzen und zu durchdringen, und die vordringliche Aufgabe wäre es, Leben zu regieren. Biomacht bezeichnet somit die Situation, in der es für die Bevölkerungspolitik als Biopolitik darauf ankommt, die Produktion und Reproduktion des Lebens selbst zu kontrollieren; eine Kontrolle, die in der Fähigkeit besteht, Bevölkerung in all ihren Verästelungen zu lenken, was Foucault als „Gouvernementalität" bezeichnet hat.

Für Hardt und Negri nun ist Gouvernementalität das grundlegende Kennzeichen der netzartig formierten, eben nicht mehr zentralisierten imperialen Souveränität. Mehr noch, sie nehmen dieses neue biopolitische Paradigma der Gesellschaftsanalyse auf, um angesichts der Ausdehnung produktiver Tätigkeiten, insofern heute tendenziell das Leben insgesamt produktiv ist, den Begriff der produktiven Arbeit, wie er in der Folge der Marxschen Theorie formuliert wurde, neu zu fundieren und zu bestimmen. Das Konzept der Biomacht als der dispergierten Macht aller produktiven menschlichen Lebensäußerungen wird hier zum Ausgangspunkt der kritisch-materialistischen Gesellschaftstheorie, die jede Metaphysik der (körperlichen oder geistigen) Arbeit verwirft. Das biopolitische Paradigma der kapitalistischen Produktionsweise charakterisiert den tiefen Einschnitt, der zwischen Modernisierung und Postmodernisierung, zwischen Industrialisierung und Informatisierung der Produktion angesiedelt ist. Wenn die These von Hardt und Negri richtig ist, dass die Biopolitik die kapitalistische Restrukturierung zunehmend beherrscht, dann kristallisieren sich die sozialen Konflikte und Kämpfe zunehmend auch auf diesem biopolitischen Terrain.

Was sich an Foucaults Konzeption der Biomacht/Biopolitik ausweisen lässt, ließe sich ebenso an der Konzeption der Singularität bei Deleuze und Guattari zeigen, einer Konzeption, die sowohl das liberale Konzept des Individuums als auch das hegelianische und marxistische Konzept des Subjekts als Substanz durchkreuzt. Nimmt man, wie Hardt und Negri es vorschlagen, diese Konzeption auf, dann erweisen sich alle Theorien der Gesellschaft, die entweder auf individuelle Selbstständigkeit oder auf soziale Homogenität rekurrieren, als obsolet. Hier setzt der Begriff der Multitude ein: Er bezeichnet im Blick auf die sozialen Kämpfe kein einheitliches historisches Subjekt mehr, sondern eine in sich nicht homogenisierte, nicht hierarchisierte Vielheit möglicher Akteure, deren Interesse sich auf die Entdeckung und Erfindung des ihnen Gemeinsamen richtet und die sich somit nicht im Individualismus verlieren. Die Multitude, so betonen Hardt und Negri immer wieder, ist ein Klassenkonzept, das sich definitiv von der Zentralität der industriellen Arbeiterklasse gelöst hat und der Gegenwart des Empire entspricht. Nach Negri besitzt sie eine politische, soziale und ontologische Definition: Ontologisch ist dabei nicht die Frage entscheidend, was die Multitude ist, sondern wie sie konstituierende Macht werden kann; politisch markiert sie die Grenze der herrschenden Biopolitik im Empire, die absolute Grenze der imperialen Souveränität; sozial bestimmt sie die Neuzusammensetzung der Arbeit, die Hardt und Negri als immaterielle Arbeit definieren.

In dem Terminus der immateriellen Arbeit deutet sich die Ablösung der strikten Trennung von körperlicher, das heißt ausführender, und geistiger, das heißt planender und verwaltender Arbeit an. Die Neuorganisation von körperlicher und geistiger Arbeit entlang informationeller und computerisierter Netzwerke lässt gerade diese Unterscheidung zunehmend obsolet erscheinen. Unter den Bedingungen der immateriellen Arbeit werden Wissen und Kreativität, Sprache und Affekt zu zentralen Momenten der gesamten gesellschaftlichen Produktion und Reproduktion. Mit den neuen Formen der Produktion geht eine Neudefinition von Sprache, Kommunikation und Wissen als den entscheidenden produktiven Kapazitäten der Subjekte, als der zentralen Produktivkraft einher.

Immaterielle Arbeit ist, vor jeder anderen soziologischen Beschreibung und auch vor jeder Beschreibung einzelner Tätigkeiten, als eine Form, genauer: als die neue dominierende, die gesellschaftliche Arbeit in ihrer Gesamtheit bestimmende Form aufzufassen. Immaterielle Arbeit als dominierende Form gesellschaftlicher Arbeit ist neben der Computertechnologie und Informationsverarbeitung im gleichen Maß bestimmt durch Kommunikation, allgemeiner durch die Manipulation von Zeichen und durch die Verwendung von Sprache; und die Neuzusammensetzung umschließt als dritten Aspekt den gesamten Bereich affektiver Beziehungen. Diese affektive Arbeit ist immateriell, auch wenn sie körperlich ist, da ihre Produkte unkörperlich und nicht greifbar sind, sondern sich auf Emotionen und Leidenschaften beziehen.

Um die Transformation und Neuzusammensetzung der Arbeit zu beschreiben, greifen Hardt, Negri und andere auf das Konzept des General Intellect bei Marx zurück. Marx hatte diesen Begriff in den *Grundrissen* verwendet, um eine Tendenz der kapitalistischen Produktionsweise zu beschreiben. Gegen die Interpretationen, die heute weithin kursieren, und die General Intellect als die Supermaschine des kapitalistischen Kommandos begreifen, gibt der Begriff jedoch auch einen Hinweis darauf, wie heute nach dem gesellschaftlichen Charakter der Produktionsmittel gefragt werden kann.

Der vorliegende Band versammelt Essays, die an den theoretischen Entwurf einer neuen Gesellschaftskritik anknüpfen, also selbst dem theoretischen Bedürfnis nach deren Reformulierung folgen. Sie tun dies unter theoretischen, historischen, soziologischen und politischen Aspekten und zeigen damit zugleich, dass Gesellschaftskritik immer auch ein kollektives Unterfangen ist. Teils diskutieren die Autorinnen und Autoren direkt Thesen, die in *Empire* präsentiert sind, teils schreiben sie eine Perspektive fort, die sich im Buch nur angedeutet findet, teils nehmen sie bestimmte Begriffe auf, um ihrerseits Analysen und Thesen zu präsentieren, die dem Gegenstand von Hardt und Negri nicht mehr als verwandt sind. Wir hoffen mit dieser Sammlung schließlich auch, dem oben bezeichneten Bedürfnis nach einer kritischen Theorie der Gesellschaft zu entsprechen, dem unsere gemeinsame Leidenschaft gilt.

Thomas Atzert, Jost Müller

I.
Theoretische Aspekte

Antonio Negri

Politische Subjekte: Multitude und konstituierende Macht
Vorlesung

Wir werden uns in dieser Vorlesung vor allem mit Fragen der Methode beschäftigen, um das Konzept der *Multitude* und schließlich das Konzept der *konstituierenden Macht* zu definieren.

Bekanntlich findet sich das Konzept der Menge, der Multitude, sehr prägnant im Werk Spinozas ausformuliert, der mit diesem Ausdruck eine Vielfalt von Subjektivitäten fasst, die sich in gewisser Weise arrangieren. Nicht dass das Konzept der Multitude im politischen Denken der Moderne vor Spinoza nicht vorgekommen wäre, doch wenn es aufschien, war es negativ belegt. Das Konzept der Multitude definierte im Wesentlichen eine Vielfalt von Subjekten, der es an Ordnung fehlt; die Multitude stellte sich eher als zu formende Materie dar denn als eine, die in sich selbst ein Formprinzip trägt. Im Licht aristotelischer Kategorien betrachtet, besaß die Multitude weder dieses Formprinzip noch ein Wirkprinzip noch ein Zweckprinzip, sie war bloße Vielfalt, Materie, die erforderte zu handeln, der „von außen" eine Form zu geben war. Bei Spinoza hingegen erhält das Konzept der Multitude eine eigenständige Bedeutung, insofern bei ihm die Vorstellung einer äußeren Ursache wegfällt. Als kompromissloser Immanenzphilosoph und Materialist negiert Spinoza die Möglichkeit jedweder der Wirklichkeit äußerlichen Ursache. Es gibt keinen Gott, der über den Kausalprinzipien steht; es gibt keine Schöpfung durch eine Macht, die von außen ordnend eingreift oder Zwecke setzt. Oder besser: Die Materie selbst ist göttlich und die Schöpfung ist ein der Materie immanenter Prozess.

Das Problem der Organisation der Vielfalt und das der Demokratie wirft Spinoza entsprechend immanentistisch auf. Er fragt also, wie die Multitude sich unmittelbar organisieren kann, oder besser: wie sie sich aktuell organisieren würde. So gesehen ist die Multitude ein Konzept, das all das aus sich heraus ist, was ihm zuvor nicht zukam: die Ursache wird zum Akt, zum Prozess. Die *Demokratie* ist die Form, in der die Multitude (durch die Interaktion der Singularitäten) einen gemeinsamen Willen artikuliert, einen gemeinsamen Willen, der kein Außen hat, der völlig autonom ist und den wir deshalb uneingeschränkten oder absoluten Willen nennen werden. Mit Spinoza befinden wir uns in der zweiten Hälfte des 17. Jahrhunderts, in einer Epoche also, in der die absolute Monarchie den leuchtenden Höhepunkt ihrer Macht erreicht. Das Absolute der Multitude und das

Absolute der Demokratie, dieses Konzept, das hier im Denken Spinozas auftaucht, ist unbestreitbar revolutionär, und es findet bei ihm zum ersten Mal in der Moderne - nach Machiavelli - einen so starken Ausdruck. Es ist ein subversives Konzept, das in gewisser Hinsicht der Lehre vom Staat oder von der Demokratie verpflichtet ist, wie sie in den protestantischen Sekten auftauchte. Die radikalsten und revolutionärsten dieser Sekten wandelten die Bedeutung des Göttlichen in eine Affirmation des Subjekts und setzten entsprechend die Multitude als die Gesamtheit der Subjektivitäten ein, die sich Gott, der Verwirklichung seiner unergründlichen Herrschaft zuwandten: eine Multitude von Singularitäten, die nach transzendenten Werten sucht und sie so produziert. Außer dieser Definition der Multitude, die mit protestantischen Sekten korrespondiert, gibt es bei Spinoza auch noch die Tradition des republikanischen Denkens, das sich im 16. Jahrhundert neu bildet und weite Verbreitung findet. Die Vorstellung der Multitude und jene der uneingeschränkten Demokratie werden im republikanischen Denken zu ein und demselben Projekt. Bekanntlich entsteht das republikanische Denken in der italienischen Renaissance und besonders aus der kritischen Untersuchung der Krise der florentiner Republik bei Niccolò Machiavelli. In seinen *Discorsi sopra la prima deca di Tito Livio* beschreibt Machiavelli die Republik als auf die Bewegungen der proletarischen Klassen (das Volk) gegründet, die sich organisieren, um ihre Freiheit (die Republik) wiederzuerlangen und die Arbeiten in der Stadt zu ordnen. Bei Machiavelli findet sich ein gewaltiger Fortschritt (im Vergleich zu den Vorstellungen der vorangegangenen Jahrhunderte), was die Betrachtungen und Überlegungen zum Verhältnis von Freiheit und ihren ökonomischen Bedingungen (Arbeit, Organisation) angeht, zum Verhältnis von Freiheit und den Entwicklungsbedingungen der Gesellschaft, von Freiheit und Regierungsformen.

Nun, Spinoza bezieht sich direkt auf Machiavelli, wenn er das Dispositiv der Multitude und der uneingeschränkten Demokratie entwickelt. Um dies mit wenigen Worten abzuschließen: Machiavellis Denken ist zutiefst demokratisch, es findet Verbreitung in den protestantischen Sekten, inspiriert die revolutionären Bewegungen Mitteleuropas und Englands, um schließlich den Atlantik zu überqueren und als Element in die Begründung der Amerikanischen Verfassung einzugehen. John Pocock hat diesen Zusammenhang ausführlich untersucht. Doch unser Interesse ist es, die zentrale Rolle Spinozas in diesem Prozess zu unterstreichen.

Bei Spinoza gibt es noch ein weiteres sehr bedeutsames Moment: Dieses findet sich gegenwärtig, vermittelt durch Nietzsches Beitrag zum zeitgenössischen Denken, in der Philosophie von Gilles Deleuze und Michel Foucault wieder. Es handelt sich um die Definition der *Subjektivität* als Produkt eines Ensembles von Verhältnissen – und zwar politischer Subjektivität ebenso wie der Subjektivität im Allgemeinen. Es gibt nicht länger, wenn es um das Subjekt geht, die Möglichkeit, in der Definition der Subjektivität metaphysische Bestimmungen zu restituieren. Jeglicher Rückgriff auf ein Selbstbewusstsein ist sekundär gegenüber der Arbeit der Multitude, gegenüber dem, was die Verhältnisse zwischen Singularitäten produzieren. Die Singularitäten wahren gewiss ihre Bedeutung und ihre Stärke, doch sie wahren sie innerhalb einer relationalen Dynamik, die es zugleich erlaubt, das Selbst und das Ganze zu schaffen.

Derart wird das Subjekt in seinem Verhältnis zur Gesamtheit definiert, das heißt (um es noch einmal zu sagen), dass es außer in diesem Verhältnis kein Subjekt gibt, dass also die ihm juridisch oder politisch zugeschriebene Autorität nur aus der Interaktion in diesem Spiel kommen kann.

Der Eigentumsbegriff ist dem Verhältnis der Singularitäten untergeordnet, die republikanische Strömung des modernen Denkens kennt daher keinen Besitzindividualismus. In der politischen Ideengeschichte ist es Thomas Hobbes, der genau diesen Besitzindividualismus in den Mittelpunkt des Konstitutionsprozesses stellt. Hobbes denkt die Individuen selbstsüchtig und besitzergreifend; zu einer Beziehung zu anderen treibt sie nicht Liebenswürdigkeit, sondern Angst und Egoismus. Die Individuen versuchen permanent, den natürlichen Konflikt, den Krieg aller gegen alle, zu ihren Gunsten zu entscheiden. Das geht so lange weiter, bis eine Übereinkunft oder ein Vertrag geschlossen wird, denn nur ein solcher Vertrag kann Frieden schaffen und erlaubt den Ausweg aus dem Kriegszustand. Der Vertrag umfasst zwei Momente: Der erste Schritt sieht eine Übertragung vor, oder vielmehr die Entfremdung der Individuen von ihrer Macht und deren Übertragung auf eine transzendente, souveräne Macht. Der zweite Schritt betrifft die Definition jener zentralen souveränen Autorität dadurch, dass sie den Frieden und die Sicherheit der Individuen und des Eigentums garantiert. Hobbes zeigt hier ein außerordentliches Interesse sowohl für die Souveränitätsmacht – das Produkt der Entfremdung des Naturrechts der Individuen – als auch für die Struktur und die Garantie des Eigentums. Bei Hobbes werden sogar die Theologie und die Gegenwart Gottes angerufen, um eine Garantie für die Übertragung der Rechte auf die Monarchie zu präsentieren; in Wahrheit ist es eine absolute Überdetermination (und Hobbes' System ist materialistisch genug, es bedürfte ihrer nicht). Die absolute Monarchie ist somit durch Gott auf Erden definiert, als ein absoluter Wille, der jede Schranke übersteigt. Das Absolute bedeutet zugleich, dass nur die Autorität frei ist, Beschränkungen abzulegen.

Was aber passiert mit den Individuen? Die Individuen werden in dem Moment, da sie sich ihrer Macht entfremden, ein *Volk*, werden als solches zu Trägern von Rechten, die der Souverän ihnen gewährt. Das Konzept des Volkes erscheint als vom *Staat* geschaffen. Volk heißt die Gesamtheit der Bürger und Eigentümer (das Eigentum ist das erste Bürgerrecht), die ihrer Freiheit entsagt haben, um dafür in den Genuss der Garantie ihres Eigentums zu kommen. Ihre Freiheit, die ein absolutes Naturrecht war, wird ein staatlich-subjektives Recht, das heißt der Staat garantiert den Grad und das Maß der Freiheit der Individuen. Die Freiheit ist abgestimmt auf die Bedürfnisse der Staatsmaschine und die Aufrechterhaltung der Eigentumsverhältnisse. Die subjektiven Rechte werden in dem Maß anerkannt, wie sie in der Rechtsordnung fixiert sind. Dieser Zusammenhang von Staat, Volk und daraus sich ergebenden Rechten besteht bis heute – genau wie die Idee der Souveränität. Die dominante moderne Konzeption des Volkes bewahrt die beiden Züge von Hobbes' Entwurf: Das erste Kennzeichen ist die Übertragung der Souveränität, das zweite die Konstitution des Volkes als Gesamtheit der Bürger und Eigentümer.

Doch zurück zum Konzept der Multitude: Im Verlauf der Moderne sehen wir verschiedene andere Definitionen der Multitude auftauchen, Definitionen, die aber alle aus der Unmöglichkeit entstehen, die Multitude im Konzept des Volkes aufgehen zu lassen. Mit der Entwicklung des Kapitalismus und der Entstehung einer deutlich in Klassen gegliederten Gesellschaft drängt sich die Idee von der Multitude als *Masse* in den Vordergrund. Die Multitude wird in dem Fall durch Verworrenheit und Ununterscheidbarkeit beschrieben, als vermasstes Ganzes, dem man allerdings den Aufruhr wie auch den Widerstand zutraut. Zweifellos birgt die Vorstellung der Masse einige charakteristische Elemente der Multitude, wie sie – etwa in den Produktionsabläufen der großen Industrie – der kapitalistischen Entwicklung unterworfen ist. Doch ebenso trifft es zu, dass das Konzept der Masse nur schlecht dazu geeignet ist, die Entwicklungstendenzen der Arbeit oder vielmehr der Arbeitskraft zu fassen, die sich in derselben Epoche realisieren.

Tatsächlich, heute ist es an der Zeit, das Konzept der Multitude den neuen Mustern der Arbeitsabläufe und den neuen Entwicklungen in der Gesellschaft zu kontrastieren, die Form der veränderten technischen und politischen Klassenzusammensetzung zu analysieren. Dann ist es möglich, das Konzept der Multitude zu rekonstruieren, es nicht länger bloß politisch zu fassen (wie es die republikanischen Strömungen vom 16. bis zum 18. Jahrhundert taten), sondern materiell, ontologisch, als Hinweis auf eine neue Phase der Entwicklung: des Kapitalismus, der Gesellschaft und vor allem der Subjektivität.

In der Postmoderne verbindet sich das Konzept der Multitude mit der Existenz der Singularitäten, die sich durch die Möglichkeit auszeichnen, ihrer immateriellen Arbeit Geltung zu verleihen, und durch das Potenzial, sich in dieser immateriellen Arbeit (in ihrem Tun) die Produktion wieder anzueignen. Wir können also sagen, dass die postmoderne Arbeitskraft sich der Form der Multitude öffnet (und dass konsequenterweise die politische Form der postmodernen Produktion die der absoluten Demokratie wäre).

Die philosophisch-politische Erörterung der aktuellen Determination der Arbeit und, damit einhergehend, der Produktion von Subjektivität bringt uns zurück zum Konzept des *gesellschaftlichen Individuums*, das Marx in den *Grundrissen* entwickelt. Marx beschreibt das gesellschaftliche Individuum als komplexes Subjekt, das sich in der Kooperation konstituiert. Diese Position ist jedoch zu ökonomistisch, das Subjekt stellt sich bei Marx als eines dar, das in erster Linie (wenn nicht ausschließlich) produktiv ist. Das Konzept der Multitude, so wie wir es rekonstruieren wollen, hat hingegen (ohne die produktive Dimension zu schmälern) den enormen Vorteil, auf das Potenzial der Singularitäten zu verweisen, sich in jeglicher Dimension zu artikulieren und die Freiheit zu multiplizieren.

Fassen wir unsere bisherigen Überlegungen kurz zusammen: Wenn wir von Multitude sprechen, so geht es vor allem um drei Dinge. Aus der Perspektive der Soziologie und der Gesellschaftsphilosophie sprechen wir erstens von Multitude als einem Ensemble, als einer Vielfalt von Subjektivitäten oder vielmehr von Singularitäten. Zweitens sprechen wir von Multitude als einer sozialen Klasse (und nicht mehr von der Arbeiterklasse, um auf die Erfahrungen der Veränderung der Arbeit im Übergang vom Fordismus zum Postfordismus hinzuweisen, auf den Übergang von der Hegemonie der materiellen Arbeit zu der der immateriellen Arbeit). Und drittens schließlich beziehen wir uns, wenn wir von Multitude sprechen, auf eine Vielfalt, die nicht zur Masse zerdrückt wird, die hingegen einer autonomen, unabhängigen intellektuellen Entwicklung fähig ist. Einer Entwicklung der Potenziale der Arbeit, welche die Arbeitskraft in die Lage versetzt, durch die Wiederaneignung der Arbeitsmittel und die Dispositive der Kooperation der Dialektik von Knechtschaft und Souveränität ein Ende zu bereiten. Von diesem letzten Aspekt ausgehend können wir, in politische Begriffe übersetzt, die Multitude als demokratische Potenz begreifen, da sie Freiheit und Arbeit in der Produktion des Gemeinsamen, *Communen* verbindet. Damit fallen die Unterscheidungen zwischen dem Politischen und dem Sozialen, zwischen Produktivität und Ethik des Lebens. Die Multitude präsentiert sich, so verstanden, als offen, als dynamisch, als konstituierend: Wir sind im Biopolitischen. Das Konzept der Multitude beginnt als Ganzes im Biopolitischen.

Der Übergang von den Kategorien der Produktion zu denen der Politik ist, was die Definition der Multitude angeht, mit dem historischen Prozess verbunden.

Es ist deshalb meines Erachtens darauf zu achten, das Konzept der Multitude nicht losgelöst von den produktiven Kategorien zu interpretieren, die sich mit der immateriellen Arbeit herausbilden. Und gleichzeitig geht es darum, den Übergang von der materiellen zur immateriellen Arbeit in seiner historischen Determination zu betrachten.

Der Übergang unterstreicht die Bedeutung des *General Intellect*. In den Diskussionen, die in den vergangenen Jahren rund um die Interpretation dieses Konzepts entstanden sind, zeigt sich oft eine Tendenz, den General Intellect als Resultante von Invarianten der Produktion zu betrachten. So findet eine Reihe von theoretischen Überlegungen Eingang in den Operaismus, die aus der Linguistik Noam Chomskys stammen. Die Annahme linguistischer Invarianten à la Chomsky tritt dabei in einen polemischen Gegensatz zu einer historischen Interpretation der Entwicklung des General Intellect. Ich gebe einer an Foucault angelehnten genealogischen Methode den Vorzug gegenüber festen Generationsregeln. Es gibt keinen Naturalismus, der die transformative Dynamik der Klassenkämpfe erklären könnte. Wenn dem Konzept des General Intellect linguistische Merkmale zugeschrieben werden, hätte die Untersuchung sich statt auf die linguistischen Invarianten auf die biopolitische Determination des Konzepts zu konzentrieren. Der General Intellect braucht Fleisch und Blut, um ihn mit der Multitude verbinden zu können. Lassen wir das Glatte und Friedliche, um das Starke und Streitbare zu erfassen – die Sprache ist eine Kerbung des Seins und wie jede Kerbung ist sie ein Ensemble von Singularitäten. Die Invariante ist die Macht der Multitude.

An dieser Stelle scheint es angebracht, einige theoretische Aspekte zu vertiefen und dabei auf weitere Konzepte hinzuweisen, die unsere Darstellung bisher noch nicht klärte.

So ist es notwendig, Konzepte wie das *Commune* (und damit verwandte Begriffe), die in der Definition der Multitude auftauchen, genauer zu explizieren. Es geht mir besonders darum, mit einigen traditionellen Lesarten des Communen zu brechen, die es mit Identität und/oder Konsens verknüpfen. Wir begegnen hier, durch das Commune und in der Definition des Communen, ganz offensichtlich Vorstellungen, die in mehrfacher Weise mit der Multitude verwoben sind. Beginnen wir damit, dass mit der Multitude weder eine Rückkehr zur Identität noch die Verherrlichung der Differenz um ihrer selbst willen verbunden ist, sondern dass es vor allem um die Anerkennung der Tatsache geht, jenseits von Identitäten und Differenzen die Möglichkeit der Existenz einer Gemeinsamkeit anzunehmen, das heißt „ein Gemeinsames", falls darunter verstanden wird, kreative Tätigkeiten, Beziehungen oder unterschiedlichste Formen der Assoziation zu verallgemeinern. Ein solches Bild des politischen Subjekts stellt eine entscheidende politische Neuerung gegenüber traditionellen Annahmen dar. Die Multitude ist ein Miteinander von Singularitäten, wobei Miteinander die Gemeinsamkeit von Differenzen bedeutet und Singularitäten sich durch die Produktion von Differenzen auszeichnen. Das Commune (in der Multitude) ist niemals das Identische, es ist nicht „die Gemeinschaft", noch ist es einfach „die Gesellschaft" (der diversen Besitzindividuen). Wenn wir jetzt, nach dieser ontologischen Definition, ins Politische wechseln, werden wir feststellen, dass es kein Zufall ist, wenn wir von einer „Bewegung der Bewegungen" sprechen, um die neue Gestalt zu beschreiben, die der Prozess der Organisierung demokratischer Subjekte angenommen hat, die in der Lage sind, sich politisch zu artikulieren. Auf diesem Feld ist auch die Kritik der traditionellen Vorstellung von Konsens anzusiedeln. Konsens ist mit Volk und Repräsentation liiert, Konsens bedeutet Zustimmung und Entfremdung, die Identifikation mit einem Repräsentanten. Nicht zufällig gerät Konsens in immer größere Nähe zum Konsum. Um sich dem Problem zu stellen, genügt es jedoch nicht, die Repräsentation schlichtweg überwinden zu wollen: Wenn Repräsentation auf die Entfremdung der Staatsbürger von der Macht zugunsten des modernen Souveräns verweist und der Konsens eine Metapher dieses Prozesses ist, dann besteht unsere Aufgabe vielmehr darin, die politische Form der Artikulation der Multitude innerhalb dieses Prozesses zu bestimmen, eine politische Form, die weder eine Entfremdung der produktiven Potenziale noch der Freiheit der Subjekte wäre. Die Frage ist vollkommen offen, führt uns aber zur Untersuchung von Dispositiven der Kooperation, die sich netzwerkartig bilden und ausdehnen. Gibt es Formen produktiver Kooperation, die auf Freiheit beruhen, einer Kooperation also, die weder einen Unternehmer kennt noch die Notwendigkeit, das Ingangsetzen der Produktion irgendeinem Kommando zu übertragen?

Es scheint an dieser Stelle wiederum angebracht, auf das Konzept der Multitude zurückzukommen. Die Problematik taucht in der postmodernen Philosophie unter verschiedenen Blickwinkeln auf; mit ihnen wollen wir uns jetzt beschäftigen. Postmoderne Autoren entwerfen das Subjekt als „schwach", als verschwindend. Bei Jean-François Lyotard, Jean Baudrillard, Richard Rorty und anderen europäischen und nordamerikanischen Philosophen begegnet man einer Definition des Subjekts ohne eine präkonstituierte, präkonzipierte oder ontologisch fundierte Identität. Die Unternehmungen bewegen sich nicht nur auf philosophischem Terrain, sondern finden auch in der Rechtstheorie starke Resonanz. John Rawls beispielsweise entwirft ein Subjekt, das im Schatten lebt; nur wenn es die Schleier, die es umgeben, wegschiebt, kann es lernen, eine Gemeinschaft zu bilden. Es scheint allerdings, dass es Rawls darum geht zu demonstrieren (und hier stimmt er mit dem postmodernen Projekt überein), wie unmöglich es für das Subjekt ist, ein Miteinander, die Kooperation, das Commune zu schaffen: Wenn das Subjekt nämlich daran scheitert, muss die Frage nach der Subjektivität zu den Hobbes'schen Voraussetzungen zurückkehren. Indem gezeigt wird, dass das Subjekt unfähig ist, kann einzig die äußere Macht, die des Staates oder die des Kapitals, das Miteinander schaffen – allerdings nur ein schwaches. Es gibt hier keinen Krieg, aber Ignoranz und der Schleier der Unwissenheit entstehen permanent neu. Neben Rawls haben noch andere das Thema des Politischen in der Postmoderne in ähnlicher Weise gefasst. Exemplarisch ist die Position Rortys, der darauf beharrt, dass die Subjektwerdung nicht länger in den klassischen bürgerlichen Begriffen – das heißt konstruktiv – gedacht werden darf, dass man sich also von der Hypothese des Bürgerkriegs und der Unabhängigkeit der Individuen verabschieden muss.

Eine weitere wichtige philosophisch-politische Strömung in diesem Zusammenhang stellt die Gruppe der Kommunitaristen dar. Ein Vertreter dieser Schule in der angelsächsischen Philosophie ist Michael Sandel. Auch sein Denken stellt, wie der Kommunitarismus im Allgemeinen, das Subjekt als schwaches vor; nur in dem Maß, in dem es vom Staat determiniert ist, kann das Subjekt stark werden. Die Kommunitaristen versuchen daraufhin, intermediäre Formen zu erfinden, die in der Lage sein sollen, die schwachen Beziehungen der Zivilgesellschaft zu mediatisieren. Wenn wir die Entwicklung dieser linken Position im postmodernen Nachdenken über Subjektivität betrachten, müssen wir das Scheitern des Projekts konstatieren, eine institutionelle (juridische und normative) Dimension der Subjektivität und der Konstitution des Communen zu bestimmen. Das Scheitern ist noch offensichtlicher, wenn die politischen Vorschläge sich nicht mehr nur an die institutionelle Ebene des Nationalstaats richten, sondern die internationale Bühne betreten. Tatsächlich stellt sich diese Denkrichtung im Hinblick auf internationale Verhältnisse eine Art „zivilgesellschaftlicher" Institutionen vor, deren Aufgabe die Mediation zwischen staatlichen Interessen und solchen der globalen Gemeinschaft sein soll ... Die Resultate solcher Bestrebungen sind nicht selten katastrophal.

Uns stellt sich das Problem zu verstehen, wie die Multitude als „starkes" Konzept definiert werden kann. Zur Lösung dieses Problems trägt es bei, den Unterschied zwischen einer Grenze und einem Hindernis herauszuarbeiten. Von einer Grenze wäre zu sprechen, wenn das, was das Handeln blockiert, so beschaffen ist, dass es keinerlei Handeln mehr geben kann. Die Grenze ist vollkommen negativ. Das Hindernis hingegen stellt etwas dar, das sich vor uns befindet und uns zwingt, eine andere Richtung einzuschlagen oder anders zu agieren.

Die Grenze ist eine ontologische Determination, etwas Unzerstörbares. Wenn wir die Multitude als Grenze definieren, so bedeutet das, sie als etwas zu begreifen, das die Souveränität und die Macht nicht zerstören können, das sie letztlich hinnehmen und mit dem sie gegebenenfalls eine Vermittlung suchen müssen. Wenn wir jetzt die Definition des Hindernisses aufnehmen, so geht es dabei darum zu verstehen, wie die Multitude (negativ begriffen als die Grenze der Souveränität) sich positiv als ein Ensemble von Singularitäten, als Klasse und als Potenzialität gleichermaßen präsentieren wird, und dabei an ein Hindernis stößt. Wie wird die Multitude mit dem Hindernis umgehen? In der Geschichte des politischen Denkens finden sich in dieser Frage verschiedene Haltungen. In der kommunistischen Tradition, aber auch schon im demokratisch-radikalen Denken der Jakobiner, erscheint das Hindernis als etwas, das es zu zerstören gilt: Das Hindernis wird immer für zu massiv gehalten, als dass man es umgehen könnte. Es gibt hier einen einzigartigen Umschlag: Statt dass die Multitude in sich selbst die unüberwindbare Grenze der Souveränität sieht, begreift sie sich als bloßes Hindernis, entwertet und unterschätzt sich; folglich gilt der Multitude die Zerstörung des Souveräns als der einzige Weg, sich zu artikulieren. Auf dieser Seite finden wir also die Überschätzung des Souveräns, des Feindes. Das Problem scheint zu sein, sich vom Staat zu befreien und die Diktatur des Proletariats zu errichten. Doch der Ausweg trügt: Die Diktatur des Proletariats bleibt Staat, wenn auch „umgestülpt".

Das Problem ist, die Macht der Multitude als unzerstörbare Potenz zur Geltung zu bringen. Sie braucht keine Diktatur (sie braucht also nicht das Vorgehen und die Legitimität eines umgestülpten Staates), um den revolutionären Prozess in Gang zu setzen. Das Problem der Befreiung von der Arbeit, vom Kommando, vom Kapitalisten stellt sich in gleicher Weise und in den gleichen Relationen. Das Hindernis liegt vor uns: Während die Multitude die Grenze des Staates ist, ist der Staat lediglich ein Hindernis für die Multitude.

Hier taucht ein weiteres Problem auf: die Fähigkeit, den Konflikt zu entwickeln, ihm standzuhalten und ihn zu führen. Lenins Konzeption der Partei erlangt in diesem Zusammenhang exemplarische Bedeutung (wenn wir die Partei als Hinweis auf unsere Problematik verstehen, als Hinweis auf die ontologische Funktion der Grenze, die die Multitude darstellt). Doch es gibt noch eine Komplikation: In der Tradition des demokratisch-radikalen Denkens ist die Beziehung oder die Konfrontation zwischen der Multitude und dem Hindernis an einen Ort gebunden, verlangt geradezu nach einem Ort. Doch wenn die Multitude sich als ein Ensemble produktiver und sich ausbreitender Singularitäten darstellt, wird die Bestimmung des Orts der Konfrontation selbst zum Problem: Den Ort der Konfrontation gibt es nicht, wenn die Konfrontation überall stattfindet. Erinnern wir uns daran, dass auch das Empire keinen Ort hat. Wenn wir also sagen, das Empire hat keinen Ort, so heißt das, auch die Multitude hat keinen Ort, denn die Multitude ist überall. Empire und Multitude besitzen in gewisser Weise analoge Formationsmechanismen in ihrer uneingeschränkten Differenz und in ihrem uneingeschränkten Gegensatz.

Wie ist es möglich, unter diesen Bedingungen dem Hindernis entgegenzutreten? Theoretische Überlegungen, wie das Hindernis zu durchbrechen sei, müssen sich zunächst auf einige Thesen beziehen, die im Verlauf unserer Diskussion auftauchten. Die erste Aussage betrifft die immaterielle Arbeit, die wir als hegemonial in der gesellschaftlichen Organisation der Arbeit angesprochen haben. Nun, die immaterielle Arbeit erfordert kein Kommando. Die Verbreitung des Wissens in Netzwerken schießt über die Hindernisse, die sich auf diesem Feld zeigen, potenziell hinaus. Die Multitude der immateriellen Arbeit lebt durch den Überschuss, durch den Exodus. An diesem Punkt kommt eine zweite Definition ins Spiel, die sich auf das Dispositiv (oder besser: den Zusammenhang und die Verkettung) von immaterieller Arbeit und Exodus bezieht. Diese Definition hängt an der Tatsache, dass heute die Arbeit, um kreativ zu sein, „gemeinsam" sein muss, das heißt in Netzwerken der Kooperation produziert. Die Arbeit definiert sich ontologisch als Freiheit durch das Commune: Die Arbeit ist produktiv, wenn sie frei ist, und sie ist nur frei, wenn sie gemeinsam ist. Die Problematik des Hindernisses lässt sich angesichts dieser Bestimmung reformulieren: Das Hindernis ist etwas, das vor der Dimension des Communen steht. Das Hindernis überwinden heißt dann, die Dimension des Communen und den Exodus - zusammen - aus dem Kapitalismus lebendig werden zu lassen.

Ziehen wir einige Schlussfolgerungen: Erstens ist festzuhalten, dass die Macht der Multitude das Souveränitätsverhältnis beseitigen kann, insofern sie sich als absolute Grenze setzt. Entsprechend lässt sich sagen, dass auch wenn die Produktion der souveränen Macht das Hindernis überwinden kann, ist sie nicht in der Lage, die Grenze zu beseitigen, die die Multitude setzt. Zweitens: Die Produktion der Multitude ist zur gleichen Zeit Sein und Grenze. Dieser Punkt macht eine weitere Erklärung notwendig. Wir haben gesehen, dass die Souveränität, die im Kapitalismus von eminenter Bedeutung ist, ein Verhältnis von Kommando und Gehorsam ist. Die Frage ist nun: Wo liegt die wahre Grenze der Souveränität? Diese Grenze findet sich exakt in diesem Verhältnis von Kommando und

Gehorsam. Die Macht der Multitude beruht nicht so sehr auf der Möglichkeit, dieses Verhältnis zu zerschlagen, als darauf, es ins Leere laufen zu lassen, wegzugehen, sich ihm durch radikale Negation zu entziehen. Die Multitude ist die Negation dieses Verhältnisses. Denn tatsächlich produziert und reproduziert die Multitude die Welt. Aus diesem Grund konstituiert die Multitude die Grenze der Souveränitätsbeziehung.

Das ist die Richtung, der wir mit dem Konzept der Multitude Bedeutung verleihen müssen, über die Tradition in der politischen Ideengeschichte der Moderne hinaus. Es geht um ein konkretes und reales Experimentieren, um eine Phänomenologie auf dem Terrain der Arbeit, des Politischen, des Eigentums, der Aneignung, der Verhältnisse zum Rest der Welt, kurz: um die zentralen Themen der Definition der Politik.

***

Wir haben bisher das Thema der konstituierenden Macht noch ausgespart. Die Multitude hat sich uns als Grenze der Souveränität präsentiert (und nicht bloß als ein Hindernis): Aber Grenze zu sein, es unter biopolitischen Bedingungen zu sein, bedeutet Mächtig-Sein. Die Multitude existiert und besteht als *konstituierende Macht*. Die Multitude ist in ihrer Gesamtheit eingelassen in das neue produktive Paradigma und gerade deshalb ist das Commune, das ihr Kennzeichen und ihre Vorbedingung ist, selbst produktiv und konstituierend.

Wir wollen hier noch einmal kritisch auf die Annäherung der postmodernen Philosophien an die Multitude zurückkommen. Ich habe bereits erwähnt, wie das „schwache" Denken es vorzieht, negativ in der Multitude insgesamt verschwindende und verunsicherte Subjekte zu sehen, statt das Commune als Merkmal eines konstituierenden Vermögens zu untersuchen. In vielen Fällen gibt es einen Flirt der postmodernen Philosophien mit mystischen und/oder religiösen Erfahrungen, gerade was das Feld der Multitude angeht (das heißt das Feld der „neuen Subjektivitäten" und des „neuen Pluralismus"). Nimmt man die Postmoderne allerdings positiv und gewinnt die Dimension der Subjektivität der Multitude zurück, wird die *Große Erzählung* wieder möglich – aber ohne dass sich die Subjekte dadurch als metaphysische Entitäten in einem teleologischen Prozess wiederfinden müssten. Im Gegenteil: Der *Telos* des Communen ist etwas, das ein ums andere Mal zu konstruieren und zu konstituieren ist. Das ist der unzeitgemäße Charakter eines Imaginären, das dabei ist, sich *prekär*, aber deshalb nicht weniger wirklich zu konstituieren.

Die konstituierende Macht definiert sich, wo die Multitude die Möglichkeit sucht, sich immer aufs Neue zu konstituieren; das Virtuelle wird so realer als das Reale. Die konstituierende Macht ist in ihrer Gestalt nicht vorbestimmt, sondern ein Werden in unzeitgemäßen und aleatorischen Formen. Die Wirklichkeit der Kämpfe, die Forderungen der Multitude, die Potenzialität ihrer Bewegungen erfindet und konstituiert das Neue. Das ist das Politische dieses Prozesses.

Zwischen der Multitude und der konstituierenden Macht besteht ein unlösbares Band. Bei mir war es zufällig so, dass ich die konstituierende Macht theoretisch untersucht habe, bevor ich mich der Multitude zuwandte: Das war ein Fehler. Sobald meine Untersuchungsarbeit vorankam und sich immer mehr von der historisch-politischen Ebene auf die politisch-institutionelle verschob, verschob sich auch ihr Schwerpunkt: Die Multitude musste in den Vordergrund treten. In der Geschichte der Moderne ist die konstituierende Macht mit dem Moment der Invention verbunden, der Erfindung einer *Zukunft*. Im politischen Denken der Moderne gilt die konstituierende Macht immer als das Unvorhergesehene und wird einzig in der Perspektive der Unmittelbarkeit aufgefasst. Lenin selbst hat in *Staat und Revolution* einige der schönsten Passagen, die ich kenne, zur konstituierenden Macht geschrieben: Doch er hält sie für eine Macht, die nicht überdauern kann. Das Konzept der Multitude rückt die konstituierende Macht hingegen in eine ganz andere Dimension, es verändert sozusagen ihre Zeitlichkeit und ihre Räumlichkeit. Wenn Multitude ein Ensemble handelnder Singularitäten ist, kann die konstituierende Potenzialität nichts anderes sein als das Aushandeln des gemeinsamen Telos der Multitude. Die konstituierende Macht ist die organisierende Dynamik der Multitude, ihr *Werden*.

Die Potenzialität steht in einem irreduziblen Verhältnis zur Macht, so wie die Vielen nicht von dem Einen ableitbar sind. Es gibt keine Dialektik von Potenzialität und Macht (so wenig wie von vielen und einem). Wir sprechen (wie diejenigen in der Moderne, die sich der Unterwerfung der Multitude im Staat widersetzten) von einem anderen Telos, von einem anderen Formprinzip, von einer anderen Art und Weise zu leben. In allen drei Fällen ist „ein anderer" der entscheidende Ausdruck; „ein anderer" und nicht „gegen", denn „gegen" birgt die Gefahr der Homologie, der Umstülpung, die uns erneut in das Souveränitäts- oder das Kapitalverhältnis hineinzieht. „Ein anderer" hingegen steht für die unbeschränkte Singularität. Deleuze hat uns diese *Haecceitas* näher gebracht. Singularität und Haecceitas sind nicht an sich zu fassen, sondern nur in ihrem Überschuss. Haecceitas findet sich bei Duns Scotus als spezifische und schöpferische Differenz. Sie hat kein Maß, und wenn sie ein Telos besitzt, dann ist dieses nicht teleologisch, weil das Schicksal der Welt nicht vorbestimmt ist. Es ist das Terrain uneingeschränkter Freiheit.

Es ist immer ein wenig seltsam, Duns Scotus und die Definition der Haecceitas zu bemühen, auch wenn wir uns auf eine lange Tradition berufen können. Tatsächlich ist der Begriff der Singularität, so wie wir ihn in der Definition der Multitude verwenden, poststrukturalistisch. Der Begriff bezeichnet ein Subjekt, das Teil eines Ganzen ist, ohne von ihm hervorgebracht zu sein; oder eine Determination, die Teil einer Klasse ist, ohne eine Funktion zu sein; oder schließlich einen Arbeiter, der ein Produkt produziert, und zwar nicht abstrakt, sondern konkret, als Ausdruck seiner Potenzialität. Wenn wir nun die Multitude ein Ensemble von Singularitäten nennen, sprechen wir von Singularitäten in ihrer Differenz, die weder mit ihrem Ensemble insgesamt identifiziert noch als separate Individuen substanziiert sind. Die Singularität ist aus dem Gemeinsamen geschaffen und schafft das Gemeinsame. Im französischen poststrukturalistischen Denken, insbesondere bei Deleuze, nimmt der Versuch, die Singularität zu betonen, ihr jegliche Substanz, sodass es bisweilen den Anschein hat, sie verschwindet in der Indifferenz. Doch trügt dieser Anschein. Was die Singularität erhält, auch ohne Substanz, ist ihre konstituierende Fähigkeit, ihre Potenzialität. Konstituierende Macht, Kriegsmaschinen, neue Subjektivität, alle diese Begriffe qualifizieren und determinieren stark die Produktion des gemeinsamen Seins. Auf dieses Konzept der Singularität beziehen wir uns. Wir verweisen hier erneut auf die *Potentia* bei Spinoza im Unterschied zur *Dynamis* bei Aristoteles: eine nicht teleologische Ursache im Unterschied zu einer Ursache, die immer final ist, ein Begehren (diese große Kraft, mit der du dich in etwas hineinstürzt) im Unterschied zum Naturalismus der Vorbestimmung. Der Materialismus der nicht teleologischen Ursache und des immanenten Telos ist die Grundlage der Entstehung von Subjektivität. Wir denken an die Ereignisse von Seattle bis Genua: In ihnen kann man sehen, wie die Singularitäten gemeinsam neue Vorstellungswelten schaffen und die Arbeit in Aktion übersetzen.

Anmerkungen

I. Zum *General Intellect*: Bekanntlich ist das Konzept in Marx' *Grundrissen* von 1857/58 enthalten, die erst 1954 vom Marx-Engels-Institut in Moskau veröffentlicht wurden, und hat eine lange Geschichte. Der erste Aspekt dieser Geschichte ist die Tatsache, dass der General Intellect zu spät kam: Die Dogmatisierung des Marxismus war bereits abgeschlossen, die Debatte, die das Konzept nur hätte zerfetzen können, war vorbei. Die *Grundrisse* hatten das Glück, später veröffentlicht zu werden. Für das vierte Heft der Zeitschrift *Quaderni rossi* übersetzt Renato Solmi dann unter dem Titel

„Frammento sulle macchine“ (Fragment über die Maschinen) den Teil, in dem davon die Rede ist, dass der General Intellect zur Grundlage der gesellschaftlichen Produktion, daher der Überwindung des Wertgesetzes, und das „gesellschaftliche Individuum“ zum einzigen Produzenten des Reichtums werde. Damit begannen die - immer undogmatischen - Interpretationen des Konzepts.

Will man nicht bloß auf die „prophetische Kraft“ dieser Passagen pochen und sie damit karikieren und für eine positive Interpretation unbrauchbar machen, eröffnet sich eine zweite Möglichkeit der Lektüre: Die Subjektivität der Arbeiterinnen und Arbeiter, die aus der immateriellen Arbeit und aus dem technisch-wissenschaftlichen Wissen hervortreibt, durchquert die Epoche des Massenarbeiters (den Triumph des Fordismus) und wird in der Produktion hegemonial. Wir Operaisten begriffen bereits 1968 diese Potenzialität des General Intellect. 1968 ist es die Studentenrevolte, die unsere Debatten über die intellektuelle Arbeitskraft und den Versuch eröffnet, dieses Moment zum Zentrum der kapitalistischen Reorganisation und Entwicklung zu machen.

An diesem Punkt beginnt eine weitere Debatte: Es geht darum, den General Intellect nicht länger bloß als Paradigma der Intellektualisierung der Produktion zu verstehen, sondern vielmehr als Symptom und Symbol ihrer Vergesellschaftung. Über diese Interpretation sollte es zu einigen Brüchen und Zerwürfnissen kommen. Die Spaltungen waren vor allem in Frankreich und Deutschland sehr tief, aber auch in den USA.

Eine letzte Phase der Diskussion begann gegen Ende der 1980er Jahre. Man fängt an, den General Intellect, der bereits gesellschaftlich geworden ist, neu zu interpretieren. Aufgrund seiner Funktion wird der General Intellect als Dispositiv der Subjektivität angesehen, als unmittelbar revolutionär. Es gibt natürlich auch andere, die an einer objektivistischen Auffassung des General Intellect festhalten, in die strukturelle Bestimmungen und Überlegungen zur Sprache einfließen. Sehr wichtig werden die Versuche, die mit dem General Intellect verbundene Produktionsweise zu beschreiben (also die informatische Produktionsweise). Doch wie ich bereits sagte: Wenn General Intellect und Sprache anfangen ineinander überzugehen, braucht diese Synthese Fleisch und Blut.

II. Was das Konzept der Multitude und die Probleme, die es aufwirft, angeht, so gibt es ein breite Fülle von Literatur. Ich glaube, dass es genügen wird, auf ein Buch und einen Beitrag hinzuweisen:

- Paolo Virno: Grammatica della moltitudine. Per un'analisi delle forme di vita contemporanee, Rom 2002
- Marco Bascetta: Moltitudine, popolo, massa, in: Nicola Montagna (Hg.): Controimpero. Per un lessico dei movimenti globali, Rom 2002

Zur Entwicklungsgeschichte des Konzepts der Multitude könnte mein Spinoza-Buch hilfreich sein:

- Antonio Negri: Die wilde Anomalie. Spinozas Entwurf einer freien Gesellschaft, Berlin 1982

Ich versuche in dem Buch nicht nur die Originalität Spinozas darzustellen, sondern auch eine Linie im modernen Denken über Politik, Staat und Souveränität nachzuzeichnen, die von Machiavelli über Spinoza bis Marx reicht. Das Konzept der Multitude entwickelt sich in diesem historischen Feld, das eine alternative Tradition der Moderne konstituiert.

Zur Frühgeschichte des Konzepts der Multitude in der Moderne siehe auch:

- Laurent Bove: La stratégie du conatus. Affirmation et résistance chez Spinoza, Paris 1996
- Filippo Del Lucchese: Tumulti e indagnatio. Conflitto, diritto e moltitudine in Machiavelli e Spinoza, Diss., Univ. Pisa 2002

Zum Konzept der Multitude siehe schließlich noch meinen Aufsatz:

- Antonio Negri: Eine ontologische Definition der Multitude, in: Thomas Atzert/Jost Müller (Hg.): Kritik der Weltordnung. Globalisierung, Imperialismus, Empire, Berlin 2003

Die konstituierende Macht der Multitude wird ausführlich diskutiert in:

- Antonio Negri: Il potere costituente. Saggio sulle alternative del moderno, Rom 2002
- Michael Hardt/Antonio Negri: Die Arbeit des Dionysos. Materialistische Staatskritik in der Postmoderne, Berlin 1997

Zu den philosophischen Voraussetzungen des Konzepts der Multitude schließlich:

- Gilles Deleuze/Félix Guattari: Tausend Plateaus. Kapitalismus und Schizophrenie, Berlin 1997
- Antonio Negri: Kairòs, Alma Venus, multitudo. Nove lezioni impartite a me stesso, Rom 2000

Warren Montag

Der neue Spinoza

Der Philosoph Louis Althusser beklagte einmal, seine Kritiker hätten ihn nur deshalb einen Strukturalisten genannt, weil der Strukturalismus etwas gewesen sei, das „auf der Straße" gelegen habe, und, so setzte er hinzu, „da man es in keinem Buch findet, kann jeder darüber plaudern". Wenn überhaupt, haben nur wenige seiner Leserinnen und Leser geahnt, dass er stattdessen tatsächlich ein „Spinozist" ist. Um aber die Anwesenheit von Spinoza in der Gegenwart wiederzuerkennen, so spöttelte er weiter, „muss man ihn ein wenig zumindest kennen" (Althusser 1975, 71).

Althussers Bemerkungen treffen jedoch nicht nur auf ihn selbst zu, sondern ebenso sehr auf seine philosophische Generation (oder zumindest einen erheblichen Teil dieser Generation).[1] Auch wenn die Autoren gezögert hätten, sich selbst als Spinozisten zu bezeichnen, so lassen sich dennoch zahlreiche Belege für Spinozas Anwesenheit aufweisen, nicht nur in den Arbeiten von Gilles Deleuze, der eine der wichtigsten Studien über Spinoza verfasst hat, sondern auch in denen von Jacques Lacan, Michel Foucault und Jacques Derrida, für die Spinoza nur selten ein expliziter Referenzpunkt war. Und während der Einfluss von Hegel, Nietzsche und Heidegger auf jene Texte, die als strukturalistisch oder poststrukturalistisch kategorisiert werden, sehr ausführlich dokumentiert und analysiert worden ist, wurde der von Spinoza kaum für möglich gehalten. Und weiter, wenn Spinoza schon den akademisch gebildeten Leserinnen und Lesern in Frankreich weitgehend unbekannt ist, wo auf eine lange Geschichte der gelehrten Beschäftigung mit Spinoza zurückblickt werden kann und Spinoza eine Zeitlang zumindest fester Bestandteil der *agrégation* (der standardisierten Staatsprüfung für Ober- und Hochschullehrer) war, was ist dann erst von der Leserschaft in den USA zu erwarten, wo in den letzten drei Jahrzehnten nur wenige Studien vom Umfang eines Buches über Spinoza erschienen sind und Spinoza nur selten als Thema in den Philosophiekursen für Studierende auftaucht. Mehr noch, auch nach der Übersetzung von *Spinoza et la problème de l'expression* (dt. *Spinoza und das Problem des Ausdrucks in der Philosophie*) und von *Spinoza - Philosophie pratique* (dt. *Spinoza. Praktische Philosophie*), den Büchern von Deleuze, von *L'anomalia selvaggia* (dt. *Die wilde Anomalie*), der Studie von Antonio Negri und einigen kürzeren Arbeiten von Althusser und Étienne Balibar[2], ist die Bedeutung von Spinoza für die gegenwärtige kritische Theorie und französische Philosophie weitgehend ungeklärt geblieben.[3]

In den USA liegen allein vom Standpunkt der Analytischen Philosophie aus einige Studien über Spinoza vor, die in den letzten fünfzig Jahren erschienen sind.[4] Eine historisch detaillierte Lektüre Spinozas liefert vor allem *Spinoza and Other Heretics* (dt. *Spinoza. Die Abenteuer der Immanenz*) von Yirmiyahu Yovel, das Spinozas Platz in der Ideengeschichte gewidmet ist (vgl. Yovel 1996). Aber all diese Studien, haben bei allem Interesse, das sie verdienen, aufgrund ihrer Orientierung mit dem hier angesprochen Kontext und der Frage nach der Anwesenheit Spinozas in der kritischen Theorie und französischen Philosophie der Gegenwart nichts gemein.

Wie nun aber kann das präzise gefasst werden, was man unter Spinozas „Bedeutung für" das gegenwärtige Denken oder auch unter dessen „Einfluss auf" dieses Denken versteht? Eine Möglichkeit bestünde darin, nach Zitaten, Hinweisen und Entlehnungen, seien sie offengelegt oder nicht, zu suchen, die das gegenwärtige europäische Denken an Spinozas Texte binden. Auf diesem Weg gelangte man dazu, Spinoza in die Rolle eines Vorläufers oder Vorfahren zu drängen, dessen Denken die Problemstellungen, wenn nicht gar die Schlussfolgerungen kritischer Theorie „antizipiert" habe. Ein anderer Weg, gleichsam der umgekehrte, wäre eingeschlagen, wenn man die gegenwärtige „Rezeption" von Spinoza im Rahmen der Geschichte der Spinoza-Studien situierte, sodass diese sich lediglich als die gerade aktuelle in einer Serie von Spinoza-„Lektüren" - vom atheistischen Spinoza des 17. Jahrhunderts über den pantheistischen des 18. und frühen 19. Jahrhunderts bis hin zum monistischen des 20. Jahrhunderts - darstellte.

Es lässt sich noch eine dritte Möglichkeit angeben, um die gegenwärtige Anwesenheit Spinozas zu verstehen. Diese bedeutet aber in Spinoza weder eine historische Figur, einen Autor oder eine Person zu sehen, deren Denken, maßgeblich aus dem ideologischen Kontext ihrer Lebensgeschichte begreifbar, ein für alle Mal in Besitz genommen werden könnte, noch auch als ein Studienobjekt, dessen Texte, obgleich fixiert, nachfolgenden Jahrhunderten oder auch Generationen ihre jeweils verschiedenen Dilemmata widerspiegelten. Spinozas Texte begründen nach dieser dritten Herangehensweise vielmehr eine Philosophie, die niemals endgültig in sich selbst abgeschlossen ist. Sie ist keinesfalls strikt identifizierbar, etwa anhand einer begrenzten Menge von Aussagen oder Argumenten, die es erlauben würde, sie ein für alle mal als „rationalistisch" oder auch als „materialistisch" zu kategorisieren. Es handelt sich stattdessen um eine Philosophie, die durch eine unerschöpfliche Produktivität gekennzeichnet und dergestalt fähig ist, wie Pierre Macherey darlegt, sich selbst endlos neu zu produzieren, nicht einfach nur zu reproduzieren (vgl. Macherey 1992, 31). Spinozas Philosophie liefert wohl die beste Illustration für das Konzept der immanenten Ursache, für ein Konzept, das während des späten 17. Jahrhunderts eines der skandalösesten Postulate darstellte: Diese Philosophie besteht in ihren Effekten, sie geht ihnen weder voraus, noch ist sie unabhängig von ihnen. Es handelt sich um Effekte, die über Jahrzehnte oder auch Jahrhunderte im Verborgenen oder zurückgestellt bleiben mögen und die nur in einem Aufeinandertreffen mit unvorhersehbaren theoretischen Elementen, die außerhalb ihrer Grenzen auftreten, (re-)aktiviert werden. Gott, die immanente Ursache, mit der sich Spinoza in seiner *Ethik* beschäftigt, existiert ausschließlich in seiner eigenen Bewegung, der endlosen Produktivität und Dynamik, die ihn allein zu dem macht, was er ist.

Die Offenheit dieses Denken, seine Fähigkeit, sich selbst in irreduzibel zerstreuten und vielfältigen Formen immer wieder zu erneuern, ist um so überraschender, zieht man die völlige Singularität in Betracht, die Spinozas Lebensweg kennzeichnete. Geboren 1632 als Sohn portugiesisch-jüdischer Eltern, die nach Amsterdam geflohen waren, um der Inquisition zu entkommen, wuchs der junge Spinoza in der jüdischen Tradition auf. Als Kind lernte er Hebräisch und betrieb Talmud-Studien. Obwohl er bereits als Jugendlicher die Schule verlassen hatte, um in das väterliche Im- und Export-Geschäft einzutreten, besuchte er weiterhin Kurse, die von bedeutenden Intellektuellen der Amsterdamer Jüdischen Gemeinde abgehalten wurden, unter ihnen Menasseh ben Israel und der Häretiker Juan de Prado, der zweimal wegen Freidenkerei exkommuniziert wurde. Spinoza ist in dieser Lebensperiode allem Anschein nach den religiösen Bräuchen weiterhin nachgekommen, unterzog sich aber zugleich einer umfangreichen Lektüre mittelalterlicher jüdischer Philosophie wie auch hebräischer Übersetzungen von klassischen griechischen und lateinischen Texten. Bald nach dem Tod seines Vaters 1654 brach er vollständig damit, das jüdische Ritual zu befolgen, und begann offensichtlich in Verbindung mit anderen jüdischen Freidenkern, sich zu heterodoxen Ideen zu bekennen. Zu dieser Zeit lernte er Latein sowie möglicherweise auch einige moderne Sprachen und machte sich mit der Scholastik und den philosophischen, politischen und theologischen Schriften der frühen Moderne vertraut. Nachdem der alarmierte Vorstand der Jüdischen Gemeinde versuchte, aber damit scheiterte, Spinoza davon zu überzeugen, die religiösen Vorschriften wieder anzuerkennen, wurde dieser am 27. Juli 1656 exkommuniziert.

Seither war Spinoza völlig getrennt von der Jüdischen Gemeinde, deren Mitgliedern es untersagt war, mit ihm in mündlicher oder schriftlicher Form zu kommunizieren. So fasste er den Entschluss, jenen lose organisierten, entschieden kosmopolitisch orientierten und damals in der *relativ* aufgeschlossenen Atmosphäre von Amsterdam florierenden Kreisen beizutreten, in denen sich religiöse Häretiker und politische Radikale zusammenfanden, von denen nicht wenige selbst Exilierte aus anderen Ländern waren. Der Zirkel, dem Spinoza angehörte, diskutierte und debattierte lebhaft die Ideen von Descartes und Hobbes, auch die Entwicklungen in der Mathematik und den Naturwissenschaften wurden hier genau verfolgt. Einige Jahre nach seiner Exkommunikation war Spinoza schließlich gezwungen Amsterdam zu verlassen. Im folgenden Jahrzehnt lebte er dann unter Gleichgesinnten in außerhalb der Stadtgrenzen gelegenen Dörfern. In dieser Periode seines Lebens verfasste Spinoza mehrere Schriften: Die Fragment gebliebene *Abhandlung über die Verbesserung des Verstandes*, eine Abhandlung über die Methode, die mit dem bekannten autobiografischen Versuch über die Suche des Philosophen nach dem wahren Guten beginnt; dann die *Kurze Abhandlung vom Gott, dem Menschen und dessen Glück*, eine Abhandlung über Metaphysik, die dagegen gewisse quasi-mystische Elemente enthält, wie sie allerdings in Spinozas späteren Arbeiten, insbesondere in seiner *Ethik*, die zum großen Teil das gleiche philosophische Feld absteckt, nicht wieder auftauchen sollten; schließlich den einzigen Text, dem er seinen eigenen Namen beifügte und im Jahr 1663 publizierte. Ironischerweise handelt es sich dabei um eine Darstellung von *Descartes' Prinzipien der Philosophie auf geometrische Weise begründet*.

1669 zog Spinoza nach Den Haag um, wo er bis zu seinem Tod leben sollte. Im folgenden Jahr veröffentlichte er den *Theologisch-Politischen Traktat*, wobei er zahlreiche Vorkehrungen traf, um seine Autorschaft und den Ort der Publikation zu verbergen. Spinoza unterstützte zu der Zeit die republikanische Sache in den Niederlanden. Er sah sie in den Repräsentanten der städtischen und maritimen bürgerlichen Klasse, vor allem in der politischen Führerschaft der Brüder Cornelis und Johan de Witt verkörpert, da diese für religiöse und intellektuelle Toleranz und die Vorherrschaft des Staats über die Kirche eintraten. Eine Reihe von Kriegen und ökonomischen Krisen allerdings entzogen den Republikanern die Unterstützung durch die Massen, ohne die sie politisch nicht überleben konnten. Insbesondere die städtischen Massen tendierten mehr und mehr zu einer Allianz aus dem Prinzen von Oranien und der kalvinistischen Kirche. 1672 schließlich wurden die Republikaner durch eine Massenerhebung zur Wiederherstellung von Kirche und Monarchie gestürzt. Von nun an verschob Spinoza den Fokus seiner politischen Untersuchungen von dem Bemühen, die Prinzipien für einen Staat zu liefern, dessen Gesetze und Sitten alle Leute befähigen würden, sich selbst rational zu führen, hin zu dem Versuch, das zentrale Gewicht der Menge oder der Massen in allen politischen Systemen zu skizzieren. Das Ergebnis dieses Versuchs hat er in dem Fragment gebliebenen *Politischen Traktat* niedergelegt. Sein bedeutendstes Werk aber bildet sicherlich die *Ethik*, an der er über zehn Jahre gearbeitet hatte, zu dessen Veröffentlichung er sich zu Lebzeiten jedoch nicht entschließen konnte. Spinoza starb 1677 im Alter von 44 Jahren, nachdem er, in den Worten von Althusser, die „größte Lehre der Häresie (...), die die Geschichte je gekannt hat" (Althusser 1975, 70), geschaffen hatte.[5]

Das Werk nur weniger Philosophen hat zu vergleichbar deutlich auseinandergehenden unterschiedlichen, ja gegensätzlichen „Lektüren" Anlass gegeben, Leseweisen, die nicht nur auf einzelne Kommentatoren beschränkt waren, sondern für ganze Jahrhunderte eine allgemeine Gültigkeit beanspruchen konnten. So wurde die wohl berühmteste Aussage Spinozas „Deus sive natura" („Gott oder Natur") aus der Vorrede zum vierten Teil der *Ethik* von seinen Zeitgenossen im allgemeinen in der Bedeutung aufgenommen, dass Gott nicht mehr als die Natur, ja sogar nur ein Ding sei. Ein Jahrhundert später dagegen konnte Spinoza als „Gottes trunkener Mann" dargestellt werden. Seine Aussage „Deus sive natura" wurde demnach so verstanden, dass sie die Präsenz Gottes überall und in allen Dingen begründe, mithin der Fundierung einer pantheistischen oder gar mystischen Lehre diene. Die Rezeptionsgeschichte von Spinozas Philosophie liefert jedoch kaum Anhaltspunkte, die auf den von der neueren französischen Rezeption eingeschlagenen Weg vorbereitet hätten. Tatsächlich beinhaltet auch die gelehrte Beschäftigung mit Spinoza in Frankreich vor den 1960er Jahren wenig, was die neue Orientierung, die nach 1968 in den bedeutenden Spinoza-Studien von Martial Guéroult, Gilles Deleuze und Alexandre Matheron hervortrat, hätte vorausahnen lassen. Während das Denken Spinozas die Aufmerksamkeit zahlreicher der wichtigsten akademischen Philosophen in Frankreich, deren Namen freilich außerhalb des Landes weniger bekannt sind, auf sich gezogen hat, dürften deren Interpretationen, die bei allen Differenzen im Detail in zentralen Punkten übereinstimmen, all jene überraschen, die mit den Spinoza-Analysen der vergangenen paar Jahrzehnte vertraut sind. Autoren wie Jules Lagneau, Alain (Émile Chartier), Delbos und Léon Brunschvicg verfassten große Studien über Spinoza; sie alle aber waren mehr oder weniger von der französischen spiritualistischen Tradition beeinflusst, die eine besondere Emphase auf die Freiheit des Verstandes und des Geistes (esprit) legte und deren wichtiger Ausdruck nicht zuletzt auch der Existenzialismus war. Brunschvicg beispielsweise, der Spinozas Werk durch den Einfluss Descartes dominiert sah (Brunschvicg 1951, 162), betrachtete die *Ethik* als eine Theorie über die „Eroberung des Bewusstseins durch den Intellekt, der in jedem von uns, dank der relationalen Immanenz Gottes, mit einer unbeschränkten Macht zur Expansion ausgestattet ist" (Brunschvicg 1951, 168). Diese Tradition dauert über die Arbeiten von Ferdinand Alquié, dessen Vorlesungen und Seminarnotizen aus den 1950er und 1960er Jahren schließlich zusammengestellt und 1981 unter dem Titel *Le rationalisme de Spinoza* veröffentlicht wurden, bis in unsere Zeit hinein fort. Alquié beurteilte Spinozas Philosophie, auch wenn er immenses Interesse für sie aufbrachte, letztendlich als „unbegreiflich". Im Unterschied zu Descartes (noch immer der Kontrapunkt zu Spinoza), der „niemals etwas versprach, das er nicht geliefert hätte oder doch zumindest uns erlaubt hätte zu entdecken", weil er „niemals anstrebte, den menschlichen Zustand zu übersteigen" (Alquié 1981, 11), scheine das Denken Spinozas keiner nachvollziehbaren „inneren Erfahrung", einschließlich des Begriffsvermögens selbst, zu korrespondieren. Auch der Begriff Gottes als Natur könne niemals einer klaren und eindeutigen Idee im cartesianischen Sinn entsprechen. Alquié hat Spinoza gegen die menschliche Erfahrung aufgewogen und ihn für zu leicht befunden.

Zur gleichen Zeit, als Alquié diese Lektüre Spinozas in seinen Vorlesungen an der Sorbonne entwickelte, richtete Martial Guéroult, ein anderer Descartes-Gelehrter, seine Aufmerksamkeit auf Spinoza. Guéroult verfasste schließlich ein Textmonument, von dem man mit Recht sagen darf, dass es den Weg zu dem neuen Spinoza-Verständnis gewiesen hat. 1968 erschien der erste Band von Guéroults Spinoza-Studie, der annährend 600 Seiten umfasst und sich allein mit Teil I der *Ethik* beschäftigt (Guéroult 1968). Der zweite Band, der den Teil II der *Ethik* behandelt, ist sogar noch umfangreicher (Guéroult 1974). Guéroult starb kurz nach Beginn der Arbeit an einem geplanten dritten und abschließenden Band, der sich den Teilen III und IV der *Ethik* widmen sollte (Guéroult 1977). Ist Alquiés Arbeit durch die spiritualistische Tradition, einschließlich möglicherweise des Existenzialismus, geprägt, so weist Guéroults Verfahren zahlreiche Gemeinsamkeiten mit dem in den 1950er und 1960er Jahren aufkommenden Strukturalismus auf. Foucault betont in der Einleitung zur *Archäologie des Wissens* denn auch die Bedeutung Guéroults für sein eigenes Werk, indem er insbesondere auf dessen Analysen referiert, die „architektonische Einheiten der Systeme" zum Gegenstand haben, „für die die Beschreibung der Einflüsse, der Traditionen, der kulturellen Kontinuitäten nicht zutreffend ist, sondern eher die der internen Kohärenzen, der Axiome, der deduktiven Ketten, der Kompatibilitäten" (Foucault 1981, 12). Und tatsächlich, im Fall seiner Studie zur *Ethik*, wie auch schon in der früheren Studie zu Descartes' *Meditationen über die Grundlagen der Philosophie*, zeigt Guéroult nicht die geringste Neigung, die Hinlänglichkeit von Spinozas Thesen für menschliches Bewusstsein und menschliche Erfahrung zu bestimmen, geschweige für etwas, das als „Realität", gedacht als inaktiv und vorgegeben, bezeichnet wird. Er weist vielmehr jede Interpretation eines philosophischen Werks explizit zurück, die lediglich hin und wieder auf den Text selbst zurückkommt. Guéroult war mit unvergleichlicher Aufmerksamkeit für die „Tatsachen" von Spinozas Text bestrebt, die Struktur oder das interne System der *Ethik* zu rekonstruieren. Er war der Auffassung, dass es erheblich nützlicher sei zu verstehen, was Spinozas Text wirklich ist als was er nicht zu leisten vermag. Deleuze hob in seiner umfangreichen Rezension von Guéroults Spinoza-Studie begeistert hervor, diese ermögliche erstmals „eine wirklich wissenschaftliche Studie über den Spinozismus" (Deleuze 1969, 437). Guéroult habe, so Deleuze hier, „durch eine struktural-genetische Methode, die er ausgearbeitet hatte, noch bevor der Strukturalismus auf anderen Gebieten aufkam, die Geschichte der Philosophie erneuert" (Deleuze 1969, 426). Seine Methode erlaube die Struktur eines gegebenen philosophischen Werks, die „Ordnung von Begründungen" und „die differentiellen und generativen Elemente eines Systems" (Deleuze 1969, 426) angemessen zu identifizieren. Guéroults strukturalistische Methode ist jeder Vorstellung von Interpretation strikt entgegengesetzt: Es gilt weder verborgene Bedeutungen aufzudecken noch latente Inhalt manifest zu machen. Die Ordnung der Begründungen existiert ausschließlich an der Oberfläche der Texte; die Struktur eines Texts ist nicht von seinem Rest abzuziehen, sodass ein unerklärter und unexplizierter Bestandteil übrigbleibt, sondern sie ist identisch mit dem, was wirklich gesagt ist (vgl. Deleuze 1969, 427).

Ebenfalls 1968 wurde auch Deleuze' *Spinoza und das Problem des Ausdrucks in der Philosophie* publiziert, seine zweite These für das „Doctorat d'état"; die erste These erschien im gleichen Jahr unter dem Titel *Différence et répétition* (dt. *Differenz und Wiederholung*, vgl. Deleuze 1993, 1997). Auf den ersten Blick scheint Deleuze' Lob der „struktural-genetischen Methode" bei Guéroult nicht dazu geführt zu haben, dass er diese auch nur in geringstem Maße nachgeahmt hätte. Tatsächlich ist Deleuze der einzige dieser Generation von Spinozisten, der Alquié als einen Vorläufer ansieht, obgleich dieser nicht sehr gewissenhaft mit dem Original umgegangen ist. So findet sich in *Spinoza und das Problem des Ausdrucks in der Philosophie* keine Rekonstruktion eines Systems und keine Ordnung von Begründungen. Die offenkundige Schwierigkeit von Deleuze' Studie resultiert zweifellos aus dem Bemühen nicht „in Spinoza zu denken", wie Pierre Macherey feststellt, sondern „die intellektuelle Bewegung", in der Spinozas Philosophie „zu dem wurde, was sie ist, dynamisch zu produzieren, statt zu reproduzieren" (Macherey 1992, 238; Macherey 1998, 119f.). Hiermit ist Deleuze weniger weit von Guéroult entfernt, als man zunächst annehmen könnte. Wie die Analyse bei Guéroult postuliert auch Deleuze' Versuch, die intellektuelle Bewegung, in der Spinoza das Problem des Ausdrucks denkt, zu produzieren, eine Einheit und mehr noch eine Kohärenz, wie sie vorhergehende Lektüren weitgehend vermissen ließen, sodass sie allzu leicht von der Textoberfläche in eine hermeneutische Suche abgeglitten sind.

Ein Jahr später dann veröffentlichte Alexandre Matheron, ein Gelehrter, der von Guéroult inspiriert war, unter dem Titel *L'individu et communauté chez Spinoza* eine umfassende Analyse von Spinozas politischem Denken (vgl. Matheron 1988). Hier rekonstruiert Matheron, die *Ethik* und den *Tractatus Politicus* untersuchend, die propositionalen Strukturen der Teile III und IV der *Ethik*, um herauszuarbeiten, dass in diesen Texten eine architektonische Einheit vorliegt, deren inneres System dem des *Tractatus politicus* homolog ist.

Die Wirkungen der drei genannten Arbeiten von Guéroult, Deleuze und Matheron sind nicht nur im Blick auf das Studium Spinozas, sondern auch hinsichtlich der Geschichte der Philosophie im Allgemeinen kaum zu überschätzen. Sie können, wie Deleuze selbst hervorhebt, allerdings nicht isoliert von anderen Entwicklungen des französischen intellektuellen Lebens verstanden werden, insbesondere nicht isoliert von der strukturalistischen Bewegung, die im Frankreich der 1960er Jahre dominierend war. Diese drei Studien zeigen alle Charakteristika anderer bekannter „Lektüren" jener Zeit, die zu den Buchstaben zurückzukehren trachteten, das heißt zu der Materialität der Texte im Unterschied zu dem Geist, der in oder hinter den Texten zu suchen sei. Die Texte wurden Zeile für Zeile einer peinlich genauen Lektüre unterzogen, was Kritiker und auch Gelehrte der älteren Generation als pedantisch, ja als scholastisch empfanden. Sie würden einer ermüdenden Untersuchung von Wörtern, gar Buchstaben unterworfen, die alles hervorbringen könne, so wandten diese ein, aber die Erforschung von Bedeutung und Bezeichnung längst aufgegeben habe.

Tatsächlich war der erste, der eine solche Prozedur an Texten durchführte, kein anderer als Spinoza selbst. Ein Umstand, den insbesondere Althusser verstanden hat, der Spinoza in *Das Kapital lesen* als den ersten anspricht, „dem Lesen und damit auch Schreiben zum Problem wurden" (Althusser/Balibar 1972, 16). Spinozas Regel für die Lektüre der Schrift, sie zu behandeln wie die Natur, ohne nach den letzten Begründungen oder nach der transzendentalen Essenz zu suchen, diente nicht nur als Stimulans für *Das Kapital lesen*, sondern überraschenderweise mehr noch für die Wiederentdeckung seines eigenen Texts. Man musste Spinoza sozusagen bereits verstanden haben, bevor man ihn gelesen hat. Und allein durch dieses Paradox hindurch kann der erstaunliche Einfluss begreiflich werden, den Althusser selbst auf die gegenwärtigen Spinoza-Studien hat. Erstaunlich ist dieser Einfluss insofern, als er schwer zu fassen ist, obgleich er überall vorhanden ist. Althusser hat kaum mehr als fünfzig Seiten über Spinoza geschrieben, dazu gehört vor allem der Essay „Über Spinoza" in den *Elementen der Selbstkritik* und der ihm gewidmete Essay, der posthum in dem autobiografischen Text *Die Zukunft hat Zeit* erschienen ist (Vgl. Althusser 1975, 1994).

Bezeichnenderweise laufen Althussers Kommentare zu Spinoza nicht auf gelehrte Studien in striktem Sinn hinaus. Hier finden sich keine direkten Verweise auf dessen Texte, und der formale Charakter der beiden Essays ist zugleich elliptisch und impressionistisch: Sie stehen so in deutlichem Kontrast zu der Aufmerksamkeit für den Buchstaben eines Texts, die Althussers frühere Arbeiten charakterisiert. Mehr noch, obwohl Althusser in den 1960er und 1970er Jahren verschiedentlich Kurse zu Spinoza abgehalten hatte, fanden sich in seinem Nachlass dazu keine Aufzeichnungen, während Notizen im Umfang von wenigen Seiten handgeschriebener Skizzen bis hin zu elaborierten und brillant ausformulierten Manuskripten zu ähnlichen Kursen über Machiavelli, Hobbes, Locke und Rousseau entdeckt wurden. Daher erscheint die Beziehung von Spinoza und Althusser, ebenso wie die Beziehung Althussers zu den französischen Spinoza-Studien der Gegenwart, durchaus dem Gegenstand angemessen als eine immanente Angelegenheit, als eine Angelegenheit, die allein in ihren Wirkungen präsent ist. Und umgekehrt sticht die Zahl der gegenwärtigen Spinozisten hervor, deren Entdeckung oder Wiederentdeckung der Arbeiten Spinozas von ihrer Begegnung, sei es als Schüler, Kollege oder Freund, mit dem Philosophen Althusser nicht zu lösen ist. Genannt seien hier nur einige von ihnen, die umfangreiche Studien zu Spinoza vorgelegt haben: so etwa Étienne Balibar mit *Spinoza et la politique* (Balibar 1985), Pierre Macherey mit *Hegel ou Spinoza*, *Avec Spinoza* und *Introduction à l'Ethique de Spinoza* (Macherey 1979, 1992, 1994), dann Pierre-François Moreau mit *Spinoza* und *Spinoza: L'expérience et l'éternité* (Moreau 1978, 1994) und André Tosel mit *Spinoza ou le crépuscule de la servitude* und *Du matérialisme de Spinoza* (Tosel 1984, 1994) sowie Gabriel Albiac mit *La sinagoga vacía* (1987). Obgleich jeder dieser Philosophen seinen eigenen Weg eingeschlagen hat, hat dennoch Althussers Begriff der symptomatischen Lektüre, die Auffassung, einen philosophischen Text zu lesen, bedeute die Konflikte zu erfassen, die ihn konstituieren, die spezifische und determinierte Unordnung zu begreifen, die den Text zu dem macht, was er ist, ohne Zweifel deren Bestrebungen entscheidend bestimmt.[6]

Schließlich löste die Publikation von Negris *Die wilde Anomalie* im Jahr 1981 (Negri 1981), der in der ein Jahr später erschienenen französischen Übersetzung separate Vorworte von Deleuze, Macherey und Matheron beigegeben waren, eine weitreichende Debatte aus. Das Buch, geschrieben in nur einem Jahr während der Inhaftierung Negris als politischer Gefangener in Italien, zeichnet die Entwicklung von Spinozas Denken beginnend mit dem Neoplatonismus seiner frühen Werke bis hin zum Materialismus des *Tractatus politicus* nach. Nachdem Negri sich der Haft entziehen konnte, lebte er über zehn Jahre im französischen

Exil, und seine Arbeiten zu Spinoza, einschließlich der neueren mit dem Titel *Spinoza sovversivo* beziehungsweise *Spinoza subversif* (Negri 1994), bilden ein untrennbares Moment jener Konstellation, die aus dem französischen Spinozismus das gemacht hat, was er heute unverwechselbar ist.

Was aber ist dieser französische Spinozismus der Gegenwart genau, jenseits eines bestimmten Sets von Namen und Texten und ihren jeweiligen Ablegern? Oder anders gefragt, welche Formen hat die Aktualität Spinozas angenommen, worin bestehen die theoretischen Effekte, deren immanente Ursache er liefert?

1. Der erste Schauplatz dieser Immanenz stellt ein Netzwerk von theoretischen Problemen dar, die sich um die Konzepte von Expression oder Ausdruck und Repräsentation gruppieren. Sollte es notwendig sein, hier einige Namen zu nennen, um dieses höchst komplexe und differenzierte Feld zu umreißen, so müsste man zweifellos wiederum Derrida, Foucault, Deleuze und nicht zuletzt Althusser nennen. Derridas Auffassung, die präzise Form der Problematisierung linguistischer Zeichen betreffend, mag hier als Index zu diesem Netzwerk dienen: „Die Epoche des Zeichens ist ihrem Wesen nach theologisch." (Derrida 1983, 28) Theorien der Bedeutung wurzeln demnach in einem solchen Ausmaß in der Theologie, insbesondere in der Vorstellung der Schöpfung, dass sie sich unvermeidlich auf eine Hierarchie des Seins zu beziehen scheinen, wonach die originale Bedeutung, die zum Ausdruck gebracht wird oder repräsentiert ist, mehr Realitätsgehalt besitzt als die zweite Bedeutung, die sie ausdrückt oder repräsentiert. Letztere ist in diesem Sinn als unvermeidlich abgeleitet und sekundär zu betrachten, als eine Wiederholung, die aus irgendeinem Grund weniger bedeutet als das, was sie wiederholt. Insbesondere Deleuze hat erkannt, wie Spinoza diese Relation von erster und zweiter Bedeutung in seiner Diskussion von Substanz, Attributen und Modi, in denen diese Relation zum Ausdruck gebracht wird, radikalisiert hat (vgl. Deleuze 1993). Es handelt sich bei dieser Radikalisierung nicht einfach darum, dass Spinoza alle Schemata des Ausdrucks und der Repräsentation noch radikaler unbefriedigend erscheinen lässt als sie es ohnehin sind, indem er die These aufstellt, es existiere nur eine Substanz: Gott, unteilbar und zusammengesetzt aus einer unbegrenzten Anzahl von Attributen. Wie könnten dann aber Teile von Gott weniger real sein als andere, wie könnte der Körper weniger zur göttlichen Essenz gehören als der Geist, kurz, wie könnten demnach ontologische Hierarchien überhaupt möglich sein? Die Radikalität von Spinoza besteht viel eher darin, die Möglichkeit einer anderen Denkweise, eines neuen Wegs eröffnet zu haben. Für Spinoza besitzt die Substanz gegenüber ihren Attributen weder logisch noch zeitlich einen Vorrang: Die Ursache geht ihren Wirkungen nicht voraus, das Ganze nicht seinen Teilen, die Einheit nicht der Tei-

lung. Die Substanz ist vielmehr „ihre" unbegrenzte Vielfalt selbst; sie wird in dieser Vielfalt realisiert und ist nichts anderes als der Prozess der Produktion ihrer selbst durch die Unbegrenztheit ihrer Attribute. Ein Prozess ohne Anfang und Ende und - über die Teleologie hinaus - ohne Ziel und Richtung. Im Gegensatz zu Hegel, der Spinozas Philosophie als „morgenländische Anschauung der absoluten Identität", als eine „Negation alles Besonderen" ansah (Hegel 1971, 158, 165), zeigt Macherey Spinoza als den Denker eines Universums, das aus singulären Wesenheiten zusammengesetzt ist, die umgekehrt selbst wiederum bis ins Unendliche aus Kombinationen singulärer Wesenheiten zusammengesetzt sind und diese Kombinationen selbst bilden. Im abschließenden Teil der *Ethik* argumentiert Spinoza entsprechend, dass der Weg, Gott zu erkennen, durch die Erkenntnis der einzelnen Dinge führt.

Für Luce Irigaray destabilisiert die Infragestellung der Problematik des Ausdrucks, wie sie bei Spinoza vorliegt, die traditionelle Hierarchisierung in der Opposition Männlich-Weiblich, nach der Frauen als eine Art Hülle des Manns fungieren, die sein Wesen verdeckt, aber außerhalb dessen verbleibt. Frauen bilden in dieser Hierarchie eine Außenseite, eine Oberfläche, ein Jenseits, und ihre Existenz kommt, wenn überhaupt, mehr durch Zufall als aus Notwendigkeit zustande. Spinozas Affirmation der Oberflächen nun erlaubt es, die Singularität der Frau zu begreifen (vgl. Irigaray 1991). Im Umkreis dieser Problemstellungen scheint Spinoza an der Grenze zu denken, nicht an der Grenze des Denkens seiner Zeit, sondern der Gegenwart. Indem er die Grenze als Grenze erkennen lässt, ermöglicht er zugleich eine Linie zu überschreiten, die einst als absoluter Horizont erschien.

2. Ein weiterer Knotenpunkt der theoretischen Untersuchung und Debatte in den vergangenen Jahrzehnten war die Vorstellung vom Individuum als dem souveränen Subjekt. Das Werk von Lacan und seiner Schule, der berühmte Essay „Ideologie und ideologische Staatsapparate" von Althusser sowie auch *Überwachen und Strafen* von Foucault sind sicherlich einige der bemerkenswertesten Momente in dem Prozess, der die Infragestellung dieser Vorstellung eröffnete. Einer Vorstellung, die seit dem 17. Jahrhundert sowohl für die rechtliche und politische als auch für die philosophische und ästhetische Reflexion von zentraler Bedeutung war. Das Individuum, gedacht als gegebene Existenz, bildet hiernach den Ursprung von Wunsch und Denken, von Rede und Handeln. So ungewöhnlich in seiner Zeit, dass seine Bemühungen bis in die gegenwärtige Epoche hinein kaum voll verstanden werden konnten, denunzierte Spinoza die Illusion vom menschlichen Individuum als einem Staat im Staate, als außerhalb der natürlichen Ordnung stehend und Herr über die eigenen Wünsche und Gedanken.

Hiermit kippt Spinoza gleich zwei Hierarchien, von denen gesagt wird, dass sie konstitutiv für die Vorstellung vom Subjekt sind. Zum einen handelt es sich um die These, dass die Seele den Körper lenke und bestimme. Spinoza begegnet dieser Vorstellung mit dem Einwand, die Annahme einer Herrschaft der Seele über den Körper sei es gerade, die bisher davon abgehalten habe, die grundlegende Frage überhaupt zu stellen: Wozu sind Körper allein als Körper, bestimmt lediglich durch andere Körper, ohne Einwirkung der Seele fähig? Zum anderen bestreitet Spinoza die These, dass die Seele die Herrschaft über die Emotionen beanspruchen könne. Diese müssten vielmehr ohne Bezugnahme auf eine transzendente Ursache in ihrer eigenen Wirkungskraft und Notwendigkeit betrachtet werden. Aber diese doppelte Illusion des Individuums als eines Subjekts, als eines Meisters seiner selbst und als eines Autors seiner Handlungen, ist nicht einfach ein Effekt der Imagination, der ersten der drei Erkenntnisarten nach Spinoza. Vielmehr ist sie zudem das Zentrum des Systems des Aberglaubens, seiner Apparate und Praktiken, weshalb Althusser in Spinoza den ersten sieht, der Disziplin im Foucaultschen Sinn begriffen hatte: Dieses System des Aberglaubens bestimmt die Leute nicht nur dazu, Priestern und Despoten zu gehorchen, sondern lässt sie ihren Gehorsam als Freiheit leben und nichts anderes wünschen, als ihnen kommandiert wurde. Wie sonst wäre der Umstand zu erklären, dass die Menschen, wie Spinoza in der Anmerkung zum Beweis des zweiten Lehrsatzes aus dem dritten Teil der *Ethik* sagt, „das Bessere sehen und dem Schlechteren folgen", dass sie für einen Tyrannen, der sie unterdrückt, so leidenschaftlich kämpfen, gar sterben, als täten sie es für ihr eigenes Wohl, und dass sie ihre Fähigkeiten und ihre Freude dem höchsten und ursprünglichen Subjekt opfern, Gott, dessen Liebe zu ihnen, so glauben sie, mit ihrem eigenen Leiden anwächst? Hier lassen sich zweifellos einige der zentralen Themen aus Althussers „Ideologie und ideologische Staatsapparate" bereits erkennen.

3. Schließlich kann als dritter Knotenpunkt der gegenwärtigen Aktualität Spinozas das Gebiet der politischen Theorie ausgemacht werden. Hier spielt sich zur Zeit eine massive Wiederbelebung des Liberalismus ab. Auf der Linken wie auf der Rechten ist zu beobachten, wie die Vorstellung von Gesellschaft als einem freiwilligen Zusammenschluss von ursprünglich freien und gleichen Individuen wieder aufgekommen ist, deren Konsens allein die legitime Begründung von Kollektivität bilde, die Vorstellung von autonomen Individuen, die Zwecke jeweils im Einzelnen rational kalkulieren, und die einer Politik des Gesetzes und der Rechte. Insbesondere der angloamerikanische akademische Marxismus hat mit großem Enthusiasmus die Apparatur des politisch-juridischen Denkens aus dem 17. und 18. Jahrhundert in sich aufgenommen. Der Staat, der – zumindest

für einige - einst das repräsentierte, was es zu beseitigen galt, sollte menschliche Befreiung angestrebt werden, ist nun zu einer immerwährenden Notwendigkeit geworden. Er ist nicht länger ein Hindernis für reale Demokratie, sondern, politischen Philosophen wie etwa John Rawls zufolge, eine Institution, deren Vermittlung zwischen den konfliktbehafteten Interessen der Individuen und Gruppen, die die zivile Gesellschaft konstituieren, allein demokratische Freiheit und Gerechtigkeit garantiere.

Spinoza stellt in der politischen Philosophie eine Ausnahme dar, allerdings eine, deren radikale Exteriorität gegenüber der Problematik des Liberalismus es ermöglicht, diesen zu kritisieren. Zunächst ist festzuhalten, dass Spinoza jede Trennung von Recht und Macht zurückweist: Es ist schlicht sinnlos davon zu sprechen, man habe das Recht, etwas zu tun, wenn man nicht die Macht hat, es zu tun. Sobald man sich Politik als Macht vorstellt, hört das Individuum auf, eine bedeutungstragende Einheit der Analyse zu sein. Denn die Macht des Individuums, gedacht als getrennt und autonom, ist theoretisch vernachlässigbar. Aber Spinozas Kritik des Liberalismus besteht weniger darin, dass dessen Postulate in Bausch und Bogen zurückgewiesen, sondern vielmehr darin, wie Balibar argumentiert hat, dass die konstitutiven Konflikte der liberalen politischen Theorie durchgearbeitet werden. Im *Theologisch-politischen Traktat* spricht Spinoza dementsprechend von einem Vertrag oder Pakt (pactum) zwischen Souverän und Volk, wobei er der Vorstellung vom Vertrag jede normative Funktion oder idealen Existenz entzieht. Der Vertrag wird für Spinoza zu einem erläuternden Begriff, der es erlaubt, das genaue Verhältnis der sozialen Kräfte zu verstehen, auf dem eine gegebene Gesellschaft in einer gegebenen Zeit beruht: Jeder Vertrag ist darin einzigartig, dass er die spezifischen Beziehungen der Kräfte, die eine Gesellschaft konstituieren, erläutert. Ob hierbei, wie Althusser meint, die Sprache des Feindes gegen den Feind gewendet, das juristische Denken mittels juristischer Begriffe unterlaufen wird, oder ob es sich um ein notwendiges Stadium in Spinozas Denken handelt, ist schwer zu entscheiden. Doch man kann mit Sicherheit sagen, dass die Vorstellung vom Vertrag in seinem letzten Werk, dem unabgeschlossenen *Politischen Traktat* völlig fehlt. Es kann keinen Vertrag geben, weil es keinen vorsozialen Zustand, keinen Naturzustand gibt, der, wie Hobbes dachte, von dissoziierten Individuen bevölkert wäre. Denn die isolierten Individuen besitzen keine zureichende Macht, um ihr Überleben zu sichern, in einer gewissen Form existiert Gesellschaft immer schon. Es gibt demnach weder einen Übergang vom Natur- zum Gesellschaftszustand noch ein fundierendes oder konstituierendes Moment im Leben einer Gesellschaft. Politik gründet nicht länger auf den harmonisch oder antagonistisch gedachten Beziehungen zwischen Individuen und Staat, und dies nicht etwa, weil die Individuen in die dunkle Nacht des Sozialen entschwunden sind, sondern weil sie unweigerlich mit anderen Individuen verbunden sind, sei es durch die „Nachahmung der Affekte“ (Spinoza), die sie an einander bindet, oder durch die kollektivierenden Effekte der religiösen und politischen Apparate, durch Prozesse, die unabhängig vom Willen der Individuen ablaufen, um neue und noch machtvollere Entitäten oder Individuen zu formen. Die Überzeugungskraft der Analysen von Negri liegt gerade darin, dass er in Spinoza den ersten Philosophen ausmacht, der Gesellschaft als durch die Macht der Massen oder der Menge, der Multitude „konstituiert“ auffasst, mithin als den ersten, der die Multitude einer Untersuchung unterzieht, statt sie abzuurteilen. Zum Guten wie zum Schlechten ist es - abhängig von allen Wechselfällen des Glücks - die Multitude, deren Kämpfe die Möglichkeit historischen Fortschritts, der Verminderung des Aberglaubens, der tendenziellen Dominanz der aktiven über die passiven Emotionen, der anwachsenden Fähigkeiten und Freuden des Körpers in Abwesenheit jeden Ziels, jeder Vorbestimmung und ohne ein Ende, mehr noch und von höchster Bedeutung ohne jegliche Garantien bestimmen werden. Daher bildet, Alexandre Matheron folgend, Demokratie, die „Macht des Volks“ in einem physischen Sinn, die Kraft, die das Volk, allein schon vermöge seiner Anzahl, aktuell ausübt, die immanente Ursache einer jeden Gesellschaft: selbst das Los eines Tyrannen liegt in den Händen der Multitude, deren Zustimmung und Einwilligung ihm allein gestatten zu regieren.

Es sind die hier nachgezeichneten drei Knotenpunkte, die die politisch-philosophische Problematik bestimmen, die für Spinoza, wie er in der Gegenwart gesehen wird, spezifisch ist. Und sie macht ihn zu einem neuen Spinoza.

Anmerkungen

1 Ich danke Étienne Balibar, Pierre Macherey und Pierre-François Moreau für ihre Großzügigkeit, die sie mir bei dem Versuch erwiesen, die französischen Spinoza-Studien des 20. Jahrhunderts zu verstehen. Unnötig zu betonen, dass allein ich für die hier gegebene Interpretation verantwortlich bin.

Anm. d. Übers.: Der folgende Beitrag ist als Einleitung zu einem Sammelband über die aktuelle französische Spinoza-Rezeption konzipiert. In diesem Sammelband sind Aufsätze der hier behandelten Autoren in englischer Übersetzung zusammengestellt, vgl. Montag/Stolze (Hrsg.) 1997.

2 Althussers Essay „Über Spinoza“ erschien in englischer Übersetzung erstmals 1976 in dem Band *Essays in Self-Criticism*. Eine Übersetzung von Balibars langem Essay „Spinoza, the Anti-Orwell: The Fear of the Masses“, der zuerst im September 1985 in *Les Temps modernes* veröffentlicht wurde, erschien zuerst 1989 (vgl. Balibar 1994).

3 Sicherlich gibt es die Studie *Spinoza and the Origins of Modern Critical Theory* von Christopher Norris, wo Verbindungen zwischen Spinozas Methode zur Interpretation der Schreibweise (écriture) und den Trends in der gegenwärtigen Literatur- und Sprachtheorie aufgezeigt werden. Doch Norris bezieht sich nur selten auf die gegenwärtige Spinoza-Forschung in Europa, was umso unglücklicher ist, als seine Arbeit häufig nur nachvollzieht, was andere, etwa Antonio Negri, Alexandre Matheron, André Tosel, Pierre-François Moreau, Martial Guéroult und Jean-Pierre Osier, um nur einige zu nennen, bei denen es offenkundig ist, bereits vor ihm entwickelt haben.

4 Siehe Jonathan Bennett, *A Study of Spinoza's Ethics*, Edwin Carley, *Behind the Geometrical Method*, Douglas J. Den Uyl, *Power, State and Freedom* und neuerdings Genevieve Lloyd, *Part of the Nature*.

5 Anm. d. Übers.: Spinoza wird, soweit er wörtlich wiedergegeben ist, hier nach der Ausgabe Baruch de Spinoza: Sämtliche Werke in sieben Bänden. Hamburg 1991ff. in deutscher Übersetzung zitiert.

6 Dies wird gültig bleiben, auch wenn weitere Forschung möglicherweise zeigen wird, dass „Althusser" als Autorenname eher für kollektive Bestrebungen steht denn für die Aktivität eines einzelnen Individuums, das den Namen Louis Althusser trägt.

Literatur

Albiac, Gabriel (1987): La sinagoga vacía. Un estudo de las fuentes marranas del espinosismo, Madrid

Alquié, Ferdinand (1981): Le rationalisme de Spinoza, Paris

Althusser, Louis (1975): Elemente der Selbstkritik, Berlin

- (1994): L'avenir dure longtemps. Erw. Taschenbuch-Ausgabe, Paris

-/Balibar, Étienne (1972): Das Kapital lesen. 2. Bde., Reinbek

Balibar, Étienne (1994): Masses, Classes, Ideas. Studies on Politics and Philosophy before and after Marx, New York

- (1985): Spinoza et la politique, Paris

Brunschvicg, Léon (1951): Spinoza et ses contemporains. 4. Aufl., Paris

Foucault, Michel (1981): Archäologie des Wissens, Frankfurt am Main

Deleuze, Gilles (1969): Spinoza et la méthode générale de M. Guéroult, in: Revue de Métaphysique et de Morale 4: 426-37

- (1989): Spinoza. Praktische Philosophie, Berlin

- (1993): Spinoza und das Problem des Ausdrucks in der Philosophie, München

- (1997): Differenz und Wiederholung. 2., korrigierte Aufl., München

Derrida, Jacques (1983): Grammatologie, Frankfurt am Main

Guéroult, Martial (1968): Spinoza. I: Dieu, Paris

- (1974): Spinoza. II: L'Âme, Paris

- (1977): Spinoza, tome 3 (Introduction generale et première moitié du premier chapitre). In: Revue philosophique de la France et de l'étranger 102: 285-302

Hegel, Georg Wilhelm Friedrich (1971): Vorlesungen über die Geschichte der Philosophie III. Werke, Bd. 20, Frankfurt am Main

Irigaray, Luce (1991): Ethik der sexuellen Differenz, Frankfurt am Main

Macherey, Pierre (1979): Hegel ou Spinoza, Paris

- (1992): Avec Spinoza, Paris

- (1994): Introduction à l'Ethique de Spinoza. La cinquième partie: les voies de la libération, Paris

- (1998): In a Materialist Way. Selected Essays. Edited by Warren Montag, London, New York

Matheron, Alexandre (1988): L'individu et communauté chez Spinoza. 2. Aufl., Paris

Montag, Warren/Stolze, Ted (Hrsg.) (1997): The New Spinoza, Minneapolis, London

Moreau, Pierre-François (1978): Marx und Spinoza, Hamburg, 2. Aufl. u. d. T.: Spinoza. Versuch über die Anstößigkeit seines Denkens, Frankfurt am Main 1994

- (1994): Spinoza: L'expérience et l'éternité, Paris

Negri, Antonio (1981): L'anomalia selvaggia. Saggio su potere e potenza in Baruch Spinoza, Milano

- (1981): Die wilde Anomalie. Spinozas Entwurf einer freien Gesellschaft, Berlin

- (1994): Spinoza subversif, Paris

Norris, Christopher (1991): Spinoza and the Origins of Modern Critical Theory, Cambridge, Mass.

Spinoza, Baruch de (1991ff.): Sämtliche Werke in sieben Bänden, Hamburg

Tosel, André (1984): Spinoza ou le crépuscule de la servitude, Paris

- (1994): Du matérialisme de Spinoza, Paris

Yovel, Yirmiyahu (1996): Spinoza. Das Abenteuer der Immanenz, Göttingen

Thomas Seibert

Die Konstellation der europäischen Ideologie
Zu den Verbindungslinien von Ökonomie- und Metaphysikkritik

> Über die Moderne hinauszugehen heißt, die Schranken und Transzendenzen des Eurozentrismus zu überschreiten, und führt zur endgültigen Hinnahme der Immanenz als dem ausschließlichen Terrain für Theorie und Praxis der Politik.
> *Michael Hardt/Toni Negri*

Die Widerstände, auf die *Empire*[1] von Michael Hardt und Toni Negri gerade in Deutschland stößt, gehen zu einem erheblichen Teil auf die Ungezwungenheit zurück, mit der die Autoren Elemente unterschiedlicher Diskursuniversen zusammenführen. Hardt und Negri selbst geben an, „einen möglichst breit angelegten interdisziplinären Ansatz" zu verfolgen, in dem sie „gleichermaßen philosophische und historische, kulturelle und ökonomische, politische und anthropologische Themen verbinden" (E, 14). Dafür nennen sie in der Fußnote prominente Vorbilder: „Zwei interdisziplinäre Texte standen uns, während wir dieses Buch schrieben, als Modell vor Augen: *Das Kapital* von Karl Marx und *Tausend Plateaus* von Gilles Deleuze und Félix Guattari." (E, 421)

Der Kritik geht es einmal um den aus diesem Ansatz resultierenden Charakter des Buchs. Heterogene Theorietraditionen seien bloß äußerlich zusammengeführt, Themen und Thesen nur angerissen, wiederholt bloß durch *name dropping* aufgerufen. Hardt und Negri könnten, so heißt es deshalb, gar nicht liefern, was sie annoncieren, die Kritik der bestehenden Verhältnisse aus der durchgängigen Bestimmung ihres Zusammenhangs. Dahinter steht die Vorstellung, dass ein einzelner und in sich abgeschlossener Diskurs, zuletzt gar ein einzelnes Buch die gesellschaftliche Totalität als System repräsentieren könne, eine Vorstellung, die sich aus einem Wunsch nach Gewissheit speist und kaum die Enttäuschung verbergen kann, stattdessen vor philosophische Begriffe gestellt zu sein, mit denen Problematisierungen nicht abgeschlossen, sondern allererst eröffnet werden.

Zum anderen aber moniert die Kritik politisch-philosophische Mésalliancen, die Hardt und Negri eingegangen sein sollen. Auch die sind in der zitierten Fußnote angezeigt, im Verweis auf *Tausend Plateaus*, dessen deutsche Übersetzung bezeichnenderweise erst zwölf Jahre nach der französischen Erstveröffentlichung erscheinen konnte. Weil dessen Autoren zusammen mit Michel Foucault, einem weiteren Kronzeugen von Hardt und Negri, für die politische Philosophie des Poststrukturalismus stehen, wirken in der Kritik an *Empire* dieselben Abwehrreflexe, denen diese Philosophie in den 1970er und 1980er Jahren ausgesetzt war. Foucault, Deleuze und Guattari wurden damals als „Jungkonservative" verleumdet, die den Marxismus des Mai 68 usurpierten, um die von Friedrich Nietzsche und Martin Heidegger betriebene „Zerstörung der Vernunft" fortzusetzen.[2] Denunziationen dieses Stils finden heute zwar deutlich weniger Zustimmung, reichen aber noch immer hin, um auch Hardt und Negri unter Irrationalismus-Verdacht zu stellen. Statt defensiv nachzuweisen, dass sie und ihre poststrukturalistischen Gewährsleute trotz ihrer Nietzsche- und Heidegger-Lektüren politische Philosophen der Linken bleiben, wird im Folgenden gezeigt, wie sie in drei Schritten eine linke Kritik der Postmoderne entwickeln, die ihren Gegenstand gerade im Licht dieser Lektüren trifft. Im ersten Schritt stellen Hardt und Negri die Postmoderne dabei in den Horizont eines zugleich universalen, pluralen und kontingenten gesellschaftlichen Antagonismus, im zweiten und dritten Schritt wird angegeben, wie dieser Antagonismus noch immer und gerade jetzt als Bedingung kommunistischer Bewegung zu denken ist. Damit werden zugleich die Möglichkeiten wie die Grenzen politischer Philosophie bestimmt, nach Marx und nach Nietzsche.

Immanenz und Transzendenz

Das Empire, so die zentrale These bei Hardt und Negri, ist ein weltumspannendes gesellschaftliches Verhältnis, das kein Außen mehr kennt: „Die räumliche Anordnung von Innen und Außen als solche (...) scheint uns ein allgemeines und grundlegendes Charakteristikum modernen Denkens zu sein. Im Übergang von der Moderne zur Postmoderne und vom Imperialismus zum Empire löst sich nun diese Unterscheidung zwischen Innen und Außen immer weiter auf." (E, 198) Hardt und Negri nennen drei Verhältnisse, in denen dieser Übergangs- und Auflösungsprozess sichtbar wird. Es sind dies erstens das für die frühmoderne Staatstheorie bestimmende Verhältnis staatlicher Souveränität zum vor-staatlichen Naturzustand, zweitens das Verhältnis des Bewusstseins zum Unbewussten, in dem die moderne Psychologie die Begierden und Leidenschaften als ein Außen im Innern des souveränen Ich fasst, und drittens das Verhältnis der europäischen zu den nicht-europäischen Gesellschaften, die nicht nur von der modernen Anthropologie als das Außen der modernen Zivilisation betrachtet wurden. Im Denken der Moderne wirkte in jedem dieser Verhältnisse eine Dialektik, nach der die schrittweise Internalisierung des jeweiligen Außen als Zivilisierung der Natur gedacht wurde. „Postmoderne", so sagen Hardt und Negri mit Fredric

Jameson, „ist dann, wenn der Modernisierungsprozess vollendet und die Natur endgültig verschwunden ist." (E, 199)

Den Modernisierungsprozess selbst spuren Hardt/Negri bis zur Renaissance zurück, die der Postmoderne darin ähnelt, ebenfalls eine Epoche der Immanenz, d.h. eine Welt ohne ein Außen zu sein. Zehrt die Postmoderne das Außen der Natur auf, so tilgte die Renaissance das Jenseits der christlichen Religion und Metaphysik. Die Zweideutigkeit der Moderne besteht danach darin, die „revolutionäre Entdeckung der Immanenz" (E, 84) wieder zugeschüttet und die für einen Augenblick gestürzte Transzendenz wieder eingeführt zu haben. Dies nicht durch Rückkehr zur Transzendenz Gottes in der Scheidung von Jenseits und Diesseits, sondern durch Aufrichtung einer Transzendenz „des" Menschen in der Scheidung von Innen und Außen. Ideologiegeschichtlich das Werk der von Descartes über Kant auf Hegel führenden modernen Metaphysik, wird die „Gegenrevolution" realgeschichtlich vom bürgerlichen europäischen Nationalstaat durchgesetzt, der sich im Imperialismus zu universalisieren sucht und dabei der kapitalistischen Vergesellschaftung ihre politische Form verleiht: „In der Politik wie in der Metaphysik ging es deshalb vor allem darum, die mittelalterliche Form der Transzendenz, die Produktion und Konsum nur behindert hätte, zu eliminieren und gleichzeitig an den Folgen der Transzendenz für die Herrschaft festzuhalten, und zwar in einer Form, die den Vereinigungs- und Produktionsformen der neuen Menschheit angemessen war." (E, 97) Ineinander verwoben folgten Real- und Ideologiegeschichte genau der Dialektik, die heute an ihr Ende gelangt, weil kein Außen mehr bleibt, das internalisiert werden könnte. Die Postmoderne und ihre politökonomische Form, das Empire, eröffnen dergestalt die Möglichkeit, den in der europäischen Moderne durch Staat, Wissenschaft und Kapital fortgesetzt beschleunigten und doch stetig aufgeschobenen Sturz jeder Transzendenz zu vollenden.

Schon in diesen groben Linien wird sichtbar, dass Hardt und Negri im doppelten Anschluss an die marxistische Kritik der politischen Ökonomie und die nietzscheanische Kritik des europäischen Nihilismus eine Deutung der Moderne vorlegen, in der die kapitalistische Vergesellschaftung zum Medium der Zersetzung jeder religiös-metaphysischen, politischen oder moralischen Idealität und diese umgekehrt zur immanenten Voraussetzung der im Klassenkampf strukturierten Kapitalakkumulation wird. Sofern die Metaphysikkritik die Dynamik der nihilistischen Zersetzung und die Ökonomiekritik die beileibe nicht bloß ökonomische Dynamik der Kapitalakkumulation aufklärt, erhellen sich beide wechselseitig: Die Metaphysikkritik beschreibt ideologische Effekte kapitalistischer Vergesellschaftung, die Ökonomiekritik materielle Produktions- und Reproduktionsverhältnisse nihilistisch dezentrierter Subjektivität. Die Intuition von Hardt und Negri, zugleich Marx und Nietzsche zu folgen, kann an zwei programmatischen Texten plausibel gemacht werden: am *Manifest der Kommunistischen Partei* (1848) und an der dritten *Unzeitgemäßen Betrachtung* (1874). So gibt das *Manifest* zu Protokoll, wie kapitalistische Herrschaft in der permanenten Revolutionierung der Produktionsverhältnisse die sozialen, politischen und ideologischen Traditionen vorkapitalistischer Vergesellschaftung aufzehrt: „Alle festen, eingerosteten Verhältnisse mit ihrem Gefolge von altehrwürdigen Vorstellungen und Anschauungen werden aufgelöst, alle neugebildeten veralten, ehe sie verknöchern können. Alles Ständische und Stehende verdampft, alles Heilige wird entweiht, und die Menschen sind gezwungen, ihre Lebensstellung, ihre gegenseitigen Beziehungen mit nüchternen Augen anzusehen.“ (Marx/Engels 1959, 465) Mit der Zerstörung aller „feudalen, patriarchalischen, idyllischen Verhältnisse“ fallen die ihnen einbeschriebenen „religiösen und politischen Illusionen“, wobei mit der Profanierung auch der höheren bürgerlichen Berufe „alle bisher ehrwürdigen und mit frommer Scheu betrachteten Tätigkeiten ihres Heiligenscheins entkleidet“ werden (Marx/Engels 1959, 464f.). Dem entspricht, dass die Proletarisierung immer größerer Teile der bürgerlichen Gesellschaft die Verallgemeinerung einer „eigentumslosen“ Subjektivität möglich macht, für die mit den tradierten sozialen Bindungen auch die Bindung an Gesetz, Moral und Religion hinfällig werden kann (vgl. Marx/Engels 1959, 472). Nietzsches dritte *Unzeitgemäße Betrachtung* folgt der Diagnose des *Manifests* nicht nur der Sache nach, sondern auch im Pathos ihres Begriffs: „Die Gewässer der Religion fluthen ab und lassen Sümpfe oder Weiher zurück; die Nationen trennen sich wieder auf das feindseligste und begehren sich zu zerfleischen. Die Wissenschaften, ohne jedes Maass und im blindesten laisser faire betrieben, lösen alles Festgeglaubte auf; die gebildeten Stände und Staaten werden von einer grossartig verächtlichen Geldwirthschaft fortgerissen. Niemals war die Welt mehr Welt, nie ärmer an Liebe und Güte.“ (Nietzsche 1988, 366) Umgekehrt könnten Marx und Engels Nietzsche beipflichten, der im nationalen Staat als der politischen Form, unter der die nihilistische Krise gebändigt werden soll, „nur eine Vermehrung der allgemeinen Unsicherheit und Bedrohlichkeit“ (Nietzsche 1988, 367) erkennt.

Empire ist im heute erreichten Stadium der in diesen beiden Texten skizzierten Geschichte situiert, nach Umbrüchen, die dort erst antizipiert, und nach Wendungen, die dort so nicht vorhergesehen waren. So schreibt das Buch unter postmoderner Kondition die Perspektiven und die strategische Option dieser Texte fort.

Die strategische Option der Immanenz

Die methodische Voraussetzung, die dem interdisziplinären Zusammenschluss von Ökonomie- und Metaphysikkritik bei Hardt und Negri Kohärenz verleiht, liegt in der Anweisung der theoretischen Praxis auf eine „materialistische Teleologie" (E, 76ff., 375, 410ff.). Deren Begriff wird Spinoza und wiederum Marx und Nietzsche entlehnt; die letztgenannten führt der Satz zusammen, in dem Hardt und Negri definitorisch festhalten: „Geschichte folgt nur dann einer Logik, wenn Subjektivität über sie gebietet, nur wenn (wie Nietzsche sagt) das Auftauchen der Subjektivität Kausalität und Finalität in der Entwicklung neu ordnet. Die Macht des Proletariats besteht genau darin." (E, 247) Dass dieser Satz trotz des emphatischen Verweises auf den „subjektiven Faktor" nicht voluntaristisch zu lesen ist, kann ebenfalls im Rückgriff auf Ökonomie- und Metaphysikkritik erläutert werden. Denn die Kritik der politischen Ökonomie trennt sich methodisch von jedem Voluntarismus, sofern sie ihr Ziel - den Kommunismus - weder als Utopie des bloßen Willens noch als Ideal eines Sollens setzt, sondern in der „wirklichen Bewegung" ihres Gegenstands - dem vom Klassenkampf strukturierten Kapitalismus - und damit in seiner schon „jetzt bestehenden Voraussetzung" entdeckt.[3] Ähnlich verfahren Nietzsche und nach ihm Heidegger, für die eine „Umwertung der Werte" und „Kehre im Sein" nur möglich ist, sofern die nihilistische Zersetzung von Religion, Metaphysik und Moral nicht Resultat ihrer theoretischen Praxis, sondern die „Grundbewegung der Geschichte des Abendlandes" und zugleich die „weltgeschichtliche Bewegung der in den Machtbereich der Neuzeit gezogenen Völker der Erde" ist (Heidegger 1950, 201f.).

Aus der Immanenz des Telos im Gegenstand der beiden Kritiken und ihrer konstitutiven Verwiesenheit auf die sie tragende „wirkliche Bewegung" in der Geschichte folgt dann aber ein notwendig ambivalentes Verhältnis der Kritiker zu den selbst ambivalenten Dynamiken von Kapitalismus bzw. Nihilismus. Deren Herrschaftsbereich überschreiten zu wollen heißt jetzt, sich zum Komplizen ihrer Zersetzungslogik machen zu müssen und dabei auf alles zu verzichten, was Kapital bzw. Nihilismus schon überschritten haben. Von der Hegelschen Dialektik unterscheidet sich diese Konzeption allerdings darin, dass sie die Geschichte nicht zu einer „aparten Person" (Marx) und insofern zur transzendenten Garantiemacht der Kritik stilisiert, sondern die Verwirklichung des geschichtsimmanenten Telos zuletzt den Subjekten zuschreibt, die seine Wahrheit bejahen und zu ihrer eigenen Wahrheit machen. Daraus resultiert ein starker Begriff von Subjektivität, der die gleichzeitig behauptete Subjektkritik allerdings nicht zurücknimmt und auch deshalb nicht mit voluntaristischer Ambition zu verwechseln ist.

In der praktischen Bestimmung dieser Subjektivität schlugen marxistische und nietzscheanische Kritik getrennte Wege ein. Die eine beschränkte sich auf einen primär politökonomisch gefassten Klassenkampf und wurde dabei zur Sache der Arbeiterbewegung: „Bildung des Proletariats zur Klasse, Sturz der Bourgeoisherrschaft, Eroberung der politischen Macht durch das Proletariat“ (Marx/Engels 1959, 474), die andere auf die Fähigkeit sich rigoros vereinzelnder „Dichterphilosophen“[4], um zur kulturrevolutionären Avantgarde einer posthumanistischen Subjektivität zu werden. Dass die Trennung der beiden Kritiken ein wesentlicher Grund ihres jeweiligen Scheiterns war, gehört in den 1960er Jahren zu den wichtigsten Entdeckungen der Situationisten, neben Deleuze, Guattari und Foucault die nächsten Gewährsleute von Hardt und Negri. Der Situationist Raoul Vaneigem fasst dieses Scheitern im *Handbuch der Lebenskunst für die jungen Generationen* kurz so zusammen: „Paradox. 1.) Den großen nihilistischen Lehrern fehlte eine wesentliche Waffe: der Sinn für die geschichtliche Wirklichkeit, für die Wirklichkeit der Auflösung, des Zerfalls, der Zerstückelung. 2.) Den besten Praktikern der Geschichte mangelte es stets an einem durchdringenden Bewusstsein der Auflösungsbewegung der Geschichte in der Epoche der Bourgeoisie. Marx verzichtete auf eine Analyse der Romantik, Lenin sieht beinahe systematisch über die Wichtigkeit des Alltagslebens, über die Futuristen, Majakowski und die Dadaisten hinweg. Das Bewusstsein von der Heraufkunft des Nihilismus und das Bewusstsein des geschichtlichen Werdens erscheinen seltsam voneinander abgesetzt.“ (Vaneigem 1980, 175)

Hardt und Negri schließen an den situationistischen wie den poststrukturalistischen Versuch einer Zusammenführung der beiden Kritiken an, indem sie in der Verbindung von Ökonomie- und Metaphysikkritik die marxistische Bestimmung der Geschichte als einer Geschichte von Klassenkämpfen auf einen mehrdimensionalen gesellschaftlichen Antagonismus erweitern, der immer neue Subjektivitäten der Multitude wechselnden Transzendenzen der politischen, juristischen, moralischen und religiös-metaphysischen Souveränität konfrontiert. Im kursorischen Durchgang durch die Geschichte der „europäischen Denker des Empire über drei Jahrtausende hinweg“ (E, 377) weisen sie den Antagonismen zwischen Multitude und Souveränität eine historische Tiefe zu, die bis in den Aufstieg und Fall des Römischen Imperiums zurück reicht. Gerade damit aber verleihen sie der strategischen Option der Immanenz ihre aktuelle, die Perspektiven von Marx und Nietzsche ineinander verschränkende Fassung: „Heute republikanisch zu sein heißt somit zuallererst, innerhalb des Empire zu kämpfen und auf seinem hybriden, modulierenden Terrain einen Gegenentwurf zum Empire zu entwickeln. Und an dieser Stelle sollten wir gegen alle Moralismen, gegen alle Vorbehalte und nostalgischen Anwandlungen hinzufügen, dass dieses neue imperiale Terrain größere Möglichkeiten für Schöpfung und Befreiung bietet. Die Menge mit ihrem Willen, dagegen zu sein, und mit ihrem Wunsch nach Befreiung muss durch das Empire hindurch, um auf die andere Seite zu gelangen." (E, 230) In marxistischer Perspektive heißt es dann: „Das Empire ist also in dem Sinn besser, in dem Marx darauf bestand, dass der Kapitalismus besser sei als die Gesellschaftsformationen und Produktionsweisen, die ihm vorausgingen." (E, 57; vgl. auch E, 218) In der Perspektive Nietzsches, Heideggers und schließlich Foucaults beginnt im postmodernen Antagonismus von Multitude und Souveränität ein „anthropologischer Exodus"[5], in dem die in der Transzendenz „des" Menschen begründeten Grenzen zwischen Mensch und Natur, Mensch und Tier und Mensch und Maschine ebenso aufgelöst werden wie die zwischen Mann und Frau: „Ni dieu, ni l'maître, ni l'homme!" (E, 106; vgl. auch E, 227ff., 364)

Aus den Archiven des Poststrukturalismus

Im zweiten Schritt ihrer politischen Philosophie schreiben Hardt und Negri dann aber der Kritik der politischen Ökonomie einen methodischen Primat vor der Metaphysikkritik zu. Nachdem sie sich im Verweis auf Donna Haraways Fabel vom auf der Grenze zwischen Mensch, Tier und Maschine angesiedelten Cyborg noch einmal auf die posthumanistische Antizipation „ontologisch neuer Bestimmungen des Menschen, des Lebens" und einer „mächtigen Künstlichkeit des Seins" berufen, kritisieren sie den Fabelcharakter solcher Antizipationen: „Die Kraft, die statt dessen die theoretische Praxis vorantreiben muss, damit sie diese Terrains potenzieller Metamorphose aktualisiert, ist noch immer (und mehr denn je) die gemeinsame Erfahrung der neuen Produktionspraktiken und die Konzentration der produktiven Arbeit auf das formbare und fließende Terrain der neuen kommunikativen, biologischen und mechanischen Technologien." (E, 230) Auf diesem Terrain aber kann sich der anthropologische Exodus nur in sozialen Kämpfen konkretisieren, die auf die gesellschaftliche Aneignung der Reichtümer und Möglichkeiten biopolitischer Produktion zielen. Daraus bestimmen sie schon zu Beginn des Buchs ihr Verhältnis zu Deleuze, Guattari und Foucault. Zwar entlehnen sie ihnen die metaphysikkritische Option radikaler Immanenz, die Grundbestimmung des Empire als einer biopolitischen Kontrollgesellschaft und die Antizipation einer posthumanistischen Subjektivität. Zugleich aber kritisieren sie deren Arbeiten insoweit, als sie das Verhältnis von Biomacht und gesellschaftlicher Produktion letztlich „nur oberflächlich und ephemer, als chaotischen, unbestimmten Horizont, den das unfassbare Ereignis beschreibt", analysiert hätten. (E, 43; vgl. E, 37ff.)

Damit aber verschieben sie nicht nur die untergründigen Verbindungslinien zwischen Ökonomie- und Metaphysikkritik, sondern zugleich die Diskurse, die früher schon der Spur dieser Verbindungslinien folgten. Denn am linken Rand der Arbeiterbewegung, in den Künstleravantgarden und in den sich konstituierenden Sozialwissenschaften durchdrangen sich marxistische und nietzscheanische Motive bereits gegen Ende des 19. Jahrhunderts. Von den 1920er Jahren an wird eine marxistische Nietzsche-Rezeption in Deutschland zu dem Medium, in dem von Lukács über Adorno, Horkheimer und Bloch bis zu Marcuse, Benjamin und Brecht die stetig sich zuspitzende „Krise des Marxismus" reflektiert wird, die wesentlich eine Krise der marxistischen Teleologie und ihrer transzendenten oder materialistischen Bestimmung ist.

Parallel dazu kreuzen sich in Frankreich ökonomie- und metaphysikkritische Problematiken in einer gleichermaßen durch Surrealismus, Existenzialismus und Marxismus geprägten diskursiven Konstellation. Bei Jean-Paul Sartre, Maurice Merleau-Ponty, Simone de Beauvoir, Henri Lefebvre, Axelos, Louis Althusser, Guy Debord und Raoul Vaneigem führt dies nach dem Zweiten Weltkrieg zu jeweils eigensinnigen, in jedem Fall aber maßgeblich von Nietzsche- und Heidegger-Lektüren beeinflussten Erweiterungen der marxistischen theoretischen Praxis. Diese werden in Gruppen wie Socialisme ou Barbarie, Voie Communiste und der schon erwähnten Situationistischen Internationale in die politische und subkulturelle Praxis vermittelt. In Italien werden ähnliche Erfahrungen im operaistischen Marxismus und der bis in die späten 1970er Jahre aktiven Massenbewegung der Autonomia artikuliert. Überhaupt wirken die gleichermaßen sozial- und kulturrevolutionären Dynamiken der 1960er und 1970er Jahre als transnationales Medium des Austauschs und der Durchdringung des in diesen Forschungen konstituierten Wissens; wenn der Poststrukturalismus von Foucault, Deleuze und Guattari hier noch ein paar Schritte weitergeht, so hängt dies wesentlich daran, dass ihm der Mai 68 schon zum Ausgangspunkt wurde. Der poststrukturalistische Fortschritt über alle bisherigen Versuche einer Kombination marxistischer und nietzscheanischer Problematiken hinaus liegt dabei präzise darin, keine weitere „Kombination", sondern neue Terminologien und Methodologien vorzulegen, die gerade die Schnittmenge dieser Problematiken artikulieren. So zielt die in *Kapitalismus und Schizophrenie* entfaltete Begrifflichkeit des Territoriums, der Codes und Axiomatiken sowie der De- und Reterritorialisierungen bzw. De- und Recodierungen direkt auf die historische Freisetzungsbewegung, in der die marxistische Tradition die ambivalente Dynamik des Kapitalismus, die nietzscheanische Tradition die des Nihilismus beschrieben hatte. Sie stellt damit erstmals die Ambivalenz der Freisetzung selbst in den Fokus politischer Philosophie (vgl. Deleuze/Guattari 1974, 1997).

Gleichzeitig aber, und das ist der entscheidende Ertrag der Verschiebung, die Hardt und Negri vornehmen, ist der Poststrukturalismus bereits das Resultat einer Krise, weil er nicht nur die im Mai ereignishaft hergestellte Einheit revolutionärer Theorie und Praxis, sondern zugleich die Restrukturierung kapitalistischer Herrschaft artikuliert, die diese im Übergang von der Disziplinar- zur Kontrollgesellschaft und vom Imperialismus zum Empire wieder zerbricht. Im synoptischen Verfahren ihres interdisziplinären Ansatzes erschließen Hardt und Negri über den Poststrukturalismus und die ihm vorausliegende diskursive Konstellation ein Archiv, das die teils verborgene, teils abgedrängte Geschichte der biopolitischen Kämpfe in ihrem inneren Zusammenhang mit den von ihnen ausgehenden Umwälzungen der weltgesellschaftlichen Reproduktionsverhältnisse retrospektiv dechiffrierbar macht: Die im Namen des Lebens und des Seins formulierte Metaphysikkritik und die Kritik der politischen Ökonomie konnten sich wechselweise aufeinander beziehen, sofern und weil sie Vor- und Rücksprünge in der Durchsetzungsgeschichte des biopolitischen Paradigmas kapitalistischer Akkumulation und damit den Prozess der reellen Subsumtion allen Lebens und Seins unters Kapital reflektierten. Im Licht dieser Hypothese sind dann aber nicht nur die Diskurse zu überprüfen, die Hardt und Negri den Archiven der Multitude einordnen; zu überprüfen bleibt die vorgenommene Einordnung selbst und schließlich auch und gerade deren eigener Diskurs. Das wird notwendig über den in *Empire* erreichten Stand hinausführen, in mehr als einer Hinsicht wohl auch so, dass dabei hinter das Buch zurückgegangen werden muss. Um Philologie geht es dabei zuletzt und nur insoweit, als einer kollektiven Forschung Begriffe zur Verfügung gestellt werden, mit denen „in dieser Situation ein revolutionärer politischer Diskurs von Neuem in Gang" (E, 77) gebracht werden kann. Einer solchen Forschung ist es dann bereits zum strategischen Gewinn geworden, dass heterogene Diskurstraditionen, wenn auch oft nur im Anriss, gelegentlich zusammengeführt werden.[6]

Symptomatik des Übergangs

Entgegen dem an manchen Stellen erweckten Anschein einer bereits abgeschlossenen Epochenfolge von Moderne und Postmoderne bzw. Imperialismus und Empire situieren Hardt und Negri sich und uns aber nur erst in „Passagen", das heißt in Über- und Durchgängen. Deshalb vertiefen sie in einem dritten Schritt noch einmal ihre kritische Archäologie der Archive von Empire und Multitude. Dabei beziehen sie sich zunächst auf zeitgenössische Autorinnen und Autoren, denen es ebenfalls um eine Theorie der Postmoderne beziehungsweise des Postkolonialismus geht, namentlich auf Jean Baudrillard, Homi K. Bhabha, Jacques Derrida, Jean-François Lyotard. Ihnen werfen Hardt und Negri vor, „unwillentlich der neuen Macht in die offenen Arme zu sinken“, weil sie in ihrer Fixierung auf die Herrschafts- und Ausbeutungstechnologien der Moderne übersehen, wie die spezifisch postmodernen Identifikations- und Subjektivierungsweisen der Hybridität und der Differenz längst ins kontrollgesellschaftliche „diversity management“ eingegangen sind, die unmittelbare Bejahung der über die Moderne hinaus treibenden „wirklichen Bewegung“ deshalb nicht umstandslos zur Entfaltung der Befreiungspotenziale führt, die mit ihr eröffnet werden (vgl. E, 150ff.). Von der Kritik der mystifizierenden Affirmation im postmodernistischen Denken schlagen Hardt und Negri dann aber einen großen Bogen auf die „verschiedenen philosophischen Richtungen negativen Denkens im 19. und 20. Jahrhundert“ zurück. „Von Nietzsche bis auf Heidegger und Adorno“ (E, 426) sei zwar zu Recht das Ende der modernen Metaphysik und darin auch die Krise moderner Vergesellschaftung diagnostiziert worden, doch gelangten diese Autoren - komplementär zum Fehler der Postmodernisten - trotz ihrer Anerkennung der Immanenz über eine unilineare Verfallsgeschichte der Moderne nicht hinaus. Deshalb war das spezifisch Neue der Epoche, „der Auftritt der Massen auf der gesellschaftlichen und politischen Bühne, die Erschöpfung der kulturellen und produktiven Modelle der Moderne, das Schwinden der imperialistischen Projekte Europas, die Konflikte zwischen Nationen um Fragen der Knappheit, der Armut und des Klassenkampfs“, für sie immer nur ein „irreversibles Zeichen des Niedergangs“ (E, 382). Ihr letztendliches Versagen vor der strategischen Option der Immanenz resultiert aus einem Rückfall in oder einer Verhaftung an die Dialektik und deren „europäische Ideologie“ (E, 96). Während im Fall Nietzsches und Heideggers die Nostalgie nach dem vor-metaphysischen Ursprung des Abendlandes noch einmal die dialektische Figur eines in den Anfängen der Geschichte schon beschlossenen Telos aller Entwicklung wiederholt, bleibt Adorno Gefangener der Dialektik, indem er das Scheitern jeder dialektischen Geschichtskonstruktion im katastrophischen Finale Europas mit dem Scheitern aller Geschichte gleichsetzt (E, 381ff.).

Mit der Kritik der postmodernistischen Affirmation einerseits und jeder - das Wort im eben erläuterten Sinn genommen - negativen Dialektik andererseits markieren Hardt und Negri die beiden Klippen, an denen die strategische Option der Immanenz in den Passagen der Postmoderne scheitern kann. Darin bleibt ihre Theorie des Empire der des Imperialismus gleich doppelt verbunden. Zum einen wird universelle Befreiung auch hier an eine radikale Dezentrierung der europäischen Perspektive gebunden. Zum andern wird unmissverständlich klargestellt, dass solche Befreiung sich als materialistisches Telos allein in der Aktion der Menge oder gar nicht realisiert. Die Philosophie findet ihre Grenze damit in dem, was nicht mehr Philosophie ist.

Anmerkungen

1 Im Folgenden zitiert mit der Sigle E unter Angabe der Seitenzahl nach Hardt/Negri 2002a in Klammern.

2 So etwa Jürgen Habermas in *Der philosophische Diskurs der Moderne* (vgl. Habermas 1985, 57 u. passim). *Zerstörung der Vernunft* ist der Titel des 1955 erschienen Buchs von Georg Lukács, dem Habermas' Pamphlet in Anlage und Tonfall weitgehend folgt (vgl. Lukács 1974).

3 Bei Marx und Engels heißt es wörtlich: „Der Kommunismus ist für uns nicht ein *Zustand*, der hergestellt werden soll, ein *Ideal*, wonach die Wirklichkeit sich zu richten haben wird. Wir nennen Kommunismus die *wirkliche* Bewegung, welche den jetzigen Zustand aufhebt. Die Bedingungen dieser Bewegung ergeben sich aus der jetzt bestehenden Voraussetzung." (Marx/Engels 1958, 35; Hervorhebungen i.O.)

4 Programmatisch für die kulturrevolutionäre „Dichterphilosophie" vgl. Nietzsche, Also sprach Zarathustra, I. Buch, Von der schenkenden Tugend, 2. Abschnitt (Nietzsche 1988b, 99ff.). Bei Heidegger siehe neben den Hölderlin-Vorlesungen (Heidegger 1980, 1982, 1984) vor allem den Aufsatz „Überwindung der Metaphysik" (Heidegger 1954) sowie die kritische Fortschreibung dieses Projekts bei Deleuze und Guattari in *Was ist Philosophie?* (Deleuze/Guattari 2000, 114, 117, 126ff., 260). Zu den Situationisten vgl. das bei Hardt und Negri mehrfach genannte Buch *Die Gesellschaft des Spektakels* von Guy Debord sowie in programmatischer Verdichtung vom selben Autor den *Rapport zur Konstruktion von Situationen* (Debord 1995, 1996). Im kursiv gedruckten *Politischen Manifest* stellen Hardt und Negri die dichterphilosophische Evokation einer anti- bzw. posthumanistischen Subjektivität in den Kontext sozialer Kämpfe zurück (vgl. E, 76ff. und zum direkten Bezug auch auf Hölderlin vgl. E, 400ff.). Eine deutlich kritische Würdigung findet sich unter dem Titel „Der Prophet" in einer weiteren kursiv gesetzten Passage, die das Kapitel 4.1 hätte abschließen sollen, aber nicht in das Buch aufgenommen wurde. Hier wird das charismatisch-prophetische Vermögen des Dichterphilosophen der Multitude zuerkannt; vgl. Hardt/Negri 2002.

5 Vermutlich sind das Foucault-Buch von Deleuze und Donna Haraways *Die Neuerfindung der Natur: Primaten, Cyborgs und Frauen* die wichtigsten Bezugspunkte für Hardt und Negri in diesem Kontext (vgl. Deleuze 1987, 122ff.,129ff., 175ff.; Haraway 1995).

6 Der kritische Rückgang vom Buch auf sein Archiv kann übrigens auf der marxistischen und der nietzscheanischen Linie beschritten werden. So wäre die Theorie des biopolitischen Empire im Licht der Kritiken zu überprüfen, die von marxistischer Seite bereits gegen Foucault, Deleuze und Guattari erhoben worden sind, vgl. etwa

Balibar 1991 und Poulantzas 2002, 64ff. Zugleich wäre der Begriff der Multitude bei Hardt und Negri einer Kritik durch Begriffe der Kommunalität wie der Singularität auszusetzen, die eher nietzscheanischen und heideggerianischen Intuitionen folgen, vgl. Agamben 2001, 2002 und Nancy 1994. Darüber hinaus kann das von *Empire* aufgerufene Archiv im Ganzen einer kritischen Befragung durch die Philosophie Alain Badious ausgesetzt werden (vgl. Badiou 1998).

Literatur

Agamben, Giorgio (2001): Mittel ohne Zweck. Notizen zur Politik, Freiburg, Berlin.

- 2002): Homo sacer. Die souveräne Macht und das nackte Leben, Frankfurt am Main

Badiou, Alain (1998): Manifest für die Philosophie, Wien

Balibar, Étienne (1991): Foucault und Marx. Der Einsatz des Nominalismus, in: Ewald, François/Waldenfels, Bernard (Hg.): Spiele der Wahrheit. Michel Foucaults Denken, Frankfurt am Main

Debord, Guy (1995): Rapport über die Konstruktion von Situationen und die organisations- und Aktionsbedingungen der internationalen situationistischen Tendenz, in: Der Beginn einer Epoche: Texte der Situationisten, Hamburg

- (1996): Die Gesellschaft des Spektakels. Kommentare zur Gesellschaft des Spektakels, Berlin

Deleuze, Gilles (1987): Foucault, Frankfurt am Main.

-/Guattari, Félix (1974) Anti-Ödipus. Kapitalismus und Schizophrenie I, Frankfurt am Main

-/- (1997): Tausend Plateaus. Kapitalismus und Schizophrenie II, Berlin

-/- (2000): Was ist Philosophie? Frankfurt am Main

Habermas, Jürgen (1985): Der philosophische Diskurs der Moderne. Zwölf Vorlesungen, Frankfurt am Main

Haraway, Donna (1995): Die Neuerfindung der Natur: Primaten, Cyborgs und Frauen, Frankfurt am Main

Hardt, Michael/Negri, Antonio (2002a): Empire. Die Neue Weltordnung, Frankfurt am Main

-/- (2002b): Subterranean Passages of Thought: Empire's Inserts, in: *Cultural Studies*, 16.2

Heidegger, Martin (1950): Nietzsches Wort ‚Gott ist tot', in: ders.: Holzwege, Frankfurt am Main

- (1954): Überwindung der Metaphysik, in: ders.: Vorträge und Ausätze. Pfullingen

- (1980): Hölderlins Hymnen „Germanien" und „Der Rhein", in: GA, II. Abt. Band 39, Frankfurt am Main.

- (1982): Hölderlins Hymne „Andenken", in: GA, II. Abt. Band 52, Frankfurt am Main

- (1984): Hölderlins Hymne „Der Ister", in: GA, II. Abt. Band 53, Frankfurt am Main

Lukács, Georg (1974): Die Zerstörung der Vernunft, in: Werke, Band 9, Darmstadt, Neuwied

Marx, Karl/Engels, Friedrich (1958): Die deutsche Ideologie, in: MEW 3

-/- (1959): Manifest der Kommunistischen Partei, in: MEW 4

Nancy, Jean-Luc (1994): Das gemeinsame Erscheinen. Von der Existenz der Kommunismus zur Gemeinschaftlichkeit der „Existenz", in: Vogl, Joseph (Hg.), Gemeinschaften. Positionen zu einer Philosophie des Politischen, Frankfurt am Main

Nietzsche, Friedrich (1988a): Unzeitgemäße Betrachtungen. Drittes Stück: Schopenhauer als Erzieher, in: KSA 1, 2., durchges. Aufl., München

- (1988b): Also sprach Zarathustra I-IV, in: KSA 4, 2., durchges. Aufl., München

Poulantzas, Nicos (2002): Staatstheorie. Politischer Überbau, Ideologie, Autoritärer Etatismus, 2. Aufl., Hamburg

Vaneigem, Raoul (1980): Handbuch der Lebenskunst für die jungen Generationen. 3. Aufl., Hamburg

Tanja Martini

Spektakel des Lebens
Anmerkungen zum Spektakel unter kontrollgesellschaftlichem Machtparadigma

Wenn die Multitude sich der Form Staat entzieht, so vor allem deshalb, weil sie einer anderen Ordnung angehört als das Volk, schreibt Paolo Virno; einer Ordnung nämlich, an deren Anfang das Gemeinsame steht (Virno 2003, 1). Vom Kopf auf die Füße gestellt: Das Volk strebt nach Allgemeinheit, sie ist ihr als Versprechen aufgegeben, die Menge hingegen leitet sich von der Allgemeinheit ab. Die das Volk konstituierende Einheit ist der Staat, die volonté générale. Die Einheit hinter der Menge ist die Sprache als soziales Vermögen, als allgemeine Fähigkeit der Spezies. Die Extremform der Enteignung dieses Gemeinsamen oder Kommunen entdeckt Giorgio Agamben im Spektakel, wie Guy Debord es 1967 in den 221 Thesen seiner *Gesellschaft des Spektakels*[1] beschrieb (vgl. Agamben 2001, 81). Die Enteignung jenes Gemeinsamen fassen Guy Debord und die Situationistische Internationale als Kolonisation der Kommunikation, als Zerstörung der Sprache durch einen zunehmend spektakulär werdenden Kapitalismus.

I. Der getäuschte Blick

In einem Text aus dem Jahre 1961 mit dem Titel „Perspektiven einer bewussten Änderung des alltäglichen Lebens" reflektiert Debord die Marxsche Diagnose der bürgerlichen Gesellschaft als eine, in der die Individuen ihre Geschichte nicht aus freien, selbstgewählten Stücken machen und die Lebensverhältnisse sich der kollektiven und individuellen Autonomie entziehen, auf den Aspekt der geraubten Kommunikation hin. Marx berührte mit seiner Diagnose das Modernitätsparadigma, den Konflikt zwischen Immanenz und Transzendenz - zwischen den „zwei Spielarten der Moderne", wie es in *Empire*[2] von Michael Hardt und Toni Negri heißt. Hardt und Negri lesen die Moderne als Krise: als unaufhörlichen Kampf um Hegemonie über das Paradigma der Moderne, der sich als Kampf zwischen den immanenten, schöpferischen Kräften und einer transzendenten, ordnenden Macht, zwischen der Kreativität der Einzelnen/Menge und dem Prozess staatlicher Wiederaneignung zeigt. Ein revolutionärer Prozess einerseits, der in Philosophie, Kunst, Politik und Wissenschaft mit der konstituierenden Vorstellung von Geschichte verbunden ist, dem jedoch andererseits neue Ordnungs- und Befehlsideologien sowie ein neuer Machtapparat gegenüberstehen, geeignet neue Formen gesellschaftlicher Produktion zu kontrollieren und neue Vereinigungsformen im Horizont eines transzendenten politischen Apparats zu homogenisieren. Moderne (national-)staatliche Souveränität reguliert dieses Kräfteverhältnis, indem sie über das Prinzip der Repräsentation mit den strukturellen Folgen transzendenter Herrschaft verknüpft ist, die Menge integriert und in ein Volk umwandelt: „Im begrifflichen Rahmen unserer Untersuchung könnte man sagen, dass die bürgerliche Gesellschaft das Terrain war, auf dem moderne staatliche Souveränität immanent wurde (zur kapitalistischen Gesellschaft) und zugleich umgekehrt dasjenige, auf dem die kapitalistische Gesellschaft transzendent wurde (zum Staat)." (E, 337)

Die Marxsche Denkfigur zur Erläuterung der daraus resultierenden sozialen Formen findet sich im *Kapital*: die Analyse des Warenfetischismus - die Verselbstständigung der Ware zu einem sinnlich übersinnlichen Ding und einer Macht über den Menschen, denen gesellschaftliche Verhältnisse und Beziehungen als Verhältnisse von Dingen erscheinen. Entlang dieser Bewegung richtete Marx sowohl die Theorie des Staates wie auch die Kritik der Politik aus. Politische Gemeinschaftlichkeit ist in dieser Perspektive als ein metaphysisches Verhältnis zu begreifen. Sie nimmt in der Form des Staates, der den Individuen als getrennte Existenz, als Zwangszusammenhang gegenübertritt, eine versachlicht-objetkivierte Gestalt an. Die spezifisch kapitalistische Vergesellschaftungsform ist Marx zufolge somit nicht nur charakterisiert durch die Trennung der Produzenten von den Produktionsmitteln, die Unterordnung der Arbeit unter das Kapital, durch Privatproduktion und Warentausch, sondern zugleich durch die Trennung von Staat und Gesellschaft, Politik und Ökonomie, 'öffentlich-politisch' und 'privat'.

Marx' Diagnose jener transzendenten Struktur des Denkens, jener Logik der Umkehrung in den bürgerlichen Lebensverhältnissen, anhand derer das Scheitern der Immanenz und das „Verschwinden" von Herrschaft in verdinglichten Formen aufgewiesen werden konnte, gibt die Folie, vor der die Spektakeltheorie entwickelt wird. Gleichzeitig ist hiermit der Punkt markiert, von dem aus das eigentlich Neue der Spektakeltheorie gefasst werden kann. Die gesamte Hegelmarxistische Tradition operierte in der Frage nach der ideologischen Dimension von Vergesellschaftung entlang des Bewusstseins, des Denkens und der Ideen. Georg Lukacs etwa stellte ausgehend vom Warenfetischismus seine These von der ideologischen Vergesellschaftung der Subjekte noch ganz in die bewusstseinsphilosophische Blickbahn. Die Problemstellung verlief damit entlang der Verdinglichung des Bewusstseins und kontrastierte sie mit der Idee des identischen Subjekt-Objekts.

Debord rekurriert demgegenüber nun gerade auf die Materialität von Ideologie und nimmt eine Verschiebung vor, die das Bild und die sinnliche Wahrnehmung der Subjekte ins Zentrum rückt. Im Spektakel nämlich erscheinen die gesellschaftlichen Beziehungen und die sozialen Formen nicht mehr nur als Beziehungen zwischen Dingen, sondern sie werden von Repräsentationen in Form von Bildern überschrieben und reguliert. Die Kritik des Spektakels dreht sich folglich nicht mehr um das Problem der transzendenten Denkstruktur, sondern sucht die ideologische Vergesellschaftung der Subjekte bereits in deren visueller Wahrnehmung auf. Gemäß jener Aussage in der *Gesellschaft des Spektakels*, die heißt: „Was die Ideologie bereits war, ist die Gesellschaft geworden", setzt Debord Kritik der Gesellschaft in eins mit Ideologiekritik. Mit der Materialitätsthese situiert er das Problem der Ideologie und der ideologischen Formen von Herrschaft auf der gesellschaftlichen Immanenzebene. Denn die Materialitätsthese ist nur dann sinnvoll, wenn man sich auf der Ebene der Immanenz bewegt und gerade nicht die Verkehrung der Realität unterstellt. Dieser Ansatz ist somit nicht mehr auf die These vom falschen Bewusstsein zu bringen. Dennoch ist es Debord selbst, der die folgenreiche Verschiebung seiner These von der Materialisierung der Ideologie in den gesellschaftlichen Verhältnissen verdeckt, indem er stets aufs Neue seine Analyse in der Behauptung eines falschen Bewusstseins kulminieren lässt.

Rückblickend kann jedoch gesagt werden, dass all die Hegelmarxistischen Wendungen, die er in der *Gesellschaft des Spektakels* streut, vor allem der strategischen Positionierung auf dem Feld der intellektuellen Auseinandersetzungen gegen die neue strukturalistische „Mode" dienen. Debord bringt sich gegen die „spezialisierten Denker", die, so der Vorwurf, die spektakulär entstellte Kommunikation als ein Absolutes denken (GS, 202), als den Verfechter des revolutionären Projekts ins Spiel und beschwört die Einheit von Theorie und Praxis. Entgegen der existenziell gewendeten Revolte, aus der das situationistische Projekt seinen revolutionären Impetus bezog, und entgegen aller Kritik einer Metaphysik des Authentischen auch in der *Gesellschaft des Spektakels* geht Debord schließlich dazu über, die klassische Wesensmetaphysik im Begriff des Proletariats nachträglich festzuschreiben. Dennoch, die These vom falschen Bewusstsein ist nicht der Fixstern in der Spektakel-Analyse. Im Gegenteil, es ist das Leben, das falsche alltägliche Leben, das ständig vom Spektakel perpetuiert wird und den Maßstab bildet. Diese Verschiebung ist nur vor dem Hintergrund der künstlerischen Avantgardeströmungen des 20. Jahrhunderts zu denken, in denen die Welt zu verändern bedeutet das Leben zu ändern und die Verschränkung von Kunst und Politik im Horizont einer möglichen sinnlichen Affizierung steht.

II. Unterordnung des Realen

Die materialisierte Ideologie denkt Debord über das Verhältnis der Repräsentation in den gesellschaftlichen Verhältnissen. Die Kritik der Spektakelgesellschaft ist immer eine Kritik der verschiedenen Formen von Repräsentation: sowohl der Vorstellungen, Darstellungen und Vergegenwärtigungen einer Sache und der Vorstellungen in ihrer Differenz zur vorgestellten Sache als auch der Stellvertretungsverhältnisse bezüglich bestimmter sozialer Gruppen durch Delegierte oder Institutionen - Kritik des Vergegenwärtigens eines Nichtgegenwärtigen wie der Formen politischer Arbeitsteilung. Debord demonstriert an einer Reihe gesellschaftlicher Verhältnisse die allgemeine Ersetzung des Lebens durch die bloße Repräsentation, durch das bloße Bild. Er eröffnet die *Gesellschaft des Spektakels* mit der zunächst völlig überzogen wirkenden These: „Alles, was unmittelbar erlebt wurde, ist in eine Vorstellung entwichen." Das Spektakel sei die „konkrete Verkehrung des Lebens und ein durch Bilder vermitteltes gesellschaftliches Verhältnis zwischen Personen". Von hier aus ist im Spektakel, in dem sich die Bilder von jedem Aspekt des Lebens abgetrennt haben und in einen gemeinsamen Lauf verschmelzen, sodass die „Einheit des Lebens nicht wieder hergestellt werden kann" (GS, 13), die zunehmende Banalisierung des Lebens aller zu denken. Das Spektakel definiert sich durch eine doppelte Bewegung, die einerseits die der vollendeten Trennung ist und andererseits durch die Trennungen hindurch eine neue Einheit aufbaut - einen Idealismus der Bildlichkeit, eine aus Fragmenten bestehende Pseudo-Welt der Bilder, die von einer Gemeinschaft erzählt und sich der isolierten Individuen als gemeinsam isolierter bemächtigt. Durch den spektakulären Aktivismus hindurch ist es gerade die Passivität, die die Denk- und Wahrnehmungsmuster prägt und eine Selbstbezüglichkeit bewirkt, in der die Individuen zur Masse homogenisiert werden.

In weitgehender Übereinstimmung mit Henri Lefebvres *Kritik des Alltagslebens* und zeitgleich mit dem Erscheinen dessen zweiten Bandes im Jahre 1961, in dem Lefebvre den Verlust der Einheit des Alltagslebens konstatiert und seine Aufsplitterung in Arbeit, Privatleben und Freizeit herausstellt, untersuchen die Situationisten die Veränderungen im Alltag, wie sie sich durch den Konsum, die Formen staatsbürokratischer Fürsorge, die Technisierung der Haushalte, die funktionalistische Architektur und einen die Zeichen der herrschenden Produktions- und Reproduktionsweise ausstreuenden technischen Apparat ergeben. Lefebvre definiert das Privatleben „in seinem ursprünglichen drastischen Sinn" als „Privation, Entzug, Entblößung von allem", in dem der „Privatmann", der „sich nicht einmal mehr als Citoyen empfindet", zurückgelehnt in seinem Sessel, das „universelle Geschehen beschaut, ohne es im Griff zu haben oder sich auch nur darum zu bemühen". Dies sei der „private Blick, der Blick des gesellschaftlich gewordenen Privatmannes", und dies, obwohl die Möglichkeiten von Interesse und Genuss durchaus mosaikartig im Privatleben enthalten seien. Es sei ein „gesellschaftlicher Blick auf das Bildnis der Dinge, aber reduziert auf die Ohnmacht" (Lefebvre 1977, 100f.). Parallel dazu denkt Debord den Begriff des Privatlebens seinem vollen Sinn nach, ganz so, wie der französische Ausdruck „vie privée" nicht nur Privatleben, sondern auch geraubtes Leben bedeutet. Die ideologische Trennung von 'öffentlich-politisch' und 'privat' verschiebt sich demnach faktisch so, dass das alltägliche Leben zu einem kolonisierten Sektor geworden ist. Noch in der *Gesellschaft des Spektakels* schreibt Debord, es sei das alltägliche Leben, das ohne Sprache, ohne Begriff bleibt und noch keine Geschichte hat.

Debord denkt das qualitativ Neue jenes spektakulären Vergesellschaftungsmodus zunächst von der verabsolutierten Warenproduktion her, in der die Ware „zur völligen Besetzung des gesellschaftlichen Lebens gelangt" (GS, 35) und auf einer qualitativ neuen Stufe der Kapitalakkumulation die „Ganzheit der menschlichen Existenz in die Hand genommen" (GS, 36) hat. Der Ware selbst fällt nun jenes versöhnungsstiftende Moment zu, das zuvor in Mythos, Religion oder den diversen Ideologien der Moderne verankert war. Das heißt, die identitären Muster und Homogenisierungen, die jeweils in der Logik von Opfer, Aufschub und nahender Entlohnung standen, werden nun fragmentarisch von der einzelnen Ware und den sie begleitenden Bildern ausgestattet. Hierin begründet sich schließlich auch das Ende einer Geschichte der Ideologien, wie Debord es verkündet. Im „Bild der glücklichen Vereinheitlichung der Gesellschaft durch den Konsum" (GS, 55) sei die reale Teilung jedoch nur aufgeschoben. Der Apparat aus Massenmedien, Werbung und Kino, vermittels dessen jede beliebige Ware als Repräsentantin der Ware überhaupt erscheint, stellt die an die Ware und ihre Bilder angebundenen, individualisierenden wie auch normierenden Muster sozialer Rollen bereit, zugleich prägt dieser Apparat neue Wahrnehmungsweisen.

Debord insistiert gegen ein mögliches Missverständnis darauf, dass das Spektakel nicht als eine Übertreibung der Welt des Schauens, „als Produkt der Techniken der Massenverbreitung von Bildern" (GS, 14) oder als ein Ganzes von Bildern begriffen werden darf. Das Spektakel ist nicht auf einen Teilaspekt, auf den massenmedialen Apparat zu reduzieren, sondern Debord versteht es als „tatsächlich gewordene, ins Materielle übertragene Weltanschauung" (GS, 14). Das Spektakel ist also nicht das Produkt einer technischen Apparatur. Die spektakuläre Ordnung ist vielmehr dadurch gekennzeichnet, dass sie einen elektronischen Apparat aus Massenkommunikationsmitteln zum Einsatz bringt, dass sie sich in ihrer Verfasstheit auf diesen als Instrument stützt, um das sie fundierende Herrschaftsverhältnis immer wieder zu erzeugen. Der elektronische Vermittlungsapparat ist nicht das primäre Kennzeichen der Gesellschaft des Spektakels, sondern entspricht genau der spektakulären Bewegung, die an der Stelle des Lebens das Bild installiert, die Lesbarkeit einer zugleich desorganisierenden und organisierenden Ordnung setzt. Er ist ein diese spektakuläre Ordnung kennzeichnender und reproduzierender Teil, ein Funktionselement innerhalb der allgemeinen Isolierungsbewegung, welche nach Debord die kontrollierte Reintegration der Subjekte gemäß den planbaren Erfordernissen der Produktion und Reproduktion enthalten muss. Die Sprache des Spektakels nun bestehe aus Zeichen der herrschenden Produktion, die zugleich der Endzweck dieser Produktion seien. Das Spektakel sei die „ständige Präsenz der Rechtfertigung" (GS, 15) des bestehenden Systems. Als solches entspricht es nicht einer direkten Manipulation, sondern muss als mit der gesellschaftlichen Erfahrung übereinstimmend aufgefasst werden, als etwas, das gleichzeitig so real ist, dass es für viele Menschen schon die Grenze ihres Verständnisses darstellt.

III. Spektakel im Empire

Die Spektakeltheorie zu historisieren ist ein Leichtes. Zahlreich sind die Stellen, die sich auf jenen historisch spezifischen fordistischen Kompromiss zwischen Arbeit und Kapital beziehen. Erst vor dem Hintergrund der Massenproduktion von Konsumgütern und der damit verwobenen, auf der „Sozialpartnerschaft" mit der Arbeiterklasse beruhenden neuen Kapitalverwertungsmöglichkeiten, konnte Debord ausgehend vom Warenkonsum das Spektakel denken. Freizeit, Familie, bürokratisierte Massengewerkschaften und -parteien sowie den Sozialstaat, dem es im Hinblick auf die Kontinuität der Lebensführung gelang, den Zwang zur Eingliederung in ein integratives Kontrollsystem mit der Aussicht auf bessere materielle Lebensbedingungen zu verbinden, diskutieren die Situationisten schon Ende der 1950er Jahre als generative Lenkungen der Bevölkerung im Bereich der Reproduktion. Die qualitativ neue Durchdringung und Kapitalisierung des Reproduktionsbereichs, die Trennung in Arbeitszeit und Freizeit oder „Lebenszeit", wie sie kennzeichnend für den Fordismus ist, bildet einen Eckpfeiler situationistischer Kritik.

Interessanter ist hier jedoch eine andere Frage. Die Frage nämlich, inwieweit mit dem Spektakel Mechanismen der Macht beschrieben oder angedeutet sind, die sich im postfordistischen Projekt erneuern, verschieben oder erweitern. Folgt man der Unterscheidung von Maurizo Lazzarato, derzufolge der Fordismus durch die Integration der Konsumtion in den Zyklus der Kapitalreproduktion gekennzeichnet ist, der Postfordismus hingegen durch die Integration der Kommunikation (Lazzarato 1998, 53), so zeichnet sich ab, wie die Spektakeltheorie an diesem Übergang lokalisiert werden kann. Die im Kern der Spektakeltheorie kritisierte Kontrolle über die Kommunikation und damit über das Leben liefert den Ansatzpunkt zum Verständnis des Übergangs, der entsprechend der jeweiligen Perspektive als Postfordismus, Kontrollgesellschaft oder Postmoderne bezeichnet werden kann.

Gilles Deleuze nahm 1990 in Anlehnung an Michel Foucault eine Unterscheidung zwischen Disziplinar- und Kontrollgesellschaften vor, die in Richtung einer Unterscheidung von Fordismus und Postfordismus übersetzt werden kann. Demgemäß gelten die fordistischen Gesellschaften aufgrund ihres Machttypus und der Orte (Fabrik, Familie, Sozialstaat etc.), an denen sich dieser Machttypus in der Zurichtung der Körper materialisiert, als Disziplinargesellschaften. Diese würden, so Deleuze, immer sichtbarer von sogenannten Kontrollgesellschaften abgelöst, von „Kontrollformen mit freiheitlichem Aussehen, die die alten - noch innerhalb der Dauer eines geschlossenen Systems operierenden - Disziplinierungen ersetzen" (Deleuze 1990, 255). An die Stelle von Einschließung, Disziplinierung und Normalisierung als Machtwirkungen würden eine permanente Kontrolle im offenen Raum treten. Hardt und Negri nehmen diese Unterscheidung in *Empire* auf und stellen die Frage, wie sich die Produktion von Subjektivität vor dem Hintergrund einer Krise der Institutionen vollzieht. Die disziplinären Institutionen, für die das Verhältnis von innen und außen fundamental ist, lesen sie als Punkte der Vermittlung mit der Souveränität.

Die Produktion von Subjektivität ist unmittelbar mit der Einübung der materiellen Praktiken innerhalb der „Mauern" verknüpft. Obwohl die Einübung von Disziplin den Subjekten auch hier schon als immanent vorgestellt werden müsse, konstituierten die Mauern der Institutionen „mit den Einkerbungen des gesellschaftlichen Raums Momente der Vertikalität und Transzendenz im gesellschaftlichen Feld" (E, 338). Die Beziehung der Macht auf das Individuum gleicht in den disziplinären Institutionen einer Invasion; die Disziplinierungen durchdringen, so Hardt und Negri, aber nie vollständig Körper und Bewusstsein der Individuen und stoßen entsprechend auf Widerstand. In der Kontrollgesellschaft schließlich, die sich die Techniken der Biopolitik zu eigen mache, breiten sich die Logiken der Subjektwerdung über das gesellschaftliche Terrain aus, „wird die Gesellschaft selbst zur Machtmaschine, entwickelt sich in ihrer Virtualität" (E, 39). Innen und Außen bilden keine Koordinaten mehr, während der immanente Disziplinargebrauch, die Selbstdisziplinierung, sich verallgemeinert. Die veränderten Formen der Subjektwerdung im Übergang zum Postfordismus sind jedoch nicht, wie Hardt und Negri stellenweise suggerieren, mit der Krise der Institutionen zu erklären, die mit dem Ende des Fordismus zutage tritt. Diese Krise ist selbst nur Ausdruck eines veränderten Machtparadigmas, in dessen Kern es um andere Zugriffsweisen auf das Leben als solches geht. Jener Übergang hat eine unterirdische Geschichte, wie Hardt und Negri immer wieder anmerken: Die sozialen Bewegungen im Verlauf des Fordismus richteten sich gegen die Unterwerfung durch Subjektivität und setzten den Vereinnahmungen im Bereich der Reproduktion die Rückeroberung all dessen entgegen, was man sein kann. Das kontrollgesellschaftliche Machtparadigma gestaltet sich gewissermaßen als Antwort auf die Forderung nach der „Fülle des Möglichen" (Foucault 1995, 173). Arbeitszeit und Freizeit, Produktion und Reproduktion fallen zunehmend zusammen, und Macht wird absolut immanent, indem sie um den Begriff des Lebens zentriert ist.

Hardt und Negri nehmen den Spektakelbegriff in *Empire* auf. Ihn erachten sie vor dem Hintergrund des kontrollgesellschaftlichen Paradigmas der imperialen Ordnung als „angemessener und wichtiger denn je" (E, 200), verkürzen ihn jedoch auf die Kommunikation der Furcht, auf die ideologische Dimension von Herrschaft, die „die verschiedenen Funktionen und Körper der hybriden Konstitution zusammenhält" (E, 331). In diesem Sinne lokalisieren sie das Spektakel in dem „integralen und weit verzweigten Apparat von Bildern und Ideen, der die öffentliche Rede und Meinung hervorbringt und regelt" (E, 331). Debord hatte mit dem Spektakel jedoch nicht bloß diesen Teilbereich, die politische Manipulation der Kommunikation vor Augen. Seiner Konzeption zufolge verkörpert das Spektakel vielmehr die Unterordnung des Lebens und des Realen unter die kapitalistische Verwertung. Das Spektakel ist nicht einfach das Supplement dieser „Einschließungs-Milieus". In ihm verdichten sich viel eher Momente von Disziplin und Kontrolle, von offener und ideologischer Gewalt zu einer umfassenden Herrschaftstechnologie. Die Kategorie Spektakel fokussiert im Kontext einer Ökonomisierung von Raum und Zeit einen Zusammenhang zwischen Bild-Vorstellung-Sichtbarkeit und Lesbarkeit-Kontrolle-Ordnung, in den sich sowohl die disziplinierenden als auch die regulierenden Formen von Unterwerfung als „politischer double-bind" (Foucault 1994, 250) einer gleichzeitigen Individualisierung und Totalisierung einfügen. Darin zeigen sich neue Formen der Vergesellschaftung von Kommunikation und Kultur, mit denen sich die Öffentlichkeit und das Politische neu zusammensetzen und artikulieren.

IV. Biomacht: Devenir dividuel

Die Neuzusammensetzungen des Politischen können im Sinne Foucaults als Teil der Regierungskunst gesehen werden, wie er sie in einer Vorlesungsreihe von 1978 im Kontext einer Genealogie des modernen Staates eingeführt hat. Mit Regierungskunst oder Gouvernementalität erläutert Foucault die politischen Formen der Biomacht - Techniken des Regierens, die sich auf die Führung der Bevölkerungsmasse im Detail und als Körper sowie auf damit verwobene Aspekte der Selbstführung der Individuen beziehen. Biomacht bezeichnet den Punkt, an dem die Produktion und Reproduktion von Leben zum Gegenstand der Macht geworden ist, bezeichnet eine Situation, in der die Macht das Leben als solches in Beschlag genommen hat. Die disziplinäre Zurichtung der Körper im Raum und die regulierenden Kontrollen des Gattungskörpers, die sich eher in der zeitlichen Dimension vollziehen, bilden die Pole, um die herum sich jene Macht zum Leben organisiert. Biomacht ist in diesem Sinne immer zugleich auf das Individuum wie auf die Masse bezogen, sie organisiert die Körperleistungen wie auch die Lebensprozesse (vgl. Foucault 2000; 2003).

Im Fordismus artikulieren sich die beiden Pole dieser Herrschaftstechnologie in Fabrik, Familie etc. und Sozialstaat. Unter den Bedingungen des Postfordismus gewinnt mit der Neuzusammensetzung von gesellschaftlicher Arbeit und von Produktion und Reproduktion der biopolitische Pol an Gewicht; das heißt, die auf Kontrolle zielenden Mechanismen rücken gegenüber den Disziplinartechniken in den Vordergrund. Damit gestalten sich Unterwerfung und Subjektkonstitution auf andere Weise. Diese Neuzusammensetzungen fassen Hardt und Negri mit dem Konzept der Biomacht im Kontext von immaterieller Arbeit als reelle Subsumtion der Gesellschaft unter das Kapital. Der Begriff der immateriellen Arbeit zielt auf die Transformationen und die neue dominante Form gesellschaftlicher Arbeit. Demnach rücken kommunikative, kooperative und affektive Arbeit an die Stelle der industriellen Fabrikarbeit. Reichtum wird zunehmend durch die biopolitische Produktion geschaffen, „durch die Produktion des gesellschaftlichen Lebens selbst“ (E, 11), in der Kommunikation, Sprache, Kreativität, Affekte und Wissen, alle Momente sozialer Interaktion selbst ökonomisch werden; ihnen kommt die entscheidende produktive Rolle zu. Das Ökonomische, das Politische und das Kulturelle fließen hier zunehmend zusammen.

Das biopolitische Paradigma der kapitalistischen Akkumulation bezeichnet, wie es in *Empire* heißt, „eine Situation, in der das, was für die Macht wirklich auf dem Spiel steht, die Produktion und Reproduktion des Lebens selbst ist“ (E, 39). Biopolitik auf die Transformationen innerhalb der Produktionsweise hin zu reflektieren, bedeutet so, den im Begriff der Gouvernementalität gefassten Konstitutionsprozess von Subjektivität, wie er immer schon der Selbstführung der Subjekte implizit ist, auf die Formen kapitalistischer Verwertung hin zu befragen. Wenn immaterielle Arbeit unmittelbar die Produktion von Kommunikation beinhaltet, dann geht es in ihr zugleich um die Produktion von Subjektivität. Und dies in einem doppelten Sinne: „in der Mobilisierung produktiver Kooperationen und in der Produktion der 'kulturellen Dimension' der Ware" (Lazzarato 1998, 59). Die Produktion von Kommunikation schließt immer auch die Produktion von Bildern ein, in denen das Verhältnis zur Realität konstitutives Moment ihrer Beschaffenheit ist. Vor allem in dieser Hinsicht ist das Spektakel immer schon immaterielle Arbeit.

Wenn Kommunikation, wie Hardt und Negri es formulieren, immer mehr zum Produktionsort geworden ist und wenn sprachliche Kooperation zusehends die Struktur produktiver Körperlichkeit bestimmt, so wird die Kontrolle über Sprache, Bedeutung und Kommunikation zu der zentralen Frage im politischen Kampf (E, 410). Hardt und Negri stellen schließlich die Frage, wie wir die „performativen Linien sprachlicher Sets und kommunikativer Netzwerke, die das Gewebe des Lebens und der Produktion konstituieren, entdecken und lenken" können (E, 411). Die Antwort die sie geben, erinnert an das Projekt der Situationisten, mit dem sie 1957 angetreten sind, um das abgerissene und spektakulär verfremdete Unternehmen der Avantgarde in radikalisierter Weise wieder aufzunehmen. Die Poetisierung des Lebens, das Praktizieren der Poesie und die Verwirklichung der Philosophie verschränkten sich hier zur programmatischen Maxime einer Wiedergewinnung des Lebens, der die Wiederaneignung des öffentlichen Raumes und die Konstruktion von Situationen zur Seite gestellt waren. Hardt und Negri nun formulieren die Antwort folgendermaßen: „Wissen muss zu sprachlichem Handeln werden und Philosophie zu einer wirklichen Wiederaneignung von Wissen. Anders ausgedrückt: Wissen und Kommunikation müssen über den Kampf das Leben konstituieren" (E, 411). Nun geht es freilich weder in *Empire* noch auch hier um die einfache Übersetzung des situationistischen Projekts in die Gegenwart. Die in der situationistischen Praxis mit der Konstruktion von Situationen formulierte Austauschbarkeit von Subjektivität erscheint heute vielmehr ins Zentrum des Machtparadigmas gerückt.

Wenn nun Produzieren heute zunehmend bedeutet Kommunikation, Kooperationen und Gemeinsamkeiten herzustellen, wenn die kommunikative Gemeinschaft vom Kapital kolonialisiert erscheint und wenn Ausbeutung uns durch die sprachlichen und kommunikativen Produktionsregime aufgezwungen wird (E, 411), so stellt sich die Frage: Wie sich auf das Gemeinsame beziehen, ohne im Sinne des Spektakels ein Bild daraus zu machen? Nach Hardt und Negri trägt die

Entwicklung der Multitude dieses Vermögen als ein ontologisches in sich. Vom „Standpunkt der Epistemologie des Begriffs“ aus gesehen, ist es die Erfahrung des Gemeinsamen, die sich in der Kreuzung von lebendiger Arbeit und Sprache bestätigt, die weder mit dem Kommando noch mit der Ausbeutung vereinbar ist (E, 411). Die vielfältigen Subjektivitäten, ihre kooperativen Kompetenzen drücken eine kontinuierliche Produktion der Welt aus. Vom „Standpunkt der Phänomenologie der Produktion“ (E, 314) aus gesehen, zeigt sich das Wissen immer schon maßlos im Verhältnis zum Tauschwert, in den es eingeschlossen werden soll (Negri 2003, 121). Produktive Arbeit heute reicht über die traditionelle Beschreibung produktiver Arbeit in dem Sinne hinaus, dass die immaterielle Arbeitskraft nie völlig aufgebraucht ist, ihre Verwertung nicht nur unter dem Kommando des Kapitals geschieht und sie niemals restlos subsumiert wird. Immaterielle Arbeitskraft behält ihren Lebens-Wert und verbreitet sich auf kooperative Weise in der Gesellschaft. Vom „Standpunkt der Praxis“, der Politik aus zeigt sich dann, dass Wissen und Gemeinsames die notwendigen Bedingungen einer freien Gesellschaft sind.

Mit der prophetischen Dimension im Konzept der Multitude beziehen Hardt und Negri schließlich einen Standpunkt über den beiden Linien der Moderne, der transzendenten und der immanenten, um in der völlig neuen Situation des Kampfs die Kritik der Vergangenheit als Narration der Zukunft wieder aufzunehmen. Jenseits aller Metaphysik räumen Hardt und Negri diesem prophetischen Zugang eine unmittelbar analytische Funktion ein. Ausgehend von der absoluten Immanenz beinhaltet diese Projektion das Potenzial mit Formen der Repräsentation zu brechen, wie sie in den Konzepten Volk und Nation zum Ausdruck kamen und wie sie in die marxistische Tradition zur Definition der historischen Mission einer sozialen Klasse und deren Organisation eingegangen sind.

Es handelt sich hierbei weniger um die emphatische Betonung von Subjektivität in den sozialen Kämpfen; denn zum einen erlaubt das Konzept die sozialen Kämpfe der 1960er und 1970er Jahre als Kämpfe der Multitude zu fassen, zum anderen ist die Multitude und die Fähigkeit zu ihrer Selbstkonstituierung immer schon in jenen Widerspruch hineingestellt, der sich aus der Mobilisierung produktiver Kooperationen auf der Seite des biopolitischen Paradigmas der kapitalistischen Produktion ergibt. Die Voraussetzungen zur Wiederaneignung eines kooperativen Gemeinsamen liegen in den Widersetzlichkeiten, die nicht zuletzt als Kampf gegen die Praktiken modifizierter Selbsttechnologien und Selbstkontrollen der Individuen sich entfachen, in den Kämpfen um neue Redensweisen und gegen die Unterordnung des Realen.

Anmerkungen

1 Im Folgenden zitiert mit der Sigle GS unter Angabe der Seitenzahl nach Debord 1996.

2 Im Folgenden zitiert mit der Sigle E unter Angabe der Seitenzahl nach Hardt/Negri 2002.

Literatur

Agamben, Giorgio (2001): Marginalien zu den Kommentaren zur Gesellschaft des Spektakels, in: ders.: Mittel ohne Zweck. Noten zur Politik, Freiburg

Debord, Guy (1996): Die Gesellschaft des Spektakels, Berlin

- (1961): Perspektiven einer bewussten Änderung des alltäglichen Lebens, in: Der Beginn einer Epoche. Texte der Situationisten, Hamburg 1995

Deleuze, Gilles (1990): Postskriptum über die Kontrollgesellschaften, in: ders.: Unterhandlungen, Frankfurt am Main

Foucault, Michel (1994): Das Subjekt und die Macht, in: Dreyfus, Hubert L./Rabinow, Paul: Michel Foucault. Jenseits von Strukturalismus und Hermeneutik, 2. Aufl., Weinheim

- (1995): Der Wille zum Wissen. Sexualität und Wahrheit I, Frankfurt am Main

- (2000): Staatsphobie, in: Bröckling, Ulrich/Krasmann, Susanne/Lemke, Thomas (Hrsg.): Gouvernementalität der Gegenwart. Studien zur Ökonomisierung des Sozialen, Frankfurt am Main

- (2003): Die „Gouvernementalität" (Vortrag), in: Schriften in vier Bänden. Dits et Ecrits, Band III, Frankfurt am Main

Hardt, Michael/Negri, Antonio (2002): Empire. Die neue Weltordnung, Frankfurt am Main

Lazzarato, Maurizio (1998): Verwertung und Kommunikation. Der Zyklus immaterieller Produktion, in: Atzert, Thomas (Hg.): Umherschweifende Produzenten. Immaterielle Arbeit und Subversion, Berlin

Lefebvre, Henri (1977): Kritik des Alltagslebens, 3 Bände., Kronberg/Ts.

Negri, Toni (2003): Eine ontologische Definition der Multitude, in: Atzert, Thomas/ Müller, Jost (Hg.): Kritik der Weltordnung. Globalisierung, Imperialismus, Empire, Berlin

Virno, Paolo (2002): Mit der Multitude ist niemals ein Staat zu machen, in: Subtropen, Nr. 16/02

Frieder Otto Wolf

'Empire' oder was?
Versuch einer Neuordnung der Debatte

Empire. Die neue Weltordnung von Michael Hardt und Antonio Negri ist bereits mehr als ein Buch. Es ist ein kulturelles Mobilisierungsphänomen und ein real aufgespanntes intellektuelles Debattenfeld.[1] Anstatt den unsinnigen Versuch zu unternehmen, durch eine endgültige 'Beurteilung' seiner zahlreichen Thesen dieser Debatte ein Ende zu setzen, mache ich mich im Folgenden daran, eine Problematik zu umreißen, in deren Rahmen eine produktivere Diskussion möglich wird.

Der von mir dabei verfolgte Grundgedanke ist schlicht: Wenn strategisch vermieden werden soll, dass sich einmal wieder der Kampf um spezifische Veränderungen und politischen Machterwerb von dem Kampf um die Überwindung der bestehenden Herrschaftsverhältnisse (und umgekehrt) abtrennt und sich diese beiden Pole des Spektrum der laufenden Kämpfe der Gegenwart feindlich gegenübertreten, anstatt ihren gemeinsamen Gegenpol in den bestehenden Herrschaftsverhältnissen im Auge zu behalten[2], dann wird es von entscheidender Bedeutung sein, theoretische Diskussionsebenen und Fragestellungen zu (er-)finden, auf denen wirklich mit Argumenten darum gestritten werden kann, worum es in den gegenwärtigen Kämpfen global und lokal geht (Einsatz), auf welche Situationen und Erfahrungen, welche die Konstellation einer historischen Lage bilden, sich heute eine herrschaftsüberwindende Praxis stützen kann (Verankerung) und wer bzw. was die strategischen Träger der zu entfaltenden Praxis sein können und sollen (Handlungsträgerschaft). Dabei wird es unvermeidlich sein, jedenfalls erst einmal der Herausarbeitung ungelöster Schwierigkeiten und unbeantworteter, offener Fragen den Vorrang einzuräumen (vgl. Haug/Haug (Hg.) 2002).

Derartige Fragen verweisen uns auf eine philosophische Ebene der Auseinandersetzung mit Hardt und Negri, auch wenn diese nicht ihre traditionellen Formen annimmt.[3] Die weltweit laufende Debatte über *Empire* gewinnt aber vermutlich ihre Virulenz nicht zuletzt daraus, dass sie geradezu davon durchdrungen ist, nicht zwischen kritischer Reflexion, politischer Militanz und wissenschaftlicher Theoriebildung zu unterscheiden.[4] Das hat eine unbestreitbare Berechtigung angesichts des gegenwärtig vorherrschenden Zustands der beziehungslosen Trennung von Philosophie, Politik und Wissenschaft. Aber es wirft auch die Frage auf, was die vom Denken selbst zu reproduzierenden Voraussetzungen dafür sind, dass öffentliches Nachdenken, politische Praxis und wissenschaftliche Untersuchung der Wirklichkeit wieder zu einander finden und eine neue Praxis von Aufklärung und Befreiung begründen können.

Denn dies ist wohl für viele LeserInnen das Anstößigste an dem Buch von Hardt und Negri: dass sie sich in globaler Absicht zur strategischen Lage der Welt äußern, ohne dass ihre in früheren Debatten vorgelegten vorbereitenden Analysen bereits über einen engen Strang der italo-französischen Debatte hinaus rezipiert und durchdiskutiert wären; und dass ihre in *Empire* vorgelegte zusammenfassende Analyse sehr viel 'philosophischer' ausgefallen ist, als dies sowohl eine empiristisches Verständnis marxistischer Theoriebildung (in der Linie von Perry Anderson und Robert Brenner) als auch ein 'kapitallogisch' oder 'frankfurterisch' (oder schon gar vom 'östlichen Marxismus') geprägtes Verständnis der Marxschen Theorie erwarten lässt. Für mich wirft dies eine wichtige Frage auf: Liegt dies daran, dass sich der viel beschworene 'Abschluss des Marxschen Systems' inzwischen endgültig als eine Chimäre erwiesen hat, dass also eine kritische Gesellschaftstheorie der aktuellen Gegenwart, in der jeweils zu handeln ist, niemals mehr ohne derartige, immer auch prekäre 'philosophische Antizipationen' auskommen kann - oder ist dies ein Mangel, der der Art der Theoriebildung bei Hardt und Negri anhaftet, der aber bei einem solideren, wissenschaftlicheren Verfahren zu beheben wäre? Gegen einen großen Teil der veröffentlichten linken Rezeption möchte ich die erste dieser alternativ gestellten Fragen bejahen: Nach meiner Auffassung bieten Negri und Hardt - gerade auch mit ihren philosophischen Elementen - eine radikal zeitgenössische Gestalt kritischer Gesellschaftstheorie.[5]

Hardt und Negri haben bei näherem Hinsehen eine Bündelung von philosophischen Initiativen (vgl. Wolf 2002, 116ff.) vorgetragen, durch die sie zugleich einen gesellschaftstheoretischen Begriff (Empire) vorschlagen und ausarbeiten, der sowohl empirisch als auch für politische Praxis als Orientierung produktiv und tragfähig ist. Damit arbeiten sie theoretisch an einem Hauptdefizit der derzeitigen Debatte um eine triftige Analyse der Gegenwart, welche sich mit Metaphern wie „Turbokapitalismus", „Biokapitalismus" und „Informationskapitalismus" oder Unbegriffen wie „Postfordismus" oder „High-Tech-Kapitalismus" darum herumdrückt, das irreversibel Neue der gegenwärtigen Herrschaftsverhältnisse ebenso klar zu bestimmen, wie ihr Charakter als Reproduktionsform des marktvermittelten Herrschaftsverhältnisses des Kapitals über die Arbeit. Hardt und Negri gehen auf die Theorie des Klassenkampfes zurück, wie sie seit den 1960er Jahren die produktive Linie des italo-französischen Marxismus vorangetrieben hat: Indem sie das Kapitalverhältnis als ein Kampfverhältnis begreifen, in dem zwar das Kapital herrscht, am Pol der Arbeit aber Widerstand und Initiative liegen, bringen sie - gestützt auf Marx' vereinzelte Anmerkung[6] zur Maschinerie als Kampfinstrument des Kapitals gegen „Arbeitermeuten" (Marx 1962, 459; vgl. schon Ebermann/Trampert 1983, 121ff.) - gleichsam ein historisches, sogar kontingentes

Moment in den Kern der marxistischen Gesellschaftstheorie hinein. Das ist, auch wenn dadurch die 'Konkurrenz der Kapitalien' in ihrer ökonomischen Eigenständigkeit gelegentlich mehr als notwendig relativiert wird, ein wichtiger theoretischer Fortschritt in der Überwindung geschichtsphilosophischer 'aprioristischer' und ökonomistischer Eierschalen, welche die aufmerksame Offenheit für die wirklichen 'Kämpfe und Wünsche der Zeit' im marxistischen Mainstream immer wieder behindert haben.

Der Begriff des 'Empire' dient ihnen dazu, verschiedene Fäden zusammenzuziehen, die bereits konstruktiv - zumeist in der italo-französchen Theorie - ausgearbeitet sind. In diesem Sinne gehe ich zwei zentralen Initiativen nach, die ich in dem Buch von Hardt und Negri vorgetragen sehe: Dem Generalthema des 'Empire' und der Einführung des Konzepts der 'Multitude'.

1. Empire, Imperium, Imperialismus

Das Konzept des 'Empire', wie es Hardt und Negri zur Erfassung der gegenwärtigen 'neuen Weltordnung' vorschlagen, definiert sich durch Entgegensetzungen und Abgrenzungen. Dabei empfiehlt sich eine genaue Beachtung der Unterschiedlichkeit der Hinsichten, in denen diese Abgrenzungen vorgenommen werden: Das alte 'Imperium Romanum' hat seinen schon zu Zeiten von Cäsar und Augustus erreichten technologischen Stand vermutlich vor allem deswegen nicht mehr weiterentwickelt, weil Sklaven oder abhängige 'Kolonien' nicht zur Handhabung von Technologien 'geeignet' waren, die eine aktive und denkende Handhabung erforderten, während die freien, marktabhängigen Figuren von Pächter und Lohnarbeiter (vgl. Meiksins Wood 2002) seit der frühen europäischen Neuzeit eine nicht ablassende Folge technologischer Verbesserungen in der Produktion ermöglicht haben. Es würde also auch hier nach der 'agency' zu fragen sein, das heißt nach der neuerlichen Spezifikation der Form der menschlichen Arbeit, welche die Reihe von stürmischen technischen Fortschritten vor allem der Transport- und Kommunikationstechnologien seit den 1970er Jahren möglich gemacht haben, etwa in der Reihe von Kopierern, Faxen, Internet, SMS, von der Elektrolok zum ICE oder auch die vom einfachen LKW-, Bahn- oder Schiffstransport zu den heutigen auf einer weltweiten Zirkulation von Containern beruhenden 'intermodalen' Transportsystemen. Allein diese Frage ernsthaft zu stellen, schließt eine produktive Analogisierung gegenwärtiger Entwicklungen mit denen des Imperium Romanum aus: Denn die gegenwärtigen Spezifikationen gehören in den modernen Kontext der freien Arbeit (dessen zentrales Element die 'doppelt freie' Lohnarbeit bildet) und nicht in den alten Kontext der unmittelbar und persönlich herrschaftsunterworfenen Arbeit. Ganz im Gegenteil geht es um eine erneute Steigerung der modernen Form der doppelt freien Lohnarbeit: Im Übergang zu autonomisierten Arbeitsverhältnissen, in denen die Subjekte selbst vom Kapital für ihre Selbstausbeutung in Anspruch genommen werden, als hegemonialem Kernbereich der Selbstverwertung des Kapitals durch die 'lebendige Arbeit', in denen 'horizontale' marktvermittelte Herrschaftsverhältnisse immer weitgehender, bis ins Innere der Betriebe hinein, die bisherigen vertikalen Kommandostrukturen auflösen, während gleichzeitig die Grenzen von 'Arbeit' und 'Leben' immer durchlässiger werden (vgl. Martens/Peter/Wolf 2001). Diese Veränderung in der Subjektstruktur der Arbeit bleibt selbstverständlich nicht folgenlos für die globalen und gesamtgesellschaftlichen Herrschaftsverhältnisse: An die Stelle der räuberischen Expansion des Kapitals in sein anderes, wie es bei Hobson, Lenin oder Luxemburg das Wesen des 'Imperialismus' bestimmt hatte, tritt entsprechend dieser neuen Subjektstruktur ein selbstbezügliches Kapitalverhältnis, welches sich zu einer rein immanent grenzenlosen Totalität konstituiert und die Quellen seiner Expansion ebenso wie seine möglichen historischen Grenzen nur noch in sich selbst finden kann.[7]

Das Konzept des 'Empire' unternimmt es, diesen internalisierten Gegensatz zu erfassen, der die zentrale Differenz zwischen den gegenwärtigen weltweiten Herrschaftsverhältnissen und dem neuzeitlichen Weltsystem des 'Imperialismus' ausmacht. Denn hier hat sich in der Tat ein wichtiger Formwandel vollzogen, der für alle offensichtlich ist, die nicht von dem interessierten Desinteresse der VertreterInnen imaginierter oder realer Staatsautorität an konkreten politischen Formen, aber auch an den spezifischen Formen der kapitalistischen Ausbeutung geblendet sind: Mit dem Hegemonieverlust der europäischen Großmächte war dieser Imperialismus nach 1945 zu seinem Ende gekommen war. Seit 1956 war die daraus folgende Entkolonisierung, die zwischen 1945 und 1948 noch einmal vorübergehend in kriegerischen 'Polizeiaktionen' der einzelnen Kolonialmächte gestoppt worden war, ernsthaft in Gang gekommen und hat sich dann seit dem Ende der 1950er Jahre unaufhaltsam durchgesetzt, mit der Unabhängigkeit der afrikanischen Kolonien Portugals als letztem, tragisch widersprüchlichem Akt. Die weltweiten Herrschaftsverhältnisse des gegenwärtigen 'Empire', haben also mit dem britischen Empire insofern nur den Namen gemeinsam, denn sie beruhen auf einer grundlegend postkolonialen politischen Situation.[8]

Auch die dritte im Konzept des 'Empire' enthaltene These ist nachvollziehbar: Auch wenn der innere gesellschaftliche Raum und Prozess der USA eine entscheidende ökonomische (vgl. Brenner 2003) und politische (vgl. Hardt/Negri 2002, Kap. 2.5) Bedeutung hat, fällt das Herrschaftssystem nicht mit dem US-

Nationalstaat zusammen. Wie sich in Kyoto und Johannesburg, aber auch in der Frage eines Irakkriegs als Mittel zur hegemonialen Neuordnung des Nahen Ostens (aber auch etwa schon in der Frage der Neuordnung des Weltwährungssystems nach Nixons einseitiger Aufkündigung des Nachkriegssystems von Bretton Woods) gezeigt hat, gibt es auch andere Knotenpunkte der Macht - und wie die Rolle von UNO, WTO, Bretton-Woods-Institutionen und G7/8 gezeigt hat, nimmt die Durchsetzung der US-Positionen institutionelle Formen an, deren Inhalt über ein bloßes einseitiges Diktat seitens der US-Administration deutlich hinausgehen.

Zusammengenommen hat das wichtige strategische Konsequenzen: Nationale Selbstbestimmung, Blockfreiheit und 'revolutionärer Defaitismus' haben in der neuen Konstellation ihre progressive Eindeutigkeit verloren. Auch das lokalistische 'think global, act local!' trifft die Lage nicht mehr.

Auch wenn das Konzept des 'Empire' nicht vollständig die Fragen beantwortet, wie die erneuerte globale Herrschaftskonfiguration seit dem Ende des Kalten Krieges funktioniert und wo ihre spezifisch kritischen Widersprüche liegen, so sorgt es doch für einen Zuwachs an Klarheit, indem es einige wirkliche Differenzen gegenüber den alten globalen Herrschaftsverhältnissen des klassischen Imperialismus der europäischen Kolonialmächte und dem Neoimperialismus der USA in der Periode des Kalten Krieges (dessen Vorgeschichte bis zur 'westlichen' Intervention gegen die russischen Oktoberrevolution zurückreicht) theoretisch markiert. Damit bildet es zumindest einen vorläufigen Platzhalter für das strategische Erkenntnisproblem einer theoretischen Bestimmung der Dynamik von 'Altem' und 'Neuem' in der gegenwärtigen Herrschaftskonstellation, das zu lösen sein wird, um etwa Naomi Kleins treffend formuliertes praktisches Postulat erfüllen zu können: „eine - technisch hochmoderne und zugleich basisorientierte, hochkonzentrierte und doch dezentrale - Widerstandsbewegung (zu) entwickeln, die genauso global und zu koordinierten Aktionen fähig ist wie die multinationalen Konzerne, die sie bekämpft" (Klein 2001, 461).

Indem die Frage nach der Rolle der USA als Nationalstaat in der neuen weltweiten Konfiguration von Herrschaft letztlich nur negativ anhand ihrer Differenz zur Rolle der alten Kolonialmächte bestimmt wird, geraten die spezifischen Hegemonialverhältnisse etwa des Dollars als Weltgeld, der Wallstreet als Weltbörse, der US-Volkswirtschaft als Weltkonjunkturlokomotive und der US-Army als Weltmilitär allzu sehr außer Blick - so überzeugend auch der Hinweis bleibt, dass im Unterschied zu den alten Kolonialmächten die schlichte Tatsache, in den USA zu wohnen und vielleicht auch noch als ihr Staatsbürger anerkannt zu sein, noch keinen Anteil an einem auf die gesamte US-Gesellschaft ausgedehnten imperialen Status gibt.

Das Modell der neuen Bush-Junior-Politik fordert allerdings schon dazu heraus, zwar nicht die imaginäre Einheit des 'Nationalstaates USA' wieder für das operative Zentrum des Empire erklären zu wollen, aber doch die Dimension der nationalen Mobilisierung innerhalb der USA als eine maßgebliche Realität auch des global agierenden Empire ins Auge zu fassen - und die Differenzen zu anderen Nationalstaaten und Staatengruppen - etwa in der Frage des von der Bush-Jr.-Administration geplanten 'großregionalen Gestaltungskrieges' gegen den Irak - durchaus für politisch relevant zu halten.

2. Die „Menge der Vielen" – die „Multitude" im „Gegen-Empire"[9]

In dem von Hardt und Negri vertretenen Konzept des Empire spielt die These von der besonderen Rolle der US-amerikanischen Massenbewegungen eine zentrale Rolle. In Fortführung der Thesen Trontis (1974) erklären sie diese Oppositionsbewegungen für den entscheidenden und dynamisierenden Faktor der amerikanischen Gesellschaftsentwicklung. Gegen alle offen oder versteckt systemfunktionalistischen Betrachtungsweisen heben sie die kreative, aber auch kontingente Rolle der Subjekte hervor. Das betrifft sowohl die Debatte über 'agency' als auch die Auseinandersetzung mit Weltsystemansätzen.

2.1 Wer, wenn nicht wir – oder die Frage nach den Subjekten historischer Transformation

In die Debatte über die 'agency', die 'Handlungsträgerschaft', welche zu philosophisch schon einmal wieder naiver gewordenen Zeiten[10] unter dem hegelmarxistischen Stichwort des Subjekts der Geschichte geführt worden ist, greifen Negri und Hardt mit dem Konzept der 'multitude' ein: Bei Hobbes der Gegenbegriff (und unterschwellige Faktor der Beunruhigung) für die rationale Konstruktion von Gesellschaft/Staat aus dem unterstellten Nichts sozialer Verhältnisse (das heißt konkret *ex multitudine*, aus der durch nichts miteinander verbundenen Menge der vielen Individuen). Diese erst zu konstituierende Einheit des Staats, die erst kollektive Handlungsfähigkeit konstituiert und begründet[11], wird bei Spinoza einer der Ausgangsbegriffe eines demokratischen Politikentwurfs, welcher Zusammenhang und Handlungsfähigkeit im Gegenzug zu Hobbes bereits vor der einheitlichen Unterwerfung der Vielen unter die souveräne Staatsmacht zu begründen vermag - und in vielen Marxismen in dem Konzept der (revolutionären) 'Masse' reinkarniert - wird bei Negri, schon in seiner Spinoza-Interpretation (Negri 1981) und erst recht in seiner Rekonstruktion einer *anderen* philosophischen und politischen *Moderne* (Negri 1992), zu einem strategischen Schlüsselbegriff, der an die Stelle des universalisierten Marxschen Proletariats aus dem *Kommunistischen Manifest* tritt. Diese begriffliche Operation verspricht zwei Vorteile: Zum einen setzt sie die Frage nach dem 'revolutionären Subjekt', nach den AktantInnen, die auf die klassisch gewordene Frage „Wer soll das alles ändern?“ antwortet, wieder in einen expliziten Bezug zu den politischen Philosophien der frühen Neuzeit mit ihren radikalen Fragen nach den Voraussetzungen von Befreiung und Autonomie. Damit erschließt sie, was für die Gedankenentwicklung von Hardt und Negri von zentraler Bedeutung ist, deren Problematiken als eine intellektuelle Ressource zur Lösung von strategischen Problemen der Gegenwart: so etwa des Problems von 'Volkssouveränität' und 'institutionalisierter Repräsentation' oder auch des Problems des Verhältnisses von Klassencharakter und 'gleicher Freiheit' (vgl. Balibar 1992; Heinrichs 2002) in demokratischen politischen Prozessen. Indem Hardt und Negri an die Stelle der 'Massen', von denen die Intellektuellen (unter der Führung der Partei) 'lernen' sollten, die vielfältige 'Menge der Vielen' setzen, zu der auch die Intellektuellen selbst gehören, eröffnen sie einen neuen Blick auf deren innere Diversität und Dynamik, welcher sofort allen didaktischen 'Umsetzungen' den Boden entzieht. Darin mag für manche Intellektuellen das Versprechen mitschwingen, dass sie nun gar nicht mehr zu lernen und überhaupt nicht mehr wirklich zu arbeiten bräuchten (denn 'anything goes!', wie es Feyerabend so missverständlich formuliert hat). Dies ist aber zum einen nicht mehr und nicht weniger als die Entlastung der intellektuellen Auseinandersetzung von allen vorgegebenen Hierarchien und damit von dem Denken aufgegebenen Rücksichten und vorfabrizierten Ergebnissen. Zum anderen erlaubt es, die strategische Frage nach der 'agency' der anstehenden 'Umwälzungen' von der klassenanalytischen Frage zu unterscheiden, ohne sie notwendigerweise völlig davon trennen zu müssen. Damit macht es diese Verschiebung der Problematik überflüssig, zweierlei absurde oder zumindest falsche Operationen ausführen zu müssen, um einem 'strategischen Klassenreduktionismus' zu entgehen: Wir müssen weder alle real zu erfahrenden Gestalten historischer 'Handlungsträgerschaft' als eine Art von *Klassen*handeln zu konstruieren versuchen (also etwa die Frauen oder auch die von der ökologischen Krise besonders Betroffenen als 'neue Klasse' darzustellen) noch auch umgekehrt den 'Abschied von der Klassenfrage' zelebrieren, um auf der Höhe der gegenwärtigen Herrschaftsverhältnisse diskutieren zu können.

Dabei bewahrt Negris Reaktualisierung dieser Kategorie der 'Menge der Vielen' sowohl das Erbe der hegelianisierenden Negativität im Begriff des Proletariats – 'weil wir nichts sind, müssen wir alles werden!' – als auch das identitätspolitische Misstrauen der 'neuen sozialen Bewegungen' gegen jede 'bestimmte Form' der

Organisation, gegen jede 'Verfestigung', gegenüber jedem sich im Wechsel der Herrschenden vollziehenden 'Kreislauf der Eliten' (Pareto). Indem Hardt und Negri dann aber als nächsten Schritt diese innere Vielfalt der subjektiven Bewegungen als solche zum Endzweck jeder demokratischen politischen Praxis erklären und dabei auch noch in sachlich irreführender Weise mit Bergsons lebensphilosophischer Kategorie des 'élan vital' kokettieren, leisten sie einer Auflösung dieser zentralen kritischen Kategorie in eine 'schlechte Unendlichkeit' Vorschub: Aus dem Zusammenhandeln zur Gestaltung der Voraussetzungen einer künftigen gemeinsamen Praxis, in der Verändern der Umstände und Selbstveränderung zusammenfallen (Marx), wird Negri derart ein unaufhörlicher Tanzwirbel, in dem nicht einmal mehr die Subjekte sich als solche festhalten können und wollen.

Wir können demgegenüber nur auf die 'Menge der Vielen' selbst rekurrieren, der wir selber angehören. Diese ist zugleich ausgebeutete Klasse und subjektive Produktivität, wobei das politische und das ökonomische Moment immer weniger auseinandergelegt werden können, wie in der gesellschaftlichen Wirklichkeit die Entgrenzung von Arbeitszeit und Lebenszeit voranschreitet. Dieser realen Entwicklung der Entgrenzung als Zurichtung gegenüber scheint diese unendliche Bewegtheit und absolute Formlosigkeit ein wenig überzeugendes Handlungsziel, außer in individuellen oder gesellschaftlichen Phasen eines jugendromantischen Überschwangs oder einer überbordenden Spekulationskultur. Sehr viel 'lebensnäher' und daher überzeugender ist daher eine *Klarstellung* und eine *Modifikation* der - demokratietheoretisch unabweisbaren - Konzeption vom 'potere costitutivo' dieser 'Menge der Vielen', welche der 'potestas' der institutionalisierten Herrschaftsgewalt entgegen tritt. Aus dem dynamischen Verhältnis zwischen dieser 'Menge der Vielen' und den sie Beherrschenden, welche immer auch ein Verhältnis der wechselseitigen Abhängigkeit ist (vgl. Holloway 2002), geht jede historische Selbstgestaltung ihres Zusammenhandelns in ihrer institutionellen und juridischen Bestimmtheit faktisch hervor und kann im Hinblick auf künftiges Handeln Legitimität gewinnen.

Die nötige *Klarstellung* von meiner Seite bezieht sich auf die von Hardt und Negri vernachlässigten 'relativ autonomen' Effekte der bestehenden Herrschaftsverhältnisse, welche zumindest wie eine historische Initiative 'wirken' können - so etwa die Initiativen der Nixon-Administration zur Umwälzung des auf einem hohen Grad an geregelter Kooperation zwischen den Nationalstaaten beruhenden 'Bretton-Woods-System' der Nachkriegszeit in Richtung auf das entgrenzte System allseitig entfesselten Wettbewerbs, wie es den Hintergrund der neoliberalen Offensive in Wirtschafts- und Gesellschaftspolitik gebildet hat (vgl. Brenner 2003). Das Kapital wird, um bei diesem zentralen Beispiel eines Herrschaftsverhältnisses zu bleiben, keineswegs nur von seinem globalen Kampf um die Mehrwertrate vorangetrieben, in dem es den aggregierten Kräften der abhängigen Arbeit in ihrer Gesamtheit[12] gegenübersteht, sondern eben immer auch schon von der 'Konkurrenz der vielen Kapitalien', in denen es um nationale, sektorale oder um unternehmenspolitische Verteilungsverhältnisse geht. Und diese Kapitalien haben ebenso 'immer schon' die von ihnen abhängigen (d.h. nicht nur die von ihnen direkt oder indirekt beschäftigten) Arbeitenden in diese ihre Konkurrenzkämpfe mit hineingezogen. Aus dieser Klarstellung ergibt sich, dass wir auch aus der Perspektive der 'Menge der Vielen' strategisch unterscheiden müssen zwischen Phasen der Offensive, in denen die Chance gegeben ist, bestehende Institutionen und rechtliche Regelungen durch aus der Perspektive abhängiger Arbeit verbesserte, 'reformierte' Institutionen und Regelungen zu ersetzen, so dass ihre subversive Zerstörung und prinzipielle 'Verflüssigung' strategischen Sinn macht, und Phasen der Defensive, in denen jedenfalls diejenigen Institutionen und Regelungen gegen die Initiativen der Kapitalseite zu verteidigen sind, die unter den unter dem Druck der Offensive des Kapitals geschaffenen veränderten Bedingungen überhaupt noch in breitem Umfang, das heißt nicht mehr nur für schwindende Minderheiten als Formen rechtlicher und politischer Anerkennung der Arbeit funktionieren.[13] Diese klarstellende Korrektur schafft unbestreitbar Diskussionsraum für einen strategisch begrenzten Reformismus - vermutlich ist Negris Motiv, über eine so nahe liegende strategische Differenzierung mit einem derartigen Gestus der Selbstverständlichkeit hinwegzugehen, sein scharfer Gegensatz zu jedem Reformismus (vgl. Negri 2002). Aber das ist noch längst kein Grund, dies auch zu akzeptieren.

Die weitergehende *Modifikation* von Negris Konzept, die ich hier vorschlagen möchte, beruht auf einer doppelten Hinterfragung des Verhältnisses von 'Subjekt' und 'Substanz', wie es Hegel der Selbstexplikation seiner Philosophie in der *Phänomenologie des Geistes* zugrunde gelegt hat und wie es auch in Negris Denken unhinterfragt bleibt: Dies beginnt damit, das Verständnis des 'Subjekts' als letzter, abstraktester Aktant[14] genauer ins Auge zu fassen. Die kartesische Schwierigkeit, das eigene leiblich verkörperte und historisch gesellschaftlich verankerte 'Ich' in dieser abstraktesten Kategorie 'unterzubringen', kann nicht überzeugend dadurch aufgelöst werden, dass wir, wie auch Negri das tut, auf eine ontologisierte 'Lebenskraft' als vorausgesetzte Grundlage zurückgreifen. Stattdessen ist - etwa mit Sartre und Althusser - darauf zu bestehen, dass die Tätigkeit der Subjekte ihrem verselbstständigten Auftreten als Instanzen, dass der Kampf seinen Subjekten immer schon vorausgeeilt ist, das heißt, dass die jeweils konstituierten Subjekte zusammen mit den Verhältnissen reproduziert worden sind, in denen sie agieren.[15] Auch die Subjekte radikaler emanzipatorischer Initiativen sind nicht etwas immer schon spontan Vorgegebenes, sondern müssen als solche produziert werden. Das macht es dann beispielsweise erforderlich, systematisch zwischen populistisch mobilisierten 'Massen', die für 'Ausländer raus!' oder auch 'Kopf ab!' eintreten, und popular aktivierten 'Bewegungen der Vielen' zu unterscheiden, wie sie beide aus der 'Menge der Vielen' sich 'spontan' herausbilden oder durch entsprechende Kampagnen 'angesprochen' werden können.

Die prekären Formen einer derartigen kollektiven Subjektivität erweisen sich in einer solchen Perspektive als unumgehbarer Durchgangspunkt, durch den sich der historische Prozess immer wieder in das Drama einer umfassend verstandenen Politik, d.h. der mit- und gegeneinander handelnden und dadurch die Bedingungen ihres eigenen Handelns reproduzierenden Menschen auflöst, um sich dann im Rückblick wieder zu einem mehr oder minder lückenlosen Prozess verdichtet. Wer in dieser Betonung der initiativen Potenz dieser selbst zu initiierenden Subjektivitäten bereits 'Voluntarismus' sieht (vgl. Brand 2003), hat die 'spezifische Materialität und Widersprüchlichkeit' (vgl. Althusser 1968) gesellschaftspolitischer Praxis nicht wirklich begriffen. Allerdings kann er sich mit Recht darauf berufen, dass bei Hardt und Negri noch allerlei hinzugefügt wird, was von diesem Argument nicht mehr getragen wird und in der Tat die unverzichtbare Subjektivität der Agierenden zu einer 'lebensphilosophischen Energiesubstanz' umdeutet. Wer aber umgekehrt darin, die unverzichtbare kollektive Subjektivität zu betonen, schon eine hinreichende Bestimmung sieht (wie dies, durchaus listig, ein Teil der liberalen KritikerInnen lobend empfiehlt, der darin offenbar die Chance sieht, Hardt und Negri und ihre LeserInnen letztlich wieder in das liberale, d.h. *besitzindividualistische* 'juste milieu' (vgl. Macpherson 1967; Balibar 2001) zu reintegrieren), überspringt in der Tat die sachlichen, 'substanziellen' Probleme, mit denen sich gesellschaftspolitische Praxis immer auch schon herumschlägt und herumschlagen muss - d.h. mit der Klassenperspektive, der Geschlechterperspektive und den ökologischen Reproduktionsperspektiven aller Beteiligten. Denn im Unterschied zur Lebensperspektive von attischen 'Politen', welche sich imaginär aufspalten konnten in private Haushaltsvorstände, welche alle konkret materiellen Reproduktionsprobleme ganz real an ihre Frauen und an ihre SklavInnen delegieren konnten, während sie als öffentliche Politen formell Allgemeines verhandelten, können sich die 'citoyens' der modernen Demokratien seit der Durchsetzung des allgemeinen Wahlrechts nur noch imaginär und in Grenzen auch ideologisch derart aufspalten: Denn zumindest als abhängig Arbeitende, als an bestimmte ökologische Lebensvoraussetzungen gebundene Menschen und als Frauen sind sie selbst in ihrer Lebenstätigkeit immer schon in unterschiedliche

Dimensionen der materiellen gesellschaftlichen Reproduktionsprozesse einbezogen und lassen sich in ihrer Subjektivität nicht vollständig von dieser spezifischen, etwa stofflichen, geschlechtlichen oder gegenständlichen Materialität ablösen.[16] Daraus ergibt sich aber zugleich auch eine spezifische Substantialität der Problemlösungen, für die sie immer schon gesellschaftspolitisch kämpfen: Etwa die typischen Risiken abhängiger Arbeit[17] - Krankheit, Alter, Dequalifikation, Arbeitslosigkeit - erzwingen zwar nicht als solche schon bestimmte Lösungen. Hier gibt es vielmehr ein breites Spektrum möglicher Lösungen, die von betrieblichen und lokalistischen à la USA über gewerkschaftlich-korporatistische à la Schweden und autoritär-korporatistische Lösungen à la Deutschland bis hin zu etatistischen Lösungen à la Frankreich reichen. Aber sie macht es doch erforderlich, dass immer wieder bestimmte Probleme in vergleichbarer Weise gelöst werden. Diese prekäre und variable Substantialität von Problemlösungen ist mit einem aristotelischen Substanzbegriff, wie ihn Hegel und ebenso Negri als Gegenpol zur Subjektivität verwenden, nicht adäquat zu erfassen. Wir können, denke ich, diesen Zusammenhang unter Rückgriff etwa auf Hobbes' Konzept des 'Künstlichen' auflösen, das sich von der Vorstellung eines zu verwirklichenden vorgegebenen Wesens löst und den Aspekt einer beständig neu zu lösenden Aufgabe betont. Damit wird Raum geschaffen für die Vorstellung einer Art von konstitutionellem 'Fließgleichgewicht' (Bertalanffy), in dem sich Ordnungen und Regelungen pfadgebunden stabilisieren und verfestigen können, ohne dadurch der Menge der Vielen schlichtweg als eine fremde Macht gegenüberzutreten, der gegenüber sie ihre 'souveräne' Gestaltungsfähigkeit in letzter Instanz verliert. Der aus emanzipatorischer Perspektive problematische politikwissenschaftliche Begriff der 'Pfadgebundenheit' verliert seine Anstößigkeit, wenn er klar auf die durch das bisherige eigene Handeln der 'Menge der Vielen' gesetzten Handlungsvoraussetzungen bezogen wird, von denen sie sich im weiteren Handeln nicht einfach abstrakt 'befreien' kann und darf, ohne die eigene situationsübergreifende Subjektivität und substanziell spezifizierte Handlungsfähigkeit zu gefährden. Gegenüber den von bestehenden Herrschaftsverhältnissen vorgegebenen Ausgangsbedingungen gilt dagegen weiterhin die Maxime „Rebellion ist berechtigt!" - sowohl im Sinne der Legitimität wie der realen Möglichkeit unvorhersehbarer Initiativen.

Diese relative Substantialität ihrer rechtlich und institutionell geordneten Lebensverhältnisse erhält die Menge der Vielen als letzte Legitimationsinstanz über das beständige Verschwinden der Augenblicke hinweg. Das begründet eine tragfähige Alternative zu der immer schon vorgegebenen 'Autorität' der von 'der Wissenschaft' geleiteten 'Partei' als beanspruchter 'Ausdruck' des *per se* revolutionären Proletariats.

Diese Problematik lässt sich bekanntlich weder dadurch produktiv bearbeiten, dass an dem widersprüchlichen Konzept der 'Diktatur des Proletariats' als 'demokratischer Diktatur' festgehalten noch indem es einfach aus dem Diskurs eliminiert wird. Holloway thematisiert es ebenso wie Hardt und Negri in der Perspektive eines Abschieds von allen strategischen Vorstellungen der 'Machtübernahme'. Es würde allerdings der Klarheit dienen, wenn expliziert würde, dass damit eine Übernahme der Staatsmacht in einem Sinne gemeint ist, die weit über eine bloße 'Regierungsübernahme' hinausgeht, nämlich um die Übernahme des Staates als Instrument einer Klassenherrschaft, nämlich der bisher beherrschten über die bisher herrschende Klasse. Da hier kein bloßer Stellungswechsel im Sinne eines 'Kreislaufs der Eliten' gemeint ist, gehört der Gedanke des 'Absterbens des Staates' hier zentral zu dieser Problematik. Gesucht wird eine Form der Herrschaft, die verhindern kann, dass die gerade aus ihrer Herrschaftsposition vertriebene Klasse sich diese Herrschaftsposition wieder herstellen und sichern kann, die zugleich aber auch der bisher beherrschten Klasse die Mittel dafür an die Hand gibt, mit der eigenen Beherrschtheit überhaupt jede Klassenherrschaft ein für alle Mal abzuschaffen und unmöglich zu machen. Um dieses ungelöste politische Problem lösbar zu machen, ist es zunächst einmal möglichst klar zu fassen - wozu eine deutliche Beschreibung des Verhältnisses von Macht und Herrschaft und eine Unterscheidung der Klassenherrschaft von anderen Formen der Herrschaft die ersten Voraussetzungen bilden, was die Frage einschließt, ob und in welchem Sinne die Staatsform Klassenherrschaft selbst beinhaltet oder möglich macht.

John Holloway hat an dieser Stelle das philosophische Konzept der Anti-Macht eingesetzt: In der Anti-Macht verdichtet sich die Negativität von Flucht und Widerstand der Vielen zu einer die Dynamik der Macht begrenzenden und eben dadurch diese zu ihrer Weiterentwicklung als Macht veranlassenden Gegenkraft, welche strategische Überlegungen der Linken wieder ermöglicht, indem sie diese von dem in dem 'Widerspruchskonzept' einer 'Diktatur der großen Mehrheit des Volkes'[18] ablösen und Fragen der Gegenmacht und der Besetzung von 'Machtpositionen' beziehungsweise eines 'Machterwerbs' sowie von 'Machtverschiebungen' diskutierbar machen.[19]

2.2. Transnationalität zwischen Nirgendwo und Nebendran – die Orte der Menge der Vielen

Die Menge der Vielen geht in den nationalstaatlich verfassten Politikprozessen nicht auf. Sie greift darüber hinaus - in einer umfassenden Weise und mit einer 'real time'-Geschwindigkeit, wie dies sonst nur die transnationalen Konzerne leisten. Sie ist aber auch innerhalb dieser konstituierten Politikprozesse präsent und wirksam.[20]

Machtverschiebungen innerhalb nationaler politischer Arenen können durch deren transnational bestimmte Dimension jedenfalls mit bestimmt werden. Das öffnet m.E. wenigstens ein Fenster für die allzumeist verdrängte Debatte, wie die transnationalen Protestbewegungen faktisch immer schon mit den immer noch innernationalstaatlichen politischen Öffentlichkeiten, Meinungs- und Willensbildungsprozessen vermittelt sind, von denen etwa Aglietta (2002) wie selbstverständlich unterstellt, sie stellten den einzigen Weg dar, „auf welchem die Erarbeitung von kollektiven Präferenzen der Gesamtheiten der StaatsbürgerInnen geleistet werden kann“: Die neuen transnationalen 'Netzwerke' (vgl. Wolf 2001b) kollektiven Handelns müssen nicht in die Falle gehen, in die etwa die Hippiebewegung und durchaus auch zu großen Teilen die europäischen 1968er gegangen sind, indem sie aus Kunsttheorien des späten 19. und des 20. Jahrhunderts die Entgegensetzung von „Spießern“ und „Avantgarde“ (vgl. Beech/Roberts 2002) in die gesellschaftspolitische Praxis übertrugen. Eine Entgegensetzung zwischen neuen 'kosmopolitischen' Eliten und angeblich dumpfen, noch in nationalstaatlichen politischen Prozessen befangenen 'Massen' würde den Begriff der 'Menge der Vielen' geradezu zerstören. Umgekehrt kann er dazu dienen, derartige für selbstverständlich erklärte Unterstellungen 'kaputtzudenken'.

Es kommt also darauf an, ganz bewusst - wie dies alle wichtigen Initiativen in diesem Feld, von Greenpeace über Attac bis zum Weltsozialforum längst tun - darum zu kämpfen, dass die transnationalen Themen und Anliegen innerhalb der nationalen Arenen wirksam thematisiert werden können. Mit anderen Worten ist dem längst etablierten Zusammenwirken von nationalstaatlicher und globaler Politik, wie Hardt und Negri es mit dem Begriff des 'Empire' immerhin angesprochen haben, auf der Seite der Politik der Herrschaftsunterworfenen eine entsprechende - das heißt keine einfach spiegelbildliche - Gegenmacht entgegenzusetzen, was m.E. auch die Frage der Herstellung eines produktiven Verhältnisses zu den bestehenden Organisationen und Institutionen unausweichlich mit einschließt, einerseits von den Gewerkschaften über die Interessen- und Expertiseorganisationen, die von den neuen sozialen Bewegungen der 1970er und 1980er Jahre hervorgebracht worden sind, bis zu den Parteien und Regierungen der Linken im weitesten Sinne und andererseits von internationalen Organisationen wie der OSZE, Ländergruppen wie der G 7 oder Integrationsgebilden wie der EU bis hin zum „UN-System“.

3. Schluss

Die Linken insgesamt wären gut beraten, nicht etwa dafür zu kämpfen, das von den neuen 'Bewegungslinken' (Leggewie 2002) aufgebaute kulturelle Kapital, wie es unter anderem in dem 'Laboratorium Italien' oder in den 'Empire'-Lesegruppen artikuliert wird, pauschal entwerten zu wollen. Abgesehen davon, dass so etwas fast nie funktioniert, würde es ihnen auch die Chance nehmen, das eigene theoretische Erbe in wirklich zeitgenössischen Auseinandersetzungen zu erneuern und zu reproduzieren. Jedenfalls eine Linke, die ihren 'Reformismus' nicht als Instrument einer strategischen Integration missbrauchen lässt (vgl. Abendroth 1958 u. 1985, Oertzen 1984; Hirsch 1995) und ihre Radikalität nicht in eine revolutionaristische Selbstisolierung umschlagen lässt (vgl. Wolf 1989; Schmidt 1988) hat gerade im deutschsprachigen Raum allen Grund, die konstruktive kritische Auseinandersetzung mit den politisch-philosophischen Initiativen von Hardt und Negri aufzunehmen, in der bestimmte Einwendungen und Argumente an die Stelle einer derartigen allgemeinen Abwertungsstrategie treten. Das zwingt dazu, die neu ins Spiel gekommenen prinzipiell ansetzenden Argumentationsebenen als solche zu akzeptieren und auf ihre spezifische Bedeutung hin zu durchdenken – und damit nicht zuletzt auch dazu, selbstkritisch zu überprüfen, wie weit die eigenen Lageanalysen und Strategiekonzepte noch mit den Wünschen und Kämpfen der eigenen Zeit anschlussfähig sind.[21]

Anmerkungen

1 Einen ersten Überblick – über mehr als 1000 Seiten Diskussionsbeiträge – vermittelt etwa die einschlägige Website der Rosa-Luxemburg-Stiftung (www.rosalux.de/Einzel/empire/index.htm).

2 Mit der Konsequenz, dass ein von allen Transformationszielen losgelöster Reformismus zum Opportunismus verkommt, während ein von den konkreten Tageskämpfen abgelöster Revolutionarismus zum Albtraum verkommen muss – dem gegenüber dann ein „angenehmer Traum" mit der Frage zu suchen wäre: „Wie können wir die Welt verändern, ohne die Macht zu übernehmen?" (Holloway 2002, Kap. 9).

3 Zur an dieser Stelle hilfreichen Unterscheidung zwischen 'radikaler' und 'traditioneller' Philosophie vgl. Wolf 2002, 25ff.

4 Philosophie und Wissenschaft voneinander zu unterscheiden, bedeutet keineswegs sie in positivistischer (für die Wissenschaften) oder idealistischer (für die Philosophie) Manier voneinander zu trennen. Unter dem Titel „Theorie" aber sowohl etwa die Reflexion auf die unmittelbaren Effekte des Warenfetischismus auf die Warenhüter als auch beispielsweise den empirisch-historischen Nachvollzug der explosiven Ausdehnung des (privaten und öffentlichen) Schuldenstands und die Suche nach den diesen

erklärenden Ursachen zusammenzufassen, führt zu einer identifizierenden Engführung von Politik, Philosophie und Wissenschaft (sowie der Kunst, sofern es um die Ästhetik der öffentlichen Kommunikation geht), welche den Blick auf zentrale Fragen und Antworten verstellt. Ein derartiger Effekt ist etwa bei Holloway zu beobachten, welcher dem Zweig des Operaismus, den Negri repräsentiert, im Hinblick auf die von ihnen angestellten philosophischen Reflexionen durchaus mit Recht ein Überspringen der Negativität ins falsche Positive vorwirft, dabei unter der Hand zugleich jeden Anspruch auf eine positive wissenschaftliche Erkenntnis der historischen Gesellschaften kassiert. Dieses Problem wurzelt vor allem darin, dass Negri und Hardt weder den philosophischen als kritischen, immer erst durch Negation Wege für Forschung und Handeln eröffnenden Charakter der eigenen 'Theorie' deutlich artikulieren, noch die Differenz bedenken, in der sich derartige philosophische 'Vorgriffe' im Verhältnis zu den Mühen wirklichen Handelns, das sich mit Reaktionen, Bedingungen und Voraussetzungen herumzuschlagen gezwungen ist, um nicht falsch zu 'totalisieren', aber auch zu der Anstrengung wirklicher wissenschaftlicher Untersuchung, die eben wegen dieser notwendigen Anstrengung in der Tendenz immer 'zu spät kommt', um durch ihre Prognosen mehr als nur allgemeinste, unter klugen SituationsbeobachterInnen eher triviale Orientierungen geben zu können. Die Wurzel dieser Engführung liegt in einem Konzept „kommunistischer Militanz“, das diese nicht als eine für bestimmte Epochen und/oder Herrschaftskonstellationen spezifische Konkretisierung der historisch immer schon bekannten Widerstände und Fluchten der Beherrschten fassen kann und daher den spirituellen antifeudalen Revolutionär Franz von Assisi unvermittelt als Beispiel und Vorbild für gegenwärtige Kämpfe anführen kann.

5 Ein vergleichbares, wenn auch aus nachvollziehbaren Gründen weit weniger erfolgreiches Exempel für diesen stärker philosophisch argumentierenden Theorietypus liefert der Diskussionsband Butler/Laclau/Žižek 2000.

6 Ulrich Brand macht zu Recht darauf aufmerksam, dass die Hauptlinie der Marxschen Analyse im *Kapital* auf die kapitalistischen Konkurrenz gerichtet ist (vgl. Brand 2002).

7 Das gilt auch für die ökologischen Grenzen, welche bei aller externen Materialität immer erst innerhalb einer bestimmten 'Ökologie der Menschheit' (Lipietz 2000) als solche wahrgenommen und behandelt werden können.

8 Der in den 1960er Jahren unternommene Versuch, die massiven Interventionen der USA und der ehemaligen Kolonialmächte als 'neo-kolonial' zu begreifen, konnte zwar plausibel an lateinamerikanische Erfahrungen mit der 'Hinterhof'-Politik der USA anknüpfen, traf aber nicht den Kern der Sache: So wie der doppelt freie Lohnarbeiter keinen Herrn mehr hat, an den er sich vielleicht im Notfall um Hilfe wenden könnte, hat das postkoloniale unabhängige Land kein 'Mutterland' mehr, das sich dazu veranlasst sehen könnte, in extremen Notfällen zu helfen ('Zwangsabkopplung'). Angola und Mosambik sind durch diese katastrophale Erfahrung hindurchgegangen, nachdem die Portugiesen ihre Kolonien fluchtartig verließen. Sicher gibt es, wie dies die Praxis von Frankreich und Belgien in der Subsahara gezeigt hat, vielfältige Übergangssituationen, in denen diese Art von postkolonialer Situation noch nicht voll ausge-

prägt ist - die *bottom line*, dass es jetzt gut möglich wird, ein Land sich selbst und seinen in der Kolonialzeit geschaffenen 'Dämonen', d.h. seinen politisch unbewältigten oder auch verschärften inneren Antagonismen, zu überlassen, wird aber auch etwa von Bokassas Zentralafrika, Ruanda oder dem Kongo-Kinshasa brutal exemplifiziert. Die zwangsweise Öffnung für den Weltmarkt mit von außen bestimmter Selektivität und nicht die verdeckte Bindung an eine neue Kolonialmacht ist der Kernpunkt der erneuerten Strategie der Ausbeutung dieser Länder. Angesichts dieser Lage kann das Theorem von der neokolonialen Situation nur dazu dienen, die aktive Rolle der postkolonialen Eliten in diesem Ausbeutungsmuster unsichtbar zu machen oder sie zumindest auf die einer ambivalenten 'Kompradorenbourgeoisie' zu reduzieren, wie sie für die lateinamerikanischen Abhängigkeitsverhältnisse im 19. Jahrhundert zunächst gegenüber dem britischen Empire und dann gegenüber den USA als hegemonialen Mächten von zentraler Bedeutung waren.

9 'Multitudo' nur mit 'Menge' zu übersetzen hat m.E. den Nachteil, den Begriff allzu eng an den der 'Masse' heranzurücken, wie sie das 'Gegenfeuer' der großen bürgerlichen Theorie des beginnenden 20. Jahrhunderts auch noch etwa ihren marxistischen KritikerInnen aufgedrückt hat. Dabei geht vor allem der Charakter des 'Kollektivsingulars' (wie ein 'Gebüsch', das auf die vielen Büsche verweist, aus denen es besteht) verloren, der in 'multitudo' noch mitklingt - als Echo auf das den Autoren der Neuzeit noch in den Ohren klingende platonische Konzept der 'Vielen' (hoi polloi) als Gegenpol von Ordnung und Philosophie, das heißt der von Platon und seinen philosophischen NachfolgerInnen affirmierten politischen und intellektuellen Herrschaft.

10 Angesichts des Reflexionsstandes, der in der Zwischenkriegszeit und den 1930er und 1940er Jahren in intellektuellen Marxismen erreicht worden war, stellte diese schlichte Fragestellung der späten 1960er zweifellos einen Rückschritt dar. Zugleich hatte sie aber das Verdienst, strategische Fragen neu zu stellen, welche die offiziellen Marxismen unter unzureichenden Formeln verdeckten, die als Antworten posierten.

11 Insofern ist bei Hobbes der *Staats*vertrag (der selbst die Struktur einer vertraglichen Unterwerfung der *multitudo* unter die Einheit des souveränen Willens annimmt) als solcher auch der *Gesellschafts*vertrag. Es lässt ein Ungedachtes der modernen Soziologie erkennen, wenn Ferdinand Tönnies, einer ihrer deutschen Begründer, diese Problematik bei Hobbes mit der schlichten Bemerkung beiseite schiebt, Gesellschaften seien bekanntlich nicht aus Individuen, sondern aus Gruppen zusammengesetzt.

12 Also dem Stücklöhner, dem Tagelöhner oder dem Festangestellten ebenso wie den sehr unterschiedlichen sozialen Figuren von 'Selbständigen', welche marktvermittelt vom Kapital beherrscht und ausgebeutet werden.

13 Eine solche Perspektive auf den immer wieder neu zu führenden 'Kampf um eine formalisierte und verrechtlichte Anerkennung', wie ihn die 'fordistische Arbeit' relativ erfolgreich geführt hat (vgl. Revelli 1999), ist auch für die 'neue Arbeit' der Gegenwart als politische Perspektive zu denken.

14 Auch das *cogitare* ist vor allem eine Aktion, ein Akt.

15 Damit erledigt sich keineswegs das kartesische Kernthema des 'kritischen Überschusses' des Subjekts als Aktant rationalen Denkens über die faktischen, kontingenz- und herrschaftsgeprägten Verhältnisse. Dieser Überschuss, noch weiter verallgemeinert zum 'emanzipatorischen Überschuss' wird vielmehr damit selbst als etwas strategisch - wenn auch nicht einfach, wie Descartes noch in so weit durchaus illusionär glauben konnte, methodisch - zu Reproduzierendes begriffen.

16 Dieser Umstand veranlasst m.E. Holloway dazu, den unspezifischen Begriff der 'Multitude' zu kritisieren und für eine Rückkehr zum Begriff der 'Arbeiterklasse' zu plädieren. Darin liegt m.E. jedoch eine doppelte Verkürzung: Ein Überspringen der Differenz, welche das Proletariat des *Kommunistischen Manifests* von den konkret historisch konstituierten Arbeiterklassen trennt und eine Vernachlässigung der anderen Herrschaftsverhältnisse außerhalb des Kapitalverhältnisses, welche die Wirklichkeit auch noch der gegenwärtigen Verhältnisse bestimmen - und vermutlich auch perspektivisch nicht der reellen Subsumtion unter das Kapitalverhältnis erliegen werden - so sehr es sie auch hegemonial zu überformen versucht: also vor allem in den Geschlechterverhältnissen, in den gesellschaftlichen Naturverhältnissen sowie innerhalb der Hegemonialverhältnisse (Ideologie, Politik, Kunst) als solchen.

17 Bei diesem Begriff sollte nicht übersehen werden, dass es um eine spezifische Modifikation innerhalb der neuzeitlichen Form der 'freien Arbeit' geht (nämlich ihre Bestimmtheit durch 'marktvermittelte Herrschaft') und keineswegs um Formen der vormodernen unmittelbar personal beherrschten Arbeit. Das wird in gegenwärtigen idealistischen Überbetonungen sowohl der 'Freiheit' der 'neuen Arbeit' als auch der 'Unterworfenheit' der bisherigen, fordistischen Lohnarbeit immer wieder 'übersehen' (vgl. Wolf 2001a).

18 Dessen 'Streichung' in der Krise der kommunistischen Bewegung eben so wenig die Lösung des zugrundeliegenden Problems einer 'Übernahme *der* Macht' ohne Konstitution neuer *Herrschafts*verhältnisse löste, wie dessen schlichtes Festhalten mit der Versicherung, da sei doch gar kein aufzulösender Widerspruch (bzw., vulgärhegelianisch gesagt, dies müsse mensch 'dialektisch sehen').

19 An dieser Stelle ist allerdings davor zu warnen, dass dies ohne Rückbezug auf strategische Kriterien zu einem haltlosen und oft sogar beliebigen Taktizismus zu verkommen droht. Die spannende Frage ist hier, woher sich im Kern derartige Kriterien gewinnen lassen: Nur aus dem Bezug auf den Abbau/die Überwindung der Klassenherrschaft des Kapitals, auf den Abbau/die Überwindung jeglicher Macht (wie dies die Fassung des Konzepts der *Multitudo* bei Hardt und Negri und auch etwa Holloways Begriff der 'Anti-Macht' zumindest nahe legen) oder aber auf Abbau/Überwindung aller Arten von Herrschaftsverhältnissen. Ich halte die erste strategische Zielbestimmung für zu eng, auch wenn sie zweifellos eine unverzichtbare strategische Dimension anspricht, und die zweite für viel zu weitreichend. Die dritte setzt, um sinnvoll zu werden, immer wieder voraus, dass sie mit konkreten Bestimmungen der in einer historischen Situation zu überwindenden spezifischen Herrschaftsverhältnisse unterfüttert wird, durch die dann strategische Bündnisse zwischen sich gegen unterschiedliche

Herrschaftsverhältnisse und deren jeweiliges 'Zusammenspiel' auflehnenden 'Vielen' möglich werden, zu denen gegenwärtig die weltweit wachsende abhängige Arbeit zweifellos als ein unverzichtbares Element gehört.

20 Die Wahlen in Frankreich nach dem „Frühjahr im Dezember" 1995 können hierfür immer noch als ein herausgehobenes Beispiel dienen - dessen Grenzen dann allerdings durch den „Winter im Frühjahr" bei den Wahlen 2002 drastisch demonstriert wurden, als die aufgrund des Impulses von 1995 an die Regierungsmacht gekommene 'plurale Linke' politisch unterging.

21 Die überfällige Enttrümmerung des Geländes der deutschen Linien der 'Spätkapitalismus'-Konzepte seit Adorno, Habermas, Mandel und Dutschke und der 'Monopolkapitalismus'- und 'Stamokap'-Linien im marxistischen Mainstream kann von einer solchen selbstkritischen Rezeption der italo-französischen Linie der neueren marxistischen Theorieentwicklung nur gewinnen. - Ich danke Dietmar Lingemann dafür, mich durch sein 'Gegenlesen' vor einigen Irrtümern bewahrt zu haben.

Literatur

Abendroth, Wolfgang (1985): Die Aktualität der Arbeiterbewegung, herausgegeben von Joachim Perels, Frankfurt am Main

Aglietta, Michel (2002): Lässt sich der Weltkapitalismus regulieren? In: Sozialismus, Supplement, H. 11 (2002)

Althusser, Louis (1968): Für Marx, Frankfurt am Main

Atzert, Thomas (1998): Nachwort, in: ders. (Hg.): Umherschweifende Produzenten. Immaterielle Arbeit und Subversion, Berlin

Balibar, Etienne (1992): Die Grenzen der Demokratie, Hamburg

- (2001): Possessive Individualism Reversed: From Locke to Derrida, UCLA, March 8, 2001 (Ms.)

Beech, Dave/Roberts, John (2002): The Philistine Controversy, London

Brand, Ulrich (2002): Die Revolution der globalisierungsfreundlichen Multitude. „Empire" als voluntaristisches Manifest, in: Das Argument, 44 (2002), Nr. 245

Brenner, Robert (2003): Boom & Bubble. Die USA in der Weltwirtschaft, Hamburg

Butler, Judith/Laclau, Ernesto/Žižek, Slavoj (2000): Contingency, Hegemony, Universality, London

Ebermann, Thomas/Trampert, Rainer (1984): Die Zukunft der Grünen, Hamburg

Fanizadeh, Andreas (2001): Kommunistisches Manifest für Cyber-Linke? In: Die Wochenzeitung, Nr. 24, 13.6. 2001

Haug, Wolfgang Fritz/Haug, Frigga (Hg.) (2002): Unterhaltungen über den Sozialismus nach seinem Verschwinden, Hamburg

Hardt, Michael/Negri Antonio (2002): Empire. Die neue Weltordnung, Frankfurt am Main

Heinrichs, Thomas (2002): Freiheit und Gerechtigkeit, Münster

Hirsch, Joachim (1995): Der nationale Wettbewerbsstaat. Staat, Demokratie und Politik im globalen Kapitalismus, Berlin

Holloway, John (2002): Die Welt verändern, ohne die Macht zu übernehmen, Münster

Kittsteiner, Heinz-Dieter (2002): Das 'Empire' und die 'Wobblies', in: Neue Zürcher Zeitung, 6./7. April

Klein, Naomi (2001): No Logo! Der Kampf der Global Players um Marktmacht. Ein Spiel mit vielen Verlierern und wenigen Gewinnern, München

Leggewie, Claus (2002): Bewegungslinke schlägt Regierungslinke? In: Blätter für deutsche und internationale Politik, H. 9 (2002)

Lipietz, Alain (2000): Die große Transformation des 21. Jahrhunderts, Münster

Macpherson, Crawford Brough (1967): Die politische Theorie des Besitzindividualismus. Von Hobbes bis Locke, Frankfurt am Main

Martens, Helmut/Peter, Gerd/Wolf, Frieder Otto (Hrsg.) (2001): Zwischen Selbstbestimmung und Selbstausbeutung. Gesellschaftlicher Umbruch und neue Arbeit, Frankfurt am Main

Meiksins Wood, Ellen (2002): The Origins of Capitalism. A Longer View, 2. Aufl., London

Negri, Antonio (1972): Crisi dello stato piano, Firenze

- (1979a): Sabotage, München

- (1979b): Marx oltre Marx. Quaderno di lavoro sui Grundrisse, Milano

- (1981): Die wilde Anomalie. Spinozas Entwurf einer freien Gesellschaft, Berlin

- (1988): Fine Secolo. Un manifesto per l'operaio sociale, Milano

- (1989): The Politics of Subversion. A manifesto for the Twenty-First Century, Cambridge

- (1992): Il potere costituente. Saggio sulle alternative del moderno, Carnago

- (2002): Die neue Bewegung Ringelreihen, Le Monde Diplomatique, August 2002

-/Hardt, Michael (1997): Die Arbeit des Dionysos. Materialistische Staatskritik in der Postmoderne, Berlin, Amsterdam

-/Lazzarato, Maurizio/Virno, Paolo (1998): Umherschweifende Produzenten. Immaterielle Arbeit und Subversion, herausgegeben von Thomas Atzert. Berlin

Oertzen, Peter von (1984): Für einen neuen Reformismus, Hamburg

Schmidt, Frithjof (1988): Die Metamorphosen der Revolution, Frankfurt am Main

Revelli, Marco (1999): Die gesellschaftliche Linke. Jenseits der Zivilisation der Arbeit, Münster

Tronti, Mario (1974): Arbeiter und Kapital, Frankfurt am Main

Wissel, Jens/Buckel, Sonja (2001): Age of Empire? In: www.links-netz.de

Wright, Steve (1995/96): Confronting the crisis of 'Fordism'. Italian debates around social transition, in: Reconstruction, Nr.6 (1995/96)

- (2000): Negris Klassenanalyse. Die autonomistische italienische Theorie in den 1970er Jahren, in: Das Argument, 42 (2000), Nr. 235

Wolf, Frieder Otto (1989): Revolution today. Three reflections, in: Socialist Register, 1989
- (2001a): 'Selbstausbeutung' im Übergang wohin? Überlegungen zur 'Neuen Arbeit' im Hinblick auf ihre gesellschaftlichen Gestaltungsmöglichkeiten, in: Martens/Peter/Wolf (Hg.) 2001
- (2001b): 'Netzwerkpolitik' und neue Formen zivilgesellschaftlicher Subjektivität, in: Martens/Peter/Wolf (Hg.) 2001
- (2002): Radikale Philosophie, Münster 2002

II.
Historische Aspekte

François Matheron

Winstanley und die Digger
Konstituierende Multituden im 17. Jahrhundert[1]

Am Sonntag, den 1. April 1649, zwei Monate nach der Hinrichtung von Charles I., nimmt eine kleine Gruppe sichtlich sehr armer Individuen in der Grafschaft Surrey nahe Londons die Brachfelder von St. George's Hill in Besitz. Sie will das besetzte Land zum Ausgangspunkt für ein breites Unternehmen kollektiver Wiederaneignung von Gemeindeland in England machen. Das Experiment wird genau ein Jahr dauern: Die „Diggers" verschwinden im April 1650 endgültig von der Bühne. Von ihrem Abenteuer bleiben uns im wesentlichen Texte: die von Gerrard Winstanley. Als es beginnt, hat er bereits vier theologische Schriften hinter sich und ein „theologisch-politisches" Werk, *Das neue Gesetz der Gerechtigkeit* (*The New Law of Righteousness*), veröffentlicht im Januar 1649. Hier behauptet er, in einer „Extase" die Einsicht in die Notwendigkeit einer kollektiven Kultur des Gemeindelands erlangt zu haben. Von einer verzehrenden Leidenschaft zum Schreiben beseelt, verfasst er in dem folgenden Jahr nicht weniger als 15 Abhandlungen. Diese Tätigkeit bricht mit der Niederlage der Diggers ab - erst 1652 veröffentlicht er sein letztes Werk, *Das Gesetz der Freiheit (The Law of Freedom)*, dessen Tonfall allerdings neu ist: Im Bewusstsein seines Scheiterns gibt er zu, dass sich das Nahen des Kommunismus nicht spontan ergeben wird, und schlägt Cromwell illusionslos ein Verfassungsprojekt vor, dessen kollektivistische Strenge einem weit entfernt von seinen ursprünglichen Bestrebungen vorkommen mag. Er ist damals 42 Jahre alt und behauptet, nun auf einen Frieden bringenden Tod zu warten. Das sollte noch lange dauern: Nachdem er ein gesellschaftlich anerkannteres Leben geführt hatte, starb Winstanley, der Quäker geworden war, aller Wahrscheinlichkeit nach im Jahre 1676.

Gott und/oder die Natur

Im England Cromwells kann die Politik der Menge oder Multitude nicht atheistisch sein: Um die Diggers zu verstehen, muss man von Gott ausgehen. In seinem letzten Text, *Das Gesetz der Freiheit*, scheint Winstanley Gott und die Natur gleich zu setzen und jede Form von Transzendenz abzulehnen: „Die Geheimnisse der Natur erkennen, heißt die Werke Gottes erkennen, und die Werke Gottes in der Schöpfung erkennen, heißt Gott selbst erkennen, denn Gott wohnt in jedem sichtbaren Ding oder Wesen, das da ist" (S, 2, 565; H, 348; [K, 233])[2]; „wenn nämlich allüberall in der Schöpfung die Fülle dessen wohnt, der alles mit sich erfüllt hat." Obwohl Winstanley nicht mehr sagt, ist Gott so etwas wie die innere Macht geworden, die die Natur produziert, reproduziert und strukturiert. In *Die verleumdete Wahrheit erhebt ihr Haupt (Truth Lifting Up Its Head Above Scandals)*, einer seiner ersten Broschüren, die vor der Offenbarung des Kommunismus publiziert wurde, schreibt er jedoch: „Der Geist ist das einzige Wesen als Ursache seiner selbst, das allen Wesen verleiht, was wir sehen und was wir hören, denn alle Dinge, die man sieht und die man hört, sind nur Atemzüge oder Erklärungen eines unendlichen Wesens, das vor ihnen existierte." (S, 134) Obwohl das Bild, trotz des Wortes „Schöpfung", eher das einer Ausstrahlung ist, ist es dennoch richtig, dass Winstanley hier von einem personalen Gott zu sprechen scheint, der außerhalb der Natur steht und einen Willen besitzt - und doch schreibt er einige Zeilen weiter, dass Gott die gegenwärtige Vernunft ist und *jedem Ding* innewohnt. Wir sind also mit einer doppelten Schwierigkeit konfrontiert: 1) Winstanleys letzter Text scheint fast allen anderen zu widersprechen, da die schlichte und einfache Gleichsetzung von Gott und der Natur mit seiner Theologie nicht vereinbar ist; 2) die meisten seiner Schriften scheinen von einem schwer lösbaren inneren Widerspruch durchzogen zu sein. Es hätte keinen Sinn, solche Widersprüche mit aller Gewalt lösen zu wollen. Man kann vielmehr sagen, dass die Koexistenz dieser heterogenen Antriebe die spezifische Besonderheit der Subjektivität der Digger konstituiert.

In der Adresse an die Leser von *Die verleumdete Wahrheit erhebt ihr Haupt*, einer Broschüre, in der er seine religiöse Orthodoxie beweisen will, schreibt Winstanley, dass er lieber von „Vernunft" als von „Gott" sprechen wird (S, 104-105). Mit dem Wort „Gott" laufen wir Gefahr, in einem Zirkelschluss befangen zu sein: Auf die Frage „Wer hat alle Dinge gemacht?" antworten wir gewöhnlich: „Gott"; doch auf die Frage „Was ist Gott?" pflegen wir ebenfalls zu antworten, er sei „derjenige, der alles gemacht hat und beherrscht". Mit dem Wort „Vernunft" entgehen wir diesem Zirkelschluss: Die Vernunft ist „die lebendige Macht des Lichts, das jedem Ding innewohnt". Worauf eine zweite Erklärung folgt: Das Wort „Gott" legt fast unweigerlich die Existenz einer transzendenten Realität nahe, während das der „Vernunft" uns zu einer Suche in uns selbst führt. Indem Winstanley systematisch den „Christus gemäß des Fleisches" und den „Christus im Menschen" unterscheidet, behauptet er, dass der „Mensch Jesus Christus" nur ein Mensch war, „ein großer Prophet" (S, 187-188), dessen bedeutender Charakter uns nicht dazu verleiten darf, ihn für Gottes einzigen Sohn zu halten: Es gibt keinen wirklichen Unterschied zwischen den drei Personen der Dreieinigkeit, es sind nur drei Namen, die man ein und derselben Realität gegeben hat (S, 131), welche man ebenso gut „Christus" nennen kann. Klassischerweise ist der historische Christus die Verwirklichung dessen, was auch in Abraham oder Moses Gestalt angenommen hatte. Etwas weniger klassisch gesagt, ist er nur die Gestalt der Ankunft des wirklichen Christus im Leib aller Menschen (S, 161): daher der Gedanke der universellen Erlösung, auf den Winstanley nie wieder zurückkommen wird. Die zweite Ankunft von Christus, die damals als unmittelbar bevorstehend angesehen wurde, ist also nicht das persönliche Wiedererscheinen des historischen Christus, sondern die Verwirklichung dessen, wofür er nur die Gestalt war; und die Erlösung, das Paradies, die Hölle werden im wesentlichen als irdische Realitäten betrachtet. Ohne auch nur die Möglichkeit eines Jenseits und eines Jüngsten Gerichts zu leugnen, behauptet Winstanley explizit, dass man darüber nichts sagen kann, ja nichts sagen darf, denn das würde bedeuten, sich zu verbieten, das zu erlangen, was man durchaus erlangen kann: Die Erlösung als Frieden im Gewissen und in den zwischenmenschlichen Beziehungen, und das führt zu einer wirklichen Hölle, die als Reich der Angst und des Streits gefasst wird.

Obwohl Winstanley in seinen ersten Werken nicht sagt, dass Gott und die Natur eins sind, drängen doch seine demokratische Gesinnung und seine Abneigung gegen die Autorität zusammen mit seiner Vorliebe für die Spekulation zu einer Ablehnung der Transzendenz. Aber wenn Gott überall in der Natur gegenwärtig ist, dann gibt es Gott nur in der Natur, und es ist vielleicht nicht einmal sicher, dass der ganze Gott in ihr ist. Das ist kein Problem der Formulierung: Winstanleys Denken zieht nämlich seine ganze Energie aus einem unerschütterlichen Vertrauen in die Einheit, die zu ihrem Höhepunkt gebracht wird in einer Passage aus *Wofür das Banner der wahren Leveller weht (The True Levellers Standard Advanced)*, wo er von einem vereinten Volk in einer „common community of livelihood into oneness“ spricht (S, 262; H, 89). Und entgegen Spinoza konnte er sich nicht vorstellen, dass Gott in Gestalt von Cromwell und Gott in Gestalt von Charles Stuart einander bekämpfen, ohne dass dessen Einheit dadurch beeinträchtigt wäre. Die Einheit, von der er träumt, muss hergestellt werden, und er wird sehr schnell realisieren, dass sie das gemeinsame Eigentum an Grund und Boden voraussetzt oder vielmehr bedeutet; doch sie ist nur gerechtfertigt, weil sie ursprüngliche Einheit ist oder wenigstens ursprünglich durch einen göttlichen Plan entworfen wurde: Gott hat die Erde erschaffen und wollte, dass sie „gemeinsame Schatzkammer“ ist. Winstanleys Denken ist hier von einem extrem archaischen Finalismus überstrahlt, ohne den jedoch seine erneuernden Aspekte undenkbar wären. Hier, so sagt er uns, sind einige Beispiele davon, wie „die Vernunft die Schöpfung gemacht hat und beherrscht“: Die Wolken erzeugen den Regen, damit es Gräser und Früchte gibt; die Erde lässt das Gras wachsen, um das Vieh zu ernähren; das Vieh frisst das Gras, um den Menschen dienen zu können; die

Sonne sendet Licht und Wärme, um die Schöpfung zu erhalten, und so weiter (S, 109). Wenn die Menschen dazu bestimmt sind, die Schöpfung (wenigstens die irdische) kollektiv zu leiten, dann nicht wegen ihrer Fähigkeit „wie Herren und Besitzer der Natur" zu sein, sondern weil sie als einzige Wesen, die in der Lage sind, ein Bewusstsein dieser in ihnen gegenwärtigen Vernunft zu haben, diejenigen sind, die diese ursprüngliche Kooperation am besten strukturieren und reproduzieren können. Das ist die Funktion der Vernunft als an und für sich menschliche, die Winstanley sorgfältig von der einfachen Fähigkeit zu urteilen unterscheidet. „Der Geist Vernunft, den ich Gott nenne, ist die spirituelle Macht, die das Denken aller Menschen in einer gerechten Ordnung und zu einem gerechten Zweck leitet: Denn der Geist Vernunft bewahrt nicht ein Geschöpf, indem er ein anderes zerstört, wie so oft in den von der Einbildung des Fleisches geblendeten Überlegungen der Menschen: Sondern er hat einen Blick auf die Gesamtheit der Schöpfung und löst alle Geschöpfe in einer Einheit auf ... und je mehr sich die Überlegungen der Menschen dem annähern, um so spiritueller sind sie."

Da die menschlichen Überlegungen im allgemeinen weit von der Vernunft entfernt sind, gibt es doch etwas in der Natur, was sich nicht auf Gott zurückführen lässt. Und Winstanley scheint gar die Dinge aus Gefallen zu komplizieren, wenn er - jedenfalls in seinen ersten Schriften - mehrfach behauptet, dass die Verderbtheit der Menschen eine allgemeine Verderbtheit des Universums nach sich ziehe: Auftauchen von Dornen, Stacheln, giftigen Kräutern, Unwetter und dergleichen (S, 169). An diesem Punkt ist er mit einer sehr klassischen Frage konfrontiert: Wie ist der Sündenfall möglich? Wie kann man sagen, Gott beherrscht eine Welt, die offenbar höchst irrational funktioniert? Je geschickter Winstanley diesem Sündenfall einen Inhalt gibt, um so schwerer fällt es ihm, das Problem seiner ontologischen Möglichkeit zu lösen. Zu Beginn nämlich ist die gesamte Schöpfung eine direkte Ausstrahlung des göttlichen Wesens: nirgends gibt es „etwas anderes"; da die Gleichsetzung von Gott und Natur dennoch nicht möglich ist, muss es also in der Natur etwas geben, das nicht der göttlichen Ordnung angehört; aber es gehört auch nicht einerseits der Materie oder andererseits dem Geist an: Die Schöpfung geht selbst nur aus den „vier Elementen" hervor. Und trotzdem gibt es in Winstanleys Augen auch das Böse. Er kann nicht auf die letzte Lösung des unergründlichen Mysteriums des göttlichen Willens zurückgreifen, und doch wird er manchmal dazu verleitet, es zu tun, aber auf eine ziemlich stereotype Weise, der er nicht wirklich zustimmen kann: Das Böse wäre erlaubt, um danach endgültig vernichtet zu werden, so dass man es auf ewig hasst, nachdem man dessen verhängnisvolle Folgen empfunden hat, oder auch um es Christus (von dem wir ja wissen, dass er nur eine innere Realität ist) zu ermöglichen, seine Macht zu zeigen (S, 110, 182, 481; H, 254). Wir sehen genau, warum Winstanley solche Argumente benutzt, aber wir sehen auch, warum er es nicht dabei belassen kann: Sie berufen sich zu selbstverständlich auf die Transzendenz, die er nicht will.

An anderen Stellen, und manchmal auch an denselben Stellen, neigt Winstanley dazu, den Sündenfall als ein rein natürliches Phänomen zu analysieren, während das Nahen der Vernunft als historische und politische Konstruktion aufgefasst ist. Aber er kann in dieser Richtung nicht allzu weit gehen, denn dann müsste er auf die gewaltige Macht verzichten, die von seinen finalistischen Postulaten ausgeht. Er verabscheut zwar die Transzendenz, führt aber Denkschemata an, die notwendigerweise zu ihr führen. Unter diesen Bedingungen wird er nie eine wirkliche Gottestheorie begründen, doch er wird eine Reihe von Substituten in Form unzähliger biblischer und nicht-biblischer Metaphern liefern, die damals das Idiom bilden, in dem er denkt und schreibt. Wir werden uns damit begnügen, hier das bei *Malachias* IV,2 entliehene Bild der Sonne/des Sohnes (Sun/Son) einer Gerechtigkeit zu erwähnen, die stets präsent, aber von den Schleiern der Wolken der Ungerechtigkeit verhüllt ist oder auch von denen des reinigenden Feuers, das in der Art der Alchimisten den Unrat verbrennt, um die Verwandlung der Menschen in Heilige zu beschleunigen, wobei in diesem Punkt auf die äußerst detaillierten Analysen von T. Wilson Hayes (1979) zu verweisen ist.

Hat sich Winstanleys Denken endgültig verändert, wenn er in *Das Gesetz der Freiheit* Gott und die Natur gleichstellt? Die Veränderung ist offensichtlich: Er behandelt die konkreten Probleme der künftigen politischen Organisation, was er bis dahin nie getan hat; er äußert ein viel stärkeres Lob der Kenntnis der Natur als gewöhnlich. Er versucht auch eine allgemeine Theorie des Gesetzes zu begründen (S, 587-589; H, 374-377 [K, 261]). „Das Gesetz ist eine Regel, die das Handeln der Menschen und anderer Geschöpfe zum Zwecke der Wahrung des gemeinsamen Friedens leitet." Es teilt sich in zwei Seiten auf: Das „geschriebene Gesetz" und die „Kraft des Lebens (oder das den Geschöpfen innewohnende Gesetz der Natur), wodurch das Handeln von Mensch und Tier bestimmt oder auch bewirkt wird, dass zu gewissen Jahreszeiten Gräser, Bäume, Korn und Pflanzen jeglicher Art wachsen, und was immer ein Körper tut, geht auf das Wirken dieses inneren Gesetzes zurück". Dieses innere Gesetz teilt sich selbst wiederum in zwei Arten auf, die dem *Römerbrief* VII, 23 entliehen sind: Das „Gesetz der Gliedmaßen" oder auch inneres „irrationales" Gesetz, „jemand wird durch dieses Gesetz zu übereilten und unbesonnenen Handlungen von greifbarer und unmittelbarer Wirkung auf Grund übermäßiger Eigenliebe verleitet, törichten Kindern oder wilden Tieren vergleichbar, wofür er oftmals schlimme Folgen am eigenen

Leibe erfahren muss", und das „Gesetz der Vernunft" (oder „Kraft der Verständigkeit" oder auch das „rationale" innere Gesetz), „jemand bewahrt eine rechte innere Übersicht über alle Triebkräfte des Handelns und bedenkt gelassen dessen Wirkung und Folge, damit weder zu seinem noch zu eines anderen Nachteil irgendeine unangemessene Verhaltens-, Ausdrucks- oder Handlungsweise die Oberhand gewinne."

Letzteres „bildet sich im Herzen des Menschen durch Beobachtung und Erfahrung des Inhalts, dass ganz bestimmte Worte, Gedanken oder Handlungen ihm jeweils Frieden oder Verdruss schaffen". Dies bedeutete weniger, den Sinn des Textes zu sprengen, als ihn im spinozistischen Sinne zu interpretieren. Das „irrationale innere Gesetz" ist dasjenige, welches die Dinge genau so lange belebt, wie sie nicht hauptsächlich von Gesetzen bewirkt werden, die sich allein aus ihrer Natur ableiten. Aber es kann auch vorkommen, dass diese natürliche Kraft, die die Vernunft ist, dieses „rationale innere Gesetz" schließlich wenigstens bei den Menschen in Kraft tritt, und eines Tages bei allen, von denen man dann sagen könnte, da *Das Gesetz der Freiheit* die Suche zum Ziel hat, die für ein solches Ereignis notwendige politische Konditionierung darzulegen, dass sie unter der Führung der Vernunft leben. Als er diesen Text verfasst, hat Winstanley keine Illusionen mehr. Er hat das ungeheure Gewicht der Wirklichkeit zur Kenntnis genommen; er ist Theoretiker genug, um zu wissen, dass dies eine grundlegende Änderung seiner Auffassung erfordert, doch er kann nichts weiter tun, als dafür den Grundstein zu legen. Er verzichtet dennoch nicht auf seine finalistischen Grundlagen, er bekräftigt sie sogar, aber ohne große Intensität. Die extreme Spannung, die seine anderen Werke durchzieht, ist fast verschwunden - die Erfahrung der Niederlage impliziert auch eine Änderung des Stils: Winstanley gibt das zu, aber er hat nicht mehr den Wunsch, alles neu in Angriff zu nehmen: Er wartet nun auf einen Frieden bringenden Tod (S, 600; H, 389; [K, 277]).

Die „innere Arbeit des Geistes"

Die konstitutive Spannung des Gottesgedankens erlaubt es uns, die „innere Arbeit des Geistes" zu verstehen: die der Kenntnis und der Schrift. In seinem Vorwort zu einer Neuausgabe seiner ersten fünf Texte äußert sich Winstanley so: „Ich schreibe diese Epistel nicht, um mich in den Vordergrund zu spielen, als hätte ich in mir etwas mehr als die anderen Menschen. Ich habe nur das, was ich von einer freien inneren Offenbarung empfange, und ich schreibe also, um den Geist zu ehren und einem gebrochenen und leeren Herzen ein Wort des Trostes zu bringen. Das Herz in Lähmung und Verzweiflung gestürzt, war ich einst wie ein Mensch, der in einer morastigen Nacht umherirrt, und plötzlich war ich erfüllt von einem solchen Frieden, einem solchen Licht, einem solchen Leben, einer solchen Fülle, so viele Dinge wurden mir enthüllt, dass ich, selbst wenn ich vier Hände gehabt hätte, lange Zeit gebraucht hätte, darüber zu schreiben." (H, 155-157) Das genau ist die „innere Arbeit des Geistes".

Jedes Mal, wenn er den Ursprung seiner konstituierenden Entscheidung behandelt, erwähnt Winstanley Worte oder Visionen, die ihm in Ekstasen oder in Träumen enthüllt wurden. „Als ich gerade erst in Ekstase war ... hörte ich diese Worte: Arbeitet miteinander, esst miteinander und tut dies überall kund!" (S, 190; [K, 31]) Und die Stimme fügt hinzu, dass die Hand des Herrn auf diejenigen niederfallen wird, die sich bereit erklären im Dienste anderer Menschen zu arbeiten. Winstanley wird nicht aufhören zu behaupten, dass er, seit die Digger zur Tat geschritten sind, einfach dem göttlichen Wort gehorche. Es gibt nämlich drei Wege, dieses „der Welt zu erklären": Man kann es mündlich tun, schriftlich, aber auch durch Taten (S, 257-266, 315-316; H, 84-94, 127-129). Winstanley stellt sich nicht als Auserwählten dar, an den Gott eine persönliche Botschaft gerichtet hat. Er will vor allem bekräftigen, dass die Vernunft keiner menschlichen Autorität unterliegt, dass sie außerhalb des Wissens „vom Hörensagen" angesiedelt ist, dem er systematisch die „reine Vernunft" oder auch die „Erfahrung" entgegenstellt. Aber wie soll man sicher sein, dass es sich um das göttliche Wort handelt? Der letzte Bezugspunkt ist doch das Gewissen: „Dieser Baum des Lebens ist die universelle Liebe, die unsere Zeit rechtes Gewissen oder reine Vernunft nennt." (S, 453, H, 222) Was soll man dann einem Feind antworten, wenn auch er sein Gewissen anruft? Zuallererst, dass er lügt oder dass er sich täuscht: Die Gegenwart des göttlichen Wortes äußert sich durch eine vollkommene innere Ausgeglichenheit, und insbesondere durch das Verschwinden der Angst. Wenn Frieden und Ausgeglichenheit „nur solange in euch bleiben, wie ihr die Heilige Schrift lest oder hört, oder solange ihr in Gesellschaft von Menschen seid, die fähig sind, darüber zu sprechen oder darüber Reden zu halten, aber verschwinden, sobald ihr dieser Gesellschaft der Heiligen beraubt seid, dann erlaubt mir euch zu sagen, dass ihr, auch wenn ihr die Heilige Schrift preist und ehrt, dem Gott der Heiligen Schrift völlig fremd seid". Es gibt aber auch noch externe Kriterien: Da Gott im wesentlichen das Moment von Einheit und Frieden ist, ist jedes Verhalten, das offen gegen diese Einheit und diesen Frieden gerichtet ist, ebenso gegen die Vernunft. Winstanley geht gerade wegen der charakteristischen Spannung seines Gottesbegriffs in seiner Definition der Rationalität nie sehr weit. Ein durchgängiger Aspekt seines Denkens führt dahin, dass für ihn die Vernunft zur natürlichen Macht wird, die unabhängig von jeder Autorität ist; dennoch muss er den Inhalt seiner Lehre auf etwas beziehen, das sich kaum anders denn als „göttlicher Wille“ bezeichnen lässt.

Die Heilige Schrift und der Sündenfall

Ausgehend von der konstitutiven Ekstase wird Winstanley die zweite Ankunft von Christus mit der kollektiven Nutzung des Bodens gleichsetzen und dabei zunehmend die Rolle der menschlichen Initiative betonen, ohne jedoch auf die innere Dimension Gottes zurückzukommen. Wenn die göttliche Botschaft sich unweigerlich verändert hat, gibt es keine Lösung in der Kontinuität: Man muss darin vielmehr die Auswirkung der „inneren Arbeit“ des Geistes sehen, die besonders in der Entwicklung der Theorie des Sündenfalls auszumachen ist.

Winstanley empfindet offensichtlich Vergnügen dabei, die Geschichte der Schöpfung und des Sündenfalls wieder und wieder zu beschreiben (S, 155, 251, 375; H, 77, 186). Auf die Erzählung von der Schöpfung folgt im allgemeinen die vom Sündenfall, auf welche wiederum die Ankündigung und oft die Beschreibung der „Wiederherstellung“ folgt. Dem „ersten Adam“ steht systematisch der „zweite Adam“, der Christus gegenüber, der ihm Sinn verleiht. Der Sündenfall hat also keine wirkliche Autonomie, er führt auch nicht zu einem unüberwindbaren Horizont, von dem jede politische Konstruktion ausgehen muss: Er hat nur innerhalb eines Prozesses Bedeutung – ja, er ist selbst nur ein Prozess. In erster Linie interessiert sich Winstanley überhaupt nicht für die Realität der in der Genesis beschriebenen Ereignisse; jedenfalls ist das Wesentliche nicht dort zu finden: Wir brauchen nicht die Ursache unserer Verfehlungen in einem hypothetischen „ersten vor ungefähr sechstausend Jahren lebenden Menschen“ zu suchen – die beiden Adams sind in jedem Menschen gegenwärtig, und „wir sehen Adam jeden Tag unter unseren Augen umherwandeln“ (S, 120). In zweiter Linie hat der Sündenfall für ihn stets zugleich eine innere und eine äußere Dimension: Die innere Hölle eines den „äußeren Dingen“ hingegebenen Lebens, auf das eher die ersten Texte eingehen, hat unmittelbare Auswirkungen auf die zwischenmenschlichen Beziehungen und auf die Institutionen; das Privateigentum und die institutionellen Strukturen, die in den späteren Schriften umfangreichen Analysen unterzogen sind, haben direkte Auswirkungen auf das gesamte Innere. Umgekehrt wird die „Wiederherstellung“ niemals weder eine rein innere noch eine rein äußere sein, auch nicht, wenn Winstanley schließlich Freiheit und „freie Verfügung über die Erde“ gleichsetzt (S, 519; H, 295; [K, 176]).

„Wer immer auch Gott vom Hörensagen anbetet und dabei dem Wort anderer folgt, weiß nicht aus innerer Erleuchtung, was Gott ist; und wenn er denkt, dass Gott im Paradies jenseits des Himmels ist, und diesen Gott anbetet, von dem er sich vorstellt, dass er dort ist, ... ohne ein inneres Zeugnis dafür zu haben, dieser Mensch betet seine eigene Einbildung, d.h. den Teufel an." (S, 107) Von seinen ersten Texten an macht Winstanley die Einbildung zur Ursache des Sündenfalls. Was ist also diese Einbildung? Es ist eine negative Macht, die er später als „Mangel an Vernunft" definieren wird. Die Vernunft ist im wesentlichen das Moment der Einheit: Durch sie herrscht im Universum Harmonie, und in dieser ursprünglichen Lage, die auch und vor allem die zukünftige ist, leben die Menschen „in sich selbst". Man braucht darin keinen Rückzug in die Innerlichkeit zu sehen: Die fünf Sinne bilden einfach „Gottes Kleidung, da der unter der Führung der Vernunft lebende Mensch nicht der Logik der sinnlichen Dinge unterliegen wird. Die Einbildung hat die Wirkung, den Menschen „außer sich selbst" leben zu lassen, in den „Dingen der Schöpfung": Ehre, Reichtum, „fremde Frauen" und so weiter. Die Einbildung ist zuallererst Macht der Entfremdung, und wenn sie mit dem Teufel gleichgesetzt wird, dann weil sie uns in die Hölle führt. Es handelt sich kaum um ein Bild, denn die Hölle ist im wesentlichen innere Folter, unweigerliche Folge des eingebildeten Lebens, dessen vergängliche Erfolge nur vom Zufall abhängen. „Solange ein Mensch seinem Fleische oder den äußeren Dingen unterliegt, ist er an die Macht der Finsternis gekettet; er geht von Geschöpf zu Geschöpf, ohne zum Frieden zu gelangen, und selbst wenn all seine fleischlichen Begierden befriedigt sind, ziehen sie Kummer und Betrübnis nach sich, und keinen wirklichen Frieden." (S, 135) Die meisten Menschen realisieren eines Tages, dass ein solches Leben unerträglich ist, und streben nach wirklicher Erlösung. Doch anstatt sie dort zu suchen, wo sie diese erlangen können, nämlich in sich selbst, projizieren sie sie in ihrer Einbildung auf einen äußeren Gott und werden darin mit Macht von den verschiedenen religiösen Autoritäten unterstützt, die ebenfalls den äußeren Dingen hingegeben sind. Die Theorie des Sündenfalls wird folglich unmittelbar zur Kritik der Religion, daher rührt auch Winstanleys Haltung zur Heiligen Schrift: Sich von der Heiligen Schrift leiten zu lassen, bedeutet für ihn immer, sich von anderen Menschen leiten zu lassen.

Winstanley entwickelt so eine allgemeine Theorie der Heiligen Schrift und ihrer Interpretation, oder vielmehr ihrer Nicht-Interpretation. Man darf, so schreibt er, keine „Konstruktionen" erarbeiten, denn dies ist eine illusorische Haltung, die darauf abzielt, der kleinsten Stelle in der Heiligen Schrift einen Sinn zu verleihen und ihr Autorität zu verschaffen. Die Bibel ist nicht Gottes Wort; als äußere Retranskription, die für ein bestimmtes Publikum da ist, mit Wahrheiten, die bedeutenden Menschen enthüllt werden, kann sie nicht die Offenbarung selbst ersetzen: Die Zeit der Prophetien ist keineswegs vorbei. Ich kann einen Text der

Heiligen Schrift nur dann verstehen, wenn ich in mir dieselbe Offenbarung trage wie die Propheten oder die Apostel: „Wer in sich denselben Geist hat, kann dieselben Worte aussprechen, wenn der Vater ihm dieselbe Sicht und dieselbe Erfahrung gegeben hat; denn kein Mensch kann gefahrlos sagen: ‘Das ist eine göttliche Wahrheit’, ohne in sich dasselbe Zeugnis erlebt zu haben wie diese.“ (S, 127) Wenn ich eine Übereinstimmung gefunden habe zwischen dem Text und „dem Eindruck des in meiner Seele gegenwärtigen Lichts, dann strahle ich vor Freude“ (S, 128), wenn nicht, dann darf ich nichts darüber sagen. Winstanley proklamiert das Ende der Heiligen Schrift sehr früh, sobald der Geist in jedem Menschen herrschen wird (S, 122). Zum gegenwärtigen Zeitpunkt jedoch, und obwohl die Unterschiedlichkeit der Abschriften und der Übersetzungen uns nicht zu behaupten erlaubt, wir seien stets im Besitz des authentischen Texts, muss er den Textstellen einen akzeptablen Sinn geben, der allzu sehr seiner eigenen Auffassung von Gott zu widersprechen scheint. Da Jesus Christus nur ein Mensch war, wird man zum Beispiel die Erlösung der Menschheit nicht allein auf Tod und Auferstehung dieses „großen Propheten“ gründen können: Es handelt sich nur um eine „Vision“ der Apostel, die in der Himmelfahrt den Geist Christi, das heißt den der Vernunft, in sich selbst äußern (S, 114) - eine Vision vergleichbar derjenigen, die Winstanley persönlich empfunden hat. Was ist also mit dem Leib Christi? Winstanley könnte sich damit begnügen, den Tod zu bestätigen, aber er tut es nicht. Da der Mensch Jesus Christus ein vollkommener Mensch war, war sein Leib also „rein“. Gegen die irdischen Schandtaten, die von der Zersetzung der unreinen Leichname verderbter Menschen erzeugt werden, bewirkt das Begräbnis eines solch vollkommenen Leibs den Beginn einer Regeneration (S, 116), die sich in der Auflösung der Leiber von Winstanley und den „Heiligen“ vollenden müsste.

Da die Wahrheiten, auf die die Heilige Schrift verweist, zeitlos sind, ist es im Übrigen legitim, manche Texte auf das zeitgenössische England anzuwenden - insbesondere das Buch *Daniel* und die *Apokalypse*, die Winstanley übrigens zurückhaltend benutzt. Bei ihm gibt es wenig militärische Bilder und keine blutigen Phantasiegebilde. Schließlich dürfen wir unsere Überlegung nicht allein auf die Schriften begrenzen: „Das bedeutete, mit den Augen anderer Menschen zu sehen, und der Geist ist nicht so kümmerlich, dass ein oder zwei Dutzend Augenpaare der ganzen Welt genügen.“ (S, 127) Man kann daraus folgern, dass bei einem offensichtlichen Konflikt zwischen einer Stelle aus der Heiligen Schrift und einer von der Vernunft entdeckten Wahrheit der letzteren die Entscheidung vorbehalten wäre.

Da die zweite Ankunft Christi, das heißt der Vernunft, so lange unmöglich ist, wie die durch die Einbildung, das heißt den Sündenfall, erzeugte Entfremdung anhält, wird es notwendig sein, durch das Verschwinden aller Kirchen darüber hinweg zu kommen. Das ist genau der Sinn, den er dem Buch *Daniel* gegeben hat (7,25), wo die Heiligen vor ihrer Herrschaft durch „eine Zeit und zwei Zeiten und eine halbe Zeit" dem vierten Tier des Traums ausgeliefert sind, ein Ausdruck, der in der *Apokalypse* (12,14) wieder aufgenommen wird und allen Millenaristen vertraut ist: Die erste Zeit ist diejenige, in der die Heiligen durch die heidnischen Richter verfolgt werden, die zweite und dritte Zeit ist die des Papsttums und des anglikanischen Episkopats und die halbe Zeit, die auch die geteilte Zeit („dividing of time") genannt wird, ist schließlich die des offenen Streits zwischen den Kirchen und Sekten im zeitgenössischen England. Winstanley wird für sich bald noch weitere Gegner entdecken, aber er wird nie diese radikale Kritik der religiösen Ideologien verleugnen, deren schönstes Beispiel in *Das Gesetz der Freiheit* zu finden ist. Die theologische Lehre „verdunkelt ... den Sinn und tut dem Geist derjenigen, die die betreffenden Dinge geschrieben und gesagt, dadurch Gewalt an, dass sie sich anmaßt, sie zu verdolmetschen. Zum anderen macht sie sich anheischig, vorherzusagen, wie es dem Menschen nach seinem Tode ergehen wird und welcher Art jene Welt hinter der Sonne und hinter dem Mond sein werde und so weiter. Und wenn jemand einwendet, es sei keine Vernunft in dem, was sie sage, so heißt es: 'Du darfst himmlische und geistliche Dinge nicht nach der Vernunft beurteilen, sondern du musst das glauben, was man dir sagt, ob es vernünftig ist oder nicht.' Die Falschheit dieser Lehre gibt sich in dreifacher Hinsicht zu erkennen." Zuallererst ist es die Lehre eines kranken und schwachen Geistes: Da sein Verständnis die Fähigkeit verloren hat, „die Schöpfung und die eigene Natur und Wesensart zu begreifen, gibt er sich so heiteren oder düsteren Wahnvorstellungen hin. Wenn die Heiterkeit des Gemüts überwiegt, malt er sich einen leibhaftigen Gott, leibhaftige Engel und einen Ort der Herrlichkeit aus, wohin, wie er sagt, er und alle jene nach dem Tode gelangen werden, die daran glauben. Und wenn die Düsternis überwiegt, malt er sich einen leibhaftigen Teufel und einen ganz bestimmten Ort der Marter aus, wohin er nach dem Tode gelangen wird, und von alledem spricht er im Brustton tiefster Überzeugung." Zweitens ist es die Lehre eines tückischen Geistes, der einen Verrückten macht aus einem weisen, aber zerbrechlichen Menschen, der sich danach sehnt, als ein Mensch mit hervorragendem Wissen zu gelten. Denn oft, wenn ein Mensch weisen Herzens „dem Angriff dieser Lehre von einem Gott, einem Teufel, von Himmel und Hölle, von Erlösung und Verdammnis nach dem Tod ausgesetzt ist, in Ermangelung eines ausreichend gefestigten Wissens über die Schöpfung und seine eigene Wesensart, zermartert er sein Hirn in dem Bemühen, zum eigentlichen Kern dieser Lehre vorzustoßen, den er aber nicht zu fassen vermag – da sie ja tatsächlich nicht im Wissen, sondern in der Einbildung gründet"; in unendliche Mäander gestürzt, verliert er darin seine Weisheit und verfällt in Zerfahrenheit und Wahnsinn. „Und wenn die Heiterkeit des Gemüts (the passions of joy) überwiegt, ist er froh, singt und lacht und die Zunge läuft ihm davon und er redet seltsames Zeug: Und doch ist alles nur Einbildung. Aber wenn ihn ein düsterer Sinn (the passions of sorrow) übermannt, dann lässt er traurig den Kopf hängen und ruft aus, er sei verdammt, Gott habe sich von ihm gewendet, er müsse zur Hölle fahren, wenn er sterbe, und er werde nicht zu jenen gehören, die auserwählt und berufen seien. Und in solcher Gemütsverwirrung geschieht es oft, dass ein Mensch sich aufhängt, umbringt oder ertränkt, was besagt, dass diese phantastische Lehre, die ihr als 'geistliche und himmlische Dinge' bezeichnet, den Menschen immer dann zur Qual wird, wenn sie schwach und krank sind oder ihr Gemüt sich verwirrt hat: Deshalb kann dies nicht die Lehre von Christus dem Erlöser sein." (S, 567; H, 351-352; [K, 236-237])

Der Sündenfall und das Eigentum

Winstanleys Denken beruht auf einer völligen Ablehnung der Separation. Er kommt sehr früh zu einer Gewissheit: Die Separation wird erst wirklich mit dem Aufkommen des Privateigentums an Grund und Boden vollzogen. Daher seine, in gewissem Sinn banale Eingangsbehauptung: „Am Anfang der Zeit machte die Vernunft als der große Schöpfer die Erde zu einer gemeinsamen Schatzkammer." Doch der Gedanke der Schöpfung impliziert automatisch den der „Wiederherstellung". Da das Privateigentum „am Anfang" nicht existiert hat, ist es notwendigerweise dazu berufen zu verschwinden. Die innere Dimension des Sündenfalls wird schnell mit der Gesamtheit der von der Einbildung erzeugten Leidenschaften gleichgesetzt, und seine äußere Dimension mit allen Formen der Unterdrückung, deren äußerste Grundlage das Privateigentum an Grund und Boden ist. Nun stellt sich die Frage, was zuerst da war. In *Das Gesetz der Freiheit* behauptet Winstanley: „... ich (bin) sicher, daß bei sorgfältiger Untersuchung die inwendige Knebelung der Seele ... insgesamt auf jene äußere Knechtschaft zurückgeht, die eine Art von Menschen einer anderen auferlegt" (S, 520; H, 296; [K, 177]); in anderen Texten scheint er eher das Gegenteil zu sagen, und in *Der brennende Busch (Fire in the bush)* scheint er beide Thesen gleichzeitig zu vertreten. Zum zweiten wiederholt er ständig, dass Adam zuallererst eine zeitgenössische Person ist, und dennoch gibt er seinen Analysen oft die Form einer mehr oder weniger historischen Erzählung. Schließlich lässt er nie eine Gelegenheit aus, daran zu erinnern, dass der erste Adam in jedem Menschen gegenwärtig ist – er geht sogar so weit, den Sündenfall gleichzusetzen mit dem Übergang von der Unschuld des Neugeborenen zur Flut der Leidenschaften, die nach und nach das Kind heimsuchen (S, 493-494; H, 269); es wird also schwierig, darin nicht einen rein natürlichen Prozess zu sehen, und doch hat gerade diese Passage das Ziel zu zeigen, dass er wider die Natur ist. Wenn man es aus der Nähe betrachtet, ist Winstanleys Denken jedoch weitaus kohärenter, als man zunächst annehmen könnte.

In *Der brennende Busch* liefert Winstanley seine längste Version des Sündenfalls als Einführung des Privateigentums (S, 489-493; H, 263-268). Am Anfang herrschte also die Einheit: Die Einheit der Geister und die Gemeinschaft des Landes. Doch eines Tages „betrachtet der stärkste oder auch der älteste Bruder die äußeren Dinge" - Kain und Abel; Jakob und Esau: Die beiden Geschichten haben dieselbe Bedeutung. „Da bildet er sich etwas ein und sagt: 'Warum soll ich, der ich die ganze Arbeit mache, so denjenigen dienen, die weniger tun, warum soll ich ihnen gleichgestellt sein? Um der Gerechtigkeit willen müsste ich einen größeren Anteil des Landes bekommen und höher geschätzt werden als sie.'" Das ist die erste Phase des Sündenfalls. Die Separation wird von einem irrigen Urteil der Einbildung ausgelöst, die ihre „Zustimmung" zu diesen „äußeren Dingen" gibt. So kommen wir zur zweiten Phase. Sich dauerhaft gegen andere durchzusetzen, heißt vor allem, Land zu besitzen, von dem sie ausgeschlossen sind; aber es bedeutet auch, andere für eigene Dienste arbeiten zu lassen. In *Wofür das Banner der wahren Leveller weht* erklärt Winstanley den Sündenfall von einer doppelten Wirkung der Einbildung aus: Die der Unterdrücker, aber auch die der Unterdrückten, die sich aus Unwissen oder aus Angst auf die Suche nach den Herren machen (S, 252-253; H, 79; [K, 21]). Dennoch handelt es sich damals um eine noch unsichere Form des Eigentums, um einen einfachen De-facto-Besitz. Es wird viel Zeit vergehen, bevor diese Teilung des Lands zu einer „fest etablierten Gewohnheit" wird. Dies ist die dritte Phase: die Einrichtung von „Kauf und Verkauf". Die Separation ist vollendet, und Winstanley kann mit Berechtigung in *Das Gesetz der Freiheit* schreiben: „Als die Menschen mit dem Kaufen und Verkaufen anfingen, da verloren sie auch ihre Unschuld." (S, 511; H, 286; K, 169]) Man kann nun von einem Eigentumssystem sprechen: Wenn das meiste Land nun eingezäunt worden ist, glaubt der Käufer - und noch mehr seine Erben - einen richtigen Eigentums-„Titel" zu besitzen, und er versteht nicht mehr, warum die Armen dieses selbe Land beanspruchen; er wird dazu gebracht, mit Gewalt zu reagieren: So tötete Kain Abel. Doch die Zeit hat kein neues Recht geschaffen. Es wurde Land verkauft, das allen gehörte und weiterhin allen gehört, und übrigens „als man anfing, das Land zu kaufen und zu verkaufen, gaben viele nicht ihre Zustimmung" (S, 511; H, 289; K. 179]) - und wenn sie sie gaben, war sie erpresst worden. Kauf und Verkauf lassen uns in das Universum des Gesetzes eintreten (S, 531; H, 308; [K, 190-191]).

Eine bestimmte Zeit lang werden die Gesetze über Kauf und Verkauf zu einer relativen Besänftigung der Leidenschaften führen, die durch die juristischen Schikanen und die massenhaften Prozesse wieder die Oberhand gewinnen werden. So entstehen Lager, die die Menschen noch mehr spalten, die sich für benachteiligt halten oder einfach sich von anderen in ihren Rechten bedroht fühlen: Die juristischen Konflikte werden bald gewalttätigere Formen annehmen. Und eines Tages lassen sich alle Protagonisten vom Gedanken überzeugen, dass sie eine einzige politische Autorität brauchen: „Und als die Menschen darin einwilligten, gaben sie ihre Freiheit preis und legten ihren Hals in das Joch." (S, 531; H, 309; [K, 192]) In *Der brennende Busch* erwähnt Winstanley eine wahrscheinliche Zwischenphase: Angesichts der Raserei des Kaufens und Verkaufens schuf Moses, „der vollkommenste Mensch seiner Zeit, ein Gesetz, die Zehn Gebote genannt", das das Eigentum jedes Einzelnen begrenzen sollte. Aber dieses Gesetz ist noch Teil des Sündenfalls, da es das Eigentum aufrechterhält und sogar noch stärkt; seine wohltuende Wirkung ist nur vorübergehend, die Kauf- und Verkaufsprozeduren nehmen danach erst recht wieder zu und werden oft durch rohe Gewalt ersetzt. Und Winstanley liefert uns dann, im *Neujahrsgeschenk an das Parlament und die Armee (A New-year's Gift for the Parliament and Army)* eine Beschreibung des zeitgenössischen England, von dem man sagen kann, dass es für ihn der zumindest provisorische Abschluss des Sündenfalls ist: „England ist ein Gefängnis; die unzähligen Spitzfindigkeiten der Gesetze, die vom Schwert geschützt werden, sind die Riegel, Gitter und Türen des Gefängnisses; die Männer des Gesetzes sind die Kerkermeister und die Armen die Gefangenen." (S, 361; H, 170)

Die Einbildung ist dennoch nicht nur der Auslöser des Prozesses, sie erzeugt auch seine Reproduktion. Die Variationen des Eigentumssystems und der Institutionen sind gleichzeitig die der menschlichen Leidenschaften, ohne dass es nun möglich ist, eine primäre Ursache zu benennen. Die Leidenschaften sind für Winstanley die natürlichen Folgen der Einbildung. „Die Einbildung erzeugt die eifrige Begehrlichkeit der Freuden, der Ehre und des Reichtums. Die Begehrlichkeit erzeugt die Furcht, dass andere unsere Pläne behindern; sie erzeugt auch die Furcht vor Mangel, die einen Menschen dazu bringt, alles zu tun, um die Geschöpfe auf sich zu ziehen und zur Seite des Stärkeren zu neigen ... Diese Furcht erzeugt Heuchelei, Verschlagenheit, Neid, Hartherzigkeit, die einen Menschen dazu bringen, seine Versprechungen und seine Verpflichtungen zu brechen, sein Heil im Ruin der anderen zu suchen und all diejenigen umzubringen oder zu unterdrücken, die nicht denken wie er oder nicht handeln wie er. Und die Hartherzigkeit bringt Stolz und Sicherheit hervor, die wiedrum Luxus und Fleischeslust erzeugen, was zu einer solchen Raserei an Exzessen jeder Art und zu einer solchen Feindseligkeit gegenüber denjenigen führt, die unsere Pläne behindern, dass man heute manchmal Herzen findet, die mit denen wilder Tiere völlig gleich sind." (S, 379-380; H, 191) Was die in *Der brennende Busch* vorgebrachte Analyse der „knechtischen Ängste" bestätigt: „Diese Einbildung fürchtet da, wo es nichts zu fürchten gibt; sie erhebt sich, um andere Menschen zu zerstören, aus Angst, dass sie uns zerstören; sie möchte sie unterdrücken, aus Angst, dass sie uns unterdrücken." (S, 456-457; H, 226) Und Winstanley fügt einige Seiten weiter unten hinzu: „Diese Macht im Menschen, die Teilungen und Kriege verursacht, wird von manchen 'Naturzustand' genannt, den jeder Mensch mit sich auf die Welt bringt." (S, 493; H, 268-269) Zwar ist die Ableitung nicht dieselbe, aber das Ergebnis ist mehr oder weniger der Naturzustand, den sich Hobbes vorstellte: aber selbstverständlich sind die hier beschriebenen Verhaltensweisen völlig illegitim.

Man könnte erstaunt sein zu lesen, dass Ängste unter der Feder eines Menschen, der sehr wohl über die unaufhörlichen Drohungen Bescheid weiß, die auf seinen Landsleuten und vor allem auf ihm selbst lasten, keine Daseinsberechtigung haben. Aber was er wirklich zeigen will ist, dass wir, solange wir unter der Herrschaft solcher Ängste stehen, in einer irdischen Hölle leben; und wenn er diese Ängste als Leidenschaften bezeichnet, die dem Prozess des Sündenfalls innewohnen, und nicht als sein in einer gefallenen Natur stabilisiertes Ergebnis, dann weil eine solche Situation in seinen Augen als klar überwindbar gilt. Der Krieg aller gegen alle ist, obwohl sehr real, nicht der Naturzustand; er ist nur ein Moment eines Prozesses, der verschwinden wird. Anstatt dem Übel abzuhelfen, tut die Souveränität, die Winstanley stets als absolut begreift, nichts anderes als es zu verschärfen. Man kann wohl sagen, dass die „innere Knechtschaft", das heißt das Spiel der Leidenschaften, von der äußeren Knechtschaft hervorgerufen wird; aber man kann ebenso behaupten, dass das Eigentum und die Institutionen, die daraus hervorgehen, durch die leidenschaftliche Entfremdung bestimmt sind.

Die Immanenz und der Sündenfall

Da der Sündenfall im wesentlichen ein Prozess ist, sollte man sich fragen, ob er natürlich ist oder nicht. Wenn der Sündenfall sich nach der komplizierten Dynamik der Leidenschaften und Institutionen, der Natur und der Geschichte entwickelt, dann wird das Nahen der Vernunft und der Gemeinschaft des Landes nach denselben Mechanismen ablaufen. Aber wenn alles letztendlich auf dem Mysterium beruht, dann bleibt nichts anderes, als auf die Äußerung des göttlichen

Willens zu warten. An diesem Punkt wird Winstansley nie eine eindeutige Position einnehmen. Er schreibt zum Beispiel in *Das Neue Gesetz der Gerechtigkeit*, dass der alte Adam „die erste Macht ist, die in jedem Menschen auftaucht, in ihm wirkt und seine Handlungen leitet" (S, 176). Wenn der Sündenfall eine definitiv verderbte Natur geschaffen hätte, wäre es nicht sehr schwer, diese Priorität zu verstehen. Aber das ist gerade nicht der Fall. Zwei, übrigens komplementäre Interpretationen sind dann möglich, wobei die eine auf die Natur und die andere auf die Geschichte verweist.

In *Der brennende Busch* (S, 451-463; H, 219-233) unterscheidet Winstanley die „große Erde und die niederen Geschöpfe" von dieser „lebendigen Erde", die der Garten Eden ist, der mit der Menschheit selbst gleichgesetzt wird. In diesem Garten fließen fünf Flüsse, die nichts anderes sind als die fünf Sinne, die die Menschheit und die gesamte Schöpfung gleichzeitig besprengen und erhalten. In diesem Garten gibt es zwei Bäume: Der Baum der Erkenntnis des Guten und des Bösen ist die Einbildung, der Baum des Lebens ist die Vernunft. Obwohl Winstanley sie als zwei antagonistische Mächte, als Licht und Finsternis, König der Gerechtigkeit und Satan, Michael und Drache beschreibt, darf man sich nicht täuschen: Die Einbildung ist keine unabhängige unheilbringende Fähigkeit, sie ist im wesentlichen eine Negation, ein Mangel an Vernunft, Quelle konfuser Gedanken, die zur leidenschaftlichen Entfremdung führen. Da Entfremdung vom wirklichen höchsten Gut überhaupt nichts weiß, stellt sie sich das irdische Glück in der Form von stets neuen Dingen vor: Sie ist auch die „dunkle Kammer der Ungewißheit" (S, 452; H, 221). Unter diesen Bedingungen fangen wir entweder an, von der Vernunft geleitet zu werden, um dann in der Einbildung zu versinken, und dann kommt wahrhaftig der Sündenfall, oder wir fangen natürlich mit der Einbildung an, und wenn die Vernunft eines Tages die Oberhand gewinnt, dann tut sie dies erst verspätet: In diesem Fall kann man kaum noch von Sündenfall sprechen. Winstanley behauptet jedoch gleichzeitig, dass es Sündenfall gibt und dass wir mit der Einbildung beginnen oder besser, nicht viel dazu fehlt. In Wahrheit fangen wir überhaupt nicht mit ihr an, sondern ihr Sieg ist so schnell und so notwendig, dass es kein Widerspruch ist zu sagen, sie sei die erste Macht, die in jedem Menschen auftaucht: Wir können nicht im strikten Sinne von einer Herrschaft der Vernunft von Anfang an sprechen. Winstanley bezieht sich auf das Beispiel des Wachses, das dafür empfänglich ist, gegensätzliche Einprägungen zu bekommen (S, 476; H, 248 ff). Die ursprüngliche Unschuld ist demnach ein Zustand, in dem Entfremdung sich nicht vollzogen hat, sondern zu jedem Zeitpunkt eintreten kann (S, 481; H, 254). In einem bestimmten Sinne ist dieser Gedanke vollkommen traditionell: Schließlich gibt selbst Calvin zu, dass es Willensfreiheit vor dem Sündenfall gegeben hat. Doch für Winstanley wird der Prozess von jedem Individuum ewig reproduziert: Er kann übrigens noch so sehr sagen, dass es sich um ein Mysterium handelt, er beschreibt es, als handele es sich um ein Naturphänomen: „Nehmt ein neugeborenes oder auch ein mehrjähriges Kind: Es ist unschuldig, ohne böse Absicht, demütig, geduldig und sanft, es ist nicht neidisch; so ist Adam in der Menschheit in ihrem Zustand der Unschuld, die bis zu dem Moment andauert, an dem die Verführung der äußeren Dinge ihn dazu bringt, Vergnügen und Befriedigung außerhalb seiner selbst zu suchen. Und wenn er akzeptiert, oder toleriert, dass die Einbildung sich begehrlich Dingen annähert, dann stürzt er, wird zum Gefangenen und fällt immer tiefer." (S, 493-494; H, 268) Dieser Text beschreibt in der Sprache der Empörung einen Prozess, der von Winstanleys Standpunkt aus eine natürliche Logik beinhaltet; denn andernfalls würde man nicht verstehen, warum der Sündenfall unvermeidlich ist: Es gäbe notgedrungen Menschen, die ihn nicht kennen lernen würden.

Man kann natürlich eine zweite Interpretation versuchen: Die Reproduktion des Sündenfalls durch jedes Individuum wäre die Auswirkung der Geschichte; in Gesellschaften geboren, in denen die „äußere Knechtschaft" herrscht, wären wir dazu konditioniert, sehr bald der „inneren Knechtschaft" zu verfallen. Genau das will nämlich Winstanley sagen, doch das widerspricht überhaupt nicht der vorhergehenden Analyse. Wenn der Sündenfall ein natürliches Phänomen ist, dann ist die Natur nicht statischer als die Institutionen. Der Rückgriff auf das Mysterium wird in einem gewissen Sinne überflüssig: Die Immanenz bearbeitet so mächtig Winstanleys Denken, dass der Gedanke des Sündenfalls und vor allem das Gewicht der Empörung, mit dem er traditionell verbunden ist, manchmal sogar ihre Daseinsberechtigung zu verlieren scheinen.

Und dennoch empört sich Winstanley natürlich, und dennoch spricht er weiterhin von Mysterium, und dennoch denkt er in keinem Moment daran, auf den Gedanken des Sündenfalls zu verzichten. Denn er muss bis ans Ende der Logik der Immanenz gehen: Er muss also erklären, wie die Vernunft selbst im Aufeinanderstoßen der Leidenschaften gestärkt werden kann, er muss zeigen, welche institutionelle Konditionierung deren Nahen begünstigen kann, er muss beweisen, dass das kollektive Eigentum genau zum damaligen England passt. Auf gewisse Weise versucht er das in *Das Gesetz der Freiheit* zu tun, aber er ist sich der Grenzen seines Vorhabens voll und ganz bewusst: Wenn er Cromwell einen Plan für eine kommunistische Gesellschaft vorschlägt, weiß er genau, dass dieser keine Chance hat, realisiert zu werden. Der Rückgriff auf den Gedanken des Sündenfalls bleibt wohl der Motor, oder wenigstens einer der Motoren von Winstanleys Werk: Indem er es sich zum Prinzip macht, dass das, was verloren ging, dazu bestimmt ist, wiedergefunden zu werden, findet er darin eine Kraft, die ihm die bloße Abfolge der Beweise niemals hätte liefern können. Indem er weiterhin das Vokabular des Sündenfalls benutzt, nimmt er übrigens eine äußerst wirksame Dekonstruktion der Ideologie vor; indem er den Sündenfall zu einem ununterbrochenen Prozess macht, lässt er ihn genau das Gegenteil von dem sagen, was üblicherweise seine Funktion ist. Es ist nicht der geringste seiner Erfolge, durch den Sündenfall zu beweisen, dass es keine gefallene Natur gibt.

Das kollektive Subjekt

„Einen so ernsten Streitfall wie den zwischen den Gutsherren und den Armen hat es in den ganzen letzten sechshundert Jahren nicht gegeben." (S, 420; [K, 132]) Das heißt seit der normannischen Eroberung. Mit dieser scheinbar maßlosen Erklärung macht Winstanley aus dem Standpunkt der einen Seite den Schlüssel zur einzig möglichen Lesart der Geschichte und der Verfasstheit Englands.

Es ist manchmal schwierig, seine theoretischen Behauptungen von seinen konjunkturellen Positionen zu unterscheiden. So wissen wir, dass das Land eine „gemeinsame Schatzkammer" werden soll. Man kann das so verstehen, dass das Land zum wirklichen kollektiven Eigentum werden soll: Das ist genau der zentrale Gedanke Winstanleys, auch wenn er ziemlich unbestimmt bleibt. Aber man kann das eben auch so verstehen, dass jeder schlicht freien Zugang zum Land haben soll, was auch immer der Inhalt der Eigentumsformen sei. Im Kern sind diese Vorschläge zweifellos unvereinbar (S, 491; H, 265). Es ist ebenso wahr, dass beide logisch unterschiedlich sind und abwechselnd benutzt werden: Mehr noch, Winstanley gibt dank dem zweiten, offenbar harmloseren Vorschlag dem Begriff „Gemeinwesen" einen direkt operativen Inhalt. Fast alle seine Texte sind von einer doppelten Behauptung durchzogen: Einerseits bekräftigt er die Identität des Privateigentums und des Sündenfalls, andererseits versichert er, das Recht der Gutsbesitzer, der Mitglieder der Gentry und der Freisassen, frei über ihr Land zu verfügen, nicht anzufechten, wenn sie das weiter so wünschen. Aber er fordert von ihnen, dass sie die Rechte des „einfachen Volkes" anerkennen, kollektiv „ihr" Gemeindeland zu besitzen und zu bebauen: „Ihr, die ältesten Brüder, die ihr die Einhegungen eure nennt und die anderen davon ausschließt, wenn ihr Gerichte und äußere Gesetze nach Art einer Nation haben wollt, widersetzen wir uns dem nicht ... und wenn einer von uns, eure jüngeren Brüder, euren Weizen und euer Vieh stiehlt oder eure Hecken niederreißt, sollen eure Gesetze ihn ergreifen ... Aber solange wir in den Grenzen unseres Gemeindelandes bleiben ... betreffen eure Gesetze uns nicht, es sei denn, ihr wollt Unschuldige unterdrücken und ihr

Blut vergießen." (S, 283) Die vollständige kollektive Aneignung von allem Grund und Boden in England zu predigen, würde niemanden überzeugen und die Digger einer brutalen Repression aussetzen. Aus einer langen Tradition hervorgegangen, besitzt die Forderung nach Gemeindeland weitaus mehr Legitimität. Winstanleys Haltung ist jedoch nicht nur durch Vorsicht geprägt. Denn der Gegenpart seiner offenkundigen Zurückhaltung ist eine absolute Unnachgiebigkeit in der Frage des Gemeindelands. Auf dieses Land haben die Grundbesitzer kein Anrecht. Eine Behauptung, deren ontologische Tragweite man vor allem sehen muss. Wenn die Menschheit in einem gewissen Sinne nur als kollektive Größe voll und ganz existiert, so gilt das umso mehr für die Multitude. Für die Mitglieder des „gemeinen Volkes" ist die Alternative einfach: Entweder sie werden zum kollektiven Subjekt oder sie sind nur ein Konglomerat von Sklaven, die ganz und gar von den „knechtischen Ängsten" beherrscht werden. Das Gemeindeland muss ausgebeutet werden, das ist klar; aber nur von seinen legitimen Eigentümern: dem „gemeinen Volk". Anders gesagt, jedes Eigentumssystem muss auf sein Wesen zurückgeführt werden. Die Gutsbesitzer, Gentry und so weiter, halten sich an die individuelle Dimension ihres Eigentums, was von Seiten der Multitude eine absolute Weigerung impliziert, ihnen zu dienen; das „gemeine Volk" erhält die Möglichkeit sein Wesen als kollektives Subjekt zu aktualisieren: Unter diesen Bedingungen wird man sehen, wer die Oberhand gewinnt. „Die Reichen sollen bei sich alleine arbeiten und die Armen bei sich gemeinsam; die Reichen in ihren Einhegungen und sagen: 'Das gehört mir' und die Armen auf ihrem Gemeindeland und sagen: 'Das gehört uns'." (S, 196)

Wenn sie ihre ungeteilten Rechte am Gemeindeland behaupten, predigen die Digger nicht eine einfache Rückkehr zu überlieferten Gewohnheiten. Sie stellen die Grundlage der Gewohnheiten und des Rechts in Frage. Die Dorfgemeinschaften besitzen zwar sehr alte Rechte auf das Gemeindeland, womit sie ihre Feindlichkeit gegen das Vorhaben der Einhegungen rechtfertigen, aber es ist allgemein anerkannt, dass auch die Herren Rechtsansprüche auf Gemeindeland haben. Winstanley fühlt sich seinerseits berechtigt, ihnen die Ausübung dessen zu verbieten, was sie für ihre Privilegien halten: „Und wenn das Gemeindeland uns, den unterdrückten Armen, gehört, so gilt dies gewiss auch für die Bäume, die darauf wachsen ... Somit erklären wir euch, die ihr tatsächlich die Absicht habt, unsere gemeindeeigenen Bäume und Hölzer abzuschlagen, dass ihr dies nur tun sollt, wenn es in dem obigen Sinne um unserer Versorgung geschieht ... Desgleichen erklären wir euch, die ihr bereits begonnen habt, unsere gemeindeeigenen Bäume und Hölzer abzuschlagen und dieselben zu eurem eigenen Nutzen zu zerlegen und fortzuschaffen, dass ihr davon ablassen und es nicht weitertun sollt

... Deshalb hoffen wir, dass alle Holzhändler einen solchen auf persönliche Rechnung betriebenen Handel als eine Beraubung der bedrängten Armen von sich weisen und wohl acht geben mögen, dass unser Beschluss ihnen hiermit zur Kenntnis gebracht worden ist ... falls sie uns aber Schwierigkeiten machen, so mögen sie es uns nicht verargen, wenn wir ihre Fuhrwerke anhalten und das Holz zu unserem eigenen Nutzen so verwenden, wie die Not es uns befiehlt." (S, 273-274; H, 104-105; [K, 46-47])

Winstanley weiß sehr wohl, dass sein Unternehmen alle Anzeichen der Illegalität trägt. Da er von jedem Gesetzesfetischismus frei war, hätte er dies in einem gewissen Sinne auch zugeben können. Dennoch bemüht er sich sehr zu beweisen, dass die überlieferten Gesetze zwar die Rechte der Herren anerkannten, diese aber in Wirklichkeit seit dem Tod des Königs und der Proklamation der Republik abgeschafft worden sind. Ein weiteres Mal hat diese Behauptung einen taktischen Aspekt: Es ist nie gut, die Illegalität zu predigen, vor allem nicht auf englischem Boden. Doch wieder einmal muss er weitergehen: Denn diese Position ist die Grundlage von Winstanleys Analyse der „alten Verfassung", die er - in klarem Gegensatz zu den Überzeugungen seiner meisten Zeitgenossen - schlicht und einfach mit dem königlichen Willen gleichsetzt.

Es ist bekannt, dass die Grundlage der Revolte der Parlamentarier gegen den König ihre Interpretation des Glaubens an die Existenz einer „alten Verfassung" war, die dem König selbst aufgedrängt wurde. Politisch ging es darum, dem Parlament uralte Rechte zu gewähren, die vom königlichen Willen unabhängig wären. Juristisch gesehen kam das der Leugnung der Tatsache gleich, dass der König die einzige Quelle des Rechts ist. Die „allgemeinen Gepflogenheiten" des Königreichs, die für das „Common Law" konstitutiv waren, erlaubten es, die „alte Verfassung" zu definieren, deren Konzept seine volle Verwirklichung erst durch eine Analyse der historischen Realität der normannischen Invasion fand. Eine der wesentlichen Fragen war die, ob es wirklich eine „Eroberung" gegeben hat, und die Antwort war meistens negativ: Die alte Verfassung war durch die Ankunft der Normannen nicht wesentlich verändert worden, und um sie zu verteidigen, musste man sich gegen den königlichen Willen stellen. Es stimmt, dass die Leveller, die auf dem Gedanken eines normannischen Jochs bestanden, das England durch eine regelrechte Eroberung auferlegt wurde, die Existenz einer Kontinuitätslösung gegenüber der „alten Verfassung" zu bestätigen schienen, die zwar gerecht ist, aber auf ewig verschwunden war. Winstanleys Position weist zwar Ähnlichkeiten mit der der Levellers auf, dennoch ist sie durch und durch anders. Wenn er das „normannische Joch" anprangert, äußert er nicht die geringste Sympathie gegenüber den hypothetischen angelsächsischen Freiheiten.

„Darum sollte zusammen mit dem Königsamt nun auch diese Tyrannei des einen über den anderen - wie die der Gutsherren über das gemeine Volk oder dass man Menschen zwingt, sich auf ihre Kosten bei Gericht von einem Anwalt vertreten zu lassen, obwohl sie das sehr gut auch selber könnten - abgeschafft werden, weil sie die hergebrachten Gepflogenheiten stützt, die auf die königlichen Privilegien zurückgehen" (S, 325; H, 135; K, 81]), die Gesamtheit der Gesetze, die aus der normannischen Eroberung hervorgingen, bilden „den alten Staat von England" (S, 276; H, 107; [K, 50]). Zur Rechtfertigung des Gedankens, dass alle Gesetze des Königreichs durch die Proklamation der Republik abgeschafft seien, definiert er diese schließlich als „Erklärungen" des göttlichen Willens. Es gibt also keinen wesentlichen Unterschied zwischen den lokalen Gepflogenheiten und der Gesamtstruktur des „Common Law", und auch nicht zwischen Letzterer und den Privilegien. Winstanley spricht wenig von den Statuten, diesen Akten des Parlaments, oder eher „des Königs im Parlament" - was seine bekundete Unterstützung der parlamentarischen Sache zur Genüge erklärt; aber wenn er darauf anspielt, ist seine Position ohne jede Zweideutigkeit: Durch seine Erwähnung der Magna Charta in seiner *Anrufung des Unterhauses (An Appeal To The House of Commons)* behauptet er, dass „selbst diese besten von all unseren Gesetzen ... Ketten und Stricke (sind), die bestimmte Menschen in die Sklaverei anderer Menschen pressen" (S, 309; H, 113; [K, 57]).

Das ist also die „alte Verfassung": ein reines Ergebnis der Eroberung. Als sie zu einer allgemeinen Umverteilung des Landes schritten, haben die Normannen gleichzeitig eine gänzlich neue juristische Struktur aufgebaut - mit der Vergangenheit machten sie tabula rasa. Wenn Winstanley versucht, nicht nur die Gerechtigkeit, sondern auch die Legalität seines Unternehmens zu bestätigen, muss er zeigen, dass alle alten Gesetze auf einen Schlag verschwunden sind, was ihre Existenz als einheitliches Konzept voraussetzt. Indem er sich der Sprache der „alten Verfassung" bedient, gelingt es ihm, gleichzeitig zwei Botschaften zu verkünden. Seinem ständigen Adressaten, dem „gemeinen Volk" sagt er: Ihr habt keinen Grund mehr diese alten Gewohnheiten zu fürchten; ihr konkretes Verschwinden hängt nur von euch ab. Seinen zeitweiligen Adressaten, den Autoritäten Englands, erklärt er: Ihr, die ihr so viel von Gewohnheiten sprecht, hier seht ihr, was sie in Wirklichkeit sind. Und um jeden Versuch von vornherein abzuschneiden, dennoch durch einen Bezug auf die alten Gewohnheiten den Status Quo zu rechtfertigen, zögert er nicht zu behaupten, dass man, sofern man annimmt, man könnte sie entdecken, dort nur das Ergebnis alter Invasionen finden werde. Die angelsächsische Vergangenheit ist sicherlich kaum besser als England nach der normannischen Eroberung, die sich nur als die „zeitlich letzte" darstellt (S, 364; H, 173). „Die Reform, die England jetzt unternehmen muss, darf sich nicht darauf beschränken, das normannische Joch abzuschütteln, um uns zu den Gesetzen vor Wilhelm dem Eroberer zurückzuführen ... Nein, die Reform muß gemäß Gottes Wort gemacht werden, gemäß der Gerechtigkeit vor dem Sündenfall." (S, 292)

Die Proklamation der Republik hat für Winstanley eine unmittelbare Konsequenz: England ist offiziell eine „Republik" geworden. Ihm entgeht nicht, dass das Parlament feierlich die Wahrung „aller alten Grundgesetze" verkündet hat. Er könnte sich damit begnügen zu sagen, dass dieser Akt des Parlaments ungerecht sei und dass man darauf verzichten müsse; doch das tut er nicht. In manchen Texten versucht er vielmehr die Aufhebung zu bekräftigen: Diese Maßnahme war kurz nach der Hinrichtung des Königs aus Dringlichkeit ergriffen worden, doch sie wurde später durch die Abschaffung der Monarchie und die Einrichtung der freien Republik implizit annulliert (S, 413). In anderen Texten bestätigt er deren Gültigkeit, aber indem er deren Sinn verdreht: In dem Maße, wie kein vorheriges Gesetz die Revolte der Parlamentarier erlaubte, kann das „alte Grundgesetz" hier nur der „Salus Populi" sein, was wiederum nur den freien Zugang zu allem Land bedeutet. Warum eine solche „juristische" Argumentation? Winstanley betrachtet das Gesetz nicht als eine heilige Angelegenheit. Jede Gesetzgebung ist für ihn das Ergebnis einer Eroberung; der Sieg über den König ist ebenfalls eine, und wenn man nicht aufpasst, wird sie am Ende nur eine Eroberung wie die anderen sein. Doch solange die Multitude davon überzeugt sein wird, dass die alten Gesetze immer noch in Kraft sind, wird sie sie trotz allem weiter akzeptieren. So wie der jüngere Bruder, indem er sich dem „älteren Bruder" verkaufte, gleichfalls für den Sündenfall verantwortlich war (S, 252; H, 78; [K, 20]), genauso beruht die Autorität der Gesetze, auch der ungerechten, zum Teil auf der Zustimmung des Volks. Man kann das beklagen, man kann versuchen dem Gesetz seinen Nimbus zu nehmen, doch man muss das berücksichtigen. Die durch die Abschaffung der Monarchie vollkommen neue historische Situation wird nicht andauern können. Das „gemeine Volk" steht vor der Alternative, entweder zu beschließen, es den Diggers gleichzutun und sich als kollektives Subjekt zu konstituieren, und also konkret das Land in Besitz zu nehmen, auf das ihm die Gesetze nun ein Recht geben, oder in seiner Passivität zu verharren, sodass binnen kurzem neue unterdrückerische Gesetze erlassen werden: „Darum, ihr Engländer, ob ihr nun Pächter seid oder Tagelöhner, lasst euch nicht aufs neue in Knechtschaft verstricken, da ihr doch jetzt frei sein könnt, sofern ihr nur für eure Freiheit einstehen wollt." (S, 413; [K, 126])

Epilog: Größe und Elend des Kommunismus

Im Jahre 1652, mehr als anderthalb Jahre nach der Ausschaltung der Digger, veröffentlicht Winstanley *Das Gesetz der Freiheit*, einen Plan zu einer Verfassung für England, dem eine Adresse an Cromwell vorangestellt ist, die wie ein Eingeständnis des Scheiterns klingt: „Ihr haltet die Macht in Händen, ... für die allgemeine Freiheit tätig zu werden. *Ich* habe keine Macht." (S, 510; H, 285; [K, 168]) Winstanleys Haltung gegenüber dem Gesetz war bisher vom Problem der Bildung eines kollektiven Subjekts bestimmt gewesen. In dem Maße, wie er die zweite Ankunft Christi nie als dessen plötzliches Auftauchen begriffen hatte, hat er sich stets in die Optik eines, wenn auch konfliktgeladenen „Dialogs" mit den Institutionen gestellt. Da das Problem damals das Zusammenkommen der Menge oder Multitude war, hätte Winstanley niemals daran gedacht, ein Verfassungsmodell vorzulegen. Aus seiner Niederlage wird er eine außerordentlich zweideutige Lektion ziehen: Solange das Privateigentum auf dem größten Teil des Territoriums von England Gültigkeit besitzt, werden die aus ihm hervorgehenden Leidenschaften stärker sein. Es ist unmöglich, die Gutsherren davon zu überzeugen, auf ihre Ansprüche zu verzichten. Man muss also mit einer allgemeinen Umwälzung der institutionellen Strukturen beginnen, mit der Abschaffung jedes Privateigentums sowie des Geldes.

Es ist hier nicht möglich *Das Gesetz der Freiheit* im Detail zu analysieren; trotz der Beachtung, die dieser Text Winstanleys gefunden hat, ist es sicherlich weder sein interessantester noch sein innovativster. Dennoch muss sein äußerst demokratischer Aspekt hervorgehoben werden, der weniger durch seine Theorie der „Volkssouveränität" begründet ist als vielmehr durch die Notwendigkeit, die Machenschaften der Führer einer strikten Kontrolle zu unterziehen. Winstanley weitet das Wahlrecht auf fast die gesamte Bevölkerung aus, wobei er nicht präzisiert, ob sie auch die Frauen umfasst; „Trunkenbolde, Querulanten" und andere Wüstlinge werden davon nicht ausgeschlossen. Das werden nur diejenigen, die ausdrücklich ihre Bürgerrechte verloren haben - im wesentlichen die ehemaligen Anhänger des Königs (S, 542; H, 321-322; [K, 204-205]). Die „Beamten" der Republik sollen jährlich gewählt werden und können nicht sofort wiedergewählt werden, um jede Gefahr von Korruption zu vermeiden und um es allen zu ermöglichen, nacheinander Führer und Geführte zu sein (S, 538-541; H, 317-322; [K, 199-200]). Wenn das jährlich gewählte Parlament neue Gesetze vorschlägt, muss es diese der Zustimmung des Volkes unterbreiten - nach Modalitäten, die nicht genauer dargelegt werden.

Die allgemeine Überlegung ist ziemlich klar: Da die „inwendige Knebelung der Seele ... insgesamt auf jene äußere Knechtschaft zurückgeht, die eine Art von

Menschen einer anderen auferlegt" (S; H, 296; [K, 177-178]), muss mit dem materiellen Unterbau begonnen werden: mit dem Privateigentum. Doch die unheilbringenden Leidenschaften, die Macht der Einbildung, werden nicht automatisch verschwinden. Es müssen neue Institutionen organisiert werden, um das Nahen der Vernunft bei möglichst vielen Menschen zu fördern. Das System, das Winstanley befürwortet, ist in seinen Augen übrigens dazu bestimmt, zugrunde zu gehen: Trotz seines Wiederaufgreifens der Lebensweisheit des Apostels Paulus: „Das Gesetz wurde um der Übertretung willen hinzugefügt", stimmt es nicht, dass er nun den Gedanken akzeptiert, die menschliche Natur sei hoffnungslos verderbt. Doch so provisorisch dieses System auch sei, es muss erst einmal funktionieren. Und angesichts besonders widerspenstiger Individuen kann man eigentlich nur noch Gewalt anwenden. Das bevorzugte Modell impliziert für die Zeit vor dem Nahen der Vernunft allgemein eine extrem rigorose Überwachung, ohne die die Arbeit Gefahr läuft, unvollendet zu bleiben.

Man kann über *Das Gesetz der Freiheit* sagen, dass es zugleich einen Endpunkt, ein Moment absoluten Stillstands und vielleicht einen Ausgangspunkt markiert. In diesem Text ist Winstanley sicherlich gleichzeitig Spinoza am nächsten und von ihm am weitesten entfernt. Hier ist die Gleichsetzung von Gott und der Natur praktisch vollendet. Hier entdeckt Winstanley auch, dass die Entwicklung der Vernunft kein rein spontaner Prozess sein kann, dass eine institutionelle Konditionierung nötig ist. Er weiß zwar genau, dass sein Projekt ergebnislos bleiben wird und dass es keine Chance gibt, dass Cromwell sich davon leiten lässt, doch er legt Wert darauf zu bekräftigen, dass man in diese Richtung gehen muss. Dennoch bleibt er stark an sein finalistisches Postulat gebunden: Die Erde wurde geschaffen, um eine gemeinsame Schatzkammer zu werden - das ist der Zweck der Geschichte. Unter diesen Umständen ist die Reflexion über die konkreten Bedingungen seiner Umsetzung gerade mal angerissen. Inwiefern wird das vorgeschlagene Projekt auf die Situation Englands passen? Inwiefern erlaubt es das letztendliche Nahen der Vernunft? Winstanley legt das nicht näher dar, doch man kann daran zweifeln, ob die Existenz dessen, was man Arbeitslager nennen müsste (S, 553; H, 335; [K, 218]), bei seinen Gegnern wirklich den Wunsch nach Gemeinschaft aufkommen lassen könnte. Es liegt etwas Beunruhigendes in Winstanleys Werk: Es kann ebenso gut zu Spinoza wie zum „realen Kommunismus" führen.

Anmerkungen

1 Dieser Artikel ist die gekürzte Version eines vor zehn Jahren geschriebenen Textes: Wäre er heute verfasst worden, hätte er wahrscheinlich einen etwas anderen Ton. Er verdankt viel dem Buch *Winstanley the Digger* von T. Wilson Hayes (1979) sowie dem gesamten Werk von Christopher Hill, besonders „The religion of Gerrard Winstanley" (Hill 1986) und „The Norman Yoke" (in: Hill 1968). Er wäre ganz anders geworden ohne die Lektüre des meisterhaften Werks *The ancient constitution and the feudal law* von J.G. Pocock (1967).

2 Die Abkürzung S bezeichnet die nahezu vollständige Ausgabe von Winstanleys Schriften bei George H. Sabine (1965). Die Abkürzung H bezeichnet die leichter zugängliche Ausgabe von Christopher Hill (1983). Die ersten vier Texte von Winstanley wurden seit dem 17. Jahrhundert nicht wieder aufgelegt.

Anm. d. Üb.: Die meisten Zitate sind wiedergegeben nach: Gerrard Winstanley: *Gleichheit im Reiche der Freihcit. Sozialphilosophische Pamphlete und Traktate*. Hrsg. von Hermann Klenner, aus dem Englischen übertragen von Klaus Udo Szudra. Leipzig 1983; im Text sind diese Zitate mit Abkürzung K gekennzeichnet.

Literatur

Hayes, Thomas Wilson (1979): Winstanley, the Digger, Cambridge, Mass.

Hill, Christopher (1968): Puritanism and Revolution, London

- (1983): Winstanley: "The Law of Freedom" and other Writings, Neuausgabe, Cambridge

- (1986): The religion of Gerrard Winstanley, in: ders.: The collected essays. 2. Band, Brighton

Pocock, John Greville Argard (1957): The ancient constitution and the feudal law. A study of English historical thought in the 17. century, Cambridge

Sabine, George Holland (1965): The Works of Gerrard Winstanley. 2. Aufl., New York

Winstanley, Gerrard (1983): Gleichheit im Reiche der Freiheit. Sozialphilosophische Pamphlete und Traktate, herausgegeben von Hermann Klenner, Leipzig.

Jost Müller

Die kritischen Intellektuellen und die Vergesellschaftung der Intelligenz
Einige Hinweise auf Geschichte und Theorie der Massenintellektualität

Das Verschwinden der kritischen Intelligenz in der Postmoderne

Bereits zu Beginn der 1980er Jahre hat Jean-François Lyotard die postmoderne Situation dadurch gekennzeichnet, dass „es kein universelles Subjekt oder Opfer gibt, das in der Wirklichkeit ein Zeichen gäbe, in dessen Namen das Denken Anklage erheben könnte, eine Anklage, die zugleich eine 'Weltanschauung' wäre" (Lyotard 1985, 17). Kein kritischer Intellektueller kann - dieser Argumentation zufolge - gegenwärtig die Legitimität und Legalität der herrschenden Politik, die permanente Kriegsführung in gleicher Weise angreifen, wie dies unter anderen Bertrand Russel oder Jean-Paul Sartre in der Opposition gegen den Vietnamkrieg Mitte der 1960er Jahre noch taten. An Anlässen, den Gegensatz von ethisch-politischem Anspruch der Herrschenden und gesellschaftlicher Wirklichkeit ihrer Herrschaft zu enthüllen, mangelte es freilich auch heute keineswegs. Das Schweigen angesichts der Völkerrechtsverletzungen auch von Seiten demokratisch legitimierter Regierungen und angesichts sozialer Depravierung ganzer Bevölkerungsgruppen, ja ganzer Weltregionen im Zuge der Globalisierung lässt jedoch vermuten, dass der Typus des kritischen Intellektuellen als einer in der Öffentlichkeit agierenden Figur, deren moralische Integrität nicht ohne weiteres anzuzweifeln ist, nicht wieder aufleben wird. Darin hatten Postmoderne wie Lyotard zweifellos recht.

Doch ihre Argumentation greift zu kurz: Die Postmodernen suchten selbst noch einmal mit den traditionellen Mitteln kritischer Intelligenz deren Ende zu belegen. Ihr Abgesang auf die kritischen Intellektuellen leistete einer zynischen oder apathischen Ideologie Vorschub, in der die Intelligenz sich der Potenzialität sozialer Widerstände und Kämpfe verschließen konnte, weil sie in ihnen immer nur das zu Recht als obsolet bezeichnete Muster eines „universellen Subjekts oder Opfers" zu sehen vermochte (vgl. Müller 2003, 302ff.). Die postmoderne Ideologie ist dennoch ein Symptom eines tiefgreifenden sozialen Wandels, dem heute Wissen, Kommunikation und Intellektualität unterworfen sind. Das Verschwinden der kritischen Intelligenz, der Intellektuellen als der öffentlichen Ankläger, signalisiert dabei nicht nur eine völlige Umwandlung der massenmedial produzierten und gelenkten Öffentlichkeit, in der sie keinen Platz mehr finden:

Die neue Situation ist durch eine Dispersion jener sozialen Position gekennzeichnet, von der aus das Wort überhaupt erst ergriffen werden könnte. Der soziale Funktionswandel der Intelligenz hat selbstverständlich auch vor den kritischen Intellektuellen nicht Halt gemacht. Diesen wird eine neue Haltung zur eigenen Tätigkeit abverlangt, die der Dispersion intellektueller Arbeit und den neuen Formen ihrer Vergesellschaftung entspricht.

Die Bedingungen, unter denen die Intelligenz vergesellschaftet ist, besitzen konstitutive Bedeutung für die neue Situation der gesellschaftskritischen Gegenrede. Versteht man unter Vergesellschaftung mit Theodor W. Adorno einen „Funktionszusammenhang", der „nach geschichtlichen Stufen erheblich variiert, der gewissermaßen keinen auslässt, in den alle Angehörigen der Gesellschaft verflochten sind und der ihnen gegenüber eine gewisse Art von Selbständigkeit annimmt" (Adorno 1993, 55), so kann sich eine veränderte Haltung der kritischen Intellektuellen nur darin zeigen, dass sich in ihr die eigene soziale Position und Funktion reflektiert. Jene „geschichtlichen Stufen" der Vergesellschaftung charakterisiert jedoch nicht nur wie bei Adorno ein immer dichter werdender Zusammenhang von Herrschaft und Praxis, sondern immer auch die je neuen Widersprüche zwischen sozialer Funktion und sozialer Potenzialität. Was auf der einen Seite sich als unaufhaltsamer Niedergang der sozialen Position und Funktion der Intelligenz - einschließlich des Verschwindens der kritischen Intelligenz - darstellt, ist auf der anderen Seite zugleich eine Implosion der Exklusivität, die für die intellektuelle Arbeit in klassengespaltenen Gesellschaften immer kennzeichnend war. Diese Implosion wäre aber dann leicht zu verschmerzen, wenn es tatsächlich gelänge, jene emanzipatorische Potenzialität zu realisieren, die nach der Theorie des so genannten Postoperaismus, insbesondere nach den Thesen von Antonio Negri, Michael Hardt, Paolo Virno und Maurizio Lazzarato in einer neuen Form der Massenintellektualität liegt (vgl. etwa Atzert (Hg.) 1998; Hardt/Negri 2002, 351ff., 410ff.; Virno 2004).

Mit der gegenwärtigen Form der Massenintellektualität vollzieht sich nicht nur ein grundlegender Wandel in der Neuzusammensetzung der Arbeitskraft, in „der Regulation und den Produktionsnormen", sondern durch sie wälzt sich, wie Lazzarato betont hat, die „Rolle der Intellektuellen und ihre Funktion innerhalb der Gesellschaft um" (Lazzarato 1998, 40). Nach dieser Theorie steht der reellen Subsumtion des gesellschaftlichen Lebensprozesses unter das Kapital, der vollständigen kapitalistischen Vergesellschaftung, die ihr immanente soziale Kraft der Massenintellektualität entgegen. Unter den gegenwärtigen Bedingungen zunehmender Verwissenschaftlichung, Virtualisierung und Informatisierung von Produktion und Reproduktion verfüge sie über ein als objektiv zu klassifizierendes Potenzial, das es erneut denkbar mache, dass „die kapitalistische Herrschaft über die Produktion, über die Zirkulation und die Kommunikation gestürzt" (Hardt/ Negri 2002, 352) werde.

Zur Sozialgeschichte der Intelligenz in Deutschland

Massenintellektualität ist - formell genommen - kein neues historisches Phänomen. Die Entwicklung der kapitalistischen Gesellschaft zeigt nicht nur ein beständiges quantitatives Anwachsen der „Intelligenzschicht" in den kapitalistischen Metropolen (Kuczynski 1987, 295ff.), sondern die Entstehung der bürgerlichen Intelligenz selbst ist bereits ein Phänomen massenhafter Verbreitung intellektueller Tätigkeit. Ihre Vergesellschaftung dagegen verweist auf die Durchsetzung nationaler Souveränität. Die Herausbildung des bürgerlichen Publikums in den Städten, eines literarischen Marktes und einer sich nicht allein zu Repräsentationszwecken der souveränen Macht konstituierenden Öffentlichkeit im 17. und 18. Jahrhundert verleiht der literarisch, philosophisch und politisch orientierten Intelligenz eine gegenüber der jeweiligen sozialen Herkunft autonome Existenzberechtigung. Diese Intelligenz wiederum schickte sich sogleich an für die gesamte nicht-feudale Gesellschaft zu sprechen und damit die Voraussetzungen für eine Verallgemeinerung der bürgerlichen Ideologie zu schaffen (Winckler 1986).

Die schriftstellerischen Entwürfe etwa wandten sich zunehmend gegen die höfische Kultur, die Standesunterschiede und den sakralen Herrschaftsanspruch des Klerus in intellektuellen und spirituellen Dingen. Insbesondere der literarische Text wird „der privilegierte Operateur ideologischer Unterwerfung in der 'kritischen' und demokratischen Form von 'Gedankenfreiheit'" (Balibar/Macherey 1974, 219). Unter der Dominanz literarischer Ideologie werden im Text unterschiedliche politische, religiöse, moralische, juristische und ästhetische Diskurse zur Darstellung und zum Austrag gebracht, ohne dass dies die bestehenden gesellschaftlichen Rahmenbedingungen sprengen könnte. Der literarischen Intelligenz kam damit eine wichtige politisch-ideologische Funktion zu: Sie brachte die tatsächlichen politischen und sozialen Konsequenzen, die mit dem Aufstieg einer neuen Klasse, der Bourgeoisie, einhergingen, das heißt die Durchsetzung der kapitalistischen als der dominanten Produktionsweise, die Schaffung eines bürgerlichen Staats und einer neuen Staatsbürgerschaft sowie schließlich das sich etablierende Repräsentationsverhältnis von Volk und Nation, in symbolische und kulturelle Formen. Diese Formen variierten selbst wiederum nach den jeweiligen historischen Bedingungen, unter denen sich Volk, Nation und Staat zu einem massiven modernen Repräsentationsverhältnis zusammenschweißten. Die nationalen Mythen, jene Legenden, Erzählungen und Erfindungen über die nationale

Geschichte, die dem Bürgertum im 19. Jahrhundert schließlich zur historischen Gewissheit seiner selbst gereichten, besaßen dabei nicht zuletzt in ihrem interpellatorischen Charakter eine zentrale Funktion als sozialer Kitt im Übergang von der absoluten zur nationalen Souveränität (vgl. Müller 1995b). Sie entsprachen den Kodifizierungen von Philosophen, die ein neues historisches Bewusstsein schaffen wollten, und wurden insbesondere im deutschsprachigen Raum weithin den literarischen Konstruktionen von Dichtern und Schriftstellern und ihren „Machtphantasien" entnommen (vgl. Herrmann/Blitz/Moßmann 1996; Giesen 1993). Damit waren die Konsequenzen bourgeoiser Herrschaft alles andere als durchsichtig gemacht, aber der Effekt der Transparenz stellte sich unwillkürlich gegenüber der ständischen Gesellschaftsordnung ein.

Trotz dieser wichtigen ideologischen Funktion blieb die soziale Position der sich literarisch betätigenden bürgerlichen Intelligenz weitgehend prekär. Im deutschsprachigen Raum etwa kennzeichnete im ausgehenden 18. Jahrhundert die Existenz des Privatlehrers, des so genannten Hofmeisters oder Informators, der in adligen, patrizischen oder hochgestellten bürgerlichen Familien seinen Dienst als Universallehrer für die Nachkömmlinge tat, diese prekäre Stellung der bürgerlichen Intelligenz. Das spezifische Dienstverhältnis des Hofmeisters ist durch die Spannung zwischen dem eigenen rechtlichen Status eines Dienstboten und der moralischen Autorität eines Erziehers charakterisiert (Fertig 1979, 66ff.). Bei der Hofmeisterei handelte es sich im 18. Jahrhundert tatsächlich um ein Massenphänomen mit hoher Fluktuation der Dienstverhältnisse und einem eigens ausgebildeten Maklersystem. Allein in Frankfurt, so wird berichtet, gab es zur Jugendzeit Goethes etwa 600 Schüler, denen Privat- und Hauslehrer Unterricht erteilten (Fertig 1979, 3). In der Breite, als Lebensunterhalt ungezählter Theologiekandidaten, wie auch in der Spitze hat der Dienst als Hofmeister die Entstehung und den Charakter der bürgerlichen Intelligenz in Deutschland entscheidend beeinflusst. Kant und Fichte, Hegel und Schelling, Hölderlin und Jean Paul, um nur einige zu nennen, waren zeitweise als solche beschäftigt. Zwischen den Ständen, zwischen dem, den sie auf der Grundlage ihrer Bildung verlassen wollten, und dem, dessen Angehörige ihr die Möglichkeit sozialen Aufstiegs weitgehend verweigerten, entwickelte die bürgerliche Intelligenz eine beachtliche „horizontale und vertikale Mobilität" (Gerth 1976, 54) und stellte in diesem Sinn eine dynamische soziale Gruppe dar, die in aller Regel die Herausbildung der bürgerlichen Öffentlichkeit und ihrer Institutionen beförderte, zugleich aber auf den Beobachterstandpunkt gegenüber dem sozialen Leben fixiert blieb.

Erst im Zuge der Verstaatlichung des Unterrichtswesens, der Ausdehnung der bürgerlichen Öffentlichkeit und der Anfänge kapitalistischer Industrialisierung entwickelte sich etwa im zweiten Drittel des 19. Jahrhunderts ein neuer Modus der Vergesellschaftung, durch den sich der bürgerlichen Intelligenz, sofern sie sich schriftstellerisch und publizistisch betätigte, ein neuer gesellschaftspolitischer Aktionsraum auftat. Journalismus und Pressewesen wurden zu den zentralen Betätigungsfeldern jener Intelligenz. Auch hierbei handelte es sich formell um ein Phänomen der Massenintellektualität, das aber im Unterschied zur Hofmeisterei ein weitaus diffuseres Bild der intellektuellen Arbeit liefert. Während der Hofmeister in einem direkten personalen Abhängigkeitsverhältnis stand, waren die Autoren und Publizisten, die Journalisten und Schriftsteller dem literarischen Markt und der staatlichen Zensur konfrontiert. Sie mussten ihre schriftstellerischen Produkte als Waren verkaufen, ohne in den meisten Fällen darauf hoffen zu dürfen, durch ihre intellektuelle Arbeit ihren Lebensunterhalt tatsächlich auch bestreiten zu können. So ist die Geschichte der literarischen Produktion zugleich auch die Geschichte beruflicher Betätigung von Schriftstellern und Dichtern, die nicht ohne Einfluss auf ihre Texte blieb (vgl. Fertig 1998).

Die zunehmende Kommodifizierung der Produkte intellektueller Arbeit ist nur der eine Aspekt. Der zweite Aspekt besteht in einer politisch-ideologischen Dislozierung der Intelligenz, in den Trennungen, vor deren Hintergrund Joseph Schumpeter später sagen konnte, dass ein großer Teil der Tätigkeit der Intellektuellen darin bestehe, „sich gegenseitig zu bekämpfen und Lanzen zu brechen für Klasseninteressen, die nicht ihre eigenen sind" (Schumpeter 1980, 236). Insbesondere die Gruppe der Junghegelianer suchte im Vormärz den Rahmen für eine publizistische Betätigung neu abzustecken und die sich erweiternden Möglichkeiten politischer und literarischer Öffentlichkeit zu nutzen. In den Augen von Arnold Ruge etwa bildete die Presse den Ort, an dem sich die menschliche Gattung reell expliziere und selbst durchsichtig mache. Die Presse war in dieser Emphase der Ort der verwirklichten Philosophie. Die Debatten der Junghegelianer kreisten vor allem um das Verhältnis der Theorie und Philosophie einerseits und den neu entsehenden proletarischen Massen andererseits (vgl. Eßbach 1988, 249ff.). Die Entstehung der Arbeiterbewegung in England und der Vormarsch der industriellen Bourgeoisie gaben schließlich den radikalen Junghegelianern Anlass ihre Hoffnungen auf eine praktische Verwirklichung der Philosophie in die soziale Bewegung zur Aufhebung des Proletariats zu setzen. Eine neue Relation von Intellektualität und Massen, von Theorie und Praxis sollte hergestellt werden oder, wie Karl Marx das revolutionäre Selbstverständnis in dieser Frage ausdrückte, die radikale Theorie selbst werde „zur materiellen Gewalt, sobald sie die Massen ergreift" (MEW 1, 385).

Die Entwicklung der Intelligenz schlug jedoch einen anderen Weg ein, als die radikalen Junghegelianer sich erhofft hatten. Nur wenige Intellektuelle aus Kreisen der bürgerlichen Intelligenz schlossen sich der Arbeiterbewegung an. Die meisten zogen es vor, in den vorgegebenen Mustern der sozialen und politischen Organisation zu verbleiben und eine staatliche Stelle anzustreben oder diese in ständestaatsähnlichen Verbänden zu kopieren. Nach der Revolution von 1848 expandierte zudem die technisch-wissenschaftliche Intelligenz, die zunehmend auch eine unmittelbare ökonomische Funktion im kapitalistischen Produktionsprozess erhielt. Insbesondere mit der Verwissenschaftlichung der Produktion im ausgehenden 19. Jahrhundert zählen Ingenieure und Techniker parallel zu der Entstehung von Aktiengesellschaften und der Herausbildung der Trennung der produktiven Arbeiter in Fach- und Massenarbeiter zu einer immer stärker sich ausdehnenden sozialen Gruppe, die zudem eine eigene technokratisch-etatistische Ideologie formte. Als Vertreter einer vermeintlich übergeordneten Sachlogik machten sich die Ingenieure eine besondere Gemeinwohlvorstellung zu eigen, die das gesellschaftliche Leben dem Funktionieren komplexer Maschinen analogisiert, und durch die „subjektive Doppelbeziehung zur abstrakten Forschung und zur konkreten Erfahrung" erhoben sie schließlich Anspruch auf eine besondere, vermittelnde Stellung auch „im Geistesleben" (Brinkmann 1908, 73). In Deutschland allerdings, im Unterschied etwa zu England und Frankreich, blieb den Ingenieuren und Technikern die Anerkennung solcher Ansprüche zunächst versagt. Stattdessen trat hier eine „Symbiose antitechnischen und antidemokratischen Denkens" (Hortleder 1970, 87) auf den Plan, als dessen Vertreter sich das Bildungsbürgertum verstand. Ausgetragen wurde dieser Konflikt in erster Linie bildungspolitisch, als Konflikt um den Hochschulzugang, den Status der Realschulausbildung und die Bedeutung der Realgymnasien. Es ging vor allem um die bildungspolitische Bewertung der technisch und neusprachlich orientierten Schultypen, die den Erfordernissen der Kapitalakkumulation und der Rekrutierung naturwissenschaftlich-technischen Personals insbesondere nach der großen Depression am Ende des 19. Jahrhunderts zwar entsprachen, deren Aufwertung aber am Kulturmonopol des Bildungsbürgertums mit seinen Bastionen, den neuhumanistischen Gymnasien und den Universitäten, scheiterte (vgl. Kaul 1984, 100ff.; Friedeburg 1992, 179ff.). Dennoch, dieses Monopol auf Bildung und Kultur blieb in der Folge nicht länger unerschüttert.

Geistesgeschichtliche Topoi wie Krise der technischen Zivilisation, Kulturverfall in der bürgerlichen Gesellschaft und damit verbunden die Diagnose einer prinzipiellen Kulturfeindlichkeit des Kapitalismus gehörten vor und nach dem Ersten Weltkrieg zu den Grundaussagen neukantianischer, lebensphilosophischer und existenzialistischer Diskurse. In ihnen reflektierten Teile des Bildungsbürgertums den sich vollziehenden eigenen Niedergang und projizierten ihn auf die gesamte Zivilisation. Der Bruch zwischen dem Bildungsbürgertum und den vor allem ökonomisch orientierten Fraktionen des deutschen Bürgertums setzte erneut ganze Gruppen von gut ausgebildeten Akademikern frei und verband sie mit den dem akademischen Betrieb ohnehin skeptisch gegenüberstehenden Teilen der Intelligenz, aus denen sich die Boheme der Vorkriegszeit zusammensetzte (vgl. Geiger 1987, 134ff.; Kreuzer 1971, 279ff.). Die genannten Diskurse mündeten schließlich in eine antibürgerlichen Kulturkritik, die zunächst orientierungslos zwischen künstlerischer Avantgarde und Jugendbewegung, zwischen sozialistischer Politik, anarchistischer Antipolitik und nationalistischer Überhebung hin- und herschwankte. Gesellschaftlich breiter wirksam werden proto- und kryptofaschistische Versatzstücke der genannten Diskurse dann in den politischen Kontroversen der Intellektuellen und Literaten, wie sie die hegemoniale Krise in der Endphase der Weimarer Republik charakterisieren (vgl. Kaes (Hg.) 1983, 483ff.; Stark (Hg.) 1984).

Vertreter der Zivilisationskritik waren jedoch zuerst die deutschen Akademiker und allen voran jene Universitätsprofessoren, die Fritz K. Ringer als „deutsche Mandarine" bezeichnet hat (Ringer 1987). Diese verstanden sich als geistige Elite und Kulturträger, die einer geistesgeschichtlich abgeleiteten Synthese aus Kultur, Staat und Nation Geltung zu verschaffen hatten. Soziale Homogenität und habituelle Exklusivität, sodann die eigene nationalstaatliche Legitimationsideologie prädestinierte diese Gelehrten-Beamten – im Unterschied zu den Mitgliedern ökonomischer, technischer und politischer Eliten – zu den dominanten Funktionären im Bildungsbereich des Kaiserreichs. Ihre soziale Position als geistig-kulturelle Elite im Staatsdienst machte sie zu Repräsentanten von Kultur und Bildung, die, wenn es nach ihnen ging, als Legitimationsbasis des Staats angesehen werden sollten. Nach 1918 waren diese Gelehrten-Beamten jedoch nicht mehr in der Lage, ihre überpolitische Auffassung vom „Ideal des Kulturstaates" (Ringer 1987, 20, 109) und dessen Abgrenzung von technischer Zivilisation, Demokratie und Parteienpolitik öffentlich durchzusetzen und das eigene Definitionsmonopol über Kultur und Bildung zu behaupten. Die Ideologie des Bildungsbürgertums hatte seine hegemoniale Stellung verloren. Vor diesem Hintergrund hat der Kultursoziologe Alfred Weber 1918 eine „Anämie der ideellen Sphäre" und deren „Zusammenschrumpfen zum Spezialistentum, zur Karrieremäßigkeit und bloßer geistiger Handwerksrichtung" (Weber 1918, 1264) beklagt und dann 1923 unter dem Titel *Die Not geistiger Arbeiter* den neuen demokratischen Staat dazu aufgefordert, angesichts der materiellen Verarmung durch Krieg und Inflation die um ihre Existenz bangende Intelligenz zu unterstützen. Vor allem sollte die staatliche Unterstützung ihrem „Kampf um den Primat des Geistigen über das Ökonomische" (Weber 1923, 28, 39) gelten, denn der Staat habe ihn als Erfordernis seiner eigenen Legitimation anzuerkennen. Der Niedergang des Bildungsbürgertums und der Verlust ihres Bildungsprivilegs markieren in den 1920er Jahren die Ausgangssituation für eine Neudefinition der Intelligenz, deren sich die gerade akademisch etablierte wissenschaftliche Disziplin der Soziologie annahm.

Soziologie der Intelligenz

Begriff und Geschichte der Intelligenz, ihre soziale Position und Funktion sind trotz zahlreicher Versuche, ihnen soziologisch beizukommen, niemals hinreichend zu klären gewesen. Dies liegt nicht nur daran, dass der Begriff selbst doppeldeutig ist, dass er einerseits das Vermögen, einen Vorgang in Natur und Gesellschaft intellektuell zu begreifen und kritisch zu reflektieren, andererseits all jene bezeichnet, die es verstehen, diesem Vermögen gesellschaftliche Geltung zu verschaffen. Der Grund für die unzulängliche Begriffsbestimmung ist vielmehr vor allem darin zu suchen, dass jede soziologische Definition selbst ein Aspekt des Kampfs in der Intelligenz und um die Intelligenz ist. Dieser Kampf aber charakterisiert gerade das soziale Machtverhältnis, in dem sich das intellektuelle Vermögen verkörpert und so überhaupt erst realisieren lässt. In der soziologischen Disziplin herrscht weitgehend begriffliche Verwirrung, wenn es um die soziale Position und Funktion der Intelligenz geht. Mal bildet die Intelligenz einen eigenständigen sozialen Typus, mal eine besondere soziale Schicht, mal wird versucht, die Intelligenz nach berufsmäßigen Sparten zu differenzieren, mal nach der sozialen und politischen Bindung, die sie eingegangen ist. In aller Regel operieren die Soziologen mit einer undurchschaubaren Mischung solcher Betrachtungsweisen, weil sie sowohl den konkreten intellektuellen Arbeiten als auch den sozialen Verortungen, die sich unter den Intellektuellen finden lassen, entsprechen wollen.

Karl Mannheim unternahm bereits 1929 in *Ideologie und Utopie* einen solchen soziologischen Versuch, indem er den bei Alfred Weber entlehnten Begriff der „sozial freischwebenden Intelligenz" weiterentwickelte (Mannheim 1985, 135). Dieser Terminus fand eine rapide Ausbreitung, da er sich hervorragend zu einer gewissen, zweifellos bornierten Selbstdefinition und Selbstthematisierung der Intellektuellen eignet. Nicht zuletzt die historisch wiederkehrenden Freisetzungen von erheblichen Teilen der bürgerlichen Intelligenz, in Deutschland etwa vor 1800 mit der krisenhaften Ausdehnung des Hofmeistersystems (Fertig 1979, 68ff.), dann ebenso in der Romantik und im Vormärz, schließlich auch in der Weimarer Republik, dürften Mannheim dazu verleitet haben, die „sozial freischwebende

Intelligenz" zum allgemeinen soziologischen Begriff zu machen. Dies kam dem Selbstverständnis jener Intellektuellen entgegen, die zunächst keinerlei Aussicht auf eine reputierliche Anstellung innerhalb der Institutionen von bürgerlicher Gesellschaft und Staat, geschweige denn auf die nach wie vor soziales Prestige versprechende Position eines Universitätsprofessors hatten. Auch der Marxist Georg Lukács hatte Mitte der 1920er Jahre im Rückbezug auf die Junghegelianer „die Illusion und die Ideologie der Klassenjenseitigkeit" als „typischen Standpunkt des Intellektuellen" gekennzeichnet (Lukács 1968, 659), der sich selbst sozial nicht zu verorten vermag. Doch was bei Lukács eine kritische Spitze gegen dieses Selbstverständnis beinhaltet, eine Ideologiekritik der Intellektuellen, wird bei Mannheim zu einem positiven sozialen „Tatbestand", indem er den Intellektuellen einen durch soziale Ungebundenheit bedingten spezifischen Zugang zur Politik attestiert, die sie angesichts verschärfter Klassenauseinandersetzungen dazu bringe, „Wächter zu sein in einer sonst allzu finsteren Nacht" (Mannheim 1985, 140).

Ein solches Wächteramt ist kaum anders zu verstehen denn als Wiederherstellung der sozialen Funktion der deutschen Mandarine unter den Vorzeichen einer demokratischen Republik. Nach Mannheim impliziert die soziale Bindungslosigkeit bei gleichzeitiger Partizipation am „gemeinsamen Bildungsgut" (Mannheim 1985, 136) die Klassenlosigkeit in einer klassengespaltenen Gesellschaft, aber nicht mehr das überpolitische Staatsideal, sondern das intellektuelle Vermögen selbst garantiert nun die bildungsaristokratische Exklusivität. Dabei zeigen die Intellektuellen im demokratischen Staat eine beachtliche „ideologische Elastizität" (Speier 1930, 368, 371). Diese definiert bei Mannheim den privilegierten Status der Intelligenz im gesamtgesellschaftlichen Funktionszusammenhang: Sie behütet innerhalb der gesellschaftlichen Auseinandersetzungen und Konflikte „die Vielstimmigkeit der Determinanten in ihrer Polyphonie" dadurch, dass sie „ein homogenes Medium schafft, in dem sich die widerstreitenden Kräfte messen können" (Mannheim 1985, 136). Denn sie vereinige „in sich all jene Impulse, die den sozialen Raum durchdringen" (Mannheim 1985, 137) und bilde die ideelle „Mitte" der Gesellschaft. Derjenige, der der „sozial freischwebenden Intelligenz" angehört, könne sich jeder sozialen Klasse anschließen, aber sei selbst nicht klassenbestimmt. Vielmehr bringe er eine „soziale Sensibilität" auf, die ihn „allein dazu befähigt, sich in die dynamisch sich bekämpfenden Klassen einzufühlen" (Mannheim 1985, 137), ohne die klassengebunden Ideologien zu übernehmen, ohne die soziale Identität als Intellektueller zu verlieren. Diese Fähigkeit wiederum ermögliche die „Einfügung bestimmter geistiger Forderungen in die aktive Politik" (Mannheim 1985, 139). Und mehr noch, der Intellektuelle erfülle durch die bewusste Reflexion auf seine eigene Existenz schließlich die besondere „Mission", dem in der Gesellschaft bestehenden „Bedürfnis der Gesamtorientierung und Zusammenschau" (Mannheim 1985, 139f.) nachzukommen. Sogar die „Möglichkeiten einer eigenen Intellektuellenpolitik" fasst Mannheim ins Auge, auch wenn er die Chancen ihrer Durchsetzung gering veranschlagt (Mannheim 1985, 140). So verengt sich sein Programm auf die Etablierung einer politischen Soziologie als „optimale Zusammenschau der im historischen Raum vorhandenen Tendenzen" und der sozialen „Strukturzusammenhänge" (Mannheim 1985, 143), der Organisation eines speziellen Wissens, das der politischen Führung zur Verfügung zu stellen sei.

Andere Ansätze, ich greife hier zwei weitere prominente Beispiele heraus, sind Mannheims emphatischen Intellektuellen-Begriff nicht gefolgt. Für den Ökonomen Schumpeter etwa kommen die Intellektuellen „aus allen Ecken und Enden der sozialen Welt" (Schumpeter 1980, 236). Sie besitzen also auch nach ihm keine spezifische soziale Verortung; doch sieht Schumpeter sie vor allem durch das „Fehlen einer direkten Verantwortlichkeit für praktische Dinge" (Schumpeter 1980, 137) bestimmt, wobei er spezielle Berufsgruppen, Ärzte, Juristen und Techniker etwa, wiederum von dieser Definition ausnimmt. Demgemäß definiert er den Intellektuellen als einen sozialen Typus, der über eine höhere Bildung verfügt, bei Ermanglung „tatsächlicher Erfahrung" aber zum „bloßen Zuschauer" des sozialen Lebens wird (Schumpeter 1980, 137). Anders dagegen wiederum der Kultursoziologe Theodor Geiger, er subsumiert unter dem Begriff des Intellektuellen „alle, die im weitesten Sinn geistige, immaterielle Arbeit ausführen" (Geiger 1987, 13), und schränkt den Begriff der Intelligenz auf jene ein, die „repräsentative Kulturbestände" erzeugen; die Intelligenz „schafft so immer neuen Bildungsstoff herbei", wogegen die Intellektuellen diesen lediglich „konsumieren", den Bildungsstoff adaptieren (Geiger 1987, 18). Vor der Hand scheint es bei diesen Definitionen allein um terminologische Unterschiede zu gehen. Zumal beide Autoren gegenüber dem Begriff des Intellektuellen eine deutlich reservierte Haltung einnehmen. Im Mittelpunkt der Kontroverse steht jedoch die Frage nach der gesellschaftlichen Funktion von intellektueller Kritik.

Schumpeter stellt die Intellektuellen als Feinde des sozialen Systems dar, und konservative Autoren wie Raymond Aron (1957), Arnold Gehlen (1973) und Helmut Schelsky (1975) sind ihm in dieser Auffassung später gefolgt. Zuletzt hat diese konservative Intellektuellenfeindschaft in den nationalistischen Diskursen nach dem Zusammenbruch des Ostblocks eine zentrale Rolle gespielt, insbesondere in der nationalkonservativen deutschen Soziologie, wo etwa behauptet wurde, durch die Kritik des Bestehenden gerate „das unverzichtbare Netz sozialer Normen, deren Respektierung allein den erforderlichen Konformitätsdruck zur Aufrechterhaltung einer 'Gesellschaft' beschaffen kann, mehr und mehr in die Nähe der Anomie, weil den zu integrierenden Einzelnen das erforderliche Sinnerlebnis, in dem sie hinter der Maske der Alltäglichkeit ihre Identität entdecken können, verloren zu gehen droht". Jede Kritik wird als Zerstörung nationaler Identität und als „Deutschenhass" denunziert (Eisermann 1992, 264). Für Geiger hat die sozialwissenschaftliche Intelligenz dagegen geradezu den Auftrag, durch ihre Kritik an den Mängeln der Gesellschaftsordnung, an den konkreten politischen Maßnahmen der Machthaber und an der „ideologischen Propaganda der herrschenden Mächte", durch eine in diesem Sinn konstruktive „Kritik der Macht" für die Gesamtgesellschaft tätig zu sein (Geiger 1987, 73f.). Gemeint ist folglich ein spezifisches Ethos, das eine distanzierte Haltung zur politischen Macht einschließt und dennoch einen geistigen Führungsanspruch beibehält.

Tatsächlich rekrutieren sich aus den Gruppen der Intelligenz in aller Regel die Funktionäre der herrschenden Klassen und des kapitalistischen Staats. Angesichts dieser sozialen Position und Funktion besitzt es nur eine sehr begrenzte Aussagekraft, die Intellektuellen auf der Grundlage ihrer unmittelbaren „Erwerbsverhältnisse" dem Kleinbürgertum zuzurechnen oder deren Annäherung an „Verhältnisse kleinbürgerlichen Existenz" zu konstatieren (Lenin 1956, 267). Nach Antonio Gramsci haben sie als „organische Intellektuelle" vielmehr die Funktion, die politisch-ethische Hegemonie der herrschenden Klassen und ihrer Fraktionen zu organisieren, insbesondere deren staatlicher Form in einem historischen Block die bis in das Alltagleben hineinreichende ideologische Kohärenz von Wissen, Denken und Fühlen zu verleihen. Entsprechend des erweiterten Begriffs des Intellektuellen bei Gramsci führen alle, die einer organisierenden Tätigkeit nachgehen, in allen gesellschaftlichen Bereichen, in so genannten privaten Organisationen und Vereinen wie in öffentlichen Einrichtungen, in kulturellen wie in subkulturellen Unternehmungen, in den Massenmedien, im Journalismus und der Presse, in Parteien und Kirchen wie auch in allen staatlichen Institutionen einen mehr oder weniger offenen Kampf um die einzelnen Aspekte dieser Hegemonie (vgl. Gramsci 1996; Buci-Glucksmann 1981, 29ff.). Diese Funktion der Intellektuellen beruht auf dem vertikal und horizontal ausdifferenzierten System der gesellschaftlichen Arbeitsteilung, das sich in den zahlreichen Apparaten der bürgerlichen Gesellschaft und des kapitalistischen Staats materialisiert hat. Mit Gramscis Hegemonietheorie, dann - im Anschluss an ihn - mit der Ideologietheorie von Louis Althusser (1977; 1995) und der Staatstheorie von Nicos Poulantzas (2002) ist sicherlich die elaborierteste Variante materialistischer Theoriebildung bezeichnet, die gesellschaftliche Arbeitsteilung in ihren institutionalisierten Formen zu konzeptualisieren verstand. Fundiert war diese Theoriebildung allerdings durch die konstitutive Trennung von manueller und intellektueller Arbeit, wie sie für die fordistische Gesellschaftsformation mit ihrer strikten Gliederung nach Produktionsbereich unter dem Fabrikregime, das selbst wiederum in unmittelbare Produktion und Verwaltung der Produktion getrennt war, und Reproduktionsbereich unter staatlicher Regulierung zweifellos noch Gültigkeit besaß.

Theorie und Praxis der kritischen Intellektuellen

Ein grundlegend anderer Intellektuellen-Begriff, dem Programm zur Wiederherstellung einer geistigen Elite ebenso wie dem Konzept des organischen Intellektuellen entgegengesetzt, hatte sich bereits am Ende des 19. Jahrhunderts in Frankreich herausgebildet. Noch heute verbindet sich der Begriff des öffentlich agierenden Intellektuellen mit dem Auftreten des naturalistischen Romanciers Émile Zola gegen den Antisemitismus in der Armee der französischen Dritten Republik. Dieser Begriff zielt auf das politische Engagement von Schriftstellern, Publizisten und sonstigen Angehörigen der bürgerlichen Intelligenz. Zunächst war die Bezeichnung als Intellektueller allerdings ein Schimpfwort, das diejenigen treffen sollte, die sich dem Aufruf „J'accuse" von Zola in der so genannten Dreyfus-Affäre angeschlossen hatten. Den Charakter eines Schimpfworts sollte der Begriff in der Folge nie wieder völlig verlieren, wie etwa auch das bereits zitierte Beispiel Schumpeters zeigt. In unterschiedlichen politischen Kontexten und Konjunkturen wurde und wird das Schimpfwort in populistischer Absicht ins Spiel gebracht, um den Gegner zu diskreditieren (vgl. Bering 1978). Die Feindschaft gegenüber den Intellektuellen gehört zu den am meisten kommensurablen Ressentiments, denn sie mobilisiert zugleich eine Abwehr gegen ein vermeintliches gesellschaftliches „Oben" und gegen die Anstrengung, selbst denken zu wagen. In diesem Doppelsinn verbindet sich der Antiintellektualismus immer wieder aufs Neue mit dem Antisemitismus (Adorno 1986, 369), eine Verknüpfung, wie sie eben schon bei der Entstehung dieses Intellektuellen-Begriffs präsent war.

Für die kritischen Intellektuellen im 20. Jahrhundert jedoch ist Zolas Initiative weithin zu einem Musterbeispiel öffentlicher Intervention geworden. Mit Jürgen Habermas begreifen diese sich selbst nicht selten als „Geburtshelfer einer politischen Öffentlichkeit" (Habermas 1987, 30), die durch staatlich-administrativen Dirigismus bedroht ist. Pierre Bourdieu schließlich hat in der vergangenen zwei Dekaden - wiederum unter Berufung auf Zola (vgl. Bourdieu 1991, 44f.) - das besondere Engagement von Intellektuellen eingefordert und, verbunden mit einem Exkurs in die Sozialgeschichte der französischen Intellektuellen seit Voltaire, sogar vorgeschlagen, an der „Errichtung einer Republik der Künstler und der

Wissenschaftler" zu arbeiten (Bourdieu 1991, 42ff., 51). Unwillkürlich erinnert dies an die Anfänge der Gruppe „Clarté" um Henri Barbusse nach dem Ersten Weltkrieg oder auch an die Versuche des Aktivismus in Deutschland, vor allem der linkspazifistischen Kreise um Kurt Hiller, in der Weimarer Republik eine „Politik der Geistigen" zu betreiben und so genannte „Räte geistiger Arbeiter" oder auch ein „Intellektuellenparlament" zu etablieren (vgl. Hiller 1966; Stark 1982, 190ff., 238ff.). Der Charakter politischer Intervention von Seiten kritischer Intellektueller ist immer wieder unterschiedlich skizziert worden, dennoch lassen sich idealtypisch zwei grundlegende Modelle unterscheiden, nach denen Intellektuelle ihre Funktion in den gesellschaftlichen Kämpfen definiert haben.

Das erste Modell entspricht dem Konzept des universellen Intellektuellen, das allen voran Jean-Paul Sartre in explizitem Rückbezug auf Zola entwickelt hat. Nach Sartre sind die kritischen Intellektuellen „das monströse Produkt einer monströsen Gesellschaft", da sie den Widerspruch zwischen der besonderen, partikularen Ideologie der herrschenden Klasse und dem universalen Geltungsanspruch intellektueller Wissenstechniken in sich tragen (Sartre 1995, 109). Als Techniker des Wissens sind sie zunächst Funktionäre der herrschenden Klasse und erst die permanente selbstkritische Bearbeitung ihres Widerspruchs macht sie nach Sartre zu wirklichen Intellektuellen. Für sie genügt es nicht ihre „Intelligenz funktionieren zu lassen", sondern sie sollen sich einer „rationalen Radikalität" verpflichten, um in einer Analyse der realen gesellschaftlichen Situation das Bewusstsein der jeweiligen gesellschaftlichen Akteure zu entmystifizieren (Sartre 1995, 157, 162, 168f.). Die universellen Intellektuellen allerdings sind einsam; sie ergreifen das Wort ohne Mandat einer gesellschaftlichen Klasse und ohne den von einer Autorität zugewiesenen Status. Wie die Prinzipien der Rationalität und Radikalität gilt auch das Prinzip der Unabhängigkeit als unverzichtbar, damit die Intellektuellen ihre soziale Funktion erfüllen können. Sie haben sich der Hörigkeit gegenüber der herrschenden Klasse entwunden und ihre Aufgabe besteht von nun an darin - und darin besteht zugleich ihr Anspruch auf Universalität - herauszustellen, dass „der Tag möglich ist, an dem alle Menschen tatsächlich gleich und brüderlich sein werden" (Sartre 1995, 117). Mehr noch, der Kampf der Intellektuellen gegen ihren eigenen Widerspruch hat zentrale Bedeutung für ihre Beziehung zu den Massen: Sie dienen den Massen allein dadurch, dass es ihnen gelingt, ihren „Widerspruch für alle zu leben und ihn durch Radikalität (das heißt durch die Anwendung der exakten Techniken auf die Lügen und Illusionen) für alle zu überwinden"; und dieser Widerspruch ist es, der den Intellektuellen trotz seiner Vereinsamung in Sartres Augen zum „Hüter der Demokratie" macht (Sartre 1995, 130).

Das zweite Modell orientiert sich am Konzept des spezifischen Intellektuellen, wie etwa Michel Foucault es in bewusster Abgrenzung von Sartre entworfen hat. Die spezifischen Intellektuellen bleiben unter explizitem Verzicht auf jeden Anspruch auf Universalität Techniker des Wissens. Ihre Politisierung entzündet sich an der partikularen Wahrheit, die Ergebnis ihrer spezifischen Tätigkeit ist. Vorbild ist hier die Atomphysiker J. Robert Oppenheimer, der sich nach dem Zweiten Weltkrieg in den USA weigerte, am Programm zur Entwicklung der Wasserstoffbombe teilzunehmen und nach Foucault die Figur des Übergangs vom universellen zum spezifischen Intellektuellen repräsentiert (vgl. Foucault 2003, 206f.). Denn die spezifischen Intellektuellen sollen nicht „beständig eine Reihe radikaler Prinzipien vertreten" (Sartre 1995, 170), sondern sie lassen ihre „spezifische Stellung in der Ordnung des Wissens" wirksam werden (Foucault 2003, 207). Im Bruch mit der herrschenden Klasse rekurrieren sie gerade auf das „spezifische Wissen", dessen Träger sie sind. Aufgabe der spezifischen Intellektuellen ist es, bestimmte Positionen zu besetzen, um entsprechend ihrer eigenen Politisierung von dort aus Machtwirkungen zu entfalten und die herrschenden Verbindungen von Macht und Wahrheit zu transformieren. Die Intervention des spezifischen Intellektuellen zielt folglich nicht direkt auf die allgemeine politische Öffentlichkeit, sondern auf lokale Auseinandersetzungen um gesellschaftliche Institutionen und die dort bestehenden Technologien der Macht. Aber auch diese Strategie kann letztlich Machtwirkungen nur im Rückbezug auf soziale Kämpfe erlangen, die kritische Intellektuelle nicht von sich aus vorzugeben in der Lage sind. Foucault sieht daher die Universitäten und Schulen der 1970er Jahre als „privilegierte Kreuzungspunkte", durch die sich „transversale Verbindungen von Wissen zu Wissen, von einem Punkt der Politisierung zum einem anderen herstellen" lassen, während mit dem „Verschwinden des Autors" (Foucault 2001, 1010f.) auch die „Schwelle des Schreibens als sakralisierendes Merkzeichen des Intellektuellen" verschwinde (Foucault 2003, 206).

Für Foucault löst also der Wissenschaftler oder Experte den Schriftsteller ab, der Sartre als Protagonist öffentlichen Engagements vorschwebte (vgl. Brunkhorst 1988). Doch beide Modelle stehen nicht nur für unterschiedliche, ja gegensätzliche Strategien der kritischen Intellektuellen, sondern sie verweisen zugleich auf den Funktionswandel, der sich nicht allein in der Entgegensetzung von Schriftsteller oder Wissenschaftler als Modellfälle kritischer Intelligenz erschöpft. Bereits in den 1970er Jahren und dann vor allem aber in den 1980er Jahren rückten soziale Machtverhältnisse in den Blick, deren Zentrum nicht mehr die sozialen Klassenverhältnisse, das heißt hier die industrielle Bourgeoisie und ihre Funktionäre einerseits und die Arbeiterklasse in der Fabrik andererseits, bildeten, sondern die sich um das Geschlechterverhältnis und das Verhältnis Mensch-Natur kristallisiert hatten. Frauenbewegung und Feminismus etwa oder Ökologiebewegung und Anti-Industrialismus wurden zu den neuen Bezugspunkten einer intellektuellen Praxis, die nun weitgehend vernachlässigte Bereiche des gesellschaftlichen Lebens einzubeziehen begann, sodass es zumindest zu Beginn der 1980er Jahre so scheinen konnte, als habe sich Foucaults Intellektuellen-Modell durchgesetzt, als könne es unmittelbar zu dem von ihm anvisierten „Aufstand des 'unterworfenen Wissens'" (Foucault 2003, 217) kommen. Doch die Trennung der sozialen Bewegungen mit ihren kollektiven Wissensformen von den Expertinnen und Experten, die über das Monopol auf das institutionalisierte und verschriftlichte Wissen verfügen und die Regeln seiner Distribution beherrschen, stellte sich durch einen spezialistischen Praktizismus, der nun auch von linken und gesellschaftskritischen Intellektuellen betrieben wurde, sehr rasch erneut her. Tatsächlich bildet dieser Praktizismus die gesellschaftliche Aporie des spezifischen Intellektuellen mit seinen Strategien der Partikularisierung, wie umgekehrt der Anspruch aufs Allgemeine mittels einer Strategie der Universalisierung die Aporie des Modells nach Sartre darstellt (vgl. Müller 1995a). In beiden Modellen ist die „Usurpation der kollektiven Intellektualität durch die professionellen Intellektuellen" (Demirović 1992, 66) keineswegs ausgeschlossen, im Praktizismus nämlich durch stillschweigende Anerkennung gesellschaftlicher Arbeitsteilung, bei Sartre jedoch, indem die Einlösung des Versprechens auf ein Verschwinden der Intellektuellen auf jenen Tag verschoben ist, an dem alle Menschen gleich und brüderlich leben.

Insbesondere aber in der gegenwärtigen historischen Konstellation von Wissen und Macht, in der Wissen und Kommunikation unmittelbar produktive Momente der Kapitalakkumulation und die Massenintellektualität das „bestimmende Merkmal" einer Neuzusammensetzung der ausgebeuteten Klasse geworden ist (Negri 1998b, 72), erweisen sich beide Modell als hoffnungslos insuffizient. Die Intellektuellen heute verfügen weder über einen universalen Anspruch transzendenter Geltung im Hinblick auf ihre Wissenstechniken noch über eine gewisse Exklusivität ihres speziellen Wissens, die sie in eine privilegierte Position innerhalb der Öffentlichkeit mit den ihr eigenen Geflechten von Machtbeziehungen brächte, seien es wie bei Sartre Homologien zwischen der eigenen intellektuellen Praxis und dem allgemein diagnostizierbaren Zustand der Gesellschaft oder wie bei Foucault privilegierte Kreuzungspunkte für transversale Verbindungen zwischen unterschiedlichen Wissensarten.

Schließlich ist auch der Versuch von Pierre Bourdieu beide Modelle in seiner Konzeption des gegenüber Politik, Ökonomie und Journalistik autonomen intellektuellen Feldes, eines spezifischen gesellschaftlichen „Mikrokosmos" zu integrieren, dieser Situation keineswegs angemessen. Bourdieu kennzeichnet den Intellektuellen als ein „paradoxes“ und „bi-dimensionales Wesen“, das einerseits aufgrund seines spezifischen Wissens als Wissenschaftler, Künstler oder Schriftsteller auf der Autonomie seines Tätigkeitsbereiches beharren müsse, andererseits ausgestattet mit der in diesem Bereich erworbenen „Autorität und Kompetenz“ in die politischen Auseinandersetzungen interveniere, zur politischen Aktion übergehe (Bourdieu 1991, 41ff., 61f.). Vor der Hand scheint diese Beschreibung der intellektuellen Praxis nicht nur der Praxis Bourdieus selbst, sondern auch der zahlreicher anderer Wissenschaftler und Künstler, die sich in der Öffentlichkeit äußern, zu entsprechen. Sofern sich die Intellektuellen auf beide Dimensionen, auf das spezifische Wissen und auf das politischen Engagement, gleichgewichtig beziehen, handelt es sich dabei zweifellos um eine zerrissene Praxis, in der die intellektuelle Tätigkeit im Rahmen der Kulturproduktion und die im Rahmen der politischen Öffentlichkeit keine logische Relation besitzen müssen, sodass einerseits ein spezialistisches Verständnis vorherrschend bleibt, andererseits Petitionen und Kampagnen (vgl. Bourdieu 1991, 64) die politische Aktionsmöglichkeiten hinlänglich zu umreißen scheinen.

Tatsächlich definiert Bourdieu den Intellektuellen an einer Stelle erneut explizit als den „Anwalt des Allgemeinen“ (Bourdieu 1989, 22), im Unterschied zu Sartre aber wird diese Anwaltschaft nicht mehr an die Integrität der Person gebunden, sondern funktionalistisch an die Verteidigung des „intellektuellen Mikrokosmos“, in dem sich - wie bei Mannheim - der „gesamte soziale Raum“ wiederfinden soll (Bourdieu 1989, 30). Die Intellektuellen sind hier aber nicht mehr als „sozial freischwebend“ definiert, sondern im gesellschaftlichen Bereich der kulturellen Produktion als spezifischem Funktionsraum sozialer Auseinandersetzung verortet. Mehr noch, Bourdieu zählt sie selbst zu den Herrschenden: Zwar nähmen die Intellektuellen eine von ökonomischer und politischer Macht dominierte Stellung ein, doch indem sie über das Machtmonopol in der Symbolproduktion und über das „kulturelle“ und „informationelle“ Kapital“ verfügten, seien sie „als Beherrschte Teil der Herrschenden“ (Bourdieu 1989, 31; 1991, 63f.). In Bourdieus Analyse ist daher deren „Kampf um die Autonomie“ des intellektuellen Mikrokosmos, also der Konflikt zwischen den verschiedenen, durch ihre Funktion definierten Herrschaftsgruppen, die entscheidende Voraussetzung für die vermeintliche Behauptung des Universellen gegenüber den partikularen Ansprüchen der wirtschaftlich oder politisch Herrschenden (Bourdieu 1991, 53). Der Kampf wird „innerhalb dieses Mikrokosmos“ (Bourdieu 1989, 30) ebenso geführt wie außerhalb. Es ist ein Kampf unter den Intellektuellen wie unter den dominierenden und dominierten Fraktionen der Herrschenden.

Was jedoch als deskriptives Modell gesellschaftlicher Arbeitsteilung, auch zur Untersuchung von Fraktionierungen der Herrschenden noch tauglich erscheinen mag, kann als handlungsanleitendes Modell völlig unbrauchbar sein. Organisatorisch schlägt Bourdieu - wiederum wie die Gruppe „Clarté" 1919/20 - eine Internationale der Intellektuellen vor, die heute netzwerkartig strukturiert sein solle und die auch von anderer Seite als Strategie zur „Re-Politisierung der Soziologie" ins Auge gefasst wird (vgl. Bourdieu 1991, 61; auch Dahmer 2002, 28). Doch schon in diesem Modell der Organisierung, das historisch bereits unter den Schriftstellern und Publizisten nach dem Ersten Weltkrieg gescheitert ist und nun vor allem unter den Sozialwissenschaftlern vorangetrieben werden soll, verrät sich ein strukturell konservierendes Moment der Intellektuellenpolitik, das mit der kritischen Perspektive einer emanzipatorischen Praxis von Intellektuellen trotz anders lautender Beteuerungen kaum mehr zu vereinbaren ist. Während Sartres Modell des universellen Intellektuellen in der Hochphase des Fordismus und der West-Ost-Blockkonfrontation dazu beitrug die Konstitution einer Nouvelle Gauche jenseits der vorherrschenden parteiförmigen Politikmuster der Linken zu ermöglichen und Foucaults Konzeption des spezifischen Intellektuellen auf die neuen sozialen Kämpfe in der Krise des Fordismus zu orientieren half, fällt Bourdieus Vorschlag weit hinter die Potenzialität der Massenintellektualität zurück, wie sie der Vergesellschaftung der Intelligenz gegenwärtig entsprechen könnte. In ihr hat sich Foucaults spezifischer Intellektueller derart verallgemeinert, dass er zunehmend seinen spezifischen, an bestimmte Institutionen der Wissensorganisation (Universitäten, akademische Clubs etc.) gebundenen Charakter verliert. Massenintellektualität heute ist dagegen in allen gesellschaftlichen Bereichen und auf allen Ebenen politischen Handelns präsent. Wenn sich aber diese Tendenz ausmachen lässt, muss Bourdieus Vorschlag zur Gründung einer Internationale der Intellektuellen, sein Festhalten an der Autonomie des intellektuellen Feldes als eines gesellschaftlichen Funktionsbereichs und seine Rede von den „kompetenten Intellektuellen" wie von deren Monopol auf das „kritische Reflexionsvermögen" (Bourdieu 1991, 61, 65) wohl als eine schlichte und in allen Belangen untaugliche Re-Formulierung der positivistischer Intellektuellensoziologie verstanden werden.

Zur Logik der Massenintellektualität

Was ich oben als Verschwinden der kritischen Intellektuellen aus der Öffentlichkeit und als Implosion sozialer Exklusivität vor dem Hintergrund von Sozialgeschichte und Soziologie der Intelligenz wie von Theorie und Praxis der Intellektuellen thematisiert habe, kann als Problematik kritischer Gesellschaftstheorie -

und damit ist vor allem die an die Marxsche Theorie anschließende Kritik gemeint - neu formuliert werden. Von marxistischer Seite ist das Problem der intellektuellen oder immateriellen Arbeit wie auch die so genannte Intellektuellen- und Akademikerfrage in den am Marxismus orientierten Organisationen der Arbeiterbewegung unter zwei Aspekten dargestellt worden, die mehr oder weniger auch in den Texten von Marx selbst auffindbar sind. Hierbei handelt es sich erstens um die Unterscheidung von produktiver und unproduktiver Arbeit, zweitens um die Kategorie des gesellschaftlichen Gesamtarbeiters.

Die Unterscheidung zwischen produktiver und unproduktiver Arbeit bezieht Marx aus der klassischen Nationalökonomie. Adam Smith, so notiert er in der Auseinandersetzung mit den Mehrwerttheorien der bürgerlichen Ökonomen, habe „die Sache selbst begrifflich erschöpft, den Nagel auf den Kopf getroffen", es sei „eines seiner größten wissenschaftlichen Verdienste", dass er „die produktive Arbeit als Arbeit bestimmt, die sich unmittelbar mit dem Kapital austauscht, d.h. durch Austausch, womit die Produktionsbedingungen der Arbeit und Wert überhaupt, Geld oder Ware, sich erst in Kapital verwandeln" (MEW, 26.1, 127). Mit dieser Definition, die Marx hier und immer wieder als „vom Standpunkt der kapitalistischen Produktion" aus gegeben kennzeichnet, ergibt sich die Definition unproduktiver Arbeit als einer Arbeit, die sich nicht gegen Kapital tauscht, die ohne weiteres eine Ware produzieren kann, die aber nicht in den Verwertungsprozess des Kapitals als „ein bestimmtes gesellschaftliches Produktionsverhältnis" einbezogen ist, sondern unmittelbar konsumiert wird. „Die erste schafft einen Mehrwert", so lautet die definitorische Unterscheidung knapp, „in der zweiten verzehrt sich eine Revenue", also Profit, Grundrente oder Lohn in monetarisierter Form. Die intellektuelle Arbeit wird aufgrund „ihrer bestimmten gesellschaftlichen Form", nicht aufgrund ihres konkreten Inhalts oder ihres Resultats in aller Regel der unproduktiven Arbeit zugeschlagen (MEW, 26.1, 127f.). Insofern die intellektuelle Arbeit aber „unmittelbar" verwertet wird, etwa als die eines Lohnschreibers oder Übersetzers in einem Verlagshaus oder eines Lehrers in einer „Lernfabrik", kann sie ebenso produktiv sein, wie sie unproduktiv ist, insofern die gleiche Arbeit, gleichgültig, ob sie „mit der Tätigkeit des Arbeitsvermögens selbst verschwindet oder sich in einem Ding materialisiert, fixiert", dazu da ist, allein in ihrem Gebrauchswert konsumiert zu werden (MEW, 26.1, 135). Mit der Expansion der kapitalistischen Produktionsweise innerhalb der kapitalistischen Gesellschaft selbst allerdings nimmt auch der Anteil produktiver intellektueller Arbeit in der Produktion des gesamten gesellschaftlichen Reichtums zu. Mehr noch, die reelle Subsumtion der intellektuellen Arbeit unter das Kapital lässt die vom Standpunkt des Kapitalisten getroffene Unterscheidung zwischen produktiver und unproduktiver Arbeit zunehmend obsolet erscheinen (vgl. Corsani/Lazzarato/Negri 1996, 227ff.). Schon die kapitalistische Agrarindustrie, dann Luxus-, Dienstleistungs- und Kulturindustrie einerseits und die Verwissenschaftlichung der Produktion andererseits haben bereits unter den Bedingungen des Fordismus eine neue Qualität der Vergesellschaftung von immaterieller Arbeit hervorgebracht, die entlang der Unterscheidung von Mehrwert schaffender produktiver Arbeit und Revenue verzehrender unproduktiver Arbeit kaum noch zu beurteilen war.

Konnte Marx noch mit einigem Recht behaupten, die „nichtmaterielle Produktion“ sei „so unbedeutend, verglichen mit dem Ganzen der Produktion, dass sie gänzlich unberücksichtigt bleiben“ könne, so muss bereits für den Fordismus angezweifelt werden, ob die immaterielle Produktion hier lediglich als eine „Übergangsform zur kapitalistischen Produktion“ (MEW 26.1, 384f.) anzusprechen ist. Virulent ist diese Problemstellung spätestens in den 1960er Jahren mit der Debatte um die so genannte „neue Arbeiterklasse“ nach dem Erscheinen der Untersuchung von Serge Mallet zum Verhältnis von gewerkschaftlicher Organisierung und technisch-wissenschaftlicher Intelligenz unter dem Titel *La nouvelle classe ouvrière* (1963, dt. 1972; vgl. Deppe/Lange/Peter (Hrsg.) 1970). Mallets Studie, wie bereits die Auswahl der untersuchten Unternehmen - der Maschinengesellschaft Bull, des Raffineriebetriebes Caltex und des Elektroherstellers Thomson-Houston - zeigt, und dann auch die ihr folgende Diskussion sind noch ganz dem fordistischen industriellen Paradigma verhaftet. Dies gilt zudem für die meisten Studien zur Automation in Fabrik und Büro aus dieser Zeit. So wird hier die Büroarbeit vorzugsweise unter dem Topos ihrer „Mechanisierung“ und die Fabrikarbeit unter dem der ihrer „Dequalifikation“ thematisiert (vgl. Pirker 1962; Pollock 1964; Braverman 1977; Projektgruppe 1978). Das industrielle Paradigma lässt die Transformation der Arbeit jedoch nur als ihre zunehmende Industrialisierung, die Expansion der kapitalistischen Produktionsweise nur als zunehmende Durchkapitalisierung der Gesellschaft denken, die der industriellen Logik selbst folgt, das heißt der Logik räumlicher und zeitlicher Kompression von Produktivität, immer höherer Verdichtung der Arbeit und schließlich einer grundlegenden Eindimensionalisierung des gesamten gesellschaftlichen Lebens, wie Herbert Marcuse es analysiert hat (Marcuse 1989, 42ff.).

Eine gravierende Verschiebung, ebenfalls noch innerhalb des Paradigmas industrieller Arbeit, bedeutet jedoch die Erweiterung des Begriffs produktiver Arbeit im Hinblick auf die neue Qualität der Vergesellschaftung intellektueller Arbeit, die an Marxens Konzeption des „Gesamtarbeiters“ (MEW 23, 531) und an sein Theorem der „reellen Subsumtion der Arbeit unter das Kapital“ (Marx 1969,

60ff.) anknüpft. So schreibt etwa Hans-Jürgen Krahl bereits 1969: „Die technologische Umsetzung der Wissenschaft ins kapitalfixierte Maschinensystem - systematisch seit Ende des 19. Jahrhunderts betrieben - und die Tendenz der Automation haben das verändert, was Marx die reelle Subsumtion der Arbeit unter das Kapital bezeichnet hat. Diese unterscheidet sich von der bloß formellen dadurch, dass sie auch die technologische Struktur des unmittelbaren Arbeitsprozesses durch die systematische Anwendung der gesellschaftlichen Produktivkräfte der Arbeit, Arbeitsteilung und Wissenschaft qualitativ verändert. Der Arbeitsprozess als Stoffwechsel zwischen den Menschen und der Natur wird gleichsam in sich selbst vergesellschaftet." Und diese neue Vergesellschaftungsqualität weist über das industrielle Verhältnis von Kapital und Technologie hinaus auf den Prozess der Klassenbildung hin. Nach Krahl steht die wissenschaftliche Intelligenz durch ihre Vergesellschaftung im kapitalistischen Arbeitsprozess, durch die neue „soziale Kombination" von manueller und intellektueller Arbeit als dem Kapital immanenter Prozess der Verwissenschaftlichung der Produktion, die immer mehr als „erste Produktivkraft" (Krahl 1977, 327) anzusprechen ist, nicht dem Industrieproletariat als „neue Klasse" gegenüber, sondern sie wird „in den produktiven Gesamtarbeiter integriert", während „das unmittelbare Industrieproletariat immer mehr zum Moment im Gesamtarbeitsprozess" wird. „Es repräsentiert", so Krahl weiter, „weniger denn je die Totalität produktiver Arbeit." (Krahl 1977, 333f.)

Damit ist eine Tendenz bezeichnet, die im postfordistischen Kapitalismus, also nach der Niederlage der sozialen Kämpfe der 1960er und 1970er Jahre und in der Krise des Fordismus, zum zentralen Moment kapitalistischer Restrukturierung geworden ist und die unter der Ägide postmoderner Ideologie als das Ende des Proletariats rezipiert, mehr noch, kurzsichtig in das Triumphgeschrei neoliberaler Ideologen einstimmend als Ende sozialer Kämpfe schlechthin diagnostiziert wurde. Für Krahl ergibt sich dagegen aus dieser „objektiven" Tendenz das Problem einer Neukonstitution des Klassenbewusstseins, einer revolutionären Subjektivität, in der die Aporien der Protestbewegung der 1960er Jahre, als solche bezeichnet er die „Unmittelbarkeitsideologie" der Protestierenden und die daraus in seinen Augen resultierenden „kleinbürgerlichen Verfallsformen des antiautoritären Emanzipationsbewusstseins" (Krahl 1977, 330, 279ff, 303ff., 313ff.), überwunden werden können. Krahls Texte sind deshalb so aufschlussreich für die Debatte um die Logik der Massenintellektualität, weil sich in ihnen unter den Bedingungen sozialer Kämpfe im Fordismus bereits das industrielle Paradigma, wie es im Marxismus des 20. Jahrhunderts, auch unter kritischen Marxisten, vorherrschend war, und das Konzept der immateriellen Arbeit als der dominierenden Produktivkraft des postfordistischen Kapitalismus historisch wohl erstmals durchkreuzen.

Gerade in seiner Ideologiekritik des antiautoritären Bewusstseins wird dabei deutlich, wie stark Krahl in seiner Konzeption der wissenschaftlichen Intelligenz noch dem industriellen Paradigma verhaftet ist. So hält er zwar einerseits eine „gemeinsame Organisation" der Intelligenz und des „Heers der Industriearbeiter und produktiven Angestellten" zur Wiedergewinnung eines Bewusstseins gesellschaftlicher Totalität für unerlässlich (Krahl 1977, 296) und überschreitet somit den Horizont des überlieferten Marxismus. Die Gemeinsamkeit ist hier nicht nur als Bündnis verschiedener Klassen und ihrer Fraktionen vorgestellt, sondern als Problem der Konstitution eines neuen, nicht mehr in der Existenz als Industrieproletariats verbürgten Klassenbewusstseins konzipiert. Andererseits aber konnte Krahl die Niederlage oder die rückläufigen Protestbewegung offensichtlich nicht auf der gleichen analytischen Grundlage, auf jener der neuen sozialen Kombination des Gesamtarbeiters bestimmen. Jedes regressive Moment der „politischen Intellektuellenbewegung" griff er im Sinn des überlieferten Marxismus als Rückfall „in den Naturzustand der klassenschwankenden Asozialität des Kleinbürgertums" an (Krahl 1977, 304, 318) und bewegte sich damit noch ganz im ideologischem Horizont dieses Marxismus. Trotz des Wissens um die historische Niederlage der industriellen Arbeiterklasse wie ihrer sozialdemokratischen und kommunistischen Organisationen und trotz des Bestrebens, vor dem Hintergrund der Erfahrungen, die in der 68er Protestbewegung vorlagen, zu einer neuen sozialen Organisierung zu kommen, blieb das von Lukács zu Beginn des 1920er Jahre formulierte Diktum, die Organisierung der Intellektuellen könne nur einen „rein defensiven Charakter" haben, „während die der Industriearbeiter offensiv" sei (Lukács 1975, 168ff.), letztlich unwidersprochen.

Im Blick auf die neue Form der Massenintellektualität, mit der wir gegenwärtig konfrontiert sind, ist dieses unter dem industriellen Paradigma formulierte Diktum nicht länger aufrechtzuerhalten. Konzeptionelle Ansätze dieser Art erweisen sich nicht länger als hinreichend, wenn sie nicht gar als irreführend zu bezeichnen sind. Anhand des Begriffs der immateriellen Arbeit kann diese Massenintellektualität schließlich näher erläutert werden. Denn sie bezeichnet, wie oben bereits gesagt, nicht das Anwachsen einer sozialen Schicht, die sich aus Hochschulabsolventen und -absolventinnen zusammensetzt, aber auch nicht eine weitere Ausdehnung eines neuen Kleinbürgertums als ideologischer Klasse, wie etwa Nicos Poulantzas das Anwachsen der Angestelltenmassen in Staat und privatwirtschaftlichen Unternehmen unter den Bedingungen des Fordismus zu fassen versuchte (vgl. Poulantzas 1975, 165ff.). Allerdings treten die neuen Kleinbürger als Agenten der intellektuellen Arbeit auf und wahren, indem sie sich anheischig machen die gesellschaftliche Symbolproduktion zu dominieren, den Abstand zu den unmittelbaren Produzenten ebenso wie zu den Eigentümern der Produktionsmittel. Sie bilden die ideologische Klasse par excellence und sind damit doch nicht mehr als ein Symptom für die neuen Formen der Vergesellschaftung von Wissen, Kommunikation und Kultur, die in die Konstitution aller gesellschaftlichen Klassen im gegenwärtigen Kapitalismus eingehen. Die so genannte „Bildungsexpansion" in den 1970er Jahren (vgl. Kaul 1984, 209; Friedeburg 1992, 425ff.) muss aus heutiger Sicht als ein erster Indikator für die Herausbildung einer Massenintellektualität neuen Typs in der Krise des Fordismus gedeutet werden. Neben dem historisch bekannten Phänomen der Freisetzung einer gut ausgebildeten Intelligenz, die nach der Revolte von '68 erneut zu beobachten war und mit der technokratischen Reform des Bildungssystems einherging, berührt dieser neue Typus das Verhältnis von intellektueller und manueller Arbeit in einem viel grundlegenderen Maß als dies aus der Geschichte der Intelligenz in der bürgerlichen Gesellschaft bekannt ist. Immaterielle Arbeit kann demnach weder nur als geistige Arbeit im Sinn der Soziologie der Intelligenz noch gar als bloße Produktion von Ideen im Sinn der Ideengeschichte verstanden werden. Hardt und Negri versuchen dagegen unter diesem Begriff die Ablösung der strikten Trennung von ausführender, also manueller Arbeit einerseits und planender und verwaltender, also intellektueller Arbeit andererseits theoretisch zu fassen (vgl. Hardt/Negri 2002, 300ff.).

Schon die Neuorganisation der Arbeit entlang informationeller und computerisierter Netzwerke lässt die um Ausführung und Planung zentrierten Formen der Trennung von Hand- und Kopfarbeit als veraltet erscheinen. Der Begriff der immateriellen Arbeit erschöpft sich aber keineswegs in einem technischen Verständnis von Arbeit, das etwa durch die insbesondere im Bereich der „New Economy" beobachtete „Virtualisierung und Digitalisierung der Arbeitsprozesse", durch eine „zunehmende Wissensintensität der Arbeit" und eine „beschleunigten Innovativität" umschrieben werden könnte (vgl. Klatt 2001). In den gegenwärtigen Formen der Produktion wird vielmehr eine Neudefinition von Sprache, Kommunikation und Wissen virulent, durch die diese in den Stand gesetzt sind, als die entscheidenden produktiven Kapazitäten der Subjekte, als die zentralen Produktivkräfte der Arbeit zu fungieren. Die mit dem theoretischen Konzept der immateriellen Arbeit verbundene Problematik kann also im Unterschied etwa zu der Analyse von André Gorz in *Arbeit zwischen Misere und Utopie* (Gorz 2000, 40ff.; vgl. auch Negri 1998a, 174ff.) im Kontext der tradierten empirisch-sensualistischen, gar naturalistischen Vorstellung von körperlicher Arbeit, der dann die geistige Arbeit der Intelligenz entgegenzustellen wäre, nicht länger angesiedelt werden.

Unter dem Titel *Le bassin de travail immatériel dans la métropole parisienne* haben Antonella Corsani, Maurizio Lazzarato, Antonio Negri und Yann Moulier Boutang den Versuch unternommen, den gesellschaftlichen Ort der Neuzusammensetzung der Arbeit zu bestimmen. Nach dieser Pionierstudie besitzt die immaterielle Arbeit keinen der fordistischen Fabrik vergleichbaren festen Ort, an dem sie verausgabt, ausgebeutet und ihr Maß in Arbeitszeit genommen, also verwertet wird. Stattdessen ist sie in ein variables System der Organisation von Raum und Zeit eingebunden, das einen Ort der produktiven Beziehungen, der Arbeit selbst, der kommunikativen, informationellen und kulturellen Aktivitäten wie auch der Formen individueller und kollektiver Existenz konstituiert, der außerhalb des jeweiligen Unternehmens liegt, also autonom ist. Hier werden die Arbeitskräfte geformt, produziert und reproduziert wie ihre Kooperation und Regulation organisiert. Doch das jeweilige Unternehmen sucht diesen als „Bassin der immateriellen Arbeit" bezeichneten Ort zu besetzen, um ihn für die kapitalistischen Verwertung, die Mehrwertproduktion und die Akkumulation des Kapitals fungibel zu machen, indem es die produktive Vernetzung ihrer Unabhängigkeit und Autonomie beraubt und die Verknüpfungen zwischen den verschiedenen Aktivitäten zu dominieren trachtet (Corsani/Lazzarato/Negri 1996, 56f.). Im knappen empirischen Teil der Studie wird diese neue Form der Organisation, der Ausbeutungsbeziehungen zwischen dem „Bassin der immateriellen Arbeit" und den Unternehmen an den Branchen der audio-visueller Medien, der Werbung und Reklame, der Fotografie und der Mode aufgezeigt (vgl. Corsani/Lazzarato/Negri 1996, 103ff.). Damit schließt die Studie implizit an andere Untersuchungen zur immateriellen Arbeit an, etwa an die Analyse der „Sprache der Mode" von Roland Barthes aus den 1960er Jahren (vgl. Barthes 1985), verschiebt aber das Untersuchungsfeld von der Korrelation spezifischer Zeichensysteme, den technologischen, ikonischen und verbalen Strukturen und ihrer spezifischen Codes in der Modeindustrie, wenn man wiederum an Barthes' Analyse denkt, hin zur Bestimmung der Arbeitsbeziehungen, der Verwertung und Reproduktion immaterieller Arbeit.

Der Begriff der immateriellen Arbeit indiziert eine grundlegende soziale Veränderung gegenüber der fordistischen Gesellschaftsformation, eine neue Qualität und Stufe der Vergesellschaftung, insofern es sich bei ihr „nicht mehr um Arbeit auf der Basis eines rein physischen Verhältnisses in der vom Kapital beherrschten Organisation des Arbeitsprozesses handelt" (Negri 1996, 97), sondern um kommunikative, symbolische und affektive Momente von Arbeit (vgl. Hardt/Negri 2002, 304f.; Hardt 2002), die bisher nicht zuletzt der Beschreibung der sozialen Position und Funktion von Intellektuellen wie auch der besonderen

Codes intellektueller Betätigung dienten. Durch die Neuzusammensetzung von manueller und intellektueller Arbeit gerät die Intelligenz, vor allem im Hinblick auf das, was ihre soziale Position und Funktion ausmachte, in einen Prozess der gesellschaftlichen Dispersion. Sie ist nicht länger kreatives Anhängsel industrieller Beziehungen, sondern rückt weit über die Branchen der kulturindustriellen Produktion hinaus ins Zentrum kapitalistischer Verwertung ein, ohne aber einer räumlichen Konzentration unterworfen zu sein. Die Kulturindustriethese von Max Horkheimer und Theodor W. Adorno in der *Dialektik der Aufklärung* dagegen ging noch davon aus, dass die symbolischen, kulturellen und affektiven Praktiken zunehmend industrialisiert seien, sodass sich die Organisation von Fabrik und Büro einerseits und der von Freizeit und Kultur andererseits angleiche, kurz gesagt: „Amusement ist die Verlängerung der Arbeit unterm Spätkapitalismus" (Horkheimer/Adorno 1987, 162). Kapitalistische Herrschaft besteht in dieser Logik also vornehmlich darin, die konkreten Tätigkeiten dem Prinzip des Warentauschs entsprechend auf ein allgemeines, quantifizierbares Äquivalent zu bringen und zu totalisieren, in der Massenkultur zu nivellieren.

Allerdings sind unter den Bedingungen des postmodernen oder postfordistischen Kapitalismus die Massen immer weniger in einem industriellen Aggregat zusammengefasst, wie auch die gesellschaftliche Tätigkeit der Intelligenz immer weniger durch die Industrie im wörtlichen Sinn beherrscht ist. Im „Bassin der immateriellen Arbeit" werden die Individuen vielmehr dadurch formiert, dass sie als Vereinzelte oder in assoziierten Gruppen aufgefordert werden, ihre Kreativität, ihr Wissen und ihre Affekte dem neuen vernetzten, horizontal integrierten Produktions- und Distributionsprozess zur Verfügung zu stellen (vgl. Lazzarato 1998, 43f.). Die immaterielle Arbeit erscheint nun als Verlängerung des Amusements, eines Amusements und einer kulturellen Aktivität allerdings, die selbst auf der Grundlage ihrer Industrialisierung im Fordismus funktioniert. Wenn man so will, entspricht dies einer zweiten Stufe der Vergesellschaftung, auf der die kulturindustriell fabrizierte stilistische, habituelle und affektive Besonderheit des Selbst, wie sie sich insbesondere im Starkult, in der biographischen Literatur oder im Schema charismatischen Managements darstellt, aber auch in den Branchen der Fotografie, der Werbung und der Mode unter der Bezeichnung der „Kreativen" geführt wird, alles das also, was Horkheimer und Adorno als „Pseudoindividualität" (Horkheimer/Adorno 1987, 181) bezeichnet haben, in die Produktion von Waren re-investiert wird.

Zieht man die Unterscheidung zwischen konformistischen und kritischen Intellektuellen heran, wie Alex Demirović sie grundlegend in der Untersuchung der intellektuellen Praxis der so genannten Frankfurter Schule herausgearbeitet hat, dann ist jene Position der „Kreativen", der Techniker des Wissens und der Manager zweifellos durch ein hohes Maß an Affirmation und Konformität zu kennzeichnen. Die zunehmende Dispersion intellektueller Arbeit, die Implosion sozialer Exklusivität, die mit ihr verbunden war, und das Verschwinden der kritischen Intellektuellen, deren Tätigkeit in einer besondere Haltung, einer „Distanz durch Deutung" (Demirović 1999, 66) zum Ausdruck kam, muss nicht zugleich ein Verschwinden des sozialen Potenzials kritischer Intellektualität bedeuten. Wenn es richtig ist, dass sich der nonkonformistische Intellektuelle dadurch auszeichnet, dass er der Versuchung widerstehen kann, „die Widersprüche und Mehrdeutigkeiten der Begriffe, mit und in denen er denkt und Erfahrungen macht, zu vereinseitigen und zu vereindeutigen" (Demirović 1999, 73), so kann heute davon ausgegangen werden, dass sich diese Fähigkeit zunehmend verbreitert und, sofern sie nicht in dogmatischen Systemen zurückgehalten wird, eine kritische Theorie und Praxis, die der gegenwärtigen Situation angemessen ist, überhaupt erst ermöglicht. In dieser Hinsicht haben Hardt und Negri in *Empire* einen wichtigen Fingerzeig gegeben: Sie verweisen darauf, dass die Multitude oder Menge, so fassen sie die sozialen Widerstände und Kämpfe, die differierenden Subjekte und Subjektivitäten der neuen Form von Vergesellschaftung zusammen, „innerhalb der gesellschaftlichen Verhältnisse reeller Subsumtion" unter das Kapital das Potenzial besitzt, „sich in die autonome Produktivität der Massenintellektualität zu verwandeln" (Hardt/Negri 2002, 352). Indem die Intelligenz in die Gesellschaft diffundiert, indem sie ihre soziale Position und ihre spezifisch organisierende Funktion verliert und der neuen Qualität der Vergesellschaftung unter der Dominanz der immateriellen Arbeit unterworfen ist, kann die zuvor argwöhnisch gehegte und gehütete Intellektualität eine völlig neue Produktivität erfahren. Denn diese bezöge ihre soziale Kraft nicht länger aus der „Distanz durch Deutung", sondern aus dem Bestreben als eine Singularität unter Singularitäten, eine Deutung in der sozialen Immanenz der Multitude selbst vorzunehmen. Mit anderen Worten, sie könnte in einer nicht exponierten Stellung unter deren Begutachtung die intellektuelle Praxis durchsichtig machen, um so einen Prozess des Bruchs mit den herrschenden Denkordnungen zu initiieren.

Literatur

Adorno, Theodor W. (1986): Zur Bekämpfung des Antisemitismus heute, in: Gesammelte Schriften, Band 20.1, Frankfurt am Main

– (1993): Einleitung in die Soziologie (1968). Nachgelassene Schriften, Abt. IV: Vorlesungen, Band 15, Frankfurt am Main

Althusser, Louis (1977): Ideologie und ideologische Staatsapparate. Aufsätze zur marxistischen Theorie, Hamburg, Berlin

- (1995): Sur la reproduction, Paris

Aron, Raymond (1957): Opium für die Intellektuellen oder: Die Suche nach Weltanschauung, Köln, Berlin

Atzert, Thomas (Hg.) (1998): Umherschweifende Produzenten. Immaterielle Arbeit und Subversion, Berlin

Balibar, Étienne/Macherey, Pierre (1974): Thesen zum materialistischen Verfahren, in: alternative, 11. Jahrgang, Heft 98

Barthes, Roland (1985): Die Sprache der Mode, Frankfurt am Main

Bering, Dietz (1978): Die Intellektuellen. Geschichte eines Schimpfwortes, Stuttgart

Brinkmann, Ludwig (1908): Der Ingenieur, Frankfurt am Main

Brunkhorst, Hauke (1988): Sartres Theorie des Intellektuellen, in: König, Traugott (Hg.): Sartre. Ein Kongress, Reinbek

Bourdieu, Pierre (1989): Satz und Gegensatz. Über die Verantwortung des Intellektuellen, Berlin

- (1991): Die Intellektuellen und die Macht, Hamburg

Braverman, Harry (1977): Die Arbeit im modernen Produktionsprozess, Frankfurt am Main, New York

Buci-Glucksmann, Christine (1981): Gramsci und der Staat. Für eine materialistische Theorie der Philosophie, Köln

Corsani, Antonella/Lazzarato, Maurizio/Negri, Antonio (1996): Le bassin de travail immatériel (BTI) dans la métropole parisienne. Avec la collaboration de Yann Moulier Boutang, Paris

Dahmer, Helmut (2001): Soziologie nach einem barbarischen Jahrhundert, Wien

Demirović, Alex (1992): Führung und Rekrutierung. Die Geburt des Intellektuellen und die Organisation der Kultur, in: Prigge, Walter (Hg.): Städtische Intellektuelle. Urbane Milieus im 20. Jahrhundert, Frankfurt am Main

- (1999): Der nonkonformistische Intellektuelle. Die Entwicklung der Kritischen Theorie zur Frankfurter Schule, Frankfurt am Main

Eisermann, Gottfried (1992): Die Intellektuellen, in: Der Staat. Zeitschrift für Staatslehre, Öffentliches Recht und Verfassungsgeschichte, 31. Band, H. 2

Eßbach, Wolfgang (1988): Die Junghegelianer. Soziologie einer Intellektuellengruppe, München

Fertig, Ludwig (1979): Die Hofmeister. Ein Beitrag zur Geschichte des Lehrerstandes und der bürgerlichen Intelligenz, Stuttgart

- (1998): Abends auf den Helikon. Dichter und ihre Berufe, Frankfurt am Main

Friedeburg, Ludwig von (1992): Bildungsreform in Deutschland. Geschichte und gesellschaftlicher Widerspruch, Frankfurt am Main

Foucault, Michel (2001): Was ist ein Autor? In: Schriften in vier Bänden. Dits et Ecrits, Band I, Frankfurt am Main

- (2003): Schriften in vier Bänden. Dits et Ecrits, Band III, Frankfurt am Main

Gehlen, Arnold (1975): Einblicke, Frankfurt am Main

Geiger, Theodor (1987): Aufgaben und Stellung der Intelligenz in der Gesellschaft. Faks.-Nachdr. D. 1. Aufl. 1948, Stuttgart

Gerth, Hans H. (1976): Bürgerliche Intelligenz um 1800. Zur Soziologie des deutschen Frühliberalismus, Stuttgart

Giesen, Bernhard (1993): Die Intellektuellen und die Nation. Eine deutsche Achsenzeit, Frankfurt am Main

Gorz, André (2000): Arbeit zwischen Misere und Utopie, Frankfurt am Main

Gramsci, Antonio (1996): Aufzeichnungen und verstreute Notizen für eine Gruppe von Aufsätzen über die Geschichte der Intellektuellen, in: Gefängnishefte, Band 7, Hamburg

Habermas, Jürgen (1987): Heinrich Heine und die Rolle des Intellektuellen in Deutschland, in: ders.: Eine Art Schadensabwicklung. Kleine Politische Schriften VI, Frankfurt am Main

Hardt, Michael (2002): Affektive Arbeit, in: Subtropen Nr. 9/01, auch im vorliegenden Band

-/Negri, Antonio (2002): Empire. Die Neue Weltordnung, Frankfurt am Main

Herrmann, Hans Peter/Blitz, Hans-Martin/Moßmann, Susanne: Machtphantasie Deutschland. Nationalismus, Männlichkeit und Fremdenhass im Vaterlandsdiskurs deutscher Schriftsteller im 18. Jahrhundert, Frankfurt am Main

Hiller, Kurt (1966): Radioaktiv. Reden 1914-1954. Ein Buch der Rechenschaft, Wiesbaden

Horkheimer, Max/Adorno, Theodor W. (1987): Dialektik der Aufklärung. Philosophische Fragmente, in: Horkheimer, Max: Gesammelte Schriften, Bd. 5, Frankfurt am Main

Hortleder, Gerd (1970): Das Gesellschaftsbild des Ingenieurs. Zum politischen Verhalten der Technischen Intelligenz in Deutschland, Frankfurt am Main

Kaes, Anton (Hg.) (1983): Weimarer Republik. Manifeste und Dokumente zur deutschen Literatur 1918-1933, Stuttgart

Kaul, Margret (1984): Das deutsche Gymnasium 1780-1980, Frankfurt am Main

Klatt, Rüdiger (2001): Arbeit, Virtualität, Netzwerke - Thesen zur Arbeit in der „Neuen Ökonomie", in: Martens, Helmut/Peter, Gerd/Wolf, Frieder O. (Hg.): Zwischen Selbstbestimmung und Selbstausbeutung. Gesellschaftlicher Umbruch und neue Arbeit, Frankfurt am Main

Krahl, Hans-Jürgen (1977): Konstitution und Klassenkampf. Zur historischen Dialektik von bürgerlicher Emanzipation und proletarischer Revolution. Schriften, Reden und Entwürfe aus den Jahren 1966-1970, 3. Aufl., Frankfurt am Main

Kreuzer, Helmut (1971): Die Boheme. Analyse und Dokumentation der intellektuellen Subkultur vom 19. Jahrhundert bis zur Gegenwart, Stuttgart

Kuczynski, Jürgen (1987): Die Intelligenz. Zur Soziologie und Geschichte ihrer Großen, Köln

Lazzarato, Maurizio (1998a): Immaterielle Arbeit. Gesellschaftliche Tätigkeit unter den Bedingungen des Postfordismus, in: Atzert (Hg.) 1998

Lenin, Wladimir I. (1956): Ein Schritt vorwärts, zwei Schritte zurück, in: Lenin Werke, Band 7, Berlin

Lukács, Georg (1968): Moses Hess und die Probleme der idealistischen Dialektik, in: Werke, Band 2, Neuwied, Berlin

- (1975): Zur Organisationsfrage der Intellektuellen, in: ders.: Taktik und Ethik. Politische Aufsätze I: 1918-1920, Darmstadt, Neuwied

Lyotard, Jean-François (1985): Grabmahl des Intellektuellen, Graz, Wien

Mannheim, Karl (1985): Ideologie und Utopie. 7. Aufl., Frankfurt am Main

Marcuse, Herbert (1989): Die eindimensionale Mensch. Studien zur Ideologie der fortgeschrittenen Industriegesellschaft. Schriften Bd. 7, Frankfurt am Main

Marx, Karl: Zur Kritik der Hegelschen Rechtsphilosophie. Einleitung, in: MEW 1

-: Das Kapital. Kritik der politischen Ökonomie. Erster Band, in: MEW 23

-: Theorien über den Mehrwert. Erster Teil, in: MEW 26.1

- (1969): Resultate des unmittelbaren Produktionsprozesses. Frankfurt am Main

Mallet, Serge (1972): Die neue Arbeiterklasse, Neuwied, Berlin

Ringer, Fritz K. (1987): Die Gelehrten. Der Niedergang der deutschen Mandarine 1890-1933, München

Müller, Jost (1995): Mythen der Rechten. Nation, Ethnie, Kultur, Berlin

- (1995a): Rechtes Denken und linke Intellektuelle, in: Müller 1995

- (1995b): Ein Mythos, ein Staat, ein Volk. Zur Theorie der Nationform des Politischen, in: Müller 1995

- (2003): Theorie und Kritik der Ideologie. Vom Spätkapitalismus zur Postmoderne, in: Demirovi, Alex (Hrsg.): Modelle kritischer Gesellschaftstheorie. Traditionen und Perspektiven Kritischer Theorie, Stuttgart

Negri, Antonio (1996): Verlangt das Unmögliche, mit weniger geben wir uns nicht zufrieden. Interview, in: Die Beute. Politik und Verbrechen, 3. Jg., H. 12

- (1998a): Elend der Gegenwart - Reichtum des Möglichen, in: Die Beute. Neue Folge, Nr. 2

- (1998b): Repubblica Constituente. Umrisse einer konstituierenden Macht, in: Atzert (Hg.) 1998

Pirker, Theo (1962): Büro und Maschine. Zur Geschichte und Soziologie der Mechanisierung der Büroarbeit, der Mechanisierung des Büros und der Büroautomation, Tübingen

Pollock, Friedrich (1964): Automation. Materialien zur Beurteilung der ökonomischen und sozialen Folgen, 2., vollständig überarb. und auf den letzten Stand gebrachte Aufl. Frankfurt am Main

Poulantzas, Nicos (2002): Staatstheorie. Politischer Überbau, Ideologie, Autoritärer Etatismus, Hamburg

Projektgruppe Automation und Qualifikation (1978): Theorien über Automationsarbeit, Berlin

Sartre, Jean-Paul (1994): Plädoyer für die Intellektuellen. Interviews, Artikel, Reden 1950-1973, Reinbek

Schelsky, Helmut (1975): Die Arbeit tun die anderen. Klassenkampf und Priesterherrschaft der Intellektuellen, 2. Aufl., Opladen

Schumpeter, Joseph A. (1980): Kapitalismus, Sozialismus und Demokratie, 5. Aufl. München

Speier, Hans (1930): Soziologie oder Ideologie? Bemerkungen zur Soziologie der Intelligenz, in: Die Gesellschaft, 7. Jg., H. 4

Stark, Michael (1982): Für und wider den Expressionismus. Die Entstehung der Intellektuellendebatte in der deutschen Literaturgeschichte, Stuttgart

- (Hg.) (1984): Deutsche Intellektuelle 1910-1933. Aufrufe, Pamphlete, Betrachtungen, Heidelberg

Weber, Alfred (1918): Die Bedeutung der geistigen Führer in Deutschland, in: Die neue Rundschau, 29. Jg., H. 10

- (1921): Die Not geistiger Arbeiter, München, Leipzig

Winckler, Lutz (1986): Autor, Markt und Publikum im 18. und 19. Jahrhundert. Soziale Grundlagen des bürgerlichen Literaturprozesses, in: ders.: Autor - Markt - Publikum. Zur Geschichte der Literaturproduktion in Deutschland, Berlin

Virno, Paolo (2004): Wenn die Nacht am tiefsten ... Anmerkungen zum General Intellect. In diesem Band.

III.
Soziologische Aspekte

Paolo Virno

Wenn die Nacht am tiefsten ...
Anmerkungen zum *General Intellect*

Wenn im Western der Held wirklich in der Klemme sitzt, kommen ihm oft Verse aus dem Alten Testament über die Lippen. Aus dem Zusammenhang gerissene Worte aus den Psalmen oder aus dem Buch Ezechiel klingen in einem solchen Augenblick recht angemessen. Philologische Bedenken sind fehl am Platz, wenn Gefahr droht, Schüsse fallen oder es gegen das Unrecht geht. Der biblische Spruch und praktische Not kommen im Kurzschluss zusammen. In vergleichbarer Weise las man das „Maschinenfragment"[1] seit den frühen 1960er Jahren: Wir zogen diese Seiten, die Karl Marx 1858 beinahe atemlos, durch politische Fragen bedrängt, geschrieben hatte, oft heran, um uns angesichts der neuen Qualität der Arbeiterstreiks, des massenhaften Absentismus, der Kämpfe der Jugendlichen, der Einführung der Roboter bei Mirafiori und der ersten Computer in den Büros wenigstens einigermaßen zurechtzufinden. Die Geschichte der Lesarten des „Maschinenfragments" ist eine Geschichte von Krisen und Neuanfängen.

Nun wäre es vermessen, im „Fragment" und nur dort den „wahren" Marx zu suchen, ebenso wie es dumm wäre, Kants *Kritik der reinen Vernunft* abzutun und sich einzig für das posthum veröffentliche Werk zu interessieren. Gleichwohl ist nicht zu leugnen, dass Marx' Text die Grundtendenz der kapitalistischen Entwicklung in einer Art reflektiert, die sonst nirgends zu finden ist und die zudem anders klingt als die übliche Litanei.

Was vertritt Marx im „Fragment"? Seine These ist nicht sehr „marxistisch": Das abstrakte Wissen - in erster Linie das wissenschaftliche Wissen, aber nicht ausschließlich - tendiert gerade wegen seiner Autonomie der Produktion gegenüber dazu, zur entscheidenden Produktivkraft zu werden, während repetitive und parzellierte Arbeit nur mehr eine Randstellung einnimmt. Es handelt sich um im fixen Kapital objektiviertes Wissen, wie es das automatische System der Maschinerie verkörpert (oder besser, in Erz gießt). Marx verwendet ein recht suggestives Bild, um das Ensemble der abstrakten Wissensarten zu umreißen (von „epistomologischen Paradigmen" würde man heute sprechen), die das Epizentrum der gesellschaftlichen Produktion konstituieren und den gesamten Lebenszusammenhang bestimmen: Er spricht vom *general intellect*, vom „allgemeinen Verstand". (Es sei nebenbei bemerkt, dass dieser Ausdruck ein mehr oder minder bewusstes Echo des *nous poietikos* sein könnte, der distinkte und ungerührte, produktive Geist, von dem Aristoteles in *De Anima* spricht).

Angesichts der tendenziellen Vorrangstellung des Wissens wird der „Diebstahl an fremder Arbeitszeit“ zur „miserablen Grundlage“: der Arbeiter tritt von nun an neben den Produktionsprozess, statt sein Hauptagent zu sein. Das so genannte Wertgesetz (wonach der Wert einer Ware durch die darin verkörperte Arbeitszeit bestimmt ist), für Marx der Grundpfeiler der gegenwärtigen gesellschaftlichen Verhältnisse, wird durch die kapitalistische Entwicklung selbst untergraben und widerlegt. Dennoch fährt das Kapital unbeirrt fort und will „diese so geschaffnen riesigen Gesellschaftskräfte messen an der Arbeitszeit“ (wohlgemerkt: Marx spricht vom Kapital, aber wir könnten hinzufügen, dass die organisierten Arbeiterbewegung das Gleiche macht, wenn ihr die Zentralität der Lohnarbeit zur Existenzberechtigung wird).

Marx formuliert nun eine Möglichkeit der Befreiung, die sich sehr von den an anderer Stelle benannten (und bekannteren) unterscheidet. Im „Maschinenfragment“ wird die Krise nicht auf ein Missverhältnis zurückgeführt, das einer Produktionsweise inhärent ist, die tatsächlich auf individuell verausgabter Arbeitszeit beruht (die Krise findet also ihre Ursache nicht in einem Ungleichgewicht, das mit dem Funktionieren des Wertgesetzes in Einklang stünde, zum Beispiel dem Fall der Profitrate). Stattdessen tritt hier der unversöhnliche Widerspruch zwischen einem Produktionsprozess, der unmittelbar und ausschließlich auf Wissenschaft beruht, und einem Maß des Reichtums, das weiterhin die Quantität der im Produkt verkörperten Arbeit zur Grundlage hat, auf den Plan. Mit fortschreitender Distanz beider Seiten „bricht die auf dem Tauschwert ruhnde Produktion zusammen“, wie Marx schreibt, und führt zum Kommunismus.

In den 1960er Jahren diente die Lektüre des „Fragments“ dazu, die scheinbare Neutralität der Wissenschaft und des Wissens im Allgemeinen zu demaskieren. So konnte der unauflösbare Zusammenhang von Technik und „Kommando“, Maschinen und Hierarchie gezeigt und die angeblich progressive Heuchelei der Propagandisten und Theoretiker der „Humanisierung der Arbeitswelt“ bekämpft werden.

Während der 1970er Jahre war das „Fragment“ die Kriegsflagge, unter der wir den Sozialismus kritisierten: nicht nur den der Husáks, sondern auch den idealen Sozialismus mitsamt seinen Mythen der Arbeit und des Staats. Auf jenen Seiten entdeckten wir den Hinweis auf die Aktualität des Kommunismus: für die Abschaffung der Lohnarbeit und des Staats. Wenn Arbeit in der Produktion des Reichtums zu einer quantité négligeable wird, eröffnet das den Arbeitern die Möglichkeit zu erahnen, dass sie ihr Stigma, Ware Arbeitskraft zu sein, abschütteln können. Die These vom General Intellect schien einer mächtigen sich formierenden antagonistischen Subjektivität zu entsprechen.

In den 1990er Jahren wurde es notwendig, das „Fragment" noch einmal anders zu lesen: Als Lackmustest ändert es bei der Berührung mit der Wirklichkeit die Farbe. Was in den Neunzigern ins Auge sprang, war die völlige Realisierung der Entwicklungstendenzen, die in den *Grundrissen* beschrieben wurden, allerdings ohne ihre emanzipatorische Umkehrung - oder auch bloß entsprechende Konflikte. Der prozessierende Widerspruch, den Marx der Hypothese einer radikalen sozialen Revolution zugrundelegte, war zu einem stabilen Bestandteil der existierenden Produktionsweise geworden. Die Diskrepanz zwischen dem in der Maschinerie objektivierten Wissen und der Bedeutung der Arbeitszeit hatte nicht mitten in die Krise geführt, sondern die Möglichkeit neuer und stabiler Herrschaftsformen geschaffen. Das „Fragment" war eher als Werkzeugkiste für Soziologen brauchbar, denn als Ansporn zur Überwindung des Bestehenden: Es ist das letzte Kapitel einer „Naturgeschichte" der Gesellschaft. Wir finden im „Fragment" die Beschreibung der Wirklichkeit, die uns vor Augen steht. Es liefert uns eine topographische Karte der Gegenwart, es leuchtet nicht den Weg in einen glänzenden Kommunismus.

In dieser Situation scheinen mir zwei Aufgaben zentral. Die erste ist die Bestimmung der wichtigsten Merkmale eines Kapitalismus, der im Wesentlichen auf dem General Intellect beruht. Man muss, mit anderen Worten, die Konturen, die Silhouette der Produktionsweise nachzeichnen, die weit davon entfernt, überwunden zu sein, gerade im „qualitativen Missverhältnis zwischen der ... Arbeit und der Gewalt des Produktionsprozesses, den sie bewacht", ihre Dynamik findet. In diesem Zusammenhang sind zwei Aspekte von Bedeutung: das Ende der Arbeitsgesellschaft und die neuen Realabstraktionen. Die zweite Aufgabe, die wirklich wichtige, besteht darin, den roten Faden der Konfliktualität und der radikalen Kritik wieder zu finden. Hier wird das Thema der Massenintellektualität anzusprechen sein.

Das Ende der Arbeitsgesellschaft ist seit den 1970er Jahren die dominante Tendenz in westlichen Gesellschaften. Die Möglichkeit, die fremdbestimmte Arbeitszeit auf einen praktisch vernachlässigbaren Teil des Lebens zu reduzieren, die Möglichkeit, Lohnarbeit als ein Moment der Existenz und weder als Zwangsarbeit noch als entscheidenden Quell der Identität zu begreifen: das ist die tiefgreifende Veränderung, dessen oft unbewusste Akteure und nicht immer glaubwürdige Zeugen wir sind.

Wie das „Fragment" diagnostizierte, ist die verausgabte und notwendige Arbeitszeit ein marginaler Faktor für die Produktion geworden. Wissenschaft, Information, Wissen im allgemeinen und sprachliche Kommunikation sind die tragenden Säulen, auf denen Produktion und Reichtum ruhen. Andererseits hat die Arbeitszeit - und vor allem der „Diebstahl" von Arbeitszeit - als Parameter der Entwicklung und des gesellschaftlichen Reichtums weiterhin eminente Bedeutung. So wird das Ende der Arbeitsgesellschaft zur Bühne unbarmherziger Antinomien und verwirrender Paradoxien.

Arbeitszeit als das geltende Maß ist nicht länger adäquat. Die Bewegungen der 1970er Jahre suchten die Zuspitzung, um den Trug zu erschüttern und loszuwerden. Die Arbeiter wollten durch den Konflikt der objektiven Tendenz zum Durchbruch verhelfen: indem sie das Recht auf Nicht-Arbeit einforderten, kollektiv die Flucht aus der Fabrik antraten, den parasitären Charakter der Unternehmerherrschaft enthüllten. Während der 1980er Jahre behauptete sich das bestehende System trotz seines absurden Charakters. Fast könnte man scherzhaft - und doch ganz im Ernst - sagen, dass das Verschwinden der Arbeitsgesellschaft sich in Formen vollzieht, wie sie ein auf Lohnarbeit gegründetes gesellschaftliches System vorzeichnet. Der Gang der Dinge erinnert an das, was Marx über Aktiengesellschaften schrieb: an ihnen beobachte man das Verschwinden der kapitalistischen Privatindustrie auf der Grundlage des kapitalistischen Systems. Auch in den Neunzigern ist die Verschiebung real, aber die Grundlage, auf der sie geschieht, ist nicht weniger real. Diese beiden Aspekte zusammen zu denken, weder den ersten auf eine bloße Virtualität noch den zweiten auf eine bloß äußerliche „Hülle" zu reduzieren, darin besteht unausweichlich die Schwierigkeit.

Die Zeit der Nicht-Arbeit ist ein potenzieller Reichtum - im herrschenden System stellt sie sich als verlorene Zeit, als Mangel dar: Arbeitslosigkeit aufgrund neuer Investitionen wie aufgrund ihres Ausbleibens, unbegrenzte Kurzarbeit, „primitive" Produktionsstrukturen leben rund um die innovativen und dynamischen Sektoren wieder auf und archaisch anmutende Disziplinarstrukturen werden wieder eingeführt, um Individuen zu kontrollieren, die dem Fabrikregime nicht mehr unterworfen sind. Im Zeitalter des General Intellect lebt die lebendige Arbeit in ihrer Gesamtheit permanent unter den Bedingungen der „industriellen Reservearmee", selbst wenn ihre Arbeitszeiten mörderisch lang sind oder sie gezwungen ist, Überstunden zu machen. Die empirische Beschreibung des „Gesamtarbeiters" - einschließlich der am ehesten „geschützten" Bereiche - kann auf die Begriffe zurückgreifen, die Marx verwendete, um die „Surpluspopulation" zu charakterisieren, nämlich fließende (betriebliche Fluktuation, Frührente etc.), latente (technische Innovationen folgen in immer kürzeren Zeitintervallen aufeinander) und stockende Überbevölkerung („Schwarzarbeit", Prekarität etc.).

Entscheidend ist nicht mehr die Frage nach der Arbeitszeit, denn die Entwicklungstendenz ist längst explizit; sie bildet die allgemeine Grundlage sowohl der

Herrschaftspraktiken als auch der möglichen radikalen Umwälzung des Bestehenden. Die soziologische Lektüre des „Fragments" legt es nahe: Es wird immer einen Überschuss an Zeit geben. Doch es geht um die Form, die dieser Überfluss annehmen kann. Die politischen Parteien der Linken sind völlig unfähig, in diesem Spiel eine Rolle zu spielen, solange sie im Fortbestand der Lohnarbeit und in den Konflikten im Innern dieses Zusammenhangs ihre raison d'être finden. Das Ende der Arbeitsgesellschaft besiegelt das Ende dieser Linken. Man muss die Tatsache ohne Häme, aber auch ohne Bedauern zur Kenntnis nehmen.

Insofern der General Intellect tatsächlich die Produktion und die „Lebenswelt" organisiert, ist er sicherlich eine Abstraktion, allerdings eine mit materieller Operativität ausgestattete Realabstraktion. Doch die Tatsache, dass den General Intellect ein Kompositum von Mustern, Codes, formalisierten Prozeduren, Axiomen - anders ausgedrückt: von objektiven Konkretisierungen des Wissens - auszeichnet, unterscheidet ihn recht deutlich von den typischen „Realabstraktionen" der Moderne, insbesondere von jenen, die das Äquivalenzprinzip bestimmte.

Während das Geld als „allgemeines Äquivalent" durch seine selbstständige Existenz gerade die Kommensurabilität aller Produkte, Arbeiten und Subjekte verkörpert, schafft der General Intellect die analytische Prämisse jedweder Praxis. Formen gesellschaftlichen Wissens können nicht mit verschiedenen Arbeitsverrichtungen gleichgesetzt werden, sie stellen selbst „unmittelbare Produktivkräfte" dar. Sie sind keine Maßeinheiten, sondern die maßlose Voraussetzung heterogener operativer Möglichkeiten. Sie sind keine „Gattung", die außerhalb der „Individuen" existierte, die sie konstituieren. Sie sind axiomatische Regeln, deren Gültigkeit in keiner Weise auf einem Ausdrucksverhältnis beruht. Sie messen nichts, noch repräsentieren sie etwas: techno-wissenschaftliche Codes und Paradigmen manifestieren sich als konstruktive Prinzipien.

Diese Veränderung im Charakter der „Realabstraktionen" - eine Veränderung, durch die abstraktes Wissen, nicht der bloße Austausch von Äquivalenten, in soziale Verhältnisse eingreift - impliziert tiefgreifende Wandlungen auf dem Gebiet des Ethos. Die irreversible Autonomie des abstrakten Denkens begründet auch ein neues Verhältnis von „Leben" und Wissen; es ist zugleich der Ursprung des heutigen Zynismus.

Das Äquivalenzprinzip ist zweifellos die Grundlage starrer Hierarchien und schrecklicher Ungleichheiten, verspricht dessen ungeachtet jedoch eine gewisse Sichtbarkeit der gesellschaftlichen Bindungen, durch Vergleichbarkeit, durch ein System proportionaler Konvertibilität. Aus diesem Grund hängen die Erwartung gegenseitiger uneingeschränkter Anerkennung und das Ideal universeller und transparenter sprachlicher Kommunikation an diesem Prinzip, natürlich erkennbar ideologisch und widersprüchlich. Umgekehrt schafft der General Intellect, wenn er die Kommensurabilität und die Proportionen zerstört, den Eindruck, er mache die „Lebenswelten“ und mit ihnen die Kommunikationsformen hermetisch. Er bietet keine Maßeinheit, die den Vergleich erlaubt, er bringt die eindeutigen Repräsentationen im gesellschaftlichen Produktionsprozess durcheinander und wälzt selbst die Grundlagen der politischen Repräsentation um. Der Zynismus heute ist in dieser Situation eine passive Reaktion, die aus der Not eine Tugend macht.

Der Zynismus lässt in seinem Auftreten gewisse epistemologische Prämissen und gleichzeitig die Abwesenheit realer Äquivalenzen erkennen. Er durchkreuzt von vornherein das Streben nach Transparenz in der dialogischen Kommunikation; und blockiert die Suche nach intersubjektiven Gemeinsamkeiten ebenso wie die Forderung nach einem allgemeinen Kriterium des moralischen Urteils. Der Zusammenbruch des Äquivalenzprinzips, das so eng mit dem Tausch und der Warenform verbunden ist, offenbart sich in der Haltung des Zynikers als „ungerührte“ Absage an die Möglichkeit der Gleichheit. Doch selbst die zynische Selbstvergewisserung liefert, da sie mit der Vervielfältigung und Verflüssigung von Hierarchien und Ungleichheiten einhergeht, einen Hinweis auf die Zentralität des Wissens in der Produktion. In der Zustimmung zu diesem oder jenem Set konventioneller Regeln, im Zurückdrängen lebendiger Inhalte auf ein Minimum zeigt sich die reaktionäre Annäherung an den General Intellect. Und dennoch, selbst in der verabsolutierten Negativität des Zynismus, in der opportunistischen Anpassung an das neue Verhältnis von „Leben“ und Wissen wird erkennbar, wie massenhaft erste Erfahrungen mit den neuen Konfliktbedingungen gemacht werden.

Um heute erneut zu politischer Handlungsfähigkeit zu gelangen, bedarf es einer Kritik des „Fragments“: Marx identifizierte den General Intellect (oder vielmehr das Wissen als wichtigste Produktivkraft) völlig mit dem fixen Kapital und vernachlässigte dabei die Seite des General Intellect, die sich im Gegensatz dazu als lebendige Arbeit darstellt. Doch genau das ist heute entscheidend.

Die Verbindung von Wissen und Produktion erschöpft sich nicht im System der Maschinerie, sondern artikuliert sich notwendigerweise in konkreten Subjekten. Es ist in der Gegenwart kein Problem, den Begriff des General Intellect über das im fixen Kapital objektivierte Wissen hinaus auszuweiten und so Formen des Wissens damit zu fassen, die sich in der gesellschaftlichen Kommunikation finden und die Tätigkeiten der Massenintellektualität innervieren. Zum General Intellect gehören artifizielle Sprachen, Informatik und Systemwissenschaften, die ganze Palette kommunikationellen Wissens, lokales Wissen, informelle „Sprachspiele" wie auch gewisse ethische Überlegungen. Innerhalb der zeitgenössischen Arbeitsprozesse existieren Begriffskonstellationen, die selbst als produktive „Maschinen" funktionieren, ohne einen mechanischen Körper oder eine kleine elektronische Seele nötig zu haben.

Was wir Massenintellektualität nennen, ist die lebendige Arbeit als determinierende Artikulation des General Intellect. Massenintellektualität ist in ihrer Gesamtheit, als gesellschaftlicher Körper, das Bassin eines nicht von den lebendigen Subjekten und ihrer sprachlichen Kooperation zu trennenden Wissens. Dieses Wissen ist kein Rest, sondern konstituiert die Wirklichkeit des General Intellect. Die Manifestation des General Intellect bleibt unkonditioniert, das heißt, ein wesentlicher Teil des Wissens findet keinen Niederschlag in der Maschinerie, sondern zeigt sich in der direkten Interaktion der lebendigen Arbeit. Wir stehen einer radikalen Expropriation gegenüber, die gleichzeitig niemals in eine vollständige oder endgültige Trennung mündet.

Es wäre ein Irrtum, Massenintellektualität nur oder vor allem als ein Ensemble von Berufstätigkeiten zu verstehen: Informatiker, Forscher, Angestellte der Kulturindustrie etc. Der Ausdruck bezeichnet eher eine Qualität und ein auffälliges Merkmal der gesellschaftlichen Arbeit im Postfordismus - in der Epoche also, in der Information und Kommunikation in jedem verborgenen Winkel des Produktionsprozesses eine entscheidende Rolle spielen, in der Epoche, in der die Sprache selbst Arbeit, Lohnarbeit geworden ist (so sehr, dass heutzutage „Redefreiheit" nicht mehr und nicht weniger ist als „Abschaffung der Lohnarbeit"). Massenintellektualität: Das sind die neu in der Industrie Eingestellten, die ausgebildet und sozialisiert sind, bevor sie die Fabrik betreten; es sind die Studenten, die die Universität blockieren und durch ihre Initiativen und Experimente die gesellschaftliche Form der Produktivkräfte in Frage stellen; es sind die Immigranten, für die der Kampf um Einkommen untrennbar ist von der Konfrontation und vom Konflikt auf der Ebene der Sprache, der Lebensform und des Ethos.

Die Massenintellektualität findet sich in einer paradoxen, doch zugleich lehrreichen Situation. Man kann ihre Hauptcharakteristika in verschiedenen Aspekten der Arbeit ausfindig machen, aber vor allem im Bereich metropolitaner Verhaltensweisen, sprachlicher Gepflogenheiten oder kultureller Muster. Dennoch, genau in dem Moment, da die Produktion keine Identität mehr anzubieten hat, projiziert sie sich in jeden Winkel der Erfahrung, unterwirft sich Sprache und Ethos, alle Nuancen der Subjektivität. Massenintellektualität ist schwierig in einer ökonomisch-produktiven Begrifflichkeit zu beschreiben; gerade deshalb (und nicht trotzdem) ist sie das entscheidende Moment kapitalistischer Akkumulation heute. Massenintellektualität ist ein Selbstversuch in den widersprüchlichen

Formen des Endes der Arbeitsgesellschaft und der neuen Realabstraktionen. Ihre materielle Existenz verlangt eine radikale Neuaufnahme der Kritik der politischen Ökonomie, ausgehend von der völligen Verschmelzung von Kultur und Politik, von „Basis“ und „Überbau“. Eine nicht-ökonomische Kritik der politischen Ökonomie also.

Anmerkung

1 „Maschinenfragment“ bezeichnet Teile von Heft VI und VII der *Grundrisse der Kritik der politischen Ökonomie*, vgl. Karl Marx: Grundrisse der Kritik der politischen Ökonomie, in: MEW 42, 590-609

Antonella Corsani

Wissen und Arbeit im kognitiven Kapitalismus
Die Sackgassen der politischen Ökonomie

Eine erste Annäherung an das Konzept eines kognitiven Kapitalismus

Konnte Innovation im Fordismus eher als Ausnahme gelten, so wird sie im Postfordismus zur Regel: Alle Unternehmen müssen sich ihr unterwerfen, um angesichts der globalen Konkurrenz zu bestehen (vgl. Paulré 2000). Der Übergang von einem auf „Wiederholung" gestützten industriellen Regime zu einem, das auf „permanenter Innovation" beruht, wird, so sollte man annehmen, begleitet von einer Neuorientierung der politischen Ökonomie.

Seit nunmehr mehr als einem Jahrzehnt ist man sich in den Wirtschaftswissenschaften bei allen theoretischen Divergenzen darüber einig, Zeitgenossin der Entstehung einer Wissensökonomie zu sein. Ob es sich um Wachstumstheorien, um Untersuchungen zum technischen Wandel oder um Innovationsforschung handelt, überall wird die zentrale Rolle hervorgehoben, die Kenntnissen und/oder Wissen als Produktivkraft wie als grundlegendem Produktionsfaktor in den gegenwärtigen Ökonomien zukommt. Doch ist diese Zentralität des Wissens in der Geschichte des Kapitalismus etwas Neues? Enzo Rullani (1998) hat zu Recht darauf hingewiesen, dass das Phänomen als solches beileibe nicht neu ist: Der industrielle Kapitalismus war vor allem durch die Anwendung wissenschaftlicher Erkenntnisse in der Produktion zu technologischer Entwicklung in der Lage. Worin besteht aber dann die Neuheit, die heute dazu führt, dass die politische Ökonomie die Wichtigkeit des Wissens entdeckt hat? Rullani zufolge wäre das grundlegend Neue gegenwärtig darin zu sehen, dass das Wissen nicht mehr länger der Arbeit oder der Maschinerie inkorporiert ist (was die Vorstellung vom selbstständigen technischen Fortschritt nahe legt) noch der Organisation (dem „Faktor X" bei Harvey Liebenstein). Diese „Nichtinkorporierung" hätte freilich für die Analyse des Paradigmenwechsels im Kontext der neuen Informations- und Kommunikationstechnologien (NIKT) und speziell der Informatisierung in Netzwerken eine besondere Bedeutung.

Auch wenn ich im Wesentlichen mit Rullani übereinstimme, gehen meine Überlegungen davon aus, dass die Neuerungen in der Geschichte des Kapitalismus nicht in technologischen Veränderungen zu sehen sind, oder besser: dass sie nicht *technologisch* verstanden werden können. Es stimmt natürlich, dass die NIKT einen paradigmatischen Einschnitt im eigentlichen Sinne markieren (Jollivet

2001) und dazu beitragen, die räumlichen und zeitlichen Bedingungen schöpferischer Tätigkeiten grundlegend zu verändern. Sie verstärken allerdings eher die aktuelle Transformation der Beziehung zwischen Wissensproduktion und Kapitalakkumulation und sind dabei statt einer Ursache bestenfalls ein Nebenprodukt. Jenseits der Debatten über technologischen Determinismus und der Kritik daran, wenn die Digitalisierung tatsächlich eine vom materiellen Dispositiv, also vom (maschinischen oder menschlichen) Körper losgelöste Zirkulation des Wissens (sei es wissenschaftlich, technisch, kulturell oder künstlerisch) erlaubt, und jenseits der Materialität von Netzwerken (von Maschinen und Menschen), die es befördern, übersteigt die Bedeutung jener „Nichtinkorporierung" die technologischen Aspekte im engeren Sinn: Die Produktion des Wissens wird von der industriellen Produktion unabhängig, verselbstständigt sich, das heißt, das Unterordnungsverhältnis zwischen der Sphäre der Wissensproduktion und jener der Warenproduktion kehrt sich um. Paradoxerweise hat die Verselbstständigung die Verschmelzung der beiden Sphären zur Folge. Das wiederum ist der Grund für die Unmöglichkeit, zwischen Invention und Innovation, zwischen Produktion und Innovation, schließlich zwischen Produzentin und Anwenderin, *producer* und *user* zu unterscheiden.

Das Konzept des kognitiven Kapitalismus lässt sich nicht auf eine Vorstellung von Wissensökonomie reduzieren. Es geht im Kern von der Verselbstständigung der Sphäre der Wissensproduktion aus, insofern diese eine Sphäre kapitalistischer Akkumulation ist. Damit verbunden ist ein grundlegender Einschnitt in den Modi der Kapitalverwertung, wie sie dem industriellen Kapitalismus eigen sind. Die gegenwärtig zu beobachtende Tendenz, von der Patentierung technischer Anwendungen zur Patentierung von Ideen überzugehen, auch die Tendenz, einerseits die Laufzeit von Patenten und Copyrights zu verlängern, andererseits die Vervielfachung von auf *copyleft* beruhenden Lizenzen und schließlich die entscheidende Frage nach der Kontrolle des Zugangs zu Wissensressourcen verweisen auf die Tragweite des genannten Einschnitts - und auf die damit unausweichlich verbundenen neuen Orte und Formen sozialer Konflikte: Mit dem kognitiven Kapitalismus ist eine Revolution in der Ordnung intellektuellen Eigentums verbunden - und damit notwendigerweise eine Revolution der Vorstellung von Eigentum überhaupt.

Das Konzept eines kognitiven Kapitalismus fasst also einen historischen Einschnitt: Das Kapital ordnet sich nicht länger die Wissenschaft unter, indem es ihr die Akkumulationslogik oder die Verwertungsgesetze aufzwingt, die dem Fabriksystem und dem Prozess der „Warenproduktion mittels Waren" entsprechen. Die Kapitalverwertung wendet sich unmittelbar, sozusagen von innen, der Sphäre der Wissensproduktion im eigentlichen Sinn zu: dem Produktionsprozess des Wissens mittels Wissen. Zugleich lässt sich feststellen, dass die industrielle Logik der Wiederholung sich erschöpft hat. Das bedeutet nicht ihr Verschwinden: Doch die industrielle Logik, die „materielle" Produktion steht nicht mehr im Zentrum der Verwertung, das Verhältnis zwischen Wissenschaft, Technik und Industrie ist nicht länger ein lineares, und, wichtiger noch, die Relation von Wissens- und Kapitalakkumulation ist nicht mehr durch andere Waren vermittelt. Die Veränderungen verweisen zudem darauf, dass die Kenntnisse und das Wissen, um die es geht, nicht mehr allein jenes „wissenschaftliche Know-how" sind, von dem man von vornherein annehmen kann, dass es den Bedürfnissen der Industrie und des industriellen Kapitals entspricht. Der kognitive Kapitalismus zielt darauf, aus allen Arten des Wissens, sei es künstlerisch, philosophisch, kulturell, sprachlich oder wissenschaftlich, eine Ware zu machen.

Kann man das Wissen als Ware wie jede andere betrachten? Ist das Wissen ganz einfach eine Ware? Wie ist die Wissensproduktion innerhalb der politischen Ökonomie zu denken? Wie kann die ökonomische Theorie die Entwicklung kooperativer Netzwerke der Innovation denken, die außerhalb kapitalistischer privater oder staatlicher Unternehmen operieren? (Ich beziehe mich hier, um nur ein Beispiel zu geben, auf die *communities* der Entwickler freier Software.) Auf welcher Grundlage wäre schließlich die Theorie eines kognitiven Kapitalismus zu formulieren?

Tatsächlich wirft Wissen auf dem Gebiet der politischen Ökonomie ein doppeltes Problem auf: das des Werts und das der Verteilung. Was bedeutet Wert in der politischen Ökonomie des Wissens? Worauf soll sich die Entlohnung in der Sphäre der Wissensproduktion begründen? Lassen sich kreative Tätigkeiten adäquat vorstellen, wenn man vom Begriff „Arbeit" ausgeht? Und, falls man das verneint, wie ist kreative Tätigkeit zu bezahlen, die nicht „Arbeit" ist und noch weniger durch einen Arbeitsplatz oder durch arbeitsteilig zugewiesene Verrichtungen gekennzeichnet?

Der Übergang vom industriellen zum kognitiven Kapitalismus birgt somit neue Fragestellungen und verlangt neue Perspektiven für alte. Ohne den Anspruch, für die Gesamtheit dieser Fragestellungen Lösungen parat zu haben, möchte ich im Folgenden versuchen, mich den theoretischen Problemen durch eine notwendigerweise schnelle und selektive Neulektüre der Vorstellungen über die Verbindung zwischen Wissensproduktion, Kapitalakkumulation und ökonomischer Dynamik zu nähern, wie wir sie bei Karl Marx, Joseph Schumpeter und, in jüngerer Zeit, den Theoretikern des endogenen Wachstums finden.

Während der mehr als drei Jahrhunderte von der Renaissance bis zur Aufklärung existierten der Akkumulationsprozess des Kapitals und der Prozess der Wissensakkumulation in relativer Trennung, das heißt, beide Bereiche entwickelten sich relativ selbstständig und unabhängig voneinander. Erst mit der industriellen Revolution und im Übergang zum industriellen Kapitalismus wurde das Verhältnis beider Sphären verzweigter. Tatsächlich erweiterte und intensivierte sich, noch vor der industriellen Revolution und dann in ihrem Verlauf, der Austausch zwischen „Gelehrten", deren Wirkungskreis sich kontinuierlich ausdehnte. Die außerordentliche Entwicklung des Bildungsniveaus der Bevölkerungen, verbunden mit der raschen Verbreitung wissenschaftlichen Wissens und technischer Kenntnisse, wurde, wie Bertrand Gille in seiner *Histoire des techniques* (1978) gezeigt hat, zum Motor des technischen Fortschritts. Der gleiche Gedanke findet sich bei Rullani wieder, wenn er schreibt: „Der 'Motor' der Akkumulation wurde vom Positivismus der Wissenschaften justiert, die im darauffolgenden Jahrhundert als Erbin der Aufklärung antraten und das Wissen der Reproduzierbarkeit unterordneten." Die Dynamik der kreativen Tätigkeit brachte also, auch wenn sie selbst außerhalb der Fabrik - und außerhalb des Markts - stand, mehr als drei Jahrhunderte lang die Bedingungen hervor, unter denen sich das Fabriksystem und die große Industrie, verstanden als ein sich auf erweiterter Stufenleiter reproduzierender Zusammenhang, ausbreiten konnten. Doch die Dynamik ist nicht auf den Positivismus der Wissenschaften zu reduzieren: Es handelt sich vielmehr um einen revolutionären Befreiungsprozess, in dem trennende Mauern fielen und in dem der Zugang zum „Kreis der Gelehrten" für große Teile der Bevölkerungen geöffnet wurde, weit über die Universitäten und Akademien hinaus.

Der Zusammenhang von Wissenschaft, Technologie und Akkumulation nimmt im Diskurs der politischen Ökonomie nur begrenzten Raum ein; er galt in gewisser Hinsicht als marginal. Man betrachtete diesen Zusammenhang relativ linear, als Weg von der Produktion „reinen" Wissens zur Technologie, verstanden als angewandtes und instrumentelles Wissen, und schließlich zur Industrie, dem Ort praktischer Erprobung und Verbesserung der Technik in der Produktion. Das „reine" Wissen (sei es wissenschaftlich, philosophisch, kulturell oder künstlerisch) galt als „Gemeingut", das außerhalb der Logik des Marktes stand (und somit außerhalb des Felds der ökonomischen Theorie blieb), während die industrielle Anwendung wissenschaftlicher Erkenntnisse mit dem Instrument des Patentrechts dem Bereich des „Privateigentums" zugeschlagen wurde.

Die politische Ökonomie befreite sich Ende des 18. Jahrhunderts von der Philosophie und konstituierte sich als selbstständige Wissenschaft, als Wissenschaft vom Reichtum. Sie untersuchte den Ursprung des Reichtums, des Werts, im Fabriksystem und ging dabei von der für dieses System spezifischen Arbeit aus: der reproduzierenden, arbeitsteilig organisierten Arbeit, deren Zusammensetzung einer „passiven" Kooperation entsprach, als einfache „Summe individueller Arbeiten". Als Modell galt der politischen Ökonomie die Stecknadelfabrik; die Wissenschaft schloss sich von Anfang an in einer Reproduktionslogik ein und suchte die Quellen des Wachstums und des Werts im Innern der Fabrik, also auf Seiten repetitiver Produktionstätigkeiten statt bei Veränderung und Innovation. Bei Adam Smith ist die Vorstellung klar formuliert: Der Reichtum der Nationen beruht auf Arbeitsteilung und auf der Ausdehnung der Märkte, die natürliche Veranlagung zum Tausch begründet die Besonderung der Arbeiten, doch die technische Arbeitsteilung erlaubt das deutlichste Wachstum des Nationalprodukts, und zwar dank der dadurch gesteigerten Produktivität. Doch damit steht eine bedeutende organisatorische Innovation, die technische Arbeitsteilung, am Ursprung des Fabriksystems, das seinen Höhepunkt in den taylorisierten Fabriken des Fordismus findet.

Warum soll die Arbeitsteilung ein Faktor zur Steigerung der Produktivität sein? Smith zufolge erlaubt sie eine Reduzierung der toten Zeit (nicht produktiver Arbeit) und zugleich ein Anwachsen der „Geschicklichkeit" des Arbeiters, dessen Tätigkeit auf die einfache Wiederholung elementarer Verrichtungen reduziert wird und dessen Leistung sich durch ein „learning by doing" steigert. Die Ökonomie ist eine Zeitökonomie, und zwar eine der Wiederholungen, der wiederkehrenden Verrichtungen eines Menschen, der letztlich durch einen Ochsen ersetzt werden könnte. Die Vereinfachung der Verrichtungen macht es zudem möglich, die menschliche Arbeit zunehmend durch die Arbeit von Maschinen zu ersetzen, was eine weitere Steigerung der Produktivität der Arbeit erlaubt.

Das Phänomen des Wachstums wird dergestalt gleichgesetzt mit der Kombination spezialisierter Maschinen und (gleichartiger) repetitiver Arbeit innerhalb der Fabrik, der großen Industrie, denn nur sie erlaubt eine effiziente Organisation der Produktion. Der Zeit der Invention, nach Henri Bergson gleichbedeutend mit der kontinuierlichen Ausarbeitung des Neuen (vgl. Bergson 1912), zieht die politische Ökonomie eine Zeit ohne Gedächtnis vor, die als Maß des Werts der körperlichen Verrichtung und einer statischen Kooperation in der technischen Arbeitsteilung eingeschrieben ist. In dieser Perspektive fällt die Schaffung des Reichtums - gleichgesetzt mit dem Umfang der materiellen Grundlage des Lebens der Bevölkerung - und die Verwertung des Kapitals in eins. Und tatsächlich, mit der industriellen Revolution und der Durchsetzung des Fabriksystems verschränkt sich die vormals distinkte Beziehung zwischen der Sphäre der Produktion und Akkumulation des Wissens und der Sphäre der Kapitalakkumulation, und zwar in der

Technologie. Die politische Ökonomie nimmt dies als Ausgangspunkt und schließt so alles, was dem Bereich der „nicht zielgerichteten" Wissensproduktion zuzurechnen ist, aus ihrem Feld aus, also alles, was Veränderung impliziert. Sie situiert sich in der Logik des Notwendigen und der Nachfrage (das heißt des Mangels) und verbannt das Begehren und die affektiven Momente in den Bereich des Zufalls - Invention kommt von anderswo, ebenso technische Neuheiten.

Doch wo findet sich ein Nachdenken über jene grundlegende Innovation, die die Arbeitsteilung darstellt? Wer hat die Maschinerie gedacht? Wo, von wem und wie werden Werte produziert, die zwar innerhalb des Systems der Warenproduktion verbleiben, doch zugleich Veränderungen bewirken?

Als Wissenschaft der optimalen Ausnutzung knapper Ressourcen hat die neoklassische Theorie, die seit Mitte des 19. Jahrhunderts zur dominanten Strömung ökonomischer Theorie wurde, kategorisch darauf verzichtet, nach dem Ursprung des Reichtums zu fragen, und hat den Gegenstand Wissen, für den das ökonomische Kriterium des Marktes, nämlich Knappheit, nicht gilt, aus ihrem Feld verbannt. Indem sie so kreative und innovative Tätigkeiten außerhalb der Ökonomie verortete, beschränkte sich die ökonomische Theorie im Wesentlichen auf die Untersuchung der Mechanismen zur Reproduktion des Systems, während sie dessen Evolution außer acht ließ. Nur bei Karl Marx, dann bei Joseph Schumpeter und in jüngerer Zeit bei den Theoretikern des endogenen Wachstums finden wir einen Bruch mit jener grundlegenden theoretischen Orientierung; hier taucht das Problem des Verhältnisses zwischen Wissens- und Kapitalakkumulation auf. Es geht im Folgenden darum, die Unmöglichkeit aufzuzeigen, Wissen zu endogenisieren, ebenso die Grenzen der Versuche zu markieren, Wissensproduktion innerhalb des industriellen Paradigmas (Smiths Stecknadelfabrik) zu denken oder die Sackgasse zu verdeutlichen, die darin besteht, den kognitiven Kapitalismus theoretisch durch die einfache Übertragung der ökonomischen Gesetze des Industriekapitalismus zu beschreiben. An diese Grenzen stoßen, in dieser Sackgasse befinden sich die herrschende ökonomische Theorie wie ihre Gegner, die sich in die Kontinuität marxistischer Kritik einschreiben.

Wissen und Kapital bei Marx

Marx rückt die Untersuchung des Verhältnisses von Wissens- und Kapitalakkumulation in den Zusammenhang der Theorie der Ausbeutung (und des Werts der Arbeit), immer in der Perspektive einer Analyse der historischen Dynamik des Kapitalismus: die Unterordnung des Wissens und der Wissenschaft erlaubt dem Kapital eine Entwicklung der Produktivkräfte ohnegleichen. Marx gesteht so dem

Kapital explizit eine determinierende Rolle als progressives Moment im historischen Prozess zu. Die Logik der Kapitalakkumulation trägt die Bedingungen der allgemeinen Entwicklung der Wissenschaften und der Technik in sich. Doch diese Perspektive verweist zugleich auf die Krise, die jetzt als mächtige Krise - verglichen mit der Krise, die der tendenzielle Fall der Profitrate auslöst - des Wertgesetzes in Erscheinung tritt.

Die doppelte Perspektive - einerseits der Entwicklung der Produktivkräfte, andererseits der Krise des Wertgesetzes, insofern es auf den Wert der Arbeit und auf die Arbeitszeit als dessen Maß rekurriert - kennzeichnet die gegenwärtigen Versuche der Formulierung einer Theorie des kognitiven Kapitalismus, die sich Marxscher Kategorien bedienen und in der Tradition der marxistischen Kritik der politischen Ökonomie stehen. Im Folgenden werde ich versuchen, in groben Linien diesen Kontext zu umreißen, und dabei vor allem nach den Möglichkeiten fragen, die aktuellen Entwicklungen gestützt auf die Marxschen Kategorien zu interpretieren.

Marx zufolge entwickelte der Kapitalismus die Wissenschaft nicht allein als abstraktes Wissen über die Natur, sondern darüber hinaus auch als Technologie, die eine beispiellose Beschleunigung des technischen Fortschritts erlaubte. Die wissenschaftliche Produktion ist dem Kapital untergeordnet in dem Sinn, dass die Wissenschaft der Kapitallogik unterworfen ist, und zwar von dem Moment an, da sie vom Kapital angeeignet und seinen Verwertungsregeln angepasst wird. Es geht also darum, die Modalitäten dieser Aneignung zu erforschen.

Marx untersucht den historischen Prozess, der zur Trennung des Arbeiters vom Arbeitsmittel führt, zur Umkehrung des Verhältnisses zwischen Produzenten und Wissen, zwischen Produzenten und Wissenschaft, so wie es in der Entwicklung der Technologie, die dem Kapitalismus vorausgeht, angelegt ist. Kapitalistische Technologie zeichnete sich demnach durch eine Trennung/Umkehrung aus: Arbeit und Wissen werden getrennt, oder anders gesagt, die Wissenschaft tritt aus der Subjektivität der Arbeitenden heraus, ihr wird ein „anderer Ort" zugewiesen. Bei Marx entspringt die kapitalistische Technologie, die Endogenisierung des technischen Fortschritts folglich aus der spezifischen Art, wie der Kapitalismus als gesellschaftliche Form die Produktion organisiert und ein institutionelles System der Eigentumsrechte schafft.[1]

Auch wenn es wahr ist, dass das Kapital eine spezifische, *kapitalistische* Technologie erfand, in der Produktion angewandtes Wissen, das mittels der Trennung/Umkehrung einer Intensivierung der Kapitalakkumulation dient, und auch wenn es wahr ist, dass das Kapital die Produktion des wissenschaftlichen Wissens seinen Verwertungsimperativen unterordnete, so steht doch die Sphäre des Wissens außerhalb der Fabrik und des Kapitals, ebenso getrennt wie von den Produzenten. In dieser Phase des Kapitalismus, die Marx die der „reellen Subsumtion" nennt, kontrolliert das Kapital den Arbeitsprozess in der „Warenproduktion mittels Waren" unmittelbar, kann sich aber die „Wissensproduktion mittels Wissen", wenn wir sie so nennen wollen, nur als Äußeres unterordnen, subsumiert also den Arbeitsprozess in der Wissensproduktion nicht real, falls es überhaupt möglich ist, im Bereich des Wissens am Konzept der Arbeit festzuhalten. Anders gesagt: Das Kapital vermag es nicht, sich innerhalb der Wissensproduktion unmittelbar zu verwerten, die Sphäre der Wissensproduktion und die der Warenproduktion bleiben getrennt. Es ist daher nicht möglich zu behaupten, bei Marx gebe es eine „Endogenisierung" der Wissenschaft, da die Produktion „reinen" Wissens außerhalb des Felds bleibt, auf dem das Kapital tätig wird, obgleich letzteres Einfluss auf die Inhalte nimmt. Doch vor allem: Das Wissen wird „an anderer Stelle" produziert, die Marx nicht zum Gegenstand macht, insofern seine Untersuchung beim Arbeits- und Produktionsprozess im Zyklus materieller Produktion bleibt. Es gibt bei Marx keine Untersuchung der Arbeit im Zyklus der „immateriellen" Produktion, keine Theorie der Wissensproduktion, ihr Ort ist ein anderer, und Marx blieb, wie Smith, in der Fabrik und in der materiellen Produktion. Es kann daher nicht überraschen, dass auch Marx die Produktion des Reichtums mit der Verwertung des Kapitals identifizierte.

Es scheint an dieser Stelle angebracht, zwischen technischem, technologischem, wissenschaftlichem Wissen und Wissen im Allgemeinen zu unterscheiden und dabei auch jene Arten von Werten einzubeziehen, die die Produktionsweisen hervorbringen und aufrecht erhalten. Im Verlauf des 19. Jahrhunderts wurden industrielles und geistiges Eigentum rechtlich kodifiziert (vgl. Latournerie 2001). Patente beziehen sich auf Anwendungen, wissenschaftliches Wissen als solches bleibt frei zugänglich, als öffentliches Gut kann es nicht privat angeeignet werden. Gleichwohl wird, was man in Marxschen Begriffen, wenn auch unangemessen, als formelle Subsumtion der Wissenschaft unter das Kapital definieren könnte, seitens der Industrie und des industriellen Kapitals interessensförmig Einfluss auf die Wissenschaft genommen. Anders gesagt: Die Wissenschaft bleibt formell unabhängig, sie tritt nicht unmittelbar in den Produktionsprozess ein, und es verbleibt zugleich eine Akkumulationssphäre (des Wissens), unabhängig von und parallel zu der des Kapitals. Wissenschaftliches Wissen, Wissen im Allgemeinen sind also keine Produkte des Kapitals (noch der „Arbeit").

Trotz der radikalen Kritik des Arbeitsbegriffs und der politischen Ökonomie bei Marx bewegt sich seine Untersuchung de facto auf den Pfaden, die Adam Smith eingeschlagen hatte, als dieser die Fabrik und die arbeitsteilig organisierte

Arbeit zur Grundlage der Produktion des Reichtums und des Werts machte. Man wird daher bei Marx keine Antwort auf die Fragen zu erwarten haben, die sich mit dem Übergang zum kognitiven Kapitalismus ergeben. Anders ausgedrückt: Mit der Lohnarbeit, der Arbeit der Warenproduktion, als Ausgangspunkt erscheint eine Theorie der Wissensproduktion als unmöglich, will man diese Produktion nicht auf das einfache, technische Know-how, wie man es bei traditionellen Handwerkern findet, oder auf die kreative Sabotage der Arbeit und der Maschinen durch die Arbeiter reduzieren.

Doch bleibt Marx' Analyse in anderer Hinsicht von Bedeutung, nämlich durch die Interpretation der Krise als Krise des Wertgesetzes. Wie schon Claudio Napoleoni hervorhob, bieten die Passagen in den *Grundrissen* über das Kapital und über die Entwicklung der Produktivkräfte eine beeindruckende Perspektive auf das Ende der kapitalistischen Produktionsweise. Dieses Ende des Kapitalismus wird von der Krise des Wertgesetzes aus betrachtet; demnach wäre, mit der Entwicklung der Produktivkräfte und dem Fortschritt kapitalistischer Technologie, die Produktion des Reichtums nicht mehr abhängig von der Arbeitszeit, sondern vom Niveau der Wissenschaft und Technik.[2] Entsprechend wäre der Mehrwert, wäre die Ausbeutung nichts weiter als eine miserable Grundlage angesichts des neuen Fundaments des Werts, der Wissenschaft, die mit der Entwicklung der großen Industrie entsteht. Es ist hier allerdings das Kapital, die Logik der Akkumulation, die den Akkumulationsprozess des Wissens antreibt und bewirkt, dass die Arbeit nicht länger die Quelle des Reichtums ist und die Arbeitszeit aufhört, das Maß des Werts zu sein. Der Tauschwert hört folglich auf, Gebrauchswerte zu messen, und das Ende der kapitalistischen Produktionsweise findet sich an die Entwicklungsbedingungen derselben gebunden: Die Krise des Werts verweist auf den General Intellect.

„Die Entwicklung des capital fixe zeigt an, bis zu welchem Grad das allgemeine gesellschaftliche Wissen, knowledge, zur unmittelbaren Produktivkraft geworden ist und daher die Bedingungen des gesellschaftlichen Lebensprozesses selbst unter die Kontrolle des general intellect gekommen und ihm gemäß umgeschaffen sind." (MEW 42, 602)

Diese Passagen scheinen in der Tat eine Grundlage für Untersuchungen zur aktuellen Wissensökonomie zu bieten, werfen zugleich aber Fragen auf. Folgt man Marx' Analyse, dann liegt nahe, dass es notwendig ist, die Werttheorie anders zu denken, da der Reichtum nicht länger von der Arbeitszeit, sondern von der freien schöpferischen Zeit abhängig ist. Das Wertgesetz im Marxschen Sinn funktioniert nicht mehr, doch auf welcher Grundlage ließe sich ein neues formulieren?

Auch wenn Marx' Werttheorie die Produktion des Wissens nicht fassen kann, bedeutet das nicht, dass der Kapitalismus am Ende ist. Bei Marx sind die Grundlagen einer Theorie des kognitiven Kapitalismus nicht zu finden. Es scheint zweckmäßig, diese Theorie ausgehend von der Produktion des Wissens und vom Zyklus der immateriellen Produktion zu denken. Eine Auseinandersetzung mit dem Verhältnis von Kapital- und Wissensakkumulation findet sich gelegentlich (vgl. D'Auria 1998). Dabei wird, um eine marxistische Perspektive beizubehalten, versucht, die Marxsche Untersuchung der Produktionsweise (ausgehend von der materiellen Produktion) auf die immaterielle Produktion zu übertragen und entsprechend die von Marx festgestellte Trennung/Umkehrung und die Kategorien tote und lebendige Arbeit in Anschlag zu bringen. Festgehalten wird auch an der Separation von Produktion und Konsum (des Wissens), wobei der Konsum allerdings nicht untersucht wird. Wie Rullani nachwies, ist jedoch Konsum im Bereich des Wissens nichts weiter als eine Metapher, weil hier nichts „verzehrt" wird (Rullani 2000). Er schlägt deshalb vor, die Zirkulation in den Mittelpunkt der Untersuchung zu stellen. Die Zirkulation ist im Feld des Wissens, statt ein separates Moment zu bilden, ein integraler Bestandteil des unmittelbaren Produktionsprozesses. Für eine Theorie der Wissensproduktion stellen sich Fragen: Kann man Produktion und Konsum analytisch trennen, wenn letztlich der Produktionsprozess insgesamt auf der Zirkulation beruht? Ist die Kategorie der „toten Arbeit" auf kodifiziertes Wissen übertragbar, wie es D'Auria vorschlägt? Lässt sich im Fall des Wissens eine Trennung, eine Entfremdung des Produzenten vom Produkt denken und ist folglich die Kodifizierung des Wissens der Übergang zu toter Arbeit? Bei Marx ist die Analyse der Produktionsweise untrennbar von der Untersuchung der Eigentumsverhältnisse an Produktionsmitteln. Für das Gebiet des Wissens war das Eigentumsprinzip immer schon eine verzwickte Angelegenheit: sowohl was die reale „Nichtentfremdbarkeit" des Produkts vom Produzenten, als auch was die Rechte der Öffentlichkeit angeht.

Ein anderes Thema verlangt eine noch radikalere Fragestellung: Der Marxsche Ansatz, die Entwicklung der Produktivkräfte zu begreifen, ist unauflöslich mit der Arbeitswerttheorie verbunden. Doch die Krise des Wertgesetzes ist nicht gleichbedeutend mit dem Ende der kapitalistischen Produktionsweise. Sollte uns diese Feststellung nicht dazu bringen, den Wertbegriff grundsätzlich zu überdenken und mit ihm das Verhältnis von Wissens- und Kapitalakkumulation, wie es sich historisch konstituierte? Sollten wir, anders ausgedrückt, nicht Wert- und Kapitalbegriff in ihrem Verhältnis zur Wissensproduktion und zur Kreativität überdenken, immer auf der Suche nach dem Motor der Geschichte?

Von der Unterscheidung zwischen Invention und Innovation zur Figur des Genies bei Schumpeter

Als Quelle des Werts und der Veränderung sieht Schumpeter neben dem Wissen die Kreativität an, die Kraft zur Invention und Innovation. Diese Kreativität kann nur von „außerhalb" der Produktionssphäre kommen, aus einer Behauptung der Differenz, aus der Flucht vor dem Gleichmaß und vor der Wiederholung des Einerlei.

Wie Marx, wenn auch mit anderer Argumentation, weist Schumpeter dem Kapitalismus eine spezifische „progressive" Rolle zu, insofern er als einzige Wirtschaftsweise in der Lage sei, die Invention und Innovation zu stimulieren. Der Kapitalismus wird als ein unaufhaltsamer evolutorischer Prozess begriffen, dessen Dynamik aus der von Schumpeter so genannten kreativen Zerstörung erwächst. „Der fundamentale Antrieb, der die kapitalistische Maschine in Bewegung setzt und hält, kommt von den neuen Konsumgütern, den neuen Produktions- und Transportmethoden, den neuen Märkten, den neuen Formen der industriellen Organisation, welche die kapitalistische Unternehmung schafft." (Schumpeter 1993, 137) Der Kausalnexus zwischen dem kapitalistischen System und dem technischen Fortschritt wird expliziert: „Es ist deshalb ganz falsch - und auch ganz un-Marxisch -, wenn man, wie viele Ökonomen es tun, behauptet, dass die kapitalistische Unternehmung und der technische Fortschritt zwei verschiedene Faktoren in der beobachteten Produktionsentwicklung gewesen seien; sie waren ihrem Wesen nach ein und dasselbe, oder, wie wir es auch ausdrücken können, die erste war die treibende Kraft der zweiten." (Schumpeter 1993, 181) Und einige Seiten später ist zu lesen, dass „der kapitalistische Prozess die Mittel und den Willen schafft, ... die kapitalistische Rationalität die geistigen Gewohnheiten schuf, aus denen sich die ... verwendeten Methoden entwickelt haben". (Schumpeter 1993, 205) Das Schöpferische, die Innovation, die Produktion neuen Wissens und neuer Kenntnisse, selbst das rationale Denken sind geschichtlich nichts Neues; es ist der Kapitalismus, von dem ein neuer Impuls ausging. Schumpeter schreibt, „dass die Entwicklung des rationalen Denkens selbstverständlich dem Aufstieg der kapitalistischen Ordnung um Jahrtausende vorausging; der Kapitalismus hat dem Prozess einzig einen neuen Auftrieb und eine besondere Wendung gegeben". (Schumpeter 1993, 238)

Es „hat der aufsteigende Kapitalismus nicht nur die geistige Haltung der modernen Wissenschaft hervorgebracht - jene Haltung, die in der Aufwerfung bestimmter Fragen und in ihrer Beantwortung auf eine bestimmte Weise besteht -, sondern sie brachte auch die Männer und die Mittel hervor. Indem er das feudale Milieu zerbrach und den intellektuellen Frieden der Grundherrschaft und des Dorfes zerstörte (obschon es natürlich in einem Kloster immer vieles gab, über das man diskutieren und sich streiten konnte), namentlich aber indem er den sozialen Raum für eine neue Klasse geschaffen hat, die auf der individuellen Leistung im Gebiet der Wirtschaft beruht, hat er der Reihe nach die Menschen starken Willens und starken Verstands auf dieses Gebiet gezogen.“ (Schumpeter 1993, 203f.)

Weder der Industriekapitalismus und die Fabrik noch die Arbeitsteilung führen demnach zu Veränderungen und schaffen Wert, sondern von den Fesseln und charakteristischen Schranken des Feudalsystems befreiter „starker Wille“ und „starker Verstand“. Bei Schumpeter verbirgt sich hinter diesen Geistern die Schlüsselfigur: der Unternehmer, den die Bourgeoisie hervorbringt.

Nachdem Schumpeter Invention/Erfindung (die außerhalb des Bereichs wirtschaftlichen Handelns stattfindet) und Innovation (etwa die Schaffung eines neuen Produktionsverfahrens) unterschieden hat, definiert er das „unternehmerische Handeln“ dadurch, dass es die Innovation ins Wirtschaftssystem einführt. Er schreibt, „dass die Funktion des Unternehmers darin besteht, die Produktionsstruktur zu reformieren oder zu revolutionieren entweder durch die Ausnützung einer Erfindung oder, allgemeiner, einer noch unerprobten technischen Möglichkeit ... Diese Funktion besteht ihrem Wesen nach weder darin, irgend etwas zu erfinden noch sonstwie Bedingungen zu schaffen, die die Unternehmung ausnützt. Sie besteht darin, dass sie Dinge in Gang setzt.“ (Schumpeter 1993, 214f.)

Den eigentlich kreativen Akt, die Invention, siedelt Schumpeter also außerhalb des Felds der Wirtschaftstheorie an. In gleicher Weise steht der Schumpetersche Unternehmer, der weder auf einen Kapitalisten noch auf einen Manager zu reduzieren ist, außerhalb des Ökonomischen. Das „Gebiet der Wirtschaft“ beginnt mit der Innovation, also der Anwendung der Erfindungen in der industriellen Produktion.

Schumpeter zufolge existieren weder Unternehmer noch Unternehmung in einer stationären Situation, in der die Produktion die Reproduktion des Immergleichen wäre. Doch eine statische Konkurrenz, ein Gleichgewicht, hält er lediglich theoretisch für möglich; wirkliche Konkurrenz hingegen kann nur dynamisch sein und bedarf innovativer Unternehmungen. Innovation führt zu mikroökonomischer Differenzierung, ihre Ausbreitung durch Nachahmung zum technischen Fortschritt im makroökonomischen Maßstab.

Die Figur des Unternehmers, der die Innovation einsetzt, überhöht Schumpeter zum Genie: Das (kapitalistische) Privatunternehmen wird zum zentralen Ort der Innovation, also zur Grundlage der Produktion des Reichtums und der Dynamik des ganzen Systems. Innen und Außen verwirren sich hier, insofern für die Dynamik des Prozesses ein „Außerhalb“ der Ökonomie als notwendig unterstellt wird, die selbst erst mit der Innovation und dem in dieser Hinsicht zentralen Unternehmen beginnt. Schumpeter geht dabei davon aus, dass die Figur des Unternehmers/Innovators dazu bestimmt ist, mit der Durchsetzung von Großbetrieben zu verschwinden. „Die vollkommen bürokratisierte industrielle Riesen-einheit verdrängt nicht nur die kleine und mittelgroße Firma und 'expropriiert' ihre Eigentümer, sondern verdrängt zuletzt auch den Unternehmer." (Schumpeter 1993, 218) Die Figur des Unternehmers wird ersetzt durch die Forschungs- und Entwicklungsabteilung im Großbetrieb. Nur diesem stehen die finanziellen Mittel zur Verfügung, um Innovationen zu tragen und auf Skalenerträge zu setzen. Der Wettbewerbsvorteil erwächst aus steigenden Renditen durch die Einführung der Neuerungen in der Produktion, doch bedeutet deren Durchsetzung das Verschwinden der Kräfte der Veränderung, nämlich des Unternehmers und der Bourgeoisie, deren Produkt und gleichzeitiger Ausdruck er ist. Dieses Argument führt Schumpeter dazu, auf die Frage „Kann der Kapitalismus weiterleben?" zu antworten: „Nein, meines Erachtens nicht." (Schumpeter 1993, 105) Mit dem Großbetrieb verschwindet das „Außerhalb", die eigentliche schöpferische Potenz. Folgt man Schumpeter, um über ihn hinauszugehen, so lässt sich sagen, dass es zwar unmöglich ist, die Fähigkeit zur Invention im Unternehmen - oder innerhalb des Ökonomischen - einzuschließen, ohne sie zu zerstören. Doch der Kapitalismus hat überlebt, ungeachtet der Imperien des Industrie- und Finanzkapitals oder der großen Monopole, und die Innovation ließ sich weder einschließen noch verschwand sie. Microsoft, so groß der Konzern auch sein mag, gelang es nicht, die Ausbreitung innovativer Praxis außerhalb des Unternehmens zu unterbinden, wie das Beispiel der freien Software zeigt. Die Innovation ist nicht verschwunden, sie findet sich als kreative Vielfalt wieder, als Stärke und Potenzial einer freien Kooperation. In der Figur des Schumpeterschen Unternehmers liegt also das Problem, in der Figur eines einsamen Genies, das Produkt und Ausdruck der Bourgeoisie ist.

Doch kehren wir zu einem anderen Argument zurück, das Schumpeter verwendet, um seine These vom unausweichlichen Ende des Kapitalismus zu stützen: Er wendet sich der zunehmenden Intellektualisierung der Bevölkerung im Kapitalismus „kraft der Logik seiner Zivilisation" (Schumpeter 1993, 235) zu und interpretiert diese Massenintellektualität als Quell einer allgemeinen Feindseligkeit gegen das System. Doch auch an dieser Stelle liegt das Problem in seiner Auffassung von der Figur des Intellektuellen. Schumpeter weist eine Definition zurück, die den Gegensatz von intellektueller und manueller Arbeit oder die Vorstellung der „Schreiberseele" zur Grundlage nimmt - was man teilen kann. Doch scheint er dadurch gezwungen, schweren Herzens eine Bedeutung des Terminus Intellektueller zu übernehmen, die ihn auf „höhere Verstandeskräfte" reduziert. Doch breiten diese „höheren Verstandeskräfte“ sich nicht aus, so wie der „Zugang zum Wissen“ und die „Schicht der Intellektuellen“? Verstärkt sich nicht dadurch das schöpferische Potenzial der Multitude in ihren Lebensweisen? Denn weder in der Arbeit noch im Kapital oder in der unternehmerischen Bourgeoisie sind die Kräfte der Innovation und der Veränderung zu finden.

An dieser Stelle ist es möglich erneut zu fragen, aus welcher Notwendigkeit heraus Schumpeter auf die Figur des Genies zurückgreift. Nur das Genie kann etwas anderes hervorbringen (qua Invention und Innovation), doch muss es dazu selbst anders sein, eine Differenz, die nicht durch einen methodischen Individualismus oder Holismus beschreibbar ist, da beide Haltungen in einem Punkt übereinstimmen: in der Negation der Differenz, im Auslöschen der Differenzen, im Leugnen der Vielfalt. Der Rückgriff auf die Figur des Genies verweist somit auf die Notwendigkeit, der Kreativität Rechnung zu tragen; darauf, dass jegliche ökonomische Theorie unmöglich ist, der ein Verständnis der Vielfalt und der Unterschiede fehlt. Dass Schumpeter Genie als ein Produkt der Bourgeoisie ansieht, spielt keine große Rolle. Wesentlich erscheint mir, dass Schumpeter, indem er in der Innovation die einzige Quelle des Werts erkennt, den methodischen Horizont der politischen Ökonomie verlassen muss. Er verweist auf eine Theorie der kreativen Produktion, die ihren Ort einzig außerhalb der Fabrik und ihrer homogenisierenden Logik haben kann.

Die neoklassische Wachstumstheorie

Ungefähr ein Jahrhundert lang - von der Mitte des 19. bis in die fünfziger Jahre des 20. Jahrhunderts - verzichtete die politische Ökonomie seltsamerweise völlig darauf, Entwicklung und Wachstum erklären zu wollen. Stattdessen beschäftigte sie sich mit der optimalen Kombination knapper Faktoren. Doch auch als die Ökonomie sich explizit der Frage des Wachstums zuwandte, geschah dies im Rahmen einer Gleichgewichtstheorie: Nicht die Wachstumsfaktoren sollten erklärt, sondern die Frage geklärt werden, ob diese Faktoren in ihren Auswirkungen mit einem ausgeglichenen Wachstum vereinbar seien. Das Modell des technischen Fortschritts von Nicholas Kaldor stellt eine Ausnahme dar, insofern hier eine endogene Dimension eingeführt wird: die Abhängigkeit der Produktivität von der Akkumulationsrate. Kaldors Ansatz wurde mit einem gewissen Enthusiasmus aufgenommen und in verschiedene Richtungen weiterentwickelt, unter anderem verband man ihn mit einer Schumpeterschen evolutorischen Perspektive. Kaldors Modell ist, worauf Robert Boyer und Geneviève Schmeder (1990) hinwiesen, in eine Smithsche Logik eingeschrieben, in der die Fabrik den Ort und das Kapital den Akteur des technischen Fortschritts abgibt (insofern es letzterem zufällt, die arbeitsteilig organisierte Arbeit in einer passiven Kooperation zusammenzusetzen). Doch widerspricht Kaldors Ansatz nicht dem Schumpeters? Dessen Schriften zeigen in gewisser Weise die Unmöglichkeit, innerhalb der Industrie und des Unternehmens (sei es auf der Seite der Arbeit oder des Kapitals) die Erklärung für Innovation zu finden: Es existiert daher immer und notwendig ein „Außerhalb", das nicht der Logik der Fabrik (oder des Unternehmens) folgt. Der Produktionsprozess der Waren ist nicht mit dem des Wissens zu verwechseln, auch wenn vielschichtige Verbindungen zwischen Wissenschaft, Technik und Markt existieren können.

Die Antwort der politischen Ökonomie auf das Problem der Produktion des Wissens zeigt den Willen, alles einzubeziehen, ohne allerdings die Frage nach dem „allgemeinen Fortschritt der Erkenntnis" zuzulassen. Dies ist der Ausgangspunkt der „Endogenisierung" des technischen Fortschritts: Es ist der Versuch, diesen Progress innerhalb einer Ökonomie zu endogenisieren, wie sie seit Adam Smith gedacht wird, mit Fabriken, Arbeitsteilung, materieller Produktion und Markt.

Anders ausgedrückt: Wissenschaft, Wissen oder der „allgemeine Fortschritt der Erkenntnis" gelten der politischen Ökonomie nur in Bezug auf ihre „ökonomische", d.h. industrielle Bedeutung und werden darauf reduziert, ob das Wissen der Kapitalverwertung in der materiellen Produktion „adäquat" ist. Um die Kritik zu verdeutlichen, möchte ich exemplarisch den Ansatz von Paul Romer heranziehen (vgl. Romer 1990). Romer folgt einer quasi-Schumpeterschen Logik und entwirft ein Modell, dem der Gedanke zugrunde liegt, dass die Innovation der Antrieb des Wachstums und damit der Ausweg aus einem stationären Zustand sei. Die Innovation ist Ergebnis der Tätigkeit eines spezifischen Sektors, nämlich Forschung und Entwicklung (F&E), der dem Unternehmen Erträge einbringt, da ein zeitweiliges Monopol einen „Extra-Profit" sichert. Die Intervention des Staates wird nun als notwendig angesehen, denn der Staat muss über das Patentsystem wachen und für die Beachtung der Bestimmungen Sorge tragen. Die Ökonomie wird als Beziehung dreier Sphären - Wissen, Technologie, materielle Güterproduktion - vorgestellt, die linear miteinander verbunden sind. Gleichzeitig gibt es drei Sektoren, nämlich Forschung bzw. F&E, Zwischenprodukte und Endprodukte, sowie vier Produktionsfaktoren: Sachkapital, nicht qualifizierte Arbeit, Humankapital und Technologie. Im Forschungssektor findet nur Humankapital Einsatz; F&E verzeichnet dynamisch wachsende Erträge, da das Wissen als durch „Nicht-Rivalität" gekennzeichnet angesehen wird. Das heißt, bereits Kenneth Arrow hatte darauf hingewiesen, dass der Gebrauch des Wissens durch ein Individuum seine Nutzung durch andere Individuen nicht ausschließt und außerdem Wissen kumulativ hervorgebracht wird (was sich auch bei Kaldor findet). Doch gleichzeitig interveniert das Patentsystem und „privatisiert" dieses öffentliche Gut, nämlich Wissen, verwehrt also anderen die Möglichkeit seiner Nutzung. Der Sektor F&E verkauft das Wissen, sein Produkt, als Patent an den Sektor Zwischenprodukte, und letztlich wächst die Produktivität im Sektor Endprodukte. Das produzierte Wissen findet auch im Sektor F&E Anwendung, steigert dort die Produktivität und das auch noch kostenlos. Der Sektor Zwischenprodukte schließlich verzeichnet bei fixen Kosten durch den Erwerb der Patente wachsende Erträge. Etc.

Gegen die Modelle endogenen Wachstums wurden zahlreiche Kritiken vorgebracht, doch uns interessiert Romers Modell jenseits formaler Einwände. Denn tatsächlich ist hier die Absicht vorhanden, die Verbindung zwischen Wissensproduktion und Wachstum zu erklären. Allerdings:

- Ist die Vorstellung angemessen, Innovation sei auf die Vorgaben und das Wirken des F&E-Bereichs zurückzuführen? Fällt das nicht hinter Schumpeters Vorstellung von Innovation zurück? Ist Innovation, die die Welt bewegt, auf die Produktion materieller Güter zu reduzieren?
- Kann mit einem linearen Entwicklungsschema, das Forschung und Markt verbindet, wenn nicht der kognitive Kapitalismus, so doch ein „Regime permanenter Innovation" erklärt werden?
- Ist das Konzept des Humankapitals eine Übersetzung der Schumpeterschen Figur des Genius? Handelt es sich dabei nicht um eine Art Wiederkehr der Vorstellung von der Teilung der Arbeit in intellektuelle und manuelle, einer Vorstellung also, die soziale Hierarchien des Wissens legitimiert?
- Wenn in den durch Konkurrenz bestimmten Sektoren des Modells (also jenen der materiellen Produktion) daran festgehalten wird, dass der Wert auf der Verbindung von sinkender Grenzproduktivität und Knappheit beruht, wie bestimmt sich dann der Wert (und die Remuneration der Faktoren) im Sektor der Wissensproduktion? Welches Einkommen wird der Tätigkeit der Wissensproduktion zugewiesen? Und vor allem: Wie wird Wissen produziert?

Auch die Theorien endogenen Wachstums lassen also jenen Rest unbestimmt, das „Außerhalb", das man im Bereich der politischen Ökonomie überall dort findet, wo die Fabrik und die Industrie am Anfang und Ende stehen.

Schlussfolgerung

Die Ansätze zur Endogenisierung des technischen Fortschritts zeichnen sich durch zahlreiche Mystifikationen aus: Man fährt fort, Kapitalismus, Produktion des Werts und Warenproduktion in eins zu setzen, und gleichzeitig wird der Produktionsprozess des Wissens untersucht, indem man (implizit oder explizit) die aus der Analyse der materiellen Produktion und des Warentauschs vertrauten theoretischen Instrumente überträgt. Die marxistischen Ansätze, deren Ziel es ist, die Untersuchung der Produktionsweise aufs Feld der Wissensproduktion auszudehnen oder die Marxsche Kritik zur Grundlage einer Interpretation der Gegenwart zu nehmen, bilden hier keine Ausnahme.

Schon 1962 hatte Arrow darauf hingewiesen, dass das Wissen kein Gut wie andere sei, schon gar nicht einfach eine Ware. Es ergeben sich daher zahlreiche Probleme bei dem Versuch, auf das Wissen die Gesetze anzuwenden, die dem industriellen Kapitalismus eigen sind. Der Zusammenbruch des Fabrikparadigmas lässt die Unangemessenheit des Wertgesetzes offensichtlich werden: Das gilt vor allem bezogen auf die Definition des Werts durch Knappheit. Die Ideenproduktion, die kreative Tätigkeit lässt sich nicht als repetitiv oder als Reproduktion des Immergleichen bestimmen, die Prinzipien der Wirtschaftlichkeit und der Knappheit entsprechen ihr nicht. Die politische Ökonomie - wie auch ihre Kritik - versagen angesichts der Notwendigkeit, das Wissen einzubeziehen.

Doch der Endogenisierungsansatz verweist vielleicht auf etwas anderes: auf eine Veränderung im Verhältnis von Wissens- und Kapitalakkumulation. Diese Veränderung ist der Ausgangspunkt, um vom kognitiven Kapitalismus zu sprechen. Doch diese Veränderung zwingt uns, da wir in der politischen Ökonomie keine begrifflichen Instrumente zu ihrer Untersuchung finden, die „Darstellungsweise" zu verändern. Wie wäre es, vom Schumpeterschen Genius auszugehen, der sich bei ihm aus der Zerstörung der ständischen Ordnung des Wissens erhebt, und danach zu fragen, wie er sich heute als Vielfalt, als Multitude, als schöpferische Kooperation behauptet?

Anmerkungen

1 „Die volle Entwicklung des Kapitals findet also erst statt - oder das Kapital hat erst die ihm entsprechende Produktionsweise gesetzt -, sobald das Arbeitsmittel nicht nur formell als *Capital fixe* bestimmt ist, sondern in seiner unmittelbaren Form aufgehoben und das Capital fixe innerhalb des Produktionsprozesses der Arbeit gegenüber als Maschine auftritt; der ganze Produktionsprozess aber als nicht subsumiert unter die unmittelbare Geschicklichkeit des Arbeiters, sondern als technologische Anwendung

der Wissenschaft. Der Produktion wissenschaftlichen Charakter zu geben, daher die Tendenz des Kapitals, und die unmittelbare Arbeit herabgesetzt zu einem bloßen Moment dieses Prozesses.“ (MEW 42, 595)

2 „In dem Maße aber, wie die große Industrie sich entwickelt, wird die Schöpfung des wirklichen Reichtums abhängig weniger von der Arbeitszeit und dem Quantum angewandter Arbeit als von der Macht der Agentien, die während der Arbeitszeit in Bewegung gesetzt werden und die selbst wieder - deren powerful effectiveness - selbst wieder in keinem Verhältnis steht zur unmittelbaren Arbeitszeit, die ihre Produktion kostet, sondern vielmehr abhängt vom allgemeinen Stand der Wissenschaft und dem Fortschritt der Technologie, oder der Anwendung dieser Wissenschaft auf die Produktion.“ (MEW 42, 600)

Literatur

Abraham-Frois, Gilbert (1995): Dynamique Economique, Paris

Amable, Bruno/Guellec, Dominique (1992): Les théories de la croissance endogène, in: Revue d'économie politique, 102.Jg., H.3

Azaïs, Christian/Corsani, Antonella/Dieuaide, Patrick (Hg.) (2001): Vers un capitalisme cognitif. Entre mutations du travail et territoires, Paris

Arrow, Kenneth (1962): Economic Welfare and the Allocation of Resources for Invention, in: The Rate and Direction of Inventive Activity. Economic and Social Factors, hg. v. National Bureau of Economic Research, Princeton

Bergson, Henri (1912): Die schöpferische Entwicklung, Jena

Boyer, Robert/Schmeder, Geneviève (1990): Division du travail, changement technique et croissance. Un retour à Adam Smith, in: Revue Française d'Economie, 5.Jg., H.1

Cillario, Lorenzo/Finelli, Roberto (Hg.) (1998): Capitalismo e conoscenza, Rom

Corsani, Antonella (2000): Vers un renouveau de l'économie politique, in: Multitudes, 1.Jg., H.2

- (2001): Éléments d'une rupture: l'hypothèse du capitalisme cognitif, in: Azaïs/Corsani/Dieuaide (Hg.) 2001

D'Auria, L. (1998): Valorizzazione capitalistica e crescita della conoscenza, in: Cillario/Finelli (Hg.) 1998

Gille, Bertrand (1978): Histoire des techniques, Paris

Jollivet, Pascal (2001a): La rupture paradigmatique des NTIC et l'émergence de la figure de l'utilisateur comme innovateur, Dissertation, Paris: Univ. Paris 1-MATISSE

- (2001b): Les NTIC et l'affirmation du travail coopératif réticulaire, in: Azaïs/Corsani/Dieuaide (Hg.) 2001

Latournerie, Anne (2001): Petite histoire des batailles du droit d'auteur, in: Multitudes, 2.Jg., H.5

Lazzarato, Maurizio (2000): La multiplicité dans la dynamique économique, in: Multitudes, 1.Jg., H.2

- (2001): Travail et capital dans la production de connaissances: une lecture à travers l'œuvre de Gabriel Tarde, in: Azaïs/Corsani/Dieuaide (Hg.) 2001

Lucas, Robert E. (1988): On the Mechanics of Economic Development, in: Journal of Monetary Economics, 22.Jg.

Marx, Karl: Grundrisse der Kritik der politischen Ökonomie, in: MEW 42

Moulier-Boutang, Yann (1997): La revanche des externalités, in: Futur Antérieur, 8.Jg., H.39/40

- (2001a): La troisième transition du capitalisme: exode du travail productif et externalités, in: Azaïs/Corsani/Dieuaide (Hg.) 2001

- (2001b): Richesse, propriété, liberté et revenu dans le „capitalisme cognitif", in: Multitudes, 2.Jg., H.5

Napoleoni, Claudio (1974): Vorlesungen über das VI. unveröffentlichte Kapitel des I. Bandes des 'Kapital' von Marx, in: ders.: Ricardo und Marx. Studien über soziale Bedeutung und formale Probleme wirtschaftswissenschaftlicher Theoriebildung, hg. v. Cristina Pennavaja, Frankfurt am Main

- (1985): Discorso sull'economia politica, Turin

- (1992): Dalla scienza all'utopia, Turin

Paulré, Bernard (2000): De la „New economy" au capitalisme cognitif, Multitudes, 1.Jg., H.2

Romer, Paul (1990): Endogenous technical change, in: Journal of Political Economy, 98.Jg.

Rullani, Enzo (1998): La conoscenza come forza produttiva. Autonomia del post-fordismo, in: Cillario/Finelli (Hg.) 1998

- (2000): Le capitalisme cognitif. Du déjà vu? In: Multitudes, 1.Jg., Nr.2

-/Romano, Luca (1998): Il postfordismo. Idee per il capitalismo prossimo venturo, Mailand

Schumpeter, Joseph A. (1993): Kapitalismus, Sozialismus und Demokratie, 7.Aufl., Tübingen, Basel

- (1987): Theorie der wirtschaftlichen Entwicklung. Eine Untersuchung über Unternehmergewinn, Kapital, Kredit, Zins und den Konjunkturzyklus, 7.Aufl., Berlin

Solow, Robert (1956): A Contribution to the Theory of Economic Growth, in: Quarterly Journal of Economics, 70.Jg.

- (1957): Technical Change and the Aggregate Production Function, in: Review of Economics and Statistics, 39.Jg.

Vercellone, Carlo/Herrera, Rémy (2000): Les transformations de la division du travail et les théories de la croissance endogène: une revue critique de la littérature, in: Vercellone, Carlo/Zyla, Eric (Hg.): Transformations de la division du travail et nouvelles régulations, Paris 2000

Michael Hardt

Affektive Arbeit

Antikapitalistische Projekte konzentrierten sich nicht selten auf die Produktion von Affekten, auf die Herstellung von Gefühlen in der menschlichen Arbeit und in anderen sozialen Tätigkeiten, und sie taten das aus gutem Grund. Das zeigt sich, wenn man etwa die Diskurse über den Wunsch oder auch über den Gebrauchswert betrachtet. Affektive Arbeit bedeutet hier für sich und unmittelbar die Konstitution von Gemeinschaften und kollektiven Subjektivitäten. In mehrfacher Hinsicht konnte so der produktive Kreislauf von Affekt und Wert als ein autonomer Kreislauf der Konstitution von Subjektivität erscheinen, der im Gegensatz zum Prozess der kapitalistischen Verwertung steht. So wurde im Rahmen theoretischer Ansätze, die Marx und Freud zusammenbrachten, vorgeschlagen, die affektive Arbeit mit Begriffen wie Wunschproduktion zu fassen. Deutlicher noch sind zahlreiche feministische Untersuchungen, die die Potenziale innerhalb der traditionell als Frauenarbeit bezeichneten Arbeit analysierten, in diese Richtung gegangen. Sie belegten affektive Arbeit mit Bezeichnungen wie Familien- oder Fürsorgearbeit. All diese Analysen enthüllen Prozesse, in denen die lebendige Arbeit kollektive Subjektivitäten, ja Sozialität und letztlich die Gesellschaft selbst produziert.

Heute allerdings, und das ist der zentrale Punkt meiner Überlegungen, muss eine solche Bestimmung der affektiven Arbeit im Kontext ihrer veränderten Rolle innerhalb der kapitalistischen Ökonomie vorgenommen werden. Mit anderen Worten, auch wenn die affektive Arbeit niemals vollständig außerhalb der kapitalistischen Produktion anzusiedeln war, hat der Prozess der ökonomischen Postmodernisierung, der sich in den letzten 25 Jahren vollzogen hat, dieser Arbeit eine neue Rolle zugewiesen.

Die affektive Arbeit ist heute nicht nur direkt produktiv für das Kapital, mehr noch, sie bildet die Spitze in der Hierarchie der Arbeitsformen. Die affektive Arbeit ist eine Seite jener Arbeit, die ich „immaterielle Arbeit" nennen möchte und die gegenüber den anderen Formen von Arbeit in der globalen kapitalistischen Ökonomie eine dominante Position eingenommen hat.

Wenn man nun sagt, dass das Kapital die affektive Arbeit inkorporiert und ihr ein stärkeres Gewicht verliehen hat, wenn man weiter sagt, dass sie vom kapitalistischen Standpunkt aus gesehen eine der Formen von Arbeit darstellt, die in der Wertschöpfung eine Spitzenstellung einnimmt, so bedeutet das nicht, dass diese Form der Arbeit, derart vom Kapital kontaminiert, nicht länger für ein antikapitalistisches Projekt von Nutzen sein könnte. Im Gegenteil, vorausgesetzt die affektive Arbeit spielt tatsächlich die Rolle eines der stärksten Glieder innerhalb der Kette der kapitalistischen Postmodernisierung, so ist ihr Potenzial für eine Subversion und eine autonome Konstitution um so größer. In diesem Zusammenhang kann das biopolitische Potenzial der Arbeit erkannt werden, wobei Foucaults Begriff der Biomacht hier zugleich aufzunehmen und umzustülpen ist.

Im Folgenden werde ich in drei Schritten vorgehen: Zunächst möchte ich die immaterielle Arbeit innerhalb der gegenwärtigen Phase kapitalistischer Postmodernisierung bestimmen, dann die affektive Arbeit gegenüber den anderen Formen immaterieller Arbeit herausstellen und schließlich erläutern, wie das Potenzial der affektiven Arbeit vom Standpunkt der Biomacht zu fassen ist.

Postmodernisierung

Um die Abfolge der ökonomischen Paradigmen in den dominanten kapitalistischen Ländern seit dem Mittelalter in den Blick zu nehmen, ist es heute üblich geworden, drei verschiedene Momente anzugeben, in denen jeweils ein ökonomischer Sektor privilegiert ist. Das erste Paradigma ist dadurch gekennzeichnet, dass die Ökonomie von der Landwirtschaft und der Gewinnung von Rohstoffen bestimmt ist. Unter dem zweiten Paradigma nimmt die Industrie und die Herstellung von weitgehend haltbaren Gütern die herausragende Stellung ein. Mit dem dritten Paradigma schließlich rückt gegenwärtig das Anbieten von Dienstleistungen und der Umgang mit Information ins Zentrum der ökonomischen Produktion. Die dominante Position nimmt demnach historisch den Weg vom primären über den sekundären zum tertiären Sektor der Produktion. Ökonomische Modernisierung bezeichnet den Übergang vom ersten zum zweiten Paradigma, von der Vorherrschaft der Landwirtschaft zur Dominanz der Industrie. Modernisierung meint folglich Industrialisierung. Den Übergang vom zweiten zum dritten Paradigma, von der Herrschaft der Industrie zur beherrschenden Stellung von Dienstleistung und Information könnte man analog einen Prozess der ökonomischen Postmodernisierung oder besser noch der Informatisierung nennen.

Der Prozess der Modernisierung und Industrialisierung transformierte alle Elemente der gesellschaftlichen Ebene und unterwarf sie einer neuen Umgrenzung. Als die Landwirtschaft im Sinn der Industrie modernisiert wurde, verwandelte sich die Farm oder der bäuerliche Hof oder das Landgut zunehmend in eine Fabrik mit allen Aspekten industrieller Produktion wie Fabrikdisziplin, Lohnverhältnis und technologischem Apparat. Allgemeiner gesprochen, die Gesellschaft selbst wurde stufenweise bis zur Transformation zwischenmenschlicher Beziehungen und sogar zur Umwandlung menschlicher Natur industrialisiert. Aus der Gesellschaft wurde eine Fabrik. Im frühen 20. Jahrhundert hat Robert Musil an einer Stelle seines Romans *Der Mann ohne Eigenschaften* die Transformation der Menschheit im Übergang von der bäuerlichen Welt zur sozialen Fabrik treffend zum Ausdruck gebracht: „Früher sind die Menschen in die Verhältnisse, die sie vorgefunden haben, hineingewachsen, und das war eine verlässliche Art, in der sie zu sich gekommen sind; aber heute, bei der Durcheinanderschüttelung, wo alles von Grund und Boden gelöst wird, müsste man schon sozusagen auch bei der Erzeugung der Seele die Überlieferung des Handwerks durch die Intelligenz der Fabrik ersetzen" (Musil 1978, 597). Die Menschheit und ihre Seele werden innerhalb des Prozesses der ökonomischen Produktion erzeugt. Die Menschwerdung wie die Natur des Menschen selbst veränderten sich in der qualitativen Verschiebung, die die Modernisierung bedeutete, grundlegend.

In der Gegenwart allerdings ist der Prozess der Modernisierung an ein Ende gekommen, oder wie Robert Kurz sagt, heute sind wir mit dem „Kollaps der Modernisierung" (Kurz 1991) konfrontiert. Mit anderen Worten, die industrielle Produktion kann ihre Dominanz nicht länger über die anderen ökonomischen Formen und die sozialen Phänomene ausweiten. Ein Symptom dieser Verschiebung manifestiert sich in den Bedingungen quantitativen Wechsels innerhalb der Beschäftigungsverhältnisse. Während der Prozess der Modernisierung durch die Abwanderung der Arbeitskräfte aus Landwirtschaft und Bergbau, aus dem primären Sektor, in die Industrie, in den sekundären Sektor, gekennzeichnet war, ist im Prozess der Postmodernisierung oder Informatisierung eine Abwanderung aus der Industrie in die Dienstleistungsjobs, in den tertiären Sektor der Ökonomie, festzustellen. Ein Wandel der Beschäftigung also, der sich in den dominanten kapitalistischen Ländern bereits vollzogen hat, und insbesondere in den USA schon seit Beginn der 1970er Jahre zu beobachten war (vgl. Castells/Aoyama 1994). Der Begriff Dienstleistungen deckt hier eine große Anzahl von Tätigkeiten ab, die von solchen in den Bereichen der Gesundheitsfürsorge und der Erziehung über jene im Finanz- und Transportwesen bis hin zu denen in der Unterhaltungs- und Werbebranche reichen. Die meisten dieser Jobs sind hoch mobil und erfordern flexible Fertigkeiten. Sie sind, was zweifellos der wichtigere Aspekt ist, allgemein dadurch charakterisiert, dass in ihnen den Momenten Bildung, Kommunikation, Information und Affekt eine zentrale Bedeutung zukommt. In diesem Sinn kann die postindustrielle Ökonomie als eine informationelle Ökonomie bezeichnet werden.

Die Feststellung, dass der Prozess der Modernisierung beendet ist und dass die globale Ökonomie heute einem Prozess der Postmodernisierung hin zu einer informationellen Ökonomie unterliegt, bedeutet keineswegs, von einer Abschaffung der industriellen Produktion auszugehen oder zu unterstellen, sie habe, zumal in den dominanten Regionen der Erde, aufgehört, eine wichtige Rolle in der Ökonomie zu spielen. Wie schon die industrielle Revolution die Landwirtschaft nicht abgeschafft, sondern transformiert und ihre Produktivität gesteigert hat, so wird auch die informationelle Revolution die Industrie transformieren, indem sie den industriellen Fertigungsprozess neu umgrenzt und somit erneuert, wie es beispielsweise durch die Integration der informationellen Netzwerke in die industrielle Produktion bereits geschieht. Die neue Handlungsanweisung für Manager lautet denn auch: „Behandelt die Fertigung als eine Dienstleistung!" (Bar 1995, 56) Tatsächlich haben sich im Zuge der Transformation der Industrie die Grenzen zwischen Fertigung und Dienstleitung mehr und mehr verwischt. Wie schon im Prozess der Modernisierung alle Produktion industrialisiert wurde, so tendiert im Prozess der Postmodernisierung heute alle Produktion, indem sie informatisiert wird, zur Produktion, die auf Dienstleistungen beruht. Die Tatsache allerdings, dass die Informatisierung und die Verschiebung hin zur Dienstleistung die bemerkenswertesten Veränderungen in den dominanten kapitalistischen Ländern darstellen, sollte nicht dazu verleiten, die gegenwärtige Lage der globalen Ökonomie erneut in Begriffen von Entwicklung und Unterentwicklung zu fassen, wonach in einer Art Stadienmodell die dominanten kapitalistischen Länder heute als informationelle Dienstleistungsökonomien, dann die beherrschten Länder der ersten Reihe als industrielle Wirtschaftssysteme und die auf den weiteren und untergeordneten Rängen als landwirtschaftliche Ökonomien erscheinen würden. Für die beherrschten Länder bedeutet der „Kollaps der Modernisierung" zuerst und vor allem, dass die Industrialisierung nicht länger als Schlüssel zu ökonomischem Aufstieg und erweiterter Wettbewerbsfähigkeit angesehen werden kann. Einige der auf den untersten ökonomischen Rängen angesiedelten Gebiete der Erde, wie etwa die afrikanischen Länder der Subsahara-Region, sind völlig abgeschnitten von den Kapitalströmen und ausgeschlossen von der Nutzung neuer Technologien, sodass nicht einmal mehr die Illusion einer Entwicklungsstrategie aufkommen kann. Sie finden sich so in einer Situation wieder, in der ihre Bewohnerinnen und Bewohner ständig am Rand des Hungertods existieren. (Allerdings muss man erkennen, wie gerade die Postmodernisierung diesen Ausschluss aufzwingt und diese Regionen nichtsdestoweniger beherrscht.) Für Länder auf einer mittleren Position der globalen Hierarchie andererseits ist die Wettbewerbsfähigkeit heute zum großen Teil nicht mehr durch Industrialisierung zu erreichen, sondern nur durch Informatisierung der Produktion. Große Länder, deren Ökonomien ein Nebeneinander unterschiedlicher Formen zeigen, wie Indien, Brasilien oder Russland, weisen damit gleichzeitig alle Arten produktiver Prozesse auf: die informationell gestützte Produktion von Dienstleistungen und die moderne industrielle Produktion von Gütern ebenso wie traditionelles Handwerk, traditionelle Landwirtschaft und traditionellen Bergbau. Unter diesen Formen des Produzierens muss nicht notwendigerweise eine regelrechte historische Weiterentwicklung stattfinden, sie können vielmehr gemischt auftreten und koexistieren. Es besteht keine Notwendigkeit, einen Prozess der Modernisierung zu durchlaufen, um zur Informatisierung überzugehen. Die traditionelle handwerkliche Produktion kann sofort computerisiert werden; Handys und Satellitentelefone können in jedem isolierten Fischerdorf sofort in Betrieb genommen werden. All diese Formen der Produktion können somit innerhalb der Netzwerke des Weltmarktes vorhanden sein und unter der Dominanz der informationellen Produktion von Dienstleistungen weiterbestehen.

Immaterielle Arbeit

Der Übergang zu einer informationellen Ökonomie erfordert allerdings notwendigerweise einen Wandel in der Qualität der Arbeit und im Charakter des Arbeitsprozesses. Es sind soziologische und anthropologische Implikationen, die im Übergang vom einen zum anderen ökonomischen Paradigma am unmittelbarsten zum Tragen kommen. Information, Kommunikation, Wissen und Affekt spielen in dieser Hinsicht eine fundamentale Rolle im Produktionsprozess.

Der erste Aspekt dieser Transformation betrifft, wie viele Untersuchungen bereits festgestellt haben, den Wandel der Fabrikarbeit; wählt man die Automobilindustrie als zentralen Bezugspunkt, dann handelt es sich um den Übergang vom fordistischen zum toyotistischen Modell (vgl. Coriat 1994). Zwischen diesen beiden Modellen besteht der entscheidende Unterschied darin, dass das System der Kommunikation zwischen Produktion und Konsumtion der Waren, das heißt der Übergang der Information von der Fabrik zum Markt und umgekehrt, sich strukturell wandelt. Das fordistische Modell errichtete ein relativ „stummes" Verhältnis zwischen Produktion und Konsumtion. Die Massenproduktion standardisierter Waren in der fordistischen Phase konnte mit einer entsprechenden Nachfrage rechnen. Es war daher nicht nötig, den Markt näher zu belauschen. Ein feedback circuit, der Rückkopplungskreislauf von der Konsumtion zur Produktion erlaubte, dass die Veränderungen des Marktes auch Veränderungen in der Produktion anstießen. Aber diese Kommunikation war wegen der festgelegten und starr gegliederten Planungsabläufe beschränkt sowie wegen der rigiden Technologien und Prozeduren der Massenproduktion recht langsam.

Der Toyotismus basiert auf einer Umkehrung der fordistischen Kommunikationsstruktur zwischen Produktion und Konsumtion. Idealerweise, also dem Modell nach, wird hier die Produktionsplanung beständig und unmittelbar mit den Märkten kommunizieren. Die Fabriken kommen ohne Lagerbestand aus und die Waren werden *just in time* produziert, abhängig von der gerade auf den Märkten bestehenden Nachfrage. Dieses Modell erfordert nicht einfach eine Beschleunigung innerhalb der Rückkopplungsschleife, sondern eine Umkehrung des Verhältnisses selbst, denn die Produktionsentscheidung soll hier, zumindest der Theorie nach, auf die Marktenscheidungen folgen, auf sie tatsächlich erst reagieren. Dieser industrielle Kontext liefert ein erstes Verständnis von der neuen zentralen Bedeutung, die Kommunikation und Information in der Produktion annehmen werden. Man könnte sagen, dass im informatisierten industriellen Prozess instrumentelles und kommunikatives Handeln aufs Engste miteinander verwoben sind.[1] Hinzuzufügen wäre allerdings gleich, dass es sich bei dem bisher Dargestellten um einen verarmten Begriff von Kommunikation handelt, nämlich um die reine Übermittlung von Marktdaten.

Die Dienstleistungssektoren der Ökonomie bieten da schon ein reichhaltigeres Modell der produktiven Kommunikation. Die meisten Dienstleistungen basieren auf einem kontinuierlichen Austausch von Information und Wissen. Da die Produktion von Dienstleistungen auf nicht materielle und nicht haltbare Güter zielt, kann die Arbeit, die in diesem Produktionsprozess verrichtet wird, als immaterielle Arbeit bezeichnet werden, das heißt als eine Arbeit, die immaterielle Güter wie Dienstleistung, Wissen oder Kommunikation produziert (vgl. Lazzarato 1998a, 1998b). Eine Seite dieser immateriellen Arbeit lässt sich in Analogie zum Funktionieren eines Computers verdeutlichen. Der erweiterte Gebrauch von Computern tendiert fortschreitend zu einer neuen Bestimmung von Arbeitspraktiken und -beziehungen (gemeinsam mit der aller gesellschaftlichen Tätigkeiten und Beziehungen). Die Vertrautheit und die Fähigkeiten im Umgang mit der Computertechnologie sind in den dominanten kapitalistischen Ländern zu einer verallgemeinerten Primärqualifikation von Arbeit geworden. Selbst da, wo ein direkter Umgang mit einem Computer nicht erforderlich ist, hat sich die Handhabung von Symbolen und Informationen nach dem Modell der Computeroperationen extrem ausgebreitet. Ein neuartiger Aspekt des Computers besteht darin, dass er durch seinen Gebrauch die eigene Operation kontinuierlich modifizieren kann. Selbst die rudimentärsten Formen künstlicher Intelligenz erlauben es einem Computer, die eigenen Operationen auf der Grundlage der Interaktion mit seinem Nutzer und seiner (Netz-)Umgebung auszuweiten und zu perfektionieren. Die gleiche Art der kontinuierlichen Interaktion ist auch charakteristisch für ein weites Feld gegenwärtiger produktiver Tätigkeiten überall in der Ökonomie, gleichgültig ob nun Computerhardware direkt einbezogen ist oder nicht. Früher lernten die Arbeiter, innerhalb wie außerhalb der Fabrik so zu handeln, wie es eine Maschine täte. Heute, da das allgemeine gesellschaftliche Wissen mehr denn je zu einer unmittelbaren Produktivkraft wird, denken wir zunehmend wie ein Computer, und das interaktive Modell der Kommunikationstechnologie gewinnt mehr und mehr eine zentrale Bedeutung für unsere Arbeitsaktivitäten.[2] Interaktive und kybernetische Maschinen werden zu neuen künstlichen Gliedern, die in unsere Körper wie in unser Denken und Fühlen integriert sind, und sie werden zu einer Linse, durch die wir die Umgrenzungen unseres Körpers wie unseres Denkens und Fühlens selbst neu wahrnehmen.[3]

In seinem Buch *Die neue Weltwirtschaft. Das Ende der nationalen Ökonomie* nennt Robert Reich den oben beschriebenen Typ von immaterieller Arbeit „symbolisch-analytische Dienstleistungen", deren Aufgabengebiete Problemerkennung, Problemlösung und „strategische Makleraktivitäten" umfassen (vgl. Reich 1993). Dieser Typ von Arbeit beansprucht den höchsten Wert, weshalb Reich ihn als den Schlüssel zur Erlangung von Wettbewerbsfähigkeit in der neuen globalen Ökonomie ansieht. Zugleich allerdings sieht er, dass das zahlenmäßige Anwachsen dieser auf Wissen basierenden Jobs kreativer Handhabung symbolischer Systeme mit einer ebensolchen Ausdehnung von Jobs verbunden ist, die sich in der durch Routine bestimmten Handhabung dieser Systeme erschöpfen und die, wie etwa Text- und Dateneingabe, einen minderen Wert besitzen und geringere Fertigkeiten verlangen. Hier beginnt sich also eine fundamentale Arbeitsteilung innerhalb des Bereichs der immateriellen Produktionsprozesse abzuzeichnen.

Das Modell des Computers kann allerdings nur für eine Seite der kommunikativen und immateriellen Arbeit, wie sie in der Produktion von Dienstleistungen erforderlich ist, Gültigkeit beanspruchen. Die andere Seite der immateriellen Arbeit ist die affektive Arbeit; sie bezieht sich auf die Herstellung von zwischenmenschlichen Kontakten und Interaktionen. Über diesen Aspekt immaterieller Arbeit sprechen Ökonomen wie Reich offenkundig weniger gerne, mir aber scheint gerade er der wichtigere zu sein, denn diese affektive Arbeit produziert den sozialen Kitt. Gesundheitsdienste beispielsweise bauen auf fürsorgliche und affektive Arbeit, aber auch die Unterhaltungsindustrie und die verschiedenen anderen Kulturindustrien sind in ähnlicher Weise auf die Erzeugung und Handhabung von Affekten fokussiert. Mehr oder minder stark spielt die affektive Arbeit, eingebettet in die Momente menschlicher Interaktion und Kommunikation, eine bestimmte Rolle bei allen Dienstleistungsindustrien, vom Fast-Food-Betrieb bis zum Anbieter von Finanzservices. Diese Arbeit ist immateriell, auch wenn sie körperlich und affektiv ist, insofern ihre Produkte unkörperlich und nicht greifbar sind: ein Gefühl des Behagens, des Wohlergehens, der Befriedigung, der Erregung oder der Leidenschaft, auch der Sinn für Verbundenheit oder Gemeinschaft. Begriffe wie in-person services oder services of proximity, also etwa persönliche Dienstleistungen und fürsorgliche Arbeit, werden häufig verwendet, um diese Art der Arbeit zu kennzeichnen. Doch im Grunde geht es um die Erzeugung und Handhabung von Affekten. Im Allgemeinen wird der affektive Austausch, die affektive Produktion und Kommunikation mit dem zwischenmenschlichen Kontakt, der tatsächlichen, aktuellen Präsenz eines anderen, in Verbindung gebracht, doch dieser Kontakt muss nicht tatsächlich hergestellt werden, er kann vielmehr auch virtuell sein. In der Unterhaltungsindustrie beispielsweise ist bei der Produktion von Affekten der menschliche Kontakt, die Präsenz der anderen in aller Regel virtuell, aber deshalb nicht weniger real.

Die zweite Seite der immateriellen Arbeit also, ihre affektive Seite, reicht über das Modell von Intelligenz und Kommunikation, wie es der Computer zur Verfügung stellt, weit hinaus. Affektive Arbeit kann daher besser verstanden werden, wenn sie nicht vom Computer her gedacht, sondern von dem her begriffen wird, was in feministischen Untersuchungen zur „Frauenarbeit" als „Arbeit am körperlichen Befinden" bezeichnet wird (vgl. Smith 1987, 78-88). Die fürsorgliche Arbeit ist zweifellos vollständig in das Körperliche, das Somatische verstrickt, aber die Affekte, die sie erzeugt, sind nichtsdestotrotz immateriell. Affektive Arbeit produziert soziale Netzwerke, Formen der Gemeinschaftlichkeit, der Biomacht.

Hier ist erneut daran zu erinnern, dass das instrumentelle Handeln in der ökonomischen Produktion sich mit dem kommunikativen Handeln in den zwischenmenschlichen Beziehungen verschmolzen hat. Aber im Fall der affektiven immateriellen Arbeit verarmt die Kommunikation nicht, sondern die Produktion wird vielmehr um die Komplexität der menschlichen Interaktion bereichert. Für das erste Moment, die Computerisierung der Industrie beispielsweise, lässt sich sagen, dass das kommunikative Handeln, die zwischenmenschlichen Beziehungen und die Kultur instrumentalisiert, verdinglicht und auf das Niveau der ökonomischen Interaktionen degradiert wurden. Doch für das zweite Moment muss sogleich hinzugefügt werden, dass in einer Umkehrung dieses Prozesses die Produktion kommunikativ, affektiv, entinstrumentalisiert wird und auf das Niveau der zwischenmenschlichen Beziehungen gehoben ist. Diese Beziehungen allerdings sind ganz und gar vom Kapital dominiert, sie sind dem Kapitalverhältnis inhärent. Die traditionelle Trennung von Ökonomie und Kultur beginnt hier abgebaut zu werden. In der Produktion und Reproduktion von Affekten, in den Netzwerken von Kultur und Kommunikation werden kollektive Subjektivitäten und wird eine Sozialität hergestellt, die direkt verwertbar für das Kapital sind. An diesem Punkt lässt sich das außerordentliche Potenzial erkennen, das in der affektiven Arbeit steckt.

Meine Argumentation zielt nicht darauf, die affektive Arbeit als neues Phänomen herauszustellen oder zu behaupten, die Tatsache, dass affektive Arbeit Wert schöpfend ist, sei in irgendeiner Weise neu. Insbesondere feministische Untersuchungen haben seit langem schon den sozialen Wert von fürsorglicher Arbeit in Familie und Erziehung, allen Tätigkeiten, die in der Regel mit mütterlichen Aktivitäten verbunden werden, thematisiert. Was wirklich neu ist, ist der Grad, in dem die affektive immaterielle Arbeit produktiv für das Kapital gemacht und in weiten Bereichen der Ökonomie verallgemeinert wurde. Tatsächlich ist die affektive Arbeit als eine Komponente der immateriellen Arbeit in eine dominante Position mit höchster Wertschöpfung innerhalb der gegenwärtigen informationellen Ökonomie eingerückt. Was also die „Erzeugung der Seele", wie Musil sagen würde, betrifft, ist nicht länger der „Grund und Boden" und eine organische Entwicklung in Betracht zu ziehen, aber auch nicht die Fabrik und eine mechanische Entwicklung, sondern der Blick ist vielmehr auf die dominanten ökonomischen Formen von heute zu richten, auf die Produktion, die man als eine Kombination aus Kybernetik und Affekt definieren könnte.

Die immaterielle Arbeit ist nicht auf einen bestimmten Teil der Arbeiterschaft beschränkt, etwa auf die Gruppe der Programmierer und Krankenschwestern, die dann das neu sich formierende Potenzial für eine Arbeiteraristokratie abgäben. Sie tendiert in ihren verschiedenen Gestalten als informationelle, affektive, kommunikative und kulturelle Arbeit vielmehr dazu, sich auf das gesamte Arbeitskräftepotenzial, den „Gesamtarbeiter", auszudehnen und sich als eine Komponente mehr oder weniger aller Arbeitsprozesse auf jede Arbeitsanforderung zu erstrecken. Allerdings bestehen im Bereich der immateriellen Arbeit eine Reihe von Arbeitsteilungen, zu denken ist etwa an die internationale Teilung der immateriellen Arbeit, an die geschlechtliche und die rassistische. Robert Reich spricht diese Arbeitsteilung an, wenn er sagt, dass sich die US-Regierung darum bemühen werde, die hochwertige immaterielle Arbeit auf dem eigenen Territorium zu halten, die minderwertigen Anforderungen dagegen in andere Regionen zu exportieren. Vor dem Hintergrund solcher Aussagen ist es eine der wichtigsten Aufgaben, diese Teilung der immateriellen Arbeit zu klären. Hierbei handelt es sich, wie ich vor allem im Blick auf die affektive Arbeit betonen möchte, nicht um die bereits bekannten Formen von Arbeitsteilung.

Kurz gesagt, lassen sich drei Typen von immaterieller Arbeit unterscheiden, die entscheidenden Anteil daran haben, dass der Dienstleistungssektor die Spitze der informationellen Ökonomie bildet. Der erste Typ betrifft die industrielle Produktion: Sie wurde so informatisiert, sie hat die Kommunikationstechnologien so inkorporiert, dass sich der industrielle Produktionsprozess selbst transformiert. Die Herstellung haltbarer Güter wird nun wie eine Dienstleistung angesehen und die materielle Arbeit, die zu ihrer Produktion notwendig ist, vermischt sich mit der immateriellen Arbeit, ja sie nimmt selbst die Tendenz auf die neue immaterielle Arbeitsform. Der zweite Typ immaterieller Arbeit kann durch analytische und symbolische Anforderungen umrissen werden, die selbst wiederum in deren kreative und intelligente Handhabung einerseits und deren durch Routine geprägte anderseits auseinander fallen. Der dritte Typ schließlich bezieht sich auf die Produktion und Handhabung von Affekten. Diese Form immaterieller Arbeit erfordert - sei es virtuell oder aktuell - zwischenmenschlichen Kontakt und zwischenmenschliche Nähe. Die genannten drei Typen von Arbeit also haben die Postmodernisierung oder Informatisierung der globalen Ökonomie entscheidend vorangetrieben.

Biomacht

Unter Biomacht verstehe ich das innere Vermögen der affektiven Arbeit. Biomacht ist die Macht zur Schöpfung von Leben, sie ist die Macht zur Produktion kollektiver Subjektivitäten, der Sozialität und der Gesellschaft selbst. Rücken die Affekte und die Netzwerke der Affekterzeugung in den Mittelpunkt, dann werden diese Prozesse gesellschaftlicher Konstitution offenbar. Was in den Netzwerken der affektiven Arbeit hergestellt wird, ist nichts anderes als die Lebensform. Wenn Foucault aber die Biomacht thematisiert, dann sieht er sie nur von oben. Sie ist für ihn die *patria potestas*, das Recht des Vaters, über Leben und Tod seiner Kinder und seines Gesindes zu verfügen. Und, sicherlich wichtiger, Biomacht ist bei Foucault in *Sexualität und Wahrheit* definiert durch die Macht jener Kräfte, die als Fähigkeit einer Regierung in Erscheinung treten, sich eine Bevölkerung zu schaffen, sie zu verwalten und zu kontrollieren, die Macht, das Leben zustande zu bringen und zu lenken (vgl. Foucault 1977, 161.173). Mehr auf die Gegenwart bezogene Studien haben Foucaults Begriff erweitert, so etwa Giorgio Agamben in dem Buch *Homo sacer*, wenn er die Biomacht als Herrschaft des Souveräns über das „nackte Leben“, also über das Leben, abgelöst von seinen verschiedenen sozialen Formen, bestimmt (vgl. Agamben 2001, 2002). In jedem Fall aber gilt, dass bei der Macht nun das Leben selbst auf dem Spiel steht. Diesem politischen Übergang zur gegenwärtigen Biomacht korrespondiert der ökonomische Übergang der kapitalistischen Postmodernisierung, in der die immaterielle Arbeit an die dominante Stelle gesetzt worden ist. Auch in der Ökonomie, in der Wertschöpfung und in der Produktion von Kapital, ist die Produktion des Lebens, das heißt die Schaffung, Verwaltung, Lenkung und Kontrolle der Bevölkerung, ins Zentrum gerückt. Der Foucaultsche Blick auf die Biomacht nimmt diese Situation, wie gesagt, nur aus der Perspektive von oben, als Prärogativ der souveränen Macht, zur Kenntnis. Nimmt man dagegen diese Situation aus der Perspektive der in die biopolitische Produktion einbezogenen Arbeit wahr, dann lässt sich Biomacht auch als eine Macht von unten auffassen.

Wenn man nun diese zweite Perspektive einnimmt, ist man zunächst mit dem Umstand konfrontiert, dass die Arbeit in der biopolitischen Produktion streng geschlechtlich gegliedert ist. So haben denn auch unterschiedliche Richtungen der feministischen Theorie bereits umfangreiche Analysen zur Erzeugung der Biomacht von unten vorgelegt. Die Strömung des Ökofeminismus zum Beispiel verwendet den Terminus Biopolitik in einer Weise, die auf den ersten Blick völlig verschieden von der Definition bei Foucault ist. Biopolitik bezeichnet hier die Politik, die mit den unterschiedlichen Formen der Biotechnologie verbunden ist, wie sie vor allem in den untergeordneten Regionen der Welt von transnationalen Konzernen den jeweiligen Bevölkerungen aufgezwungen wird (vgl. Shiva/Moser (Hg.) 1995, Shiva 1988). Die so genannte grüne Revolution und andere technologische Programme, die als Wege zur kapitalistischen Entwicklung herausgestellt wurden, haben tatsächlich sowohl zur Umweltzerstörung geführt als auch neue Mechanismen der Frauenunterdrückung mit sich gebracht. Diese beiden Effekte allerdings sind in Wirklichkeit nur ein Effekt. Ökofeministische Autorinnen wie etwa Vandana Shiva haben zu Recht hervorgehoben, dass in erster Linie die Reproduktionstätigkeiten der Frauen in besonderer Weise von den ökologischen und biologischen Eingriffen betroffen sind. In dieser Perspektive also sind Frauen und Natur gemeinsam beherrscht, aber sie bilden auch zusammen ein Verhältnis von Gegenseitigkeit, in dem Leben gegen den Angriff der biopolitischen Technologien produziert und reproduziert wird. Am Leben bleiben, „staying alive", heißt hier, dass Politik unmittelbar zu einer Frage des Lebens selbst geworden ist und dass der politische Kampf die Form des Kampfes einer Biomacht von oben gegen eine Biomacht von unten angenommen hat.

In einem ganz anderen Kontext haben zahlreiche feministische Autorinnen in den USA, wie etwa Sara Ruddick, die zentrale Rolle von Frauenarbeit für die Produktion und Reproduktion des Lebens analysiert. Insbesondere die fürsorgliche Arbeit als Bestandteil mütterlicher Tätigkeiten, wobei diese von den biologisch spezifischen Aspekten der „Gebärarbeit" zu unterscheiden sind, hat sich hier als ein weites und lohnendes Gebiet für die Untersuchung der biopolitischen

Produktion herausgestellt (Ruddick 1989). Diese Produktion beruht demnach in erster Linie auf der Arbeit, die mit der Herstellung des Lebens beschäftigt ist, was sich nicht auf die Aktivitäten zur Erzeugung von Leben bezieht, sondern gerade auf die Produktion und Reproduktion von Affekten. In dieser Hinsicht wird offensichtlich, dass die Unterscheidung zwischen Produktion und Reproduktion ebenso hinfällig geworden ist wie die zwischen Ökonomie und Kultur. Arbeit wirkt sich direkt auf die Affekte aus; sie erzeugt Subjektivität, stellt Gesellschaft her, produziert Leben. Affektive Arbeit ist in diesem Sinn ontologisch: Sie erheischt lebendige Arbeit, um eine Form des Lebens und eine Lebensform zu konstituieren, und weist damit erneut das Potenzial der biopolitischen Produktion aus.[4]

Die genannten feministischen Ansätze können allerdings nicht einfach übernommen werden, denn sie bergen große Gefahren, die es zu erkennen gilt. Im ersten Fall handelt es sich um die Identifikation von Frauen und Natur, durch die eine Naturalisierung und Verabsolutierung der Geschlechterdifferenz nicht ausgeschlossen bleibt, zumal wenn die Setzung einer spontanen Definition der Natur selbst hinzukommt. Im zweiten Fall kann die Verherrlichung der mütterlichen Tätigkeit leicht dazu führen, dass sowohl der geschlechtlichen Arbeitsteilung als auch den familiären Strukturen einer ödipalen Subjektivation im doppelten Sinn, nämlich als Unterwerfung und als Konstitution des Subjekts, erneut Geltung verschafft wird. Nicht zuletzt in der feministischen Analyse der mütterlichen Arbeit wird deutlich, wie schwierig es zur Zeit noch ist, das Potenzial der affektiven Arbeit von den patriarchalischen Bedingungen der Reproduktion wie von der Familie als dem schwarzen Loch des Subjektiven abzulösen. Doch diese Gefahren, so wichtig sie selbstverständlich sind, negieren keineswegs die Bedeutung, die das Potenzial der affektiven Arbeit als Biomacht besitzt und die es als Biomacht von unten zu erkennen gilt.

Der biopolitische Kontext ist das Fundament für eine Untersuchung des produktiven Verhältnisses zwischen Affekt und Wert. Was hier zu finden ist, ist weniger der Widerstand der „affektiv notwendigen Arbeit" (Spivak 1988, 154-175) als vielmehr das Potenzial der notwendigen affektiven Arbeit. Auf der einen Seite ist die affektive Arbeit, die Produktion und Reproduktion des Lebens, fest eingebettet in die bestehende Gesellschaft, indem sie die Grundlage der kapitalistischen Akkumulation und der patriarchalischen Ordnung bildet. Auf der anderen Seite aber liefert die Produktion von Affekten, Subjektivitäten und Lebensformen ein gewaltiges Potenzial für autonome Kreisläufe der Verwertung - und möglicherweise für die Befreiung.

Anmerkungen

1 Es wäre daher interessant und nützlich, darüber nachzudenken, wie diese Prozesse die Unterscheidung außer Kraft setzen, die Jürgen Habermas zwischen instrumentellem und kommunikativem Handeln trifft, wie in einem anderen Sinn auch die zwischen Arbeit, Tätigkeit und Handeln bei Hannah Arendt. Ich denke vor allem an Habermas' *Theorie des kommunikativen Handelns* (1981) und an Arendts *Vita activa* (1967). Eine ausgezeichnete Kritik der Unterscheidung von kommunikativem und instrumentellem Handeln bei Habermas im Kontext der ökonomischen Postmodernisierung findet sich in Marazzi 1998.

2 Peter Drucker etwa geht sogar so weit, dass er den Übergang zur immateriellen Produktion als völlige Destruktion der traditionellen politischen Ökonomie versteht. „Die basale ökonomische Ressource - das 'Produktionsmittel', um den Begriff der Ökonomen zu verwenden - ist nicht länger das Kapital, auch nicht die natürliche Ressource, in der Sprache der Ökonomen: der 'Grund und Boden', und auch nicht die 'Arbeit', sondern das Wissen, und es wird diese auch künftig bleiben" (Drucker 1993, 8). Was Drucker allerdings nicht versteht, ist, dass das Wissen nicht gegeben ist, sondern produziert wird und selbst eine Produktion darstellt, in die neue Arten von Produktionsmitteln und neue Formen der Arbeit eingehen.

3 Marx benutzt den Begriff „general intellect", um dieses Paradigma produktiver gesellschaftlicher Aktivität zu bezeichnen: „Die Entwicklung des capital fixe zeigt an, bis zu welchem Grade das allgemeine gesellschaftliche Wissen, knowledge, zur *unmittelbaren Produktivkraft* geworden ist und daher die Bedingungen des gesellschaftlichen Lebensprozesses selbst unter die Kontrolle des general intellect gekommen und ihm gemäß umgeschaffen sind. Bis zu welchem Grade die gesellschaftlichen Produktivkräfte produziert sind, nicht nur in der Form des Wissens, sondern als unmittelbare Organe der gesellschaftlichen Praxis; des realen Lebensprozesses." (Marx 1983, 602, Hervorhebungen i.O.)

4 Zu den ontologisch konstitutiven Kapazitäten von Arbeit, insbesondere im Zusammenhang der feministischen Theoriebildung vgl. Weeks 1998, 120-151.

Literatur

Agamben, Giorgio (2001): Lebens-Form, in: ders.: Mittel ohne Zweck. Notizen zur Politik. Freiburg, Berlin

- (2002): Homo sacer. Die souveräne Macht und das nackte Leben, Frankfurt am Main

Arendt, Hannah (1967): Vita activa oder Vom tätigen Leben, München

Atzert, Thomas (Hg.) (1998): Umherschweifende Produzenten. Immaterielle Arbeit und Subversion, Berlin

Bar, François (1995): Information Infrastructure and the Transformation of Manufacturing. In: Drake, William (Hg.): The New Information Infrastructure Strategies for U.S. Policy, New York

Castells, Manuel/Aoyama, Yuko (1994): Path towards the informational society: Employment structure in G-7 countries. 1920-1990, in: International Labour Review, 133:1

Coriat, Benjamin (1994): Penser à l'envers: travail et organisation dans l'entreprise japonaise, Paris

Drucker, Peter (1993): Post-Capitalist Society, New York

Foucault, Michel (1977): Sexualität und Wahrheit. Der Wille zum Wissen, Frankfurt am Main

Habermas, Jürgen (1981): Theorie des kommunikativen Handelns. 2 Bde., Frankfurt am Main

Kurz, Robert (1991): Der Kollaps der Modernisierung. Vom Zusammenbruch des Kasernensozialismus zur Krise der Weltökonomie, Frankfurt am Main

Lazzarato, Maurizio (1998a): Immaterielle Arbeit. Gesellschaftliche Tätigkeit unter den Bedingungen des Postfordismus, in: Atzert (Hg.) 1998

- (1998b): Verwertung und Kommunikation. Der Zyklus immaterieller Produktion, in: Atzert (Hg.) 1998

Marazzi, Christian (1998): Der Stammplatz der Socken. Die linguistische Wende der Ökonomie und ihre Auswirkungen in der Politik, Zürich

Marx, Karl (1983): Grundrisse der Kritik der politischen Ökonomie, in: MEW 42

Musil, Robert (1978): Der Mann ohne Eigenschaften. Roman herausgegeben von Adolf Frisé.. Neudurchgesehene und verbesserte Ausgabe, Band 1: Erstes und zweites Buch. 2. Aufl., Reinbek 1980

Reich, Robert (1993): Die neue Weltwirtschaft. Das Ende der nationalen Ökonomie, Frankfurt am Main, Berlin

Ruddick, Sara (1989): Maternal Thinking. Towards a Politics of Peace, New York

Shiva, Vandana (1988): Staying Alive. Women, Ecology and Survival in India, London

-/Moser, Ingunn (Hg.) (1995): Biopolitics. A Feminist and Ecological Reader, London

Smith, Dorothy E. (1987): The Everyday World as Problematic. A Feminist Sociology, Boston

Spivak, Gayatri Chakravorty (1988): Scattered Speculations on the Question of Value, in: dies.: In Other Worlds, New York

Weeks, Kathi (1998): Constituting Feminist Subjects, Ithaca

Cornelia Eichhorn

Geschlechtliche Teilung der Arbeit
Eine feministische Kritik

Frauenarbeit, weibliche Reproduktionsarbeit, Hausarbeit, weibliches Arbeitsvermögen und dergleichen mehr waren und sind Stichwörter, die in der Bundesrepublik die Diskussion über die spezifische Stellung der Frauen im Kapitalismus begleiten. Neben dem Kampf gegen das Abtreibungsverbot und die damit verbundene Forderung nach sexueller und generativer Selbstbestimmung standen von Beginn der neuen Frauenbewegung an Fragen nach der von Frauen geleisteten bezahlten und unbezahlten Arbeit und ihrer Bedeutung für die Aufrechterhaltung der patriarchalischen und kapitalistischen Ausbeutungsverhältnisse im Zentrum der Auseinandersetzungen. In der inzwischen mehrere Jahrzehnte andauernden feministischen Debatte über Frauen und Arbeit lassen sich einige auffällige Verschiebungen benennen. Die 1970er Jahre waren durch die so genannte Hausarbeitsdebatte mit der Zuspitzung auf die Forderung nach „Lohn für Hausarbeit“ geprägt. Hier wurde die Trennung von Produktion und Reproduktion und die Konzentration der Analyse auf den Reproduktionsbereich überhaupt erst als analytisches Instrumentarium für die feministische Theorie entwickelt und viele der bis heute dominanten Topoi herausgearbeitet. In den 1980er Jahren beherrschte die so genannte Subsistenz-Debatte die Diskussion, mit der auch die internationalen Dimensionen der Arbeitsteilung in den Blick kamen. Demgegenüber waren die 1990er Jahre von der Diskussion um die Dekonstruktion der Geschlechterkategorie dominiert. Sieht man von einigen Beiträgen in verschiedenen Zeitschriften und einzelnen Buchprojekten ab, die sich allerdings nicht zu einer Debatte verbinden konnten, blieben eher als ökonomisch zu klassifizierende Fragestellungen weitgehend ausgeblendet. Erst Ende der 1990er Jahre lässt sich im Zusammenhang mit der so genannten Globalisierungsdiskussion wieder von einer breiter geführten Auseinandersetzung über das Thema Arbeitsteilung sprechen.

Hausarbeit I

Die Hausarbeitsdebatte wurde in der Bundesrepublik maßgeblich durch die italienische Lohn-für-Hausarbeits-Bewegung angestoßen und beeinflusst (vgl. Wolf-Graaf 1981; Dokumentationsgruppe 1978). 1973 erschien in deutscher Übersetzung der bereits ein Jahr zuvor in Italien publizierte Text von Mariarosa Dalla Costa *Die Macht der Frauen und der Umsturz der Gesellschaft*; Dalla Costas

Position steht im Kontext des Operaismus und der dort entwickelten Forderung nach einem garantierten Mindesteinkommen. Ihre wichtigste Orientierung besteht in der Verweigerung jedweder vom Kapital ausgebeuteten Arbeit, sei es Lohn- oder Hausarbeit. Das Buch wurde in zahlreichen feministischen Zirkeln diskutiert und vielerorts entstanden „Lohn für Hausarbeit"-Gruppen. Hausarbeit wurde hier als Arbeit von Frauen beschrieben, die zwar nicht durch die Lohnform bestimmt ist, aber dazu dient, die menschliche Arbeitskraft und die Produktionsverhältnisse tagtäglich neu hervorzubringen. Auch stellten die Frauen eine unmittelbare Verbindung zwischen ihrer Benachteiligung auf dem Arbeitsmarkt und der vorherrschenden Arbeitsteilung in der Familie her, indem sie aufzeigten, dass sich beide Aspekte gegenseitig bedingen und stabilisieren. Allerdings war die Forderung nach Lohn für Hausarbeit von Anfang an heftig umstritten. Für die Verfechterinnen stellte sie eine Verbindung von antikapitalistischem und antisexistischem Kampf dar und sie sahen in ihr eine Möglichkeit zur Verallgemeinerung der Bewegung nach dem von Dalla Costa vorgegebenen Motto, dass „alle Frauen Hausfrauen sind" (Dalla Costa 1973, 27). Demgegenüber wiesen die Gegnerinnen immer wieder darauf hin, dass Lohn für Hausarbeit die geschlechtsspezifische Arbeitsteilung zementiere und letztlich sowohl das Lohnarbeitsverhältnis als auch die patriarchalen Haushaltsstrukturen affirmiere.

Neben und quer zu dieser Auseinandersetzung kreiste ein Teil der Hausarbeitsdebatte auch um die Fragen, ob und in welcher Weise Hausarbeit wertbildend sei. Es ging dabei nicht zuletzt darum, Hausarbeit im Rahmen einer an der Marxschen Theorie orientierten Kritik der politischen Ökonomie zu verorten. Weite Teile der Debatte sind nur im Kontext einer als notwendig erachteten „Abarbeitung" an marxistischen Kategorien, vor allem an der Werttheorie, sowie vor dem Hintergrund der bis weit in die 1970er Jahre hinein in linken Zusammenhängen immer wieder implizit oder explizit aufgerufenen These vom Haupt- und Nebenwiderspruch zu verstehen. Aus der These vom Kampf der Frauenbewegung als eines gesellschaftlichen Nebenwiderspruchs sprach vor allem ein ökonomistisch verkürztes Verständnis von Befreiung, demzufolge alle gesellschaftlichen Widersprüche, insbesondere auch das Mann-Frau-Verhältnis und die geschlechtsspezifische Arbeitsteilung gegenüber dem zentralen Antagonismus der Gesellschaft, der sich im Lohnarbeitsverhältnis manifestiere, von zweitraniger Bedeutung seien. In einer Art Umkehrung der Nebenwiderspruchsthese versuchten einige Protagonistinnen der Hausarbeitsdebatte werttheoretisch zu begründen, dass die von Frauen geleistete Reproduktionsarbeit die unsichtbare Basis darstellt, auf die sich die kapitalistische Akkumulation stützt.

In diesem Zusammenhang stehen auch die ersten Ansätze, Hausarbeit historisch zu verorten. Gisela Bock und Barbara Duden etwa zeigten in ihrem für die 1. Berliner Sommeruniversität für Frauen 1976 verfassten Beitrag „Arbeit aus Liebe - Liebe als Arbeit“ (Bock/Duden 1977), dass Hausarbeit kein Überbleibsel vergangener Zeiten ist, sondern ein relativ neues historisches Phänomen darstellt. Zudem verweisen sie darauf, dass die Hausarbeit der Frauen keineswegs, wie in Wissenschaft und Alltagsverstand häufig unterstellt, als quasi naturgeschichtliche Konstante angesehen werden kann, die einer biologisch determinierten Geschlechterdifferenz geschuldet sei. Sie hoben hervor, dass sich die Trennung von Produktions- und Reproduktionssphäre erst in der ersten Hälfte des 20 Jahrhunderts mit der Etablierung der bürgerlichen Kleinfamilie als der dominanten Haushaltsstruktur durchgesetzt hat. Die Durchsetzung beschreiben sie als einen mehrere Jahrhunderte dauernden gewaltsamen Prozess der Enteignung, an dessen vorläufigem Ende jenes heute häufig als fordistisch bezeichnete Vergesellschaftungsmodell steht, von dem die Hausarbeitsdebatte ihren Ausgangspunkt nimmt. Dieses Vergesellschaftungsmodell mit seinen komplementären Trennungen in einen sichtbaren, bezahlten und mit dem männlichen Geschlecht assoziierten Erwerbsbereich und einen unsichtbaren, privaten, unbezahlten und dem weiblichen Geschlecht zugewiesenen Familienbereich bildet nach Bock und Duden den vorläufigen Höhepunkt der geschlechtlichen Arbeitsteilung. Rückblickend lässt sich festhalten, dass die Hausarbeitsdebatte gerade in jenem Moment bedeutsam wird, in dem das fordistische Vergesellschaftungsmodell in die Krise gerät. Der Angriff auf die scheinbar selbstregulativen, den politischen Auseinandersetzungen bis dahin weitgehend entzogenen Bereiche der Familie, des Haushalts, der Sexualität etc., kurz der spezifischen Modi der Reproduktion hat diese Krise weiter verschärft und das Auseinanderbrechen des fordistischen Geschlechterarrangements dynamisiert. Dennoch blieb die Hausarbeitsdebatte, die maßgeblich zur Politisierung der „Privatsphäre“ beigetragen hatte, wie es dem Ziel der Frauenbewegung entsprach, weitgehend auf die attackierten fordistischen Vergesellschaftungsmodi fixiert und konnte deren räumliche Beschränktheit ebenso wenig erfassen wie die Tendenzen zu deren Erosion.

Subsistenzarbeit

Diese offenkundigen Leerstellen feministischer Theoriebildung besetzte der so genannte Subsistenzansatz, der nach dem universitären Ort seiner Entstehung auch als Bielefelder Ansatz bekannt wurde. Dieser Ansatz wurde vorrangig von einer Gruppe von Entwicklungssoziologinnen, zu nennen sind hier vor allem

Maria Mies, Claudia Werlhof und Veronika Bennholdt-Thomsen, entwickelt und propagiert. Sie verbanden ihre Überlegungen und Forschungen zu den Arbeitsverhältnissen in Ländern der Dritten Welt mit den zentralen Thesen der Hausarbeitsdebatte, gleichzeitig aber kritisierten sie deren Fokussierung auf die in den kapitalistischen Metropolen vorherrschenden Strukturen und die sich daraus ergebende eurozentristische Perspektive. Zu ihrer maßgeblichen analytischen Kategorie avancierte die Subsistanzproduktion, die die kleinbäuerliche Produktion für den Eigenbedarf in den Ländern der Peripherie ebenso wie die Hausfrauenarbeit in den kapitalistischen Zentren erfassen sollte. Subsistenzproduktion wurde dabei in einem sehr weiten Sinn verstanden und beinhaltete neben allen denkbaren Formen der gebrauchswertorientierten Produktion auch bestimmte Formen marktvermittelter und tauschwertorientierter Arbeit, wie beispielsweise sporadische Lohnarbeit, kleinbäuerliche Produktion für den Austausch, kleines Handwerk und Prostitution. Aus der Perspektive dieses Ansatzes besteht das zentrale kapitalistische Ausbeutungsverhältnis nicht in der privaten Aneignung unbezahlter Mehrarbeit im gesellschaftlichen Produktionsprozess, d.h. grundlegendes Kennzeichen des kapitalistischen Systems ist nicht die Aneignung des Mehrprodukts in Form des Mehrwerts noch das damit verbundene Lohnarbeitsverhältnis, sondern die Ausbeutung der Subsistenzarbeit im allgemeinen und die Ausbeutung eines letztlich biologistisch definierten, aus der Gebärfähigkeit der Frau abgeleiteten spezifischen weiblichen Arbeitsvermögens im besonderen. Die Ausbeutung dieser Formen der Arbeit erscheint - ganz analog der in der Hausarbeitsdebatte vorherrschenden Interpretation - als „verborgene Basis" der Lohnarbeit und der Kapitalakkumulation, sie ist deren Voraussetzung und Quelle.

Die Vertreterinnen des Subsistanzansatzes knüpfen an die These der fortgesetzten ursprünglichen Akkumulation an, wie sie Rosa Luxemburg im Zusammenhang ihrer Analyse des Imperialismus aufgestellt hat. Luxemburg ging davon aus, dass der Kapitalismus „zu seiner Existenz und Fortentwicklung nichtkapitalistische Produktionsformen als seiner Umgebung" bedürfe (Luxemburg 1981, 316f), eines nichtkapitalistischen Hinterlandes, das er sich einverleiben kann. Entgegen der der Imperialismusanalyse von Luxemburg unterlegten Zusammenbruchsthese, derzufolge der Kapitalismus unweigerlich an seine eigenen Grenzen stoße, da die unaufhörliche Kapitalakkumulation zu einer Durchkapitalisierung der Welt und damit Ausschöpfung der „nichtkapitalistischen sozialen Schichten" führe, sehen die Bielefelderinnen in der Ausbeutung der Frauen und der Subsistenzproduktion ein letztlich unerschöpfliches Reservoir, aus dem sich die Kapitalakkumulation speise. Die besondere Attraktion, die der Subsistenzansatz nicht nur auf die feministische Diskussion, sondern auch auf weite Teile der autonomen Linken ausgeübt hat, hängt nicht zuletzt damit zusammen, dass er eine direkte Verbindung zwischen den Kämpfen der Frauen in den kapitalistischen Metropolen und denen der Armen in den Ländern des Trikont hergestellt hat.

Mit der These von der Hausfrauisierung der Arbeit schließlich antwortet der Subsistenzansatz auch auf die Krise der industriellen Lohnarbeit, wie sie sich in den kapitalistischen Metropolen zunächst in Massenarbeitslosigkeit und der Zunahme prekarisierter Arbeitsverhältnisse zeigte, und gibt den sich abzeichnenden Veränderungen einen Namen. So hatte Claudia Werlhof in ihrem viel diskutierten Aufsatz „Der Proletarier ist tot. Es lebe die Hausfrau?" die unbezahlte, affektive, flexible und rund um die Uhr verfügbare Hausarbeit zum Modell der Arbeit im Kapitalismus überhaupt erklärt und eine Verallgemeinerung hausfrauisierter Arbeitsverhältnisse prognostiziert (Werlhof 1983). Zwar fokussierte der Subsistenzansatz mit der These von der Hausfrauisierung der Arbeit zunächst auf eine Verschärfung und Zuspitzung der Ausbeutungsverhältnisse, gleichzeitig diente ihm aber die von Frauen geleistete Arbeit, der besondere „weibliche Gegenstandsbezug zur Natur" (Mies, 1983, 169) erst implizit, später auch explizit zur Fundierung eines „auf den Prinzipien der Subsistenz und der Regionalität" (Mies 2001, 180) aufgebauten Befreiungskonzepts. Wenn Maria Mies in einem 2001 erschienenen Beitrag behaupten kann, dass das, was im Subsistenzansatz vor zwanzig Jahre über den „Zusammenhang zwischen der Ausbeutung der hausfrauisierten weiblichen Arbeitskraft und der Kapitalakkumulation" geschrieben wurde, „gerade heute seine eigentliche Relevanz" zeige (Mies 2001, 170), so klingt dies zunächst vor allem nach der Konstruktion einer eigenen Orthodoxie, der unlängst auch Werlhof in ihrer Abrechnung mit dem dekonstruktivistischen Feminismus gefolgt ist (Werlhof 2003). Sofern der Bielefelder Ansatz noch heute als wichtige feministische Ökonomiekritik gilt, macht dies aber zugleich einen entscheidenden Mangel der feministischen Diskussionen in den 1990er Jahre deutlich. Mit deren Fokussierung auf die philosophisch motivierte Dekonstruktion der Geschlechterkategorie und die damit zumeist verbundene Orientierung auf ethisch begründete Befreiungsprojekte war eine Weiterentwicklung der Diskussion über die geschlechtliche Arbeitsteilung faktisch blockiert. Es ist daher auch nicht verwunderlich, dass tatsächlich zwanzig Jahre nach dem ersten Erscheinen des Buchs *Frauen, die letzte Kolonie* (Werlhof/Mies/Bennholdt-Thomsen 1983), das den Subsistenzansatz bekannt gemacht hat, eine Reihe der dort formulierten Thesen in der feministischen Globalisierungsdiskussion erneut auftauchen.

Feminisierung der Arbeit

Globalisierung ist in den letzten fünf Jahren auch zum Gegenstand der feministischen Diskussion geworden (vgl. exemplarisch Wichterich 1998; Prokla 1998; Beiträge 1998; Hess/Lenz (Hg.) 2001; ÖZP 2001; Holland-Cunz 2003). Bislang präsentiert sich die Debatte in erster Linie noch als Versuch, die Auswirkungen der Globalisierungsprozesse auf Frauen herauszuarbeiten und eine feministische Sicht auf die aktuellen Veränderungen zu entwerfen. Weitgehende Einigkeit besteht darin, dass dabei Frauen nicht von vornherein zu so genannten Globalisierungsverliererinnen erklärt werden können, sondern auch die sich im Zuge der Transformationen möglicherweise ergebenen Handlungspotenziale ausgelotet werden müssen. Dass es meist nur bei diesem Postulat bleibt, ist wenig verwunderlich, geht es doch zur Zeit vorrangig darum, zunächst eine Begrifflichkeit zu entwickeln, um die zu beobachtenden, vor dem Hintergrund der Erfahrungen des fordistischen Vergesellschaftungsmodells häufig widersprüchlich erscheinenden Tendenzen beschreiben und einordnen zu können. Dabei ist der Terminus „Feminisierung", anzutreffen in Verbindungen wie Feminisierung der Beschäftigung, Feminisierung der Arbeit, Feminisierung der Armut oder Feminisierung der Verantwortung, zu einer Art Schlüsselbegriff für das Verständnis der Transformationsprozesse avanciert. Er soll zunächst kenntlich machen, dass es vor allem Frauen sind, die die Auswirkungen der ökonomischen Umstrukturierungen zu tragen haben. Sie seien es, auf die sich verstärkt Strategien der Kapitalakkumulation richteten und die sie zwingen, immer neue Überlebensstrategien zu entwickeln. Exemplarisch angeführt werden hier etwa die von IWF und Weltbank auferlegten Strukturanpassungsprogramme oder die Durchsetzung freier Exportzonen für die Länder des Trikonts ebenso wie die Ausweitung nicht existenzsichernder Teilzeitbeschäftigung oder der Abbau wohlfahrtstaatlicher Leistungen in den ehemals fordistischen Metropolen. Zugleich vermischen sich in dem Begriff der Feminisierung unterschiedlich gerichtete Entwicklungen und Prozesse. Zum einen verweist er schlicht auf eine Zunahme bestimmter Phänomene, wenn etwa mit der Rede von der Feminisierung der Armut das Anwachsen der Armut unter Frauen oder das gestiegene Armutsrisiko für Frauen angezeigt werden soll. Zum zweiten zielt er auf die Übertragung bislang nicht geschlechtsspezifisch bestimmter oder eher mit dem männlichen Geschlecht verbundener Lebensbedingungen auf Frauen, so etwa, wenn von der Feminisierung der Beschäftigung gesprochen wird, um die zahlenmäßige Dominanz weiblicher Arbeitskräfte in vormals männlich dominierten oder wenig geschlechtsspezifisch segmentierten Erwerbsbereichen zu bezeichnen. Zum Dritten steht er für die Ausdehnung bislang gerade und spezifisch für Frauen geltender Bedingungen zu allgemeinen Bedingungen. Dieser Aspekt tritt insbesondere in der Rede über die Feminisierung der Arbeit hervor, wenn es darum geht, damit auf die Zunahme prekarisierter, informalisierter, nicht-existenzsichernder Arbeitsverhältnisse oder die Absenkung des Lohnniveaus zu verweisen. In dieser Perspektive erscheint Globalisierung als Universalisierung vormals sexistisch segregierter Ausbeutungsverhältnisse. Die Nähe zur These von der Hausfrauisierung der Arbeit, wie sie im Bielefelder Ansatz aufgestellt wurde, ist hier signifikant, Feminisierung hat in diesen Kontexten lediglich den Begriff der Hausfrausierung ersetzt. Schließlich artikuliert sich im Begriff der Feminisierung auch eine spezifische Veränderung der sozialen Verhältnisse selbst, das heißt er suggeriert einen anderen Charakter oder eine neue Qualität der Arbeitsverhältnisse und der sexistischen Arbeitsteilung, ohne diese direkt zu benennen. Feminisierung ist also ein äußerst schillernder Begriff, der es erlaubt, in der Debatte zwischen mehreren Polen zu changieren. Er bedient ebenso Verelendungsvorstellungen wie er für Neuerungen steht; er suggeriert ebenso Homogenisierungstendenzen wie er Modifikationen und Diversifikationen bezeichnen kann.

In gewisser Weise komplementär zu den verschiedenen Feminisierungsthesen wird in der feministischen Globalisierungsdebatte viel von einer Zunahme der Ungleichheit unter Frauen, gar von einer zunehmenden Polarisierung von Frauen gesprochen. Die Thematisierung von Differenzen unter Frauen ist spätestens seit den 1990er Jahren auch in der Bundesrepublik zu einem festen Bestandteil der feministischen Diskussion geworden. Die mehr oder weniger ähnlichen Lebensbedingungen von Frauen in den fordistischen Metropolen hatten in der westlichen Frauenbewegung der 1970er Jahre die Vorstellung weltweit relativ gleicher patriarchaler Strukturen gestützt; auch im Subsistenzansatz, der die unterschiedlichen Lebens- und Arbeitsbedingungen von Frauen auf das Muster der Hausarbeit zurückführte, wurden die Unterschiede zwischen Frauen letztlich immer als Ausdruck ein und desselben patriachalen Paradigmas wahrgenommen und damit nivelliert. Erst die Kritik „schwarzer" Frauen am „weißen Mittelstandsfeminismus", die Auseinandersetzungen zum Verhältnis von Sexismus, Rassismus und Klassenherrschaft einerseits und die Infragestellung der Geschlechterkategorie als einer der Vergesellschaftung vorgängigen Entität anderseits haben dazu geführt, dass Geschlecht nun in der Regel als relationale, von anderen Kategorien durchdrungene Konstruktion aufgefasst und Sexismus als Teil komplexer Herrschaftsverhältnisse in seinen spezifischen Erscheinungsformen und Wirkungsweisen diskutiert wird.

Wenn heute eine Zunahme der Differenzen unter Frauen konstatiert wird, lässt sich das zunächst ganz auf der Folie der in den 1990er Jahren üblich gewordenen additiven Verwendung von „Rasse, Klasse, Geschlecht" dahingehend interpretieren, dass rassistische ebenso wie klassenspezifische Ein- und Ausschlussverfahren gegenüber sexistischen Ausbeutungsverhältnissen an Bedeutung gewonnen haben. In diese Richtung zielen etwa Aussagen über eine soziale und ethnische Überlagerung der geschlechtsspezifischen Arbeitsteilung. Gleichzeitig wird die festgestellte Zunahme der Differenzen aber auch mit einer verschärften „Vergeschlechtlichung“ von Arbeitsteilung und Ausbeutung korreliert. Die Grenzen der ehemals komplementär verstandenen Bereiche von Privatem und Öffentlichem, von Produktion und Reproduktion, von Arbeit und Freizeit, von Bezahltem und Unbezahltem verschieben sich und die sie garantierenden Institutionen, wie etwa der Nationalstaat und die Familie, werden transformiert, wenn nicht gar in ihrer zentralen Funktion für die Vergesellschaftungsmodi aufgelöst. Dies führt aber nicht zu einer Beseitigung, sondern zu einer Wiederherstellung der in bewegliche Module zergliederten patriarchalen Geschlechterordnung. Inmitten des Paradoxes, in dem die Geschlechterverhältnisse zugleich flexibilisiert und festgeschrieben werden (vgl. Pühl/Schultz 2001), findet auch die diagnostizierte Polarisierung zwischen Frauen ihren Platz. Sie manifestiert sich in je nach geografischer, politischer und sozialer Herkunft unterschiedlichen Anforderungen an Frauen ebenso wie in der Restrukturierung einer gleichzeitig internationalen wie geschlechtsspezifisch bestimmten Arbeitsteilung.

Affektive Arbeit

Um eine theoretische Annäherung an die Veränderungen und die Neuzusammensetzung der Arbeit, die in den letzten Jahrzehnten offensichtlich wurden, und um die Kritik der ihnen immanenten Ausbeutungsverhältnisse geht es auch im Konzept der immateriellen Arbeit, wie es von Michael Hardt und Antonio Negri in ihren Analysen eingesetzt und entwickelt wird. Seine Plausibilität gewinnt das Konzept der immateriellen Arbeit vor allem dadurch, dass es in vielfacher Hinsicht die fundamentalen Veränderungen im Produktionsprozess zu reflektieren vermag. Es schließt die wachsende Bedeutung des Dienstleistungssektors wie der Wissens- und Symbolproduktion und die Restrukturierung der industriellen Produktion unter den Bedingungen von Computerisierung und Informatisierung ebenso ein, wie es auf die veränderten Arbeitsbedingungen verweist, für die prekäre Beschäftigung, Flexibilität oder zunehmende Ununterscheidbarkeit von Arbeits- und Freizeit symptomatisch sind.

Darüber hinaus nehmen Hardt und Negri mit der Einführung des Begriffs der affektiven Arbeit in das Konzept der immateriellen Arbeit direkt Bezug auf die zurückliegende, oben mit Schwerpunkt auf den bundesrepublikanischen Kontext skizzierte feministische Diskussion zur geschlechtsspezifischen Arbeitsteilung. Sie knüpfen an feministische Konzeptionen zur Fürsorgearbeit von Frauen und die besondere Bedeutung dieser Arbeit zur Herstellung von Sozialität an und weisen den auf die Produktion von Affekten gerichteten, hauptsächlich Frauen zugeschriebenen Tätigkeiten eine dominante Position gegenüber anderen Arbeitsformen zu. Was wie ein später Sieg in den Auseinandersetzungen um einen anderen, nicht allein auf die industrielle Lohnarbeit orientierten Arbeitsbegriff aussieht, ist bisher allerdings in feministischen Zusammenhängen auf wenig Resonanz gestoßen. Lässt man eher unspezifische Ursachen, wie etwa die in Teilen der feministischen Diskussion nicht selten unterschwellig, aber ohne Zweifel virulenten Vorbehalte gegen von Männern gemachten Theorien und gegen explizit marxistisch orientierte Positionen außeracht, hängt das möglicherweise auch damit zusammen, dass den vorliegenden Ausführungen zur affektiven Arbeit nur wenig zu den Formen der sexistischen Arbeitsteilung zu entnehmen ist. Affektive Arbeit erscheint in erster Linie als immer schon gegebenes Element im Vergesellschaftungsprozess, als universelle Bedingung jeder Form von Gesellschaft oder als das, was die „anthropologische Virtualität" (Hardt/Negri 2002, 372) ausmache. Demgegenüber bleiben die Bedingungen, unter denen Menschen leben, die Haushaltsstrukturen, in denen sie tagtäglich ihre Existenz realisieren und die sich in diesen Strukturen konstituierenden Machtverhältnisse und durchsetzenden Formen der Arbeitsteilung weitgehend ausgeblendet. Es fehlt daher auch der Bezug auf die wechselseitige Artikulation zwischen dem, wie Menschen ihre Existenz realisieren, und der inhaltlichen wie organisatorischen Bestimmung von affektiver Arbeit. So sind etwa Fürsorge, persönliche Bindung oder Erziehung und die sich daran knüpfenden Gefühle historisch sehr unterschiedlich definiert worden und ihre inhaltliche Definition ist nicht zu trennen von den spezifischen Formen, institutionellen Verdichtungen und Machtbeziehungen, innerhalb derer sich die damit zusammenhängenden Tätigkeiten organisieren. Wenn Hardt in seinem Aufsatz zur affektiven Arbeit schreibt, dass „nicht zuletzt in der feministischen Analyse der mütterlichen Arbeit" deutlich werde, „wie schwierig es zur Zeit noch ist, das Potenzial der affektiven Arbeit von den patriarchalen Bedingungen der Reproduktion wie von der Familie als dem schwarzen Loch des Subjektiven abzulösen" (Hardt 2002), so ist dem nicht nur als Verweis auf die nach wie vor machtvolle Institution der Familie und die sie konstituierenden patriachalen Verhältnisse zuzustimmen, sondern auch als Kritik an solchen feministischen Analysen, die zu einer „Verherrlichung der mütterlichen Tätigkeit" (Hardt 2002) neigen und damit letztlich die sexistische Arbeitsteilung affirmieren. Umgekehrt darf dies aber für das Konzept der affektiven Arbeit nicht bedeuten, die Produktion von Affekten und die damit verbundenen Tätigkeiten aus dem Kontext ihrer Entstehung herauszulösen oder gar von den Bedingungen ihrer Organisation und den Strukturen ihrer Verwertung abzusehen.

Es wäre allerdings ebenso falsch, diese Leerstelle in den Ausführungen zur affektiven Arbeit zum Anlass zu nehmen, eine theoretische Auseinandersetzung mit dem Konzept der immateriellen Arbeit abzuweisen. Gerade für die feministische Globalisierungsdebatte könnte eine Beschäftigung mit dem Topos der immateriellen Arbeit fruchtbar sein, um die Aporien aufzulösen, die mit den auf die 1970er Jahre zurückgehenden Vorstellungen von sexistischer Arbeitsteilung verbunden sind. Angesichts des Zusammenbruchs des fordistischen Vergesellschaftungsmodells stimmen die einst aufgestellten Zuordnungen nicht mehr, das zentrale Element zur Erklärung der geschlechtsspezifischen Arbeitsteilung, nämlich die paradigmatische Trennung von Produktion und Reproduktion ist obsolet geworden. Recht vage ist nun lediglich von Grenzverschiebungen zwischen Produktions- und Reproduktionsbereich (Schultz, 2002) oder von einer Neubestimmung des Verhältnisse von produktiver und reproduktiver Arbeit (Appelt/Sauer 2001) die Rede. Demgegenüber interpretieren Hardt und Negri die zunehmende Ununterscheidbarkeit von Produktion und Reproduktion als deren Zusammenfall. Für sie markiert dieser Zusammenfall und die Krise der Institutionen, wie Familie, Schule, Nationalstaat, die vormals die Trennung von Produktion und Reproduktion garantierten, jene totalisierende Bewegung des Kapitals, die auf die Einverleibung der „lebendigen" Arbeit und die Subsumtion nicht mehr nur der Lohnarbeit, sondern des gesamten Lebens unter das Kapital zielt.

Hausarbeit II

Im Prozess der Herausbildung der modernen Hausarbeit mit der sie kennzeichnenden Trennung zwischen Produktions- und Reproduktionsbereich hat es eine Reihe von Übergängen zwischen bezahlter und unbezahlter Arbeit im Haushalt und in haushaltsnahen Bereichen gegeben. Beispiele hierfür sind Geldeinnahmen durch Aufnahme von Kostgängern und Untermietern ebenso wie die Existenz zahlreicher selbstständiger Näherinnen und Wäscherinnen. Am signifikantesten ist aber ohne Zweifel der Umstand, dass noch zu Beginn des 20. Jahrhunderts mehr als 16 % aller erwerbstätigen Frauen als Dienstbotinnen arbeiteten (Bajohr 1979, 20). So haben Barbara Duden und Gisela Bock in ihrem oben bereits angeführten Beitrag „Arbeit aus Liebe - Liebe als Arbeit" die Entstehung der modernen Hausarbeit direkt mit der sogenannten Dienstmädchenfrage verknüpft (Bock/Duden 1977). Es war nicht zuletzt der Widerstand der Dienstmädchen, ihr offener Protest gegen die Arbeitsbedingungen in den Haushalten, wie ihre „stille" Abwanderungen in die Fabriken, die jenen Prozess beschleunigte, der mit dem Begriff der „Hausfrauisierung" treffend umschrieben werden könnte. An dessen Ende fanden sich die Hausherrin von einst wie das ehemalige Hausmädchen als Hausfrauen - die eine zumeist als „Vollhausfrau", die andere als Hausfrau und „Dazuverdienerin" - wieder. Es bleibt hinzuzufügen, dass die materiellen Voraussetzungen für die Verallgemeinerung der „Kernfamilie" als der dominanten Haushaltsstruktur, die nach Duden und Bock die eigentliche Organisationsform der Hausarbeit darstellt, erst durch die Kämpfe des modernen Proletariats und durch die moderne Sozialpolitik (zu denken ist etwa an geregelte Arbeitszeiten, Mutterschutz, Verbot der Kinderarbeit, Anhebung des Lohnniveaus für männliche Arbeiter) geschaffen wurden. Heute lässt sich in gewisser Hinsicht von einer dem Prozess der Hausfrauiserung gegenläufigen Entwicklung sprechen. Haben Mutterschutz und Verbot der Kinderarbeit zumindest in den ehemals fordistischen Metropolen noch Bestand, sind Flexibilisierung der Arbeitszeiten, Mehrfach-Jobs und Absenkung des Lohnniveaus in vielen Bereichen längst durchgesetzt. Der einst dominanten Kernfamilie sind eine Vielzahl unterschiedlicher Haushaltsstrukturen zur Seite getreten. Wieder gibt es zahlreiche Übergänge zwischen bezahlter und unbezahlter Arbeit in den Haushalten. Hierzu zählen Agenturen, die haushaltsnahe Dienstleistungen anbieten ebenso wie die Frauen, die „zu Hause", sei es im eigenen Haushalt oder im Haushalt der Kundinnen und Kunden als Frisöse, Kosmetikerin oder Tagesmutter arbeiten. Die auffälligste Korrespondenz ist aber sicherlich das „Comeback der Dienstmädchen" (Hess/Lenz 2001). In den kapitalistischen Metropolen hat die Anzahl der in Haushalten als Putzfrauen, Haushaltshilfen, Kindermädchen und Krankenpflegerinnen beschäftigten Personen im letzten Jahrzehnt deutlich zugenommen. Es sind vor allem Migrantinnen, häufig ohne Arbeitserlaubnis oder ohne legalen Aufenthaltstatus, die diese Arbeiten verrichten. In der feministischen Globalisierungsdiskussion wird dieses Phänomen bereits vielfach unter dem Schlagwort der „neuen internationalen Arbeitsteilung zwischen Frauen" (vgl. kritisch dazu: Respect-Initative Berlin 2002) diskutiert.

Folgt man der These des Zusammenfalls von Produktion und Reproduktion, so heißt dies keineswegs von einem Verschwinden der sexistischen Arbeitsteilung zu sprechen oder auch nur zu behaupten, die klassischer Weise dem Reproduktionsbereich zugeordneten Arbeiten, die Versorgung der Kinder, der Kranken und Alten, das Kochen, Waschen, Putzen etc. würden heute nicht vorwiegend von Frauen geleistet. Es heißt aber anzunehmen, dass sich die sexistische Arbeitsteilung nicht mehr vorrangig in der Form der Abspaltung von Lohnarbeit und Hausarbeit, von bezahlter und unbezahlter Arbeit vollzieht, sondern andere Formen angenommen hat, die bislang unzureichend thematisiert sind.

Es käme also darauf an auszuloten, inwieweit das Konzept der immateriellen Arbeit genutzt werden kann, um damit die neue Anordnung der Arbeitsteilung, die Art und Weise, wie sie hergestellt und durchgesetzt wird, umreißen zu können. Zum einen gibt es eine Reihe von Hinweisen auf Hierachisierungen zwischen den drei immer wieder zitierten Typen oder Bereichen der immateriellen Arbeit, der informatisierten Produktion, der Symbol-Produktion und der Affekt-Produktion als auch auf Differenzierungen innerhalb dieser einzelnen Bereiche, entlang derer sich möglicherweise Formen der neuen Arbeitsteilung herausbilden. Zum anderen stellt sich die Frage nach den veränderten Kodifizierungen, unter denen sich die Ausbeutung der immateriellen Arbeit vollzieht. Es ist „keineswegs ausgemacht", so schreibt etwa Yann Moulier Boutang, dass die Kodifizierung der immateriellen Arbeit „notwendigerweise die Form der Lohnarbeit annimmt" (Moulier Boutang 1998, 19). Ein Festhalten an der in der feministischen Diskussion üblichen Unterscheidung von bezahlter und unbezahlter Arbeit, die unter der Hand bezahlte Arbeit immer mit Lohnarbeit gleichgesetzt hat, läuft Gefahr, die gegenwärtigen Veränderungen immer nur als „Verschiebungen" innerhalb binärer Systeme, als veränderte Grenzziehungen zwischen Produktion und Reproduktion, Arbeitszeit und Freizeit, Privatem und Öffentlichem wahrnehmen zu können, die den Fordismus charakterisieren. Die neue Frauenbewegung hatte es geschafft, die von Frauen im institutionell gestützten Rahmen der Ehe und Familie geleistete Arbeit sichtbar und die sich darin manifestierende und immer wieder neu herstellende geschlechtsspezifische Arbeitsteilung zu einem umkämpften Feld zu machen. Mit dem Zusammenfall von Produktion und Reproduktion droht die nach wie vor ungebrochene Anforderung an Frauen, die tagtägliche Versorgung der innerhalb unterschiedlicher Haushaltsstrukturen Lebenden zu organisieren und zu gewährleisten, vollkommen ausgeblendet zu werden. Für eine feministische Theorie und Praxis müsste es darum gehen, dieser Ausblendung entgegenzutreten, die Persistenz der sexistischen Arbeitsteilung sichtbar zu machen, ohne einfach die blanke Kontinuität der Machtverhältnisse zu behaupten.

Literatur

Appelt, Erna/Sauer, Birgit (2001): Globalisierung aus feministischer Perspektive, in: ÖZP (2001)

Bajohr, Stefan (1979): Die Hälfte der Fabrik. Geschichte der Frauenarbeit in Deutschland 1914 bis 1945, Marburg

Bock, Gisela/Duden, Barbara (1977): Arbeit aus Liebe - Liebe als Arbeit. Zur Entstehung der Hausarbeit im Kapitalismus, in: Gruppe Berliner Dozentinnen (Hg.): Frauen und Wissenschaft. Beiträge zur Berliner Sommeruniversität für Frauen. Juni 1976, Berlin

Dokumentationsgruppe (1978): Dokumentationsgruppe der Berliner Sommeruniversität e.V. (Hrsg.) Frauen als bezahlte und unbezahlte Arbeitskräfte. Beiträge zur 2. Berliner Sommeruniversität für Frauen. Oktober 1977, Berlin

Hardt, Michael (2002): Affektive Arbeit, in: Subtropen 9/01, auch in diesem Band

-/Negri Antonio (2002): Empire. Die neue Weltordnung, Frankfurt a. M.

Hess, Sabine/Lenz, Romana (Hg.) (2001): Geschlecht und Globalisierung. Ein kulturwissenschaftlicher Streifzug durch transnationale Räume, Königstein/Ts.

-/- (2001): Das Comeback der Dienstmädchen, in: Hess/Lenz (Hg.) 2001

Holland-Cunz, Barbara (2003): Die alte neue Frauenfrage, Frankfurt am Main

Luxemburg, Rosa (1981): Die Akkumulation des Kapitals . Ein Beitrag zur ökonomischen Erklärung des Imperialismus, in: Gesammelte Werke, Band 5, Berlin

Dalla Costa, Mariarosa/ James, Selma (1973): Die Macht der Frauen und der Umsturz der Gesellschaft, Berlin

Mies, Maria (2001): Hausfrauisierung, Globalisierung, Subsistenzperspektive. In: Knapp, Gudrun-Axeli/Wetterer, Angelika (Hrsg.): Soziale Verortung der Geschlechter. Gesellschaftstheorie und feministische Kritik, Münster

Moulier Boutang, Yann (1998): Vorwort, in: Atzert, Thomas (Hg): Umherschweifende Produzenten. Immaterielle Arbeit und Subversion, Berlin

Pühl, Katharina/Schultz Susanne (2001): Gouvernementalität und Geschlecht. Über das Paradox der Festschreibung und Flexibilisierung der Geschlechterverhältnisse, in: Hess/ Lenz (Hg.) 2001

Respect-Initative Berlin (2002): Sans Papier statt Au Pair. Antirassistische Politik und bezahlte Hausarbeit, in: Subtropen 9/01

Schultz, Susanne (2002): Aufgelöste Grenzen und „affektive Arbeit". Über das Verschwinden von Reproduktionsarbeit und feministischer Kritik im Empire, in: Fantômas, Nr. 2, Winter 2002

Werlhof, Claudia von (1983): Der Proletarier ist tot. Es lebe die Hausfrau? In: Werlhof/ Mies/Bennholdt-Thomsen 1983

- (2003): (Haus)Frauen, „Gender" und die Schein-Macht des Patriarchats. In: Widerspruch. Beiträge zu sozialistischer Politik 44, Zürich

-/Mies, Maria/Bennholdt-Thomsen, Veronika (1983): Frauen, die letzte Kolonie, Reinbek

Wolf-Graaf, Anke (1981): Frauenarbeit im Abseits. Frauenbewegung und weibliches Arbeitsvermögen, München

Young, Brigitte (1998): Genderregime und Staat in der globalen Netzwerkökonomie, in: Prokla 1998

Zeitschriften

Beiträge (1998): Beiträge zur feministischen Theorie und Praxis. Global - lokal - postsozial, Nr. 47/48

ÖZP (2001): Österreichische Zeitschrift für Politikwissenschaft. Globalisierungsmythen: Feministische Perspektiven, Nr. 2

Prokla (1998): Globalisierung und Gender, Nr.111

Nick Dyer-Witheford

Boomendes kognitives Kapital

Klassenzusammensetzung in der Video- und Computerspieleindustrie

Versteht man kognitives Kapital als ein Regime zur Kommodifizierung digitalisierter und vernetzter Prozesse, so zählen Video- und Computerspiele zu seinen wichtigsten Bestandteilen. In den USA übertrifft das Geschäft mit interaktiven Spielen mittlerweile die Umsätze Hollywoods an den Kinokassen. „Pokémon"-Epidemien breiten sich auf Spielplätzen aus, um Spiele wie „Quake" bilden sich virtuelle Communities, „Counter Strike" ist die letzte Hoffnung des E-Commerce. In mehr als nur einer Hinsicht sind die Unternehmen der elektronischen Spieleindustrie die Vorzeigefirmen der New Economy, denn sie sind, wie der Medienwissenschaftler Nicholas Garnham feststellt, „tatsächlich die ersten Unternehmen, denen es gelungen ist, einen gewinnbringenden und globalen Markt für Multimediaprodukte zu erschließen".

Digitale Spiele entstanden in den 1970er Jahren als kommerzielle Abfallprodukte von Simulationsprogrammen des US-amerikanischen militärisch-industriellen Komplexes. Die verspielten Experimente der Hacker-Wissenschaftler wurden marktkonform gemacht und an Spielhallen und private Nutzer verkauft, zunächst von kleinen Software-Unternehmern, später von großen Medien- und Spielzeugkonzernen. Bis heute liegen die jährlichen Einkünfte weltweit bei etwa 17 Milliarden US-Dollar.

Videospiele werden auf speziellen Konsolen gespielt, die entweder an einen Fernseher angeschlossen oder in der Hand gehalten werden. Die Herstellung von Konsolen ist ein oligopolistisch organisiertes Geschäft, das von Sony mit seinen Playstations, von Microsoft mit seiner Xbox und von Nintendo mit seinem GameCube und seinen Gameboy-Geräten dominiert wird. Diese Unternehmen operieren nach der so genannten „Rasierer und Klingen"-Strategie. Profite werden durch die Spielsoftware erwirtschaftet, die „Klingen", Vorherrschaft am Markt hängt jedoch von der Anzahl der verkauften Konsolen ab, der „Rasierer", die die Marktgrundlage schaffen.

Die andere Plattform ist der Computer. Da der PC ein multifunktionales Gerät ist, gibt es hier keine mit den drei großen Konsolenherstellern vergleichbare Konstellation, obwohl Microsoft durch seine Marktführerschaft bei den Betriebssystemen eine eindeutig begünstigte Position einnimmt. Spiele sind jedoch für das gesamte PC-Geschäft von entscheidender Bedeutung. Viele Untersuchungen legen nahe, dass die Nachfrage nach Prozessorgeschwindigkeit, Grafikleistung und Netzwerkkapazität, die von den Freaks der Spielekultur ausgeht, die allgemeine Entwicklung der gesamten Industrie vorantreibt.

Kein Unternehmen verfügt über die Kapazitäten, ein Monopol über die Softwareentwicklung zu erlangen. Selbst die großen Konsolenhersteller müssen für die Produktion von Spielen für ihre Maschinen Lizenzrechte an Dritte vergeben, wobei die offene Architektur der PCs eine unabhängige Entwicklung erleichtert. Viele der bekanntesten interaktiven Spiele wurden von kleinen Unternehmen realisiert. Explodierende Produktions- und Marketingkosten haben den „einsamen Wolf", der im Alleingang ein Spiel entwickelt, jedoch beinahe zum Verschwinden gebracht und rücken die Handvoll Spieleverleger, die die Marketing- und Werbekanäle kontrollieren, in immer mächtigere Positionen. Andererseits haben große Konzerne jedoch häufig Schwierigkeiten, Kompetenzen zu bündeln und launische kulturelle Trends zu fassen und gehen deshalb strategische Verbindungen mit kleineren, kreativeren Unternehmen ein. Dadurch entstehen komplexe, fließende Konstellationen, die sich hinsichtlich der Größe und Organisation des Unternehmens beträchtlich unterscheiden.

Die Auswirkungen des neuen Mediums auf Popkultur und Freizeitverhalten sind substanziell und lassen sich mit denen des Kinos in den zwanziger und dreißiger Jahren vergleichen.

Interaktive Spiele galten lange Zeit als „toys for boys", scheinen aus dem Nischendasein als Spielzeug für männliche Jugendliche jedoch herauszukommen. Das zeigt sich am Alter der Spieler, die durchschnittlich Ende 20 sind. Auch die Anzahl weiblicher Spieler wächst.

Interaktive Spiele sind mit den synergetischen Netzwerken von Markengiganten wie Sony und Microsoft verwoben, mit Verbindungen zu Film, Fernsehen und unterschiedlichen Merchandisingsystemen. Online-Spiele, die über Konsolen und Computer laufen, gelten weithin als die Dimension der Zukunft. Obgleich bislang nur ein kleiner Teil der Einkünfte der Industrie aus diesem Zweig resultiert, sind viele Unternehmen davon überzeugt, dass so genannte Massive-Multiplayer-Spiele, in denen Spieler in virtuellen Welten, die sie zum Teil gemeinsam entworfen haben, Figuren kontrollieren, das zentrale Unterhaltungsmedium des neuen Jahrhunderts sein werden.

Zwar ist die Spieleindustrie global, aber nicht universal. Für das Drittel der Weltbevölkerung, das von weniger als zwei Dollar täglich lebt, ist der Preis einer Konsole oder eines Computers unbezahlbar. Die Diskrepanz zwischen dem Geld, das überwiegend in den Metropolen des globalen Kapitals für digitale Spiele ausgegeben wird, und den unerfüllten menschlichen Bedürfnissen auf anderen Teilen des Planeten, ist allerdings nicht größer als bei anderen Luxusgütern auch.

Jährliche Einkünfte der Spieleindustrie in den USA liegen nur geringfügig unter der Summe, die aufgewendet werden müsste, um die Weltbevölkerung mit Trinkwasser zu versorgen.

Arbeit und Spiel

Video- und Computerspiele werden in komplexen, transnationalen Netzwerken bezahlter und unbezahlter Arbeit hergestellt. Es lassen sich drei Gruppen unterscheiden, in die das Kapital diese Kollektivität teilt: Wissensarbeiter, „Prosumer" und das neue Proletariat.

In den USA sind über 30 000 Menschen direkt in der digitalen Spieleindustrie beschäftigt, in Arbeitsverhältnissen mit einem breiten Spektrum unterschiedlicher Anforderungen, Sicherheiten und Vergünstigungen. Der dynamische Kern dieser Arbeitskraft sind die Spieleentwickler. Um eine virtuelle Welt zu planen, sie zu entwickeln und zu programmieren, müssen sie über eine Kombination narrativer, ästhetischer und technologischer Fertigkeiten verfügen und das Wissen von Programmierern, Grafikdesignern, Softwaretestern, Drehbuchautoren, Animateuren, Tontechnikern und Musikern in sich vereinen. Die Produktion erfolgt unter Studiobedingungen in Teams von sechs bis 20 Personen. Solche Projekte können mitunter über mehrere Jahre laufen. Es ist eine junge Industrie, die ihre Mitarbeiter aus eben der Jugendkultur rekrutiert, die sie selbst geschaffen hat, in erster Linie aus einem Pool technikbegeisterter junger Männer, die durch permanentes Spielen mit Gamedesign vertraut sind. Diese Form „immaterieller Arbeit" ist mit tayloristisch-fordistischen Formen der Arbeitsorganisation nicht vereinbar. Die Spieleindustrie ist einer der zentralen Austragungsorte für Experimente mit Teamarbeit, charismatischer Firmenleitung, hochflexibler Arbeitszeit, offenen Arbeitsbereichen, flachen Hierarchien, Aktienoptionen, partizipativem Management und dem Ethos von „Arbeit als Spiel". Dazu gehört die Organisation von sanftem Druck, cooler Kooption und mystifizierter Ausbeutung mit vielen Überstunden, physischem und psychischem Burn-Out, permanenter Unsicherheit, jenseits von gewerkschaftlicher Organisierung und gesetzlichem Arbeitsschutz.

Das Ethos „Arbeit als Spiel" hat noch eine weitere Dimension. Viele Spiele, insbesondere die guten, sind das Produkt von Netzwerken, die mehr als die Arbeit am Arbeitsplatz umfassen. Diese Netzwerke binden auf unterschiedliche Weise die unbezahlten produktiven Aktivitäten von Konsumenten in die Entwicklung der Spiele mit ein. Die Integration des digitalen „Prosumers" umfasst das Sammeln von Informationen über Geschmack und Vorlieben von Spielern, das

Überwachen ihres Surfverhaltens, Hotlines, auf denen man Hinweise zur Verbesserung von Spielen geben kann, ebenso wie die Einrichtung laborähnlicher, interaktiver Entertainmentcenter oder den Abruf der Arbeitskraft eines Kontingents von Spielefans. Die Arbeit der bezahlten Teams der Spieleentwickler - das „A-Web" - bildet somit lediglich das Zentrum in einem diffusen Wirbel kreativer Tätigkeiten - dem „B-Web" -, das von unbezahlten Erfindern, Testpersonen, Hinweisgebern und freiwilliger Arbeit getragen wird. Von besonderer Bedeutung ist es, die Spieler zum „Modding" anzuhalten, das heißt, zur Weiterentwicklung von Spielen durch die Benutzung von Shareware, durch offene Zugänge zu Software und vielfältige Editieroptionen. Die bekanntesten Beispiele hierfür sind „Doom" und „Quake", labyrinthische Jagden auf Monster, deren ursprüngliche Handlung durch zusätzliche, von Spielern selbst erstellten und im Internet zirkulierenden Ebenen endlos erweitert wurde. Dieses Vorgehen dient nicht nur dazu, das Interesse am Spiel wiederzubeleben, sondern fungiert auch als eine Art freiwillige Übung und Rekrutierungsstrategie für Nachwuchskräfte.

Bislang war es vor allem die Rolle der Industrie bei der Produktion einer „immateriellen" Arbeitskraft, die in den Blick kam. Kognitives Kapital erzeugt jedoch eine starke Polarisierung von Arbeit. Während das obere Segment dem postfordistischen Ideal des hoch qualifizierten Wissensarbeiters entspricht, ist das untere - durch Automation und globale Mobilität entwertet - weit näher an den Erfahrungen, die Arbeiter in der frühkapitalistischen Phase der „ursprünglichen Akkumulation" gemacht haben. In den Spielsystemen finden sich zwei Typen von Arbeit: die Produktion von Software und die Produktion von Hardware.

In beiden Fällen spielt digitale Arbeit eine Rolle. Einerseits die Arbeit des männlichen Programmierers in den westlichen Industrienationen, andererseits die „flinken Hände" der überwiegend weiblichen, niedrig bezahlten globalen Arbeitskraft, die wegen ihrer vorgeblichen Duldsamkeit und freien Verfügbarkeit rekrutiert und einer brutalen Arbeitsdisziplin unterworfen wird, unter Bedingungen, die innerhalb weniger Jahre die Gesundheit ruinieren. Konsolen wie Computer haben eine entscheidende Komponente mit anderen Produkten der digitalen Wirtschaft gemein - Mikrochips. Und es gibt spezifische Anforderungen an die Montage von Konsolen, Cartridges und Peripherie-Geräten. Chips und Hardware werden in einer globalen Industrie hergestellt, deren Maquiladoras in den freien Produktionszonen Mexikos, Mittelamerikas und Südostasiens angesiedelt sind.

Alle Hersteller lassen Spielkonsolen und Hardware durch Subkontraktunternehmen in diesen Regionen herstellen und schaffen dort ein neues globalisiertes Proletariat. Auch auf andere Weise ist das Nord-Süd-Verhältnis in die Produktion eingeschrieben. Spielekonsolen wie die PlayStation benötigen Columbit-

Tantalit, ein seltenes Mineral, das zu Niedrigstlöhnen von Minenarbeitern im Kongo abgebaut wird. Die Einnahmen aus der Gewinnung dieses kostbaren Erzes sind inzwischen zu einem der wichtigsten Faktoren in den Bürgerkriegen der Region geworden. Die Produktion in der Spieleindustrie schreitet nicht ohne Turbulenzen voran. Vielmehr scheint sie sich zu einem Austragungsort von Konflikten und Auseinandersetzungen entwickelt zu haben, die paradigmatisch für die sich herausbildenden Kämpfe um kognitives Kapital geworden sind.

An der Spitze der Arbeitshierarchie der Industrie ist dieser Kampf verstummt. Unter den Wissensarbeitern, die nur zu einem kleinen Teil oder gar nicht gewerkschaftlich organisiert sind, äußert sich Unzufriedenheit oft dadurch, dass mobile Angestellte zu anderen Unternehmen wechseln oder eine eigene Firma gründen. In seltenen Fällen kommt es auch zu digitalen Sabotageakten, bei denen bösartige Viren in Spiele eingepflanzt werden. Organisierter Protest ist selten. Diese kleinen Störungen mögen unbequem sein, stellen für den allgemeinen Prozess der Kapitalakkumulation jedoch kein größeres Hindernis dar. Viel problematischer ist eine Form der Auflehnung, die untrennbar mit der Mobilisierung der aktiv am Spiel partizipierenden Prosumer verknüpft ist: Piraterie. Digitales Spielen ist aus den heimlichen Spielereien militärisch-industrieller Programmierer hervorgegangen, stammt also von Hackern ab. Auch wenn die Freiheit der Information davon abhängen soll, dass man dafür bezahlt, verlangen viele Menschen kostenlosen Zugang und wissen auch, wie sie ihn bekommen.

Piraterie mit dem Einsatz von Emulatoren, die es ermöglichen, Software für eine Plattform auch auf einer anderen zu spielen, ist ein integraler Bestandteil der Spielekultur. Im Internet gab es jahrelang ein ausgeklügeltes System kostenloser Weitergabe für solche „Warez". Nach Angaben von Industrieverbänden verbreiten Piraten jährlich Spiele im Wert von mehr als drei Milliarden US-Dollar. Solche Schätzungen basieren auf der eher unwahrscheinlichen Annahme, dass alle der schwarz kopierten Spiele zum Marktpreis verkauft werden würden. Mögen die Zahlen auch übertrieben sein, nicht zu übersehen ist, dass illegale, freie Software deutliche Auswirkungen zeitigt, wobei sich angesichts der explosionsartigen Verbreitung interaktiver Spiele dieses Phänomen noch verstärken wird.

Die in den neu industrialisierten Zonen errichteten Montagehallen für elektronisches Gerät aller Art haben sich zu Austragungsorten heftiger Arbeitskämpfe entwickelt. So ging es zum Beispiel in einem Fall um die Organisierung von Arbeitern eines Subunternehmens von Nintendo in den mexikanischen Maquiladoras. Frauen montierten bis zu zwölf Stunden täglich Gameboy-Konsolen und Cartridges für Gehälter an der Armutsgrenze. Im Sommer brachen die Arbeiterinnen in der Hitze zusammen. Auf Gewerkschaftsarbeit reagierte die Firma mit Schlägertrupps,

Entlassungen und üblen Tricks. Der Konzern gab erst nach, als mexikanische und US-amerikanische Gewerkschaften das Ereignis zum Testfall für die Arbeitsbedingungen innerhalb der Nafta erklärten. Vor kurzem reagierte Sony auf einen Streik von Arbeiterinnen aus Indonesien, die forderten, bei ihrer Arbeit sitzen zu dürfen, mit der Drohung, die Produktion nach Vietnam zu verlagern.

Streikende und Hacker, Arbeiterinnenkämpfe und Warez-Netzwerke scheinen Welten zu trennen. In zweierlei Hinsicht haben sie aber etwas gemeinsam. Zum einen geht es um Fälschungen aus der „Dritten Welt", zum anderen um Piraterie in sich entwickelnden Märkten. So wichtig die Geschenkökonomie und die Warez-Netzwerke in den westlichen Industrienationen sind, der größte Teil der „heißen Ware" wird in China, Südostasien, der Russischen Föderation und in Zentral- und Lateinamerika hergestellt. Dort errichtete die New Economy ihre Billigmontagehallen. In vielen dieser Regionen finden 80 bis 90 Prozent des gesamten Verkaufs von Spielen auf dem Schwarzmarkt statt. Für kommerzielle Hersteller wird der Zugang zum Markt damit effektiv unmöglich. Viele Piraten rechtfertigen ihre Aktionen als antiimperialistischen Kampf oder Klassenwiderstand. Auch wenn es sich dabei oft nur um Schutzbehauptungen gegen den Vorwurf, es seien schlicht und ergreifend kriminelle Machenschaften, handelt, die „objektiven" Dimensionen des Weltmarkts verleihen ihnen ein Körnchen Wahrheit.

Die zweite Verbindung zwischen dem neuen Proletariat, den Prosumern und den Wissensarbeitern liegt im Cyberaktivismus. Von vielen Streiks, wie etwa in der Nintendo-Fabrik in Mexiko, erfahren wir häufig erst dann, wenn die Nachricht in einem der vielen Netzwerke der Globalisierungsgegner zirkuliert. Man kann von Glück sagen, dass Video- und Computerspiele eine Art digitalen Sozialisierungsprozess von mehreren Generationen eingeleitet haben, da sich auf diese Weise die Fertigkeiten und das Wissen verbreiten können, das man braucht, um sich die digitalen Technologien des kognitiven Kapitals wiederanzueignen. Die Inkassobeauftragten des globalen Kapitals schwärmen von dem Ikonoklasmus der „Nintendo Kids", ohne zu erkennen, dass darin die Kritik an einer Welt, in der nur Waren frei zirkulieren dürfen, liegen könnte, wie sie bereits die Elektrohippies in Seattle und die Cyberspace-Zapatisten vorgebracht haben.

Bislang haben wir die Zusammensetzung und die Kämpfe innerhalb der Spiele-Arbeitsprozesse untersucht. Wie verhält es sich aber mit den Ideologien, die die virtuellen Welten produzieren? Die Ursprünge der Industrie im Pentagon haben eine Spielekultur hervorgebracht, die auf Gewalt und militarisierte männliche Subjektpositionen konzentriert ist. Obwohl die kommerzielle Produktion eine breite Palette unterschiedlicher Genres (wie Action und Abenteuer-, Sport-, Baller-, Rollen- und „Jump and Run"-Spiele) abdeckte, waren es oft die simpelsten Fantasiespiele, die die größte Aufmerksamkeit auf sich zogen, und die treuesten Kunden waren männliche Jugendliche. Die Spielekultur ist auf diese Weise eine habituelle Verbindung zwischen digitaler Sophistikation und den atavistischen Erzählungen von manichäischen Schlachten und individuellem Heldentum eingegangen und hat damit ein Medium geschaffen, das oft im Einklang mit dem Ethos des auf Wettbewerb zielenden, aggressiven Neoliberalismus steht.

Das kann sich ändern, sowohl durch den Druck des Marktes als auch durch die Kreativität der Multitude. Die Entdeckung weiblicher und erwachsener Spieler als neue Zielgruppe hat zu einer Ausdifferenzierung der Inhalte geführt. Der Erfolg von „The Sims", einem Spiel, das inhaltlich ganz auf das familiäre Alltagsleben der Suburbs ausgerichtet ist, deutet diesen Wandel an. Doch die Adaption weniger martialischer und stärker auf weibliche Spieler zugeschnittener Themen ist nicht unbedingt an eine progressivere Ideologie geknüpft. Das unermüdliche Streben nach Konsumartikeln in „The Sims" ist ebenso reaktionär wie die Darstellung von Gewalt in „Quake". Trotzdem hat die Erkundung neuer Marktnischen ungeahnte Inhalte hervorgebracht, wie es der Erfolg von „State of Emergency" zeigt, einem Spiel, bei dem der Spieler in die Rolle eines anarchistischen Aktivisten aus dem Schwarzen Block schlüpft und Seattle-ähnliche Riots gegen ein globales Handelsunternehmen inszeniert.

Der Wandel wird durch die wachsende Bedeutung verstärkt, die die Aktivitäten der Prosumer für die Entwicklung von Innovationen in der Branche haben. Meist werden dadurch nur die bereits vorhandenen Genres und Konventionen verfeinert und verdichtet. Es kommt aber immer wieder zu Überraschungen. Künstler nehmen sich Ballerspiele vor, deren virtuelle Räume sie mit Antikriegsparolen besprühen, Online-Spiele mit quasifeudalen Game-Welten werden zum Schauplatz virtueller Bauernaufstände, Nintendo Gameboys werden gehackt, um sie zu „politischen" Spielen, in denen es um die Rechte von Kindern geht, umzuprogrammieren, auf Webseiten von Globalisierungsgegnern findet man einfach gemachte Lernspiele, die vermitteln sollen, was neoliberale Politik bedeutet. Die Kultur des Gaming und die Kapazitäten immaterieller Arbeit sind inzwischen so weit ausdifferenziert, dass es unmöglich geworden ist, den Einbruch abweichlerischer Inhalte zu unterdrücken.

Damit ist nicht mehr, aber auch nicht weniger gesagt, als dass sich digitale Spiele, genau wie andere kommerzielle Medien, einer eindeutigen Bestimmung im vertrauten Terrain der Marktlogik widersetzen und zum Möglichkeitsraum von Wiederaneignung und Auflehnung geworden sind.

Sind für interaktive Spiele jedoch Formen von Radikalität denkbar, die über den sporadischen subversiven Akt hinausgehen? Vielleicht. Computerspiele entstanden in militärischen Institutionen. Und Krieg ist mehr als die Ausübung von Gewalt. Es geht auch um Planung, kollektive Koordination, die Organisation von Ressourcen und Menschen; die Organisation der „Biomacht".

Interaktive Spiele sind spielerische Experimente mit den Möglichkeiten kollektiver Entwicklung, in denen sozioökonomische, ambientale und biologische Parameter durchgespielt werden können. In der Simulation lassen sich Möglichkeiten virtuell erproben - taktisch, strategisch und sozial - zur Vorbereitung ihrer gesellschaftlichen Aktualisierung. Dieses Potenzial wird auf breiter Ebene in Computerspielen genutzt, als Popularisierung von Technologien, die heute im Management, beim Militär und in der Politik zum Einsatz kommen, um zentrale gesellschaftliche Entscheidungen über Ressourcenzuteilung und Bevölkerungspolitik zu treffen. Der Multitude waren diese Technologien bisher jedoch nur als Spiel, als Fiktion zugänglich. Gleichwohl wäre es vorstellbar, diese Art der Medien in einem Kontext zu nutzen, in dem vernetzte Simulation von Bedeutung ist, und zwar nicht nur zu Unterhaltungszwecken, sondern als Teil „realer" gesellschaftlicher Selbstorganisation. Tatsächlich ist kaum vorstellbar, welche Form das Gemeinwesen des 21. Jahrhunderts annehmen sollte, wenn nicht die eines zerstreuten, vernetzten Systems kollektiver Kommunikation - eines „General Intellect" - für die Zuteilung materieller und immaterieller Ressourcen.

Können wir uns eine Welt vorstellen, in der das Potenzial von Generationen junger Leute, die informell an „Civilization" oder „Pokémon" ausgebildet sind, eingebunden wird in ein Entscheidungsnetz ökonomischer und ökologischer Planung? Und wenn dies in den abgesicherten kapitalistischen Metropolen nicht vorstellbar erscheint, wie sieht es dann mit den nomadisierenden Marginalisierten aus, die mit gestohlenen Waffen, Bootleg-Technologie und raubkopierter Software die Nichtpräsenz in Frage stellen, zu der sie das kognitive Kapital verdammt?

IV.
Politische Aspekte

Luciano Ferrari Bravo

Neue Souveränität?

Die Macht unter den Bedingungen der Globalisierung stellt in ihrer Totalität eine neue Form der Souveränität dar - Totalität und Souveränität sind aufs innigste miteinander verbunden -, doch entspricht sie nicht länger dem Muster (national-)staatlicher Macht, auch wenn sie häufig so gedacht wird. Wir sind nicht mit der Geburt eines Superstaats im Weltmaßstab konfrontiert und deshalb ist es zwecklos, nach seiner Hauptstadt, seiner Regierung und seinen Apparaten zu fragen.

Um zu beurteilen, ob das Paradigma staatlicher Souveränität aktuell noch Geltung beanspruchen kann, empfiehlt es sich, die innen- und außenpolitischen Aspekte getrennt zu untersuchen. Staatliche Souveränität unterstellt, beide Aspekte gehörten unauflösbar zusammen, aus gutem Grund. Die Souveränität präsentiert sich als ihr verborgenes Bindeglied, als der (Nicht-)Ort ihrer Koexistenz: Die Macht zeichnet sich per definitionem dadurch aus, dass sie ein „Innen" und ein „Außen" schafft, dass sie einschließt und ausschließt (Bartelson 1995; Agamben 2002). Es handelt sich jedoch nicht um eine Beziehung, die der zwischen einer konkaven und einer konvexen Oberfläche vergleichbar wäre. Die Souveränität ist vielmehr doppelgesichtig. Die Züge des Januskopfes sind nicht notwendigerweise symmetrisch oder spiegelbildlich; Rekto und Verso der Souveränität tragen unterschiedliche Inschriften, weil sie verschiedenen Realitäten zugewandt sind. Beide sind „gefährlich", doch mit unterschiedlichen Motiven und aus unterscheidbaren Gründen.

Auf der „Innenseite" findet sich die historische Tendenz der Ausdehnung staatlicher Funktionen, die sich im 20. Jahrhundert in Gestalt des voll entwickelten Sozialstaats präsentierte, begleitet von einer auf den ersten Blick paradox anmutenden Auflösung der Souveränität. Die Vervielfältigung der zwischen Staat und Gesellschaft verlaufenden Trennungslinien, die eine Art sich beständig verwerfenden Wirbel bilden, scheinen auf das Veralten und letztlich die Bedeutungslosigkeit des Souveränitätsbegriffs zu verweisen. Die Trennung von Staat und Gesellschaft ist gesellschaftlich-geschichtlich die Voraussetzung (und zugleich das Ergebnis) der Durchsetzung der modernen Souveränität. Diese Überdetermination lässt sich als Konstitution einer dialektischen Totalität begreifen - bei Hegel findet sich dies am deutlichsten begrifflich entfaltet (Cacciari 1978). Die Krise der Souveränität hat nun ihren metatheoretischen Niederschlag in den verschiedenen „staatswissenschaftlichen" Disziplinen: Im Bereich der Theorie öffentlichen

Rechts beispielsweise geraten die historischen Formen, die im Kampf um den spezifischen Ort der inneren Souveränität entstanden waren (Monarchie, konstitutionelle Monarchie, Parlament), schon länger in Vergessenheit, ihre Implikationen für den Staat, die Gemeinschaft oder das „Volk" scheinen tendenziell vernachlässigbar (seien sie auch widersprüchlich), da nun einmal eine Stufe der vollständigen Konstitutionalisierung des Staatslebens erreicht ist (Ferrajoli 1997). Im Bereich der Soziologie und Politikwissenschaften, hier vor allem in der systemtheoretischen Richtung (also etwa bei Luhmann), wird die Souveränität neben die anderen „veralteten" und zur Bedeutungslosigkeit verdammten Begriffen eingereiht, weil man annimmt, der Staat löse sich insgesamt in seine diversen, in keinerlei Über- und Unterordnungsverhältnis zueinander stehenden Subsysteme (der Regierung, der Verwaltung etc.) auf.

Es liegt nahe, für unsere Fragestellung einem Weg der Kritik zu folgen, wie ihn Michel Foucault eingeschlagen hat. „Dem König den Kopf abschlagen" (Foucault 2003, 200), könnte als Motto (das gleichzeitig die Obsession bezeichnete, von der es sich zu befreien gilt) einer zentralen Problematik in Foucaults Arbeiten dienen. Es geht dabei um eine transversal angelegte Forschungsstrategie, deren Ziel es ist, die Funktionsweise der Macht-Wissens-Netzwerke zu rekonstruieren, die sich in einer unaufhörlichen Bewegung von Taktiken und Strategien, Widerständen und Kodifizierungen konstituieren, deren Einsätze aber nie ein für alle Mal feststehen. Einige allgemeine Merkmale erlauben es, diese Netzwerke in ihrer Gesamtheit, was Foucault „Regimes" nennt, historisch zu ordnen und damit zu unterscheiden. Foucault schlägt vor, den Terminus „Souveränitätsregime" für das „klassische Zeitalter" zu reservieren. Im Übergang vom 18. zum 19. Jahrhundert wird dieses Regime ersetzt durch den Typus eines „Disziplinarregimes". Man kann versuchen, die Bedeutung dieses Übergangs in der Umkehrung des jeweiligen Leitmotivs zu begreifen: Aus „sterben machen und leben lassen" wird das Gegenteil (Foucault 1999).

In gewisser Weise bildet das Leben in beiden Regimes den Einsatz, doch im ersten, in dem die ständige Drohung, getötet zu werden, sich exemplarisch in den barocken Folterinstrumente zeigte, wird den Untertanen die Sorge um ihr eigenes Leben gelassen; Friedrich von Preußen soll seine Untertanen mit dem Damwild in seinen Wäldern verglichen haben. Unter dem Disziplinarregime hingegen zielt eine in den Mittelpunkt gerückte „Gouvernementalität" auf das Leben der Bevölkerungen und deshalb vor allem auf die Produktion des Wissens über sie und den Zugriff darauf (auf Disziplin also in einem weiten Sinn, während das „Panoptikum" ein nicht wirklich realisierbares Ideal bleibt). Das Disziplinarnetzwerk hebt eine Art Gesellschaftstopographie hervor, es teilt den sozialen

Raum in klar umrissene Felder ein, die jedes für sich eine spezifische und dadurch wirksame Zurichtung erlauben. Armee, Arbeitshaus, Schule, Gefängnis, Familie, Fabrik: eine Vielzahl von Orten und Räumen mit jeweils eigenen Zugangs- und Verhaltensregeln, zwischen denen sich eine Art permanenter molekularer Kleinkrieg abspielt.

Der Foucaultsche Ansatz erlaubt es, die Entwicklung der modernen Gesellschaft zu verstehen, die Beziehung zwischen Staat und Gesellschaft in ihr, und zwar bis ins Zeitalter des Fordismus.

Die staatliche Souveränität kann nur innerhalb solcher Koordinaten begriffen werden: als Fähigkeit der Antizipation, der Planung und Unterdrückung, um das komplexe Netzwerk verschiedener Disziplinarbereiche aufrechtzuerhalten, die in ihrer Gesamtheit die Gesellschaft verbinden. Doch hier findet sich der entscheidende Punkt: Diese Anordnung steckt in der Krise, weil eine ihrer wichtigsten Stützen, die fordistische Fabrikdisziplin als gesellschaftlicher Wert, weggebrochen ist. Die Auflösung scheint unaufhaltsam angesichts von Jahrzehnten stiller oder lautstarker Opposition, sei es in offenen Kämpfen oder als Weggehen, als Exodus (sowohl von Seiten der Arbeiter wie des Kapitals).

Die Erschütterung der tragenden Wand bringt das ganze Bauwerk ins Wanken, überall zeigen sich Risse. Die alten Trennungen - zumindest die traditionelle Einteilung - zwischen Ökonomie und Politik, zwischen dem Politischen und dem Sozialen, zwischen privat und öffentlich, Arbeit und Leben tragen nicht mehr. Gleichermaßen Ursache wie Folge der neuen Situation ist die Explosion der Kommunikation innerhalb einer potenzierten Gesellschaft des Spektakels. Diese Explosion erschüttert die alten Trennungslinien zusätzlich, macht sie bedeutungslos. Die Konsequenzen für die gewohnten Formen der Öffentlichkeit und für die Inhalte und Funktionsweisen des politischen Systems sind offensichtlich.

Man kann dieses neue Szenario in zwei gegensätzliche Richtungen interpretieren. Die liberalen Meisterdenker und die Verteidiger der Nachkriegssozialpartnerschaft sehen in dem, was passiert, einfach den großangelegten Versuch, in eine Gesellschaft zurückzukehren, die einzig vom Markt beherrscht wäre (auch wenn der Markt für die einen unbeschränkte Entwicklung, für die anderen die unausweichliche Katastrophe bedeutet). Eine durch Foucault inspirierte Lektüre sieht hingegen etwas anderes. Die Topographie der Disziplinargesellschaft gerät ins Rutschen - durch die Überlagerung von „Arbeit" und „Leben" im Zentrum der neuen Produktionsparadigmen, durch den Einsatz der sozial weit verstreuten kommunikativen, kognitiven und affektiven Fähigkeiten - und kann nicht rein marktförmig funktionieren (Gesellschaft konnte das nie und kann es heute weniger denn je). Wo die alten Disziplinarmächte nicht ausreichen (die natürlich, so weit es geht, weiterbestehen), muss es zu einer Veränderung der Formen und der Ebenen der Regierung des Sozialen kommen, die wir, darin der eingeführten Begrifflichkeit folgend, „Kontrollregime" nennen wollen (Deleuze 1993). Ein Kontrollregime nimmt also die Unmöglichkeit und vor allem die Unproduktivität der sozialen Einteilungen entlang der „alten" Trennungslinien zum Ausgangspunkt: Die Gesellschaft gilt als durchlässig in jeder Beziehung, es müssen daher Mechanismen des Monitoring und der Intervention konstruiert werden, die durch situative Regulation und ständige Maßnahmen in einer Art permanentem Ausnahmezustand allzu große Risse im Gesellschaftszusammenhang vermeiden.

Doch auf welchen Ebenen lässt sich der Übergang der Regimes untersuchen? Hier kommen wir zur Frage der „Außenseite" staatlicher Souveränität, in der internationalen Diskussion häufig formuliert als Alternative zwischen nationaler Souveränität und Globalisierung. Die Gesamtheit der Transformationsprozesse, die als Globalisierung bezeichnet werden, ist nichts, das unabhängig von den skizzierten Veränderungen „passierte", noch tritt die Globalisierung einfach hinzu. Im Gegenteil, die Globalisierung ist die Form - die einzig mögliche Form -, in der das postfordistische Regime der „Kontrolle" existieren kann. Die Überwindung des fordistischen Akkumulationsregimes bedeutet, die korporatistischen Kompromissstrukturen und makroökonomischen Regulationsmodi zu überwinden, die während des 20. Jahrhunderts jahrzehntelang in der spezifischen Form des „keynesianischen" Staats verschmolzen. Die Dimension der materiellen und immateriellen Ströme, mit denen das neue Regime konfrontiert ist, erfordert daher von Anfang an einen globalen Maßstab: Die Überwindung der Krise seit den 1970er Jahren ist ihr Einsatz.

Die Überlagerung von Deterritorialisierung (oder Delokalisierung) und Reterritorialisierung (Relokalisierung) im Globalisierungsprozess erinnert an die Oszillationen, die über mehrere Jahrhunderte die Entstehung der Form Staat, der Nationalstaaten und des modernen (inter-nationalen) Staatensystems skandierten. Vor allem Deterritorialisierungsprozesse genießen heute die Aufmerksamkeit: Indem sie territoriale Besonderheiten und Unterschiede „relativieren", schaffen die Hauptströme der Information, des Handels und der Finanzen auf den ersten Blick tatsächlich riesige „extraterritoriale" Räume. Wo findet sich, aus der Perspektive eines Staates gefragt, der Ort des Internets, der *lex mercatoria* oder der multinationalen Produktions- und Finanznetzwerke? Doch gleichzeitig schaffen die gleichen Prozesse eine eigene spezifische Reterritorialisierung: Dem Staat bleibt eine relevante Rolle, doch ist er nur ein Vektor in einer komplexen, vielschichtigen und variablen Geometrie, in der andere Kräfte an Gewicht gewinnen, etwa Global Cities (Sassen 1996), multilaterale Governance-Systeme oder trans- bzw.

subnationale Netzwerke. Selbst das angeblich exklusive (militärische) Gewaltmonopol löst sich auf.

Es kann allerdings nicht überraschen, dass das „alte" Paradigma staatlicher Souveränität bis aufs Äußerste verteidigt wird. Um seinen Erklärungsansatz, der die beiden Gesichter staatlicher Souveränität, Innen- und Außenpolitik, verbindet, aufrechtzuerhalten, bedarf es allerdings zahlreicher Ausnahmen und Ad-hoc-Erklärungen. Nehmen wir beispielsweise die „international regime" genannten Abkommen und Institutionen (Krasner (Hg.) 1983). Sicherlich kann man ihre Existenz auf den Willen der Staaten zurückführen, die sie durch Verträge in die Welt gesetzt haben; das wäre der multilateralistische (oder liberale) Ansatz. Doch gilt es dessen ungeachtet zu fragen, ob eine solche Perspektive nicht nur den spezifischen Charakter der Institutionen, sondern auch die grundsätzliche Notwendigkeit erklären kann, beständig Systeme transstaatlicher Governance zu schaffen.

Wohlgemerkt: Auch das traditionelle Paradigma internationaler Beziehungen, sei es in der Abteilung Rechts- oder Politikwissenschaft, kennt von Staaten zu unterscheidende Systeme und Akteure; dennoch fällt es angesichts der Zahl und der Bedeutung der in den letzten Jahrzehnten aufgetauchten Entitäten schwer, sie als atypische Randphänomene zu behandeln. Es genügt, an die Rolle zu erinnern, die formell private Akteure international spielen, etwa multinationale Konzerne, oder an die Bedeutung der Menschenrechte und den breiten Raum, den so genannte humanitäre Interventionen einnehmen.

Der Weg des traditionellen Paradigmas internationaler Beziehungen führt zu negativen Ergebnissen, wie kritische Arbeiten auf diesem Feld zeigen (Ashley/Walker 1990). Die Kritik ins Positive zu wenden, erscheint nicht ganz einfach. Der „paragonale" Charakter (Bartelson) der Souveränität führt immer wieder auf die Unterscheidung von „Innen" und „Außen" zurück, doch in einer Situation, da diese Unterscheidung verblasst, fehlt es an Orientierungspunkten.

Das Problem ist nicht nur theoretischer Natur. Die Krise betrifft in erster Linie die Demokratie in all ihren Dimensionen, ja die Vorstellung von Demokratie selbst. Das enorme Defizit an accountability, das die meisten transnationalen Institutionen auszeichnet, ist dabei nur ein Aspekt, den Liberale mit ihrer Vorliebe für prozedurale Fragen gerne hervorheben. Zu denken, man könnte das Problem lösen, indem man neue Formen und Ebenen der Repräsentation einführt, verlässt jedenfalls nicht den Horizont der Souveränität, wie sie seit Hobbes gedacht wurde: Die politische Repräsentation ist der staatlichen Souveränität komplementär.

Hinter der Frage nach der Demokratie steckt eine meist ungenannte Voraussetzung: Der *demos*, von dessen Macht die Rede ist, kann unter den Bedingungen der Moderne politisch nicht anders gedacht werden denn als das Volk eines

Staates. Demokratie wird dabei durch das Nadelöhr der Volkssouveränität geschickt. Ein „internationalistischer" Horizont, wie er die radikalste Demokratiebewegung der Moderne, nämlich die Arbeiterbewegung, auszeichnete, ist daher heute eher ein Teil des Problems als ein Beitrag zu seiner Lösung.

Die Frage nach der Demokratie heute aufzuwerfen heißt, das traditionelle Begriffsarsenal radikal infrage zu stellen. Radikal, weil der Etatismus in den dominanten Strömungen der Linken immer präsent war und eine Rückkehr zu dieser Tradition sich verbietet. Die Macht unter den Bedingungen der Globalisierung stellt eine neue Form - einen neuen Typus - der Souveränität dar, doch kann dieser Typus nicht in Analogie zum (National-)Staat gedacht werden. Das Weiterbestehen der Form Staat steht dabei außer Zweifel, doch ist er im globalen Herrschaftszusammenhang ein Aspekt und ein Akteur unter anderen. Vor uns liegt die Aufgabe, die Veränderungen in den Funktionen und in der Wirkungsweise der Souveränität zu untersuchen, eine Aufgabe, die kaum durch allgemeine Aussagen zu bewältigen sein wird. Und das Kriterium dieser Untersuchung bleibt die Perspektive der Befreiung von Unterdrückung und Ausbeutung.

Literatur

Agamben, Giorgio (2002): Homo sacer. Die souveräne Macht und das nackte Leben, Frankfurt am Main

Ashley, Richard K./Walker, Robert B.J. (Hg.) (1990): Speaking the Language of Exile: Dissidence in International Studies, International Studies Quarterly (Sondernummer), 34.Jg.

Bartelson, Jens (1995): A Genealogy of Sovereignty, Cambridge

Cacciari, Massimo (1978): Dialettica e critica del politico: saggio su Hegel, Mailand

Deleuze, Gilles (1993), Postskriptum über die Kontrollgesellschaften, in: ders., Unterhandlungen 1972-1990, Frankfurt am Main

Ferrajoli, Luigi (1997): La sovranità nel mondo moderno, Bari, Rom

Foucault, Michel (1999): Vorlesung vom 17. März 1976, in: ders., In Verteidigung der Gesellschaft. Vorlesungen am Collège de France (1975-76), Frankfurt am Main

- (2003): Gespräch mit Michel Foucault (1977), in: Schriften in vier Bänden. Dits et Ecrits, Band III, Frankfurt am Main

Krasner, Stephen (Hg.) (1983): International Regimes, Ithaka

Sassen, Saskia (1996): Metropolen des Weltmarkts. Die neue Rolle der Global Cities, Frankfurt am Main, New York

Sandro Mezzadra

Nach dem Kolonialismus
Migration, Bürgerrechte, Globalisierung

„Eine Welt zu gewinnen."
Karl Marx, Friedrich Engels

Die Migrationsbewegungen der Gegenwart entwerfen, wenn auch nicht bewusst, eine Vielzahl von Fluchtlinien - von „Kerbungen", könnte man mit Gilles Deleuze und Félix Guattari sagen - im globalen Raum, den die Bewegung der Waren und Kapitalien gern geglättet sähe (vgl. Galli 2001, 131-172). Neue transnationale soziale Räume, Diaspora, Bewegungen hybrider Kultur und Identität stellen die Vorstellung eindeutiger „Zugehörigkeiten" infrage. Es ist die zeitgenössische Variation über ein altes Thema: man rief Arbeitskräfte und es kamen Frauen und Männer aus Fleisch und Blut, die Einzigartigkeit der Ware Arbeitskraft, von der Marx spricht.

Doch betrachten wir jene Fluchtlinien ein wenig näher: Wir können darin die Spuren von Bewegungen entdecken, die ein oft verschwiegenes Moment der Genealogie der globalisierten Welt, in der wir leben, zutage fördern.

UK, 1948

Ein ganzes Ensemble von gebrochenen Geschichten fand durch die Migrationsbewegungen Verbreitung - von „DissemiNation" spricht Homi Bhabha (2000) - in den einzelnen Nationalgeschichten des Westens und in der Geschichte des Westens insgesamt, brachte darin lineare Erzählweisen durcheinander und hob ihre homogene Zeitlichkeit aus den Angeln. Doch von welchen Orten und Zeiten gingen jene Geschichten aus? Was macht sie zu *gebrochenen* Geschichten?

Die Migrationsbewegungen nach dem Zweiten Weltkrieg sind eng mit dem Prozess der Dekolonisation verbunden. Für Großbritannien beispielsweise wird gern ein symbolisches Ereignis aufgerufen, um auf den „postkolonialen" Charakter der Migration in den vergangenen mehr als fünf Jahrzehnten hinzuweisen: die Landung des Dampfschiffs „Empire Windrush" am Pier von Tilbury im Juni 1948, an Bord Migranten aus der Karibik. Der 50. Jahrestag dieses Ereignisses wird als ein echter Wendepunkt in der britischen Sozialgeschichte zelebriert, als Ausgangspunkt der Beschäftigung mit Fragen des „Multikulturalismus", mit dem Ende des Empire und mit der Notwendigkeit, die britische Identität inhaltlich vollkommen neu zu definieren (so etwa bei Phillips/Phillips 1998).

Allerdings gibt es in der Geschichte der Ankunft der „Empire Windrush" etwas, das nicht ganz ins Bild passt. Im August jenes Jahres 1948 erschüttern drei Tage lang so genannte „Rassenunruhen" die Stadt Liverpool. Hunderte von Weißen belagern die Häuser, Wohnungen und Viertel schwarzer Seeleute, die für die Erwerbslosigkeit weißer Seeleute als Sündenböcke herhalten sollen. Als die Schwarzen beginnen sich zu organisieren, um der Gewalt etwas entgegenzusetzen, greift die Polizei mit Härte ein und richtet ihre Mittel selektiv gegen die schwarze Bevölkerung (Hesse 2000, 100ff.). In den Ereignissen von Liverpool lässt sich sicher exemplarisch das Muster der Beziehung zwischen Rassismus „von unten" und staatlichem Rassismus erkennen, charakteristisch für die schwärzesten Kapitel in der okzidentalen Geschichte. Doch bedeutsamer noch ist ein anderer Umstand: Die Seeleute von Liverpool sind nicht nach dem Zweiten Weltkrieg eingewandert, sondern sind Teil der Konstellation des „Schwarzen Atlantik" (Gilroy 1993), zu dessen Zentren Liverpool gehört hatte, seit die Stadt im 18. Jahrhundert einer der wichtigsten Umschlagplätze im Sklavenhandel war. Schon um 1830 war der Anblick schwarzer Seeleute aus Westafrika, aus der Karibik oder den Vereinigten Staaten ein vertrautes Bild in Liverpool wie in anderen britischen Hafenstädten übrigens auch (Lane 1987, 117). Viele dieser Seeleute ließen sich in der Stadt nieder und wurden so lange vor der Ankunft der „Empire Windrush" Teil der verzweigten schwarzen Communities (vgl. Brown 1998).

Es geht nun nicht so sehr um das demographische Gewicht jener Communities als vielmehr darum, inwiefern sie „Spuren" in dem verzweigten Geflecht britischer Geschichte - und in der Geschichte der okzidentalen Moderne - hinterließen. Insgesamt gilt für den Okzident, was Salman Rushdie in den *Satanischen Versen* über die Engländer schreibt: „Das Problem mit den Engländern ist, dass ihre Geschichte in Übersee passiert ist, daher wissen sie nicht, was Geschichte bedeutet." (Rushdie 1989, 453) Die angesprochene Rezeption zum 50. Jahrestag der Ankunft der „Empire Windrush" wiederholt in paradoxer Weise diese Verdrängung oder, um es in den Kategorien von Jacques Lacan auszudrücken, transformiert sie in einer *Verwerfung*: Die kolonialen Signifikanten werden in einen Außenraum projiziert, sodass eine Fixierung der nationalen Identität stattfindet, die diese exklusiv „weiß" konnotiert, also „neutral" für den ethnisierten und rassistischen Blick. Nur auf der Grundlage einer solchen Verwerfung können Episoden wie jene mit der „Empire Windrush" so präsentiert werden (unter anderem von Teilen der Geschichtsschreibung), als ob erst in der Nachkriegszeit das Einbrechen des „Anderen" in die britische Identität (wohlwollend oder nicht) in Betracht zu ziehen wäre (vgl. Hesse 2000, 11). So werden die Bedingungen für ein ganzes Spektrum von Politiken geschaffen, von den verschiedenen Varianten

„multikultureller" Toleranz bis zur nationalistischen Verteidigung einer bedrohten „weißen Identität", deren Gemeinsamkeit ungeachtet aller offensichtlichen Unterschiede die Bestätigung der rassistischen Asymmetrie ist, wie sie dem Projekt des europäischen Kolonialismus eigen war.

Segregationen

Die Einsicht ist keinesfalls auf Großbritannien (oder Frankreich) zu beschränken. Die Kolonialerfahrung stellt in jedem Fall in der Moderne ein gemeinsames konstitutives Element in der Entwicklung europäischer bzw. okzidentaler Identität dar. Seit vielen Jahren, spätestens 1978 mit dem Erscheinen von Edward W. Saids Untersuchung *Orientalismus* (dt. 1981) wird dieses Ergebnis immer nachdrücklicher durch die internationale Forschung bestätigt: Der europäische/okzidentale Kolonialismus hat über seine historischen materiellen Folgen hinaus unhintergehbare „epistemische" Auswirkungen.

Es geht hier nicht darum, die Untersuchungsarbeit über den Kolonialismus aus dem Bereich materieller Prozesse in den „ätherischer" anmutenden der Diskurse und des Wissens zu verschieben, sondern darum, auf dieser zweiten Ebene, darin Foucault folgend, die Gewalttätigkeit aufzuzeigen, die auf der ersten evident erscheint. Man kann so mitten in Charles Dickens' *Großen Erwartungen* den Genozid an den Aborigines Australiens aufspüren (Said 1994) oder, indem man dem schwachen Hinweis auf die indigenen Bewohner Feuerlands in Kants *Kritik der Urteilskraft* folgt, zu dem Schluss gelangen, dass das moderne Subjekt und mit ihm der okzidentale Universalismus geopolitisch differenziert entstehen (Spivak 1999). Aber man wird auch entdecken, wenn man der Arbeit der Kolonialverwalter und der Wegbereiter der Anthropologie nachgeht, wie vorgeblich neutrale Kategorien wie „Ethnie", die heute zur Definition von Migranten in okzidentalen Ländern allgemein Verwendung finden, in die Geschichte des Kolonialismus eingelassen sind (Amselle/M'Bokolo 1999). Und es wird möglich zu zeigen, dass scheinbar trockene „Wissenschaften" wie die Demographie den Kolonialismus verlängern, indem sie es in ihrer Taxonomie als gegeben annehmen, dass europäische Bevölkerungen „homogene Nationen" seien, in denen keine „Ethnien" mehr existierten, in Nordafrika hingegen „ethnische Residuen" weiterbestünden, während in den Ländern Afrikas südlich der Sahara Menschen niedrigeren Rangs beheimatet seien, unfähig, die „Wahrheit" des Prinzips der Nation aufzunehmen (Le Bras 1998, 174ff.).

Wir haben bis jetzt allerdings lediglich Momente einer Kontinuität zwischen kolonialer und postkolonialer Situation angeführt (oder vielmehr gestreift). Es wäre angebracht, diesen Aspekt zu vertiefen, gerade angesichts einer Tendenz in heutigen Debatten, die postkolonialen Bedingungen als frei von den Härten darzustellen, die das Zeitalter der Kolonialreiche kennzeichneten: Die Abschottung des Westens gegenüber Migrationsbewegungen, die Asymmetrie in der liberalen politischen Theorie zwischen Rechtsgrundsätzen nach „innen" oder vielmehr für die jeweiligen „Staatsbürger" und solchen nach „außen", die bei der Behandlung von „Nicht-Bürgern" Anwendung finden, kann mit einigem Recht als postkoloniale Rückkehr zu einer Logik der Beherrschung des Raums bezeichnet werden, die historisch zur Entstehungsphase des Liberalismus als hegemoniale Denkrichtung der Moderne gehört (Cole 2000; Balibar 2003). Doch gilt es einen Schritt weiter zu gehen und auch die Momente der Diskontinuität hervorzuheben; MigrantInnen sind für diese Diskontinuitäten, so meine These, von erheblicher Bedeutung.

Eine Schlüsselstellung im okzidentalen kolonialen Projekt kommt der *Segregation* zu, die insgesamt die Dimensionen von Zeit und Raum gliedert und das mehr oder minder spontane Schweigen der nicht-europäischen Welt zur Voraussetzung hat (Said 1994). Nicholas Thomas hat darauf hingewiesen, wie die Muster rassistischer Hierarchisierung, die sich im Verlauf des 19. Jahrhunderts in Anlehnung an die Darstellung der Naturgeschichte des Comte de Buffon durchsetzen, zugleich einen wichtigen Einschnitt im Hinblick auf die Ideologien markieren, die in der Geschichte des modernen europäischen Kolonialismus dessen erste Phase begleiten (Thomas 1994). Das Bild des „Barbaren", religiös und eben nicht rassistisch gefasst, und die Unterscheidung in Heiden und Ketzer prägt die Haltung der Europäer gegenüber den nicht okzidentalen Bevölkerungen im Zeitalter der „Entdeckungen" und der Eroberung der Neuen Welt. Die Rhetorik von „Bekehrung" und „Evangelisierung" macht die Conquista nicht weniger gewalttätig, da die Gewalt im Gegenteil ja durch den Glauben gerechtfertigt ist, verhindert aber, dass sich zur Legitimation der Kolonialherrschaft ein Muster verfestigt, das vom grundsätzlichen Anderssein jener Bevölkerungen und „Kulturen" ausgeht. Um ein solches Muster zu ermöglichen und eine hierarchischen Ordnung schaffen zu können, ist es notwendig, kulturelle Unterschiede zu essenzialisieren: Im Verlauf des 19. Jahrhunderts sind daran akademische Disziplinen und die spezifischen Praxisformen der kolonialen Gouvernementalität beteiligt.

Die dem europäischen kolonialen Projekt im 19. Jahrhundert implizite Segregation bedeutet so: Die präzise definierten und unüberwindbaren *Grenzen* zwischen „Rassen" und Kulturen entsprechen der Rigidität der Trennungslinie zwischen Metropolen und kolonialen Territorien; die Grenzen verlaufen zwischen inkommensurablen Welten. Somit sind gleichermaßen epistemisch wie materiell die Bedingungen geschaffen, um die Präsenz nichteuropäischer Communities im Herzen der Metropole tatsächlich, wie am britischen Beispiel zu sehen, verdrängen zu können. Die räumliche Segregation wird nun durch eine ebenso rigide zeitliche verdoppelt, bestätigt und verstärkt. Es ist hier ganz lehrreich, sich kurz einem der avanciertesten liberalen Denker der zweiten Hälfte des 19. Jahrhunderts zuzuwenden, John Stuart Mill. In seinen *Betrachtungen über die repräsentative Demokratie* von 1861 sieht Mill im Kapitel XVIII, das der Regierung der Kolonien gewidmet ist, die Notwendigkeit, die Prinzipien repräsentativer Demokratie in den kolonialen Besitzungen in Nordamerika und Australien anzuwenden, deren Zivilisation der im Mutterland ebenbürtig sei (den Genozid an der indigenen Bevölkerung vergisst Mill zu erwähnen). Doch das könne nicht für andere Kolonien (wie vor allem Indien) gelten, die dieses Niveau noch nicht erreicht hätten und der Regierung durch das Mutterland oder eine Kolonialverwaltung bedürften (Mill 1971). Es ist offensichtlich, dass hier ein „historistisches" Vorurteil wirkt: Die nicht europäischen Territorien werden in eine Art imaginären Wartesaal der Geschichte eingesperrt, in ein ewiges Zu-spät-Kommen im Vergleich zu den europäischen Standards, die zu erreichen sie letztlich nur anstreben können (Chakrabarty 2000).

Eine Welt

Jahre bevor John Stuart Mills Schrift veröffentlicht wird, beobachtet man in Europa entgeistert, wie schwarze Menschen, die den republikanischen Traum der Jakobiner und Sansculotten von Paris ernst nehmen und ihre Freiheit und Gleichheit als naturgegeben geltend machen, sich siegreich erheben und das Ende der weißen Herrschaft über ihre Körper verkünden (James 1984). Die Radikalität des Aufstands afrikanischer Sklaven auf Santo Domingo, der von François Dominique Toussaint L'Ouverture in den neunziger Jahren des 18. Jahrhunderts angeführt wird, eine Radikalität, die den Aufstand dauerhaft als politischen Mythos des Schwarzen Atlantik funktionieren lässt, diese Radikalität besteht vor allem darin, dass eine Geschichte, die bis dahin „als inexistent gilt, die außerhalb der Geschichte des weißen Mannes stehend oder ihr zumindest untergeordnet erscheint, unmittelbare und außerordentliche Bedeutung erlangt" (Ricciardi 2001, 83f.). Der Aufstand von Santo Domingo wird dadurch zu einem Wendepunkt in der politischen Geschichte der Afrikaner in der Neuen Welt (Genovese 1979). Die Weigerung, die räumliche und zeitliche Segregation, den Ausschluss aus den für Weiße reservierten Dimensionen hinzunehmen, bildet den roten Faden, der die Flucht von den Plantagen des US-amerikanischen Südens mit der „schwarzen Revolution" in den Jahren des Bürgerkriegs und den antikolonialen Kämpfen des 20. Jahrhunderts verbindet. Unabhängig von seinen Ergebnissen im Einzelnen hat der Prozess der Dekolonisierung ein für alle Mal die Unmöglichkeit vor Augen geführt, Individuen und Bevölkerungen als „Fremde" aus der okzidentalen Geschichte zu verbannen. Die Gewalt der Kolonialherrschaft hat jene Individuen und Bevölkerungen in diese Geschichte gebracht; sie weigern sich, weiterhin an deren Rändern zu bleiben.

Die Geschichte der vergangenen zwei Jahrhunderte stellt sich, von außerhalb der „Metropolen" betrachtet, als grundlegende Dialektik von Kolonialismus und antikolonialen Kämpfen dar; eines der hervorstechenden Merkmale der heutigen so genannten Globalisierung besteht darin, dass sie Ausdruck der Unmöglichkeit ist, die raum-zeitliche Segregation als allgemeines Merkmal von Herrschafts- und Ausbeutungsverhältnissen zu konservieren oder zu restituieren (Hardt/Negri 2002). Die entstandene eine Welt ist so betrachtet eine ganz andere - und viel dramatischere - Angelegenheit, als es die neoliberalen Erzählungen glauben machen.

Dynamiken räumlicher Segregation sind in der Welt von heute weiterhin machtvoll am Werk, ob unter den metropolitanen Bedingungen Europas und Nordamerikas oder unter jenen der industriellen Exportzonen und der Maquilladoras in allen Winkeln des Planeten (Davis 1994; Bauman 2001; Klein 2001). Maßnahmen zur Eindämmung der Mobilität der Arbeitskraft stellen eine globale Tendenz dar. Doch schon die Legitimität von Grenzen an sich wird radikal infrage gestellt, und im Einsatz gegen die nicht aufzuhaltende Migration von Frauen und Männern müssen Grenzen heute selbst mobil und flexibel werden. In ähnlicher Weise ist der bei John Stuart Mill beobachtete „Historismus" sicherlich nicht verschwunden, er wirkt im Gegenteil in den Diskussionen der politischen Eliten wie der Sozialwissenschaften über die Probleme der Länder, „die sich auf dem Weg der Entwicklung befinden", immer noch einflussreich fort; doch die Logik des „Noch nicht", in der Mill sich ausdrückt, steht in einer permanenten Spannung mit dem „Insistieren auf dem 'Hier und Jetzt', das die popularen Demokratiebewegungen auszeichnet" (Chakrabarty 2000, 8).

Edward Said hat den Hinweis geliefert: Wenn die 1960er und 1970er Jahre in der Erinnerung heute die Zeit der großen Massendemonstrationen in den USA und Europa sind, dann müssen die 1980er Jahre „zweifellos als das Jahrzehnt der Massenerhebungen außerhalb der westlichen Metropole gelten. Der Iran, die Philippinen, Argentinien, Korea, Pakistan, Algerien, China, Südafrika, im Grunde ganz Osteuropa, die israelisch besetzten Gebiete von Palästina - das sind einige der Regionen" (Said 1994, 429). Es ist offensichtlich, dass zwischen diesen

Bewegungen große ideologische Differenzen bestehen und sie ihr Entstehen ganz unterschiedlichen Bedingungen verdanken. Umso bedeutender ist ein Merkmal, das Said als gemeinsames hervorhebt: In den Massenerhebungen der Achtziger zeigt sich die Herausforderung eines Moments, „das für jede Theorie und Praxis der Regierungskunst grundlegend ist, nämlich das Prinzip der Beschränkung" (Said 1994, 430). Es geht hier um eine offensichtliche Kontinuität aus den antikolonialen Kämpfen der zurückliegenden Jahrzehnte, ein weiteres Glied in der Kette der Bewegungen, die die „subjektive" und praktisch immer verschwiegene Seite im Globalisierungsprozess konstituieren. Zutreffend ist sicherlich Saids Beobachtung, dass in der Folgezeit „die säkularen und religiösen Autoritäten der Welt nach neuen oder erneuerten Regierungsweisen gesucht" haben und sie in der „Berufung auf Tradition, auf nationale oder religiöse Identität oder auf Patriotismus" fanden (Said 1994, 430). In den verzweigten Migrationsbewegungen hingegen lässt sich ein Weg ausmachen, auf dem die Revolte gegen das „Prinzip der Beschränkung" weitergeht.

Es ist einmal mehr angebracht darauf hinzuweisen, dass Kontinuität in keiner Weise Bewusstsein unterstellt. Und auch den Reichtum der Subjektivität der Bewegungen und des Widerstands hervorzuheben bedeutet nicht, eine Idylle zu zeichnen. Herrschafts- und Ausbeutungsverhältnisse sind keineswegs „Reste", sondern treten heute sogar in noch nie da gewesener Intensität und Brutalität auf. Das tun sie, indem sie auf das magmatische Terrain von Bewegungen ausgreifen, die keine Anstalten machen Ruhe zu geben; die Imperative der Ware und des Geldes, die Disziplin der „abstrakten Arbeit" sollen Körpern und Gehirnen aufgezwungen werden, die anderen Logiken folgen. Die Erfahrung der MigrantInnen kann von einem Raum und einer Zeit des Elends geprägt sein, von materieller und symbolischer Deprivation; ihre Körper können das Stigma der Ausgrenzung tragen oder kaum vorstellbare Verletzungen aufweisen; ihre Stimmen erzählen von einer Welt, die, obwohl sie längst *eins* geworden ist und postkolonialen Logiken folgt, weit davon entfernt ist, eine friedliche Ordnung zu finden. Anders gesagt: Ausgehend von den Kontinuitäten zwischen den Migrationsbewegungen heute und der jahrhundertelangen Geschichte der Kolonialherrschaft sowie der Kämpfe dagegen stellt sich die Globalisierung als Prozess voller Spannungen dar, als eine reiche und komplexe Situation (vgl. Mezzadra/Petrillo (Hg.) 2000) - im Gegensatz zu den Szenarien der neoliberalen Meisterdenker.

Kulturen

„People and things are increasingly out of place."
James Clifford

Es findet sich kaum eine Beschreibung der Globalisierungsprozesse (und insbesondere ihrer „kulturellen" Auswirkungen), die treffender wäre als die in der lapidaren Aussage von James Clifford angedeutete. Der Satz bezieht sich vordergründig auf ein Gedicht des jungen Arztes William Carlos Williams, geschrieben in einem Suburb von New York um 1920. Doch er richtet sich genauso an unsere Gegenwart, durchquert die Geschichte des 20. Jahrhunderts und rekapituliert dabei den Widerstand gegen die Kolonialherrschaft und die Revolte gegen das „Prinzip der Beschränkung". Clifford situiert die fortschreitende *Deplatzierung* von Menschen und Dingen in der Entwicklung nach 1950, als „Menschen, für die lange Zeit westliche Ethnographen, Beamte und Missionare gesprochen hatten, zu sprechen und auf der globalen Bühne zu handeln begannen" (Clifford 1988, 18).

Heute, insbesondere nach 1989, tauchen in immer schnellerem Rhythmus „Kultursplitter", die von der Anthropologie und der Ethnologie als „ethnisch" klassifiziert sind, in metropolitanen Kontexten wieder auf: als exotisch angesehene „Lebensstile" behaupten sie sich, verweigern die Zuordnung zu einer Tradition, die die Moderne überwinden würde, und zeigen stattdessen überraschende Fähigkeiten zur Koexistenz oder Hybridisierung.

Mit diesem Prozess verbindet sich das erneuerte Interesse an Themen der „Kultur" und der „Identität", das unter anderem auch in den Debatten über Multikulturalismus einen Ausdruck findet. Die Gefahr des Multikulturalismus, entlang dieser Themen die Institution neuer Grenzen oder gar die Reproduktion von kolonialistischen Denkmustern zu fördern, ist evident, und gleichzeitig rückt der Bereich der Kultur ins Zentrum einer Neudefinition des „Geistes" und der materiellen Ordnung des Kapitalismus, wie zahlreiche Untersuchungen belegen (Virno 1994; Klein 2001; Boltanski/Chiapello 2003). Im selben Zug findet die These vom „Kampf der Kulturen" (Huntington 1996) nicht nur in der öffentlichen Debatte ein unglückseliges Echo, sondern genießt auch in den Planungsstäben der US-amerikanischen Außenpolitik Ansehen. Hinzuzufügen ist, dass eine Tendenz, identitäre Grenzen als unüberschreitbar und gottgegeben zu markieren, in den vergangenen Jahren die afroamerikanische Kultur in den USA überfahren hat. Diese Tendenz bildet die Grundlage für einen Nationalismus, den Paul Gilroy der Verbindung von Antisemitismus mit einer spezifischen Form von schwarzem Rassismus anklagt (Gilroy 1998; 2000).

Trotz dieser Kritik an Vorstellungen von „Identitätspolitik" und am Multikulturalismus darf nicht übersehen werden, dass sich seit Jahren fast überall in den okzidentalen Ländern eine den Multikulturalismus ablehnende Rhetorik unter dem Banner eines „weißen Fundamentalismus" entwickelt hat, wobei die Angriffe der jüngsten Zeit gegen die so genannte muslimische Gefahr nur eine mögliche Variante darstellen (Hage 1998). Die Behauptung der Reinheit und Überlegenheit der westlichen Kultur (oder Zivilisation), die von einer islamischen oder afrikanischen Barbarei belagert werde, leugnet nicht nur die Materialität des historischen Prozesses, der zur *Deplatzierung* der Menschen und Dinge, Kulturen und Lebensstile führte: Die Geschichte des Kolonialismus soll dergestalt entsorgt werden. Und der „weiße Fundamentalismus" zielt darauf, die MigrantInnen „auf ihren Platz" zu verweisen und sie dort - innerhalb der globalen Teilung der Arbeit und des Reichtums - zu fesseln.

Angesichts dieser Konfliktlinien kann man nicht mit einem Achselzucken die Problematik des Multikulturalismus beiseite schieben. Ein Verdienst der Debatte ist es, zumindest offenbart zu haben, dass die modernen liberalen Institutionen keineswegs kulturell neutral oder „farbenblind" sind, was „Differenz" angeht (vgl. Kymlicka (Hg.) 2000). In Ländern wie den USA, Kanada und Australien hat die Diskussion über Multikulturalismus die Möglichkeit eines Nachdenkens über die „dunklen Seiten" der Nationalgeschichte eröffnet und die Notwendigkeit gezeigt, die Bedeutung dieser Geschichte neu zu verhandeln. In Europa könnte eine solche Auseinandersetzung dazu beitragen, eine Kritik der Politik zu befördern. Gerade wenn es darum geht, den Universalismus neu zu definieren, indem man ihn von dem Schicksal befreit, bloße Begleitmusik zum Marsch der „gespenstischen Objektivität" der Ware und des Geldes zu sein, sollte den verschiedenen Arten Aufmerksamkeit geschenkt werden, wie Menschen die Globalisierung *imaginieren* (García Canclini 1999).

Es geht schließlich darum, die Gesamtheit der Dynamiken der Desorientierung und Entgrenzung zu umreißen, die den gegenwärtigen Zustand des Politischen nicht weniger wie den der Kultur charakterisieren. Es scheint als gehörte es zu diesem Zustand, dass die Bewegungen, die der Geschichte der Moderne ihre Züge verliehen, sie als *Weltgeschichte* schufen, an die Oberfläche kämen und eine ebenso rigide wie ephemere Gestalt annähmen. Der „multikulturelle Zustand" verweist auf die definitive Überwindung einer der Grundvoraussetzungen der europäischen politischen Anthropologie: der Idee einer „naturgegebenen" Überlegenheit des europäischen Menschseins andern Bewohnern der Erde gegenüber. Darauf kommt es an, zumindest perspektivisch, wenn es darum geht, an den „Traum von einer Sache" anzuknüpfen, der in der Moderne Teil des Albtraums der Sklaverei und der Konzentrationslager wurde. Und wenn es darum geht, die Radikalität der Freiheit und Gleichheit aufzunehmen, die den Geist der republikanischen, demokratischen und kommunistischen Entwürfe im Okzident nicht weniger nährte als die Bewegungen des Schwarzen Atlantik.

Modernity at Large

Die Entgrenzung der Moderne, das „Ganz-allgemein-Werden", von dem Arjun Appadurai spricht, ist einer der charakteristischen Züge des gegenwärtigen Zustands (vgl. Appadurai 1996). Es ist kein Zufall, dass die Formation transnationaler Netzwerke und die Erfahrungen der Diaspora, durch die die Koordinaten von Identität und „Patriotismus" beständig aufgelöst und neu zusammengesetzt werden, einhergehen mit der Entstehung des bereits angesprochenen „weißen Fundamentalismus" in westlichen Ländern, mit der Vervielfachung von Grenzen, mit ihrer Verstärkung gegen Flüchtlinge und MigrantInnen sowie mit einer Tendenz, die Étienne Balibar „das Paradox der Verschiebung der Grenzen von den Rändern ins Zentrum der Öffentlichkeit" nennt (Balibar 2003, 158).

Die globale Gegenwart verstärkt ein konstitutives Merkmal der dem Kapitalismus eigenen Zeitlichkeit, die Paolo Virno beschriebt: Das „Oszillieren zwischen dem Stillstand der Geschichte und ihrer Entfesselung", zwischen Beschleunigung und Erstarrung der Zeit mündet in eine Dynamik, in der es „dem Wirbel der Veränderung nicht gelingen will, die monotone Repetition archetypischer Muster zu verbergen" (Virno 1999, 135f.).

Die Entgrenzung der Moderne produziert Ambivalenzen und Auswirkungen, die nicht zu unterschätzen sind. Gewaltige Prozesse so genannter Dezentrierung überformen die Räumlichkeit und Zeitlichkeit. Ein Verständnis dieser Prozesse bietet die Beschreibung der afroamerikanischen Schriftstellerin Toni Morrison: Sie untersucht die Präsenz der Afrikaner und afrikanischen Amerikaner - „dieser unruhigen und beunruhigenden Population" (Morrison 1994, 26) - als afrikanische Präsenz in der amerikanischen Literatur, um „die Natur - wenn nicht gar die Ursache - des literarischen 'Weißseins'" zu entdecken, des Musters, dessen Dominanz in den erzählten Mythen ungebrochen ist und das als „Bewusstsein ihres Landes" in die Literatur der Vereinigten Staaten eingeht (Morrison 1994, 30, 36f.). Zugleich beschränken sich die Ströme der Körper, der Symbole und Bedeutungen im offenen Raum der postkolonialen Migrationsbewegungen nicht darauf, eine Geografie zu entwerfen, die sich von der des kapitalistischen Kommandos radikal unterscheidet. Sie stellen die Bedeutung der Zeitlichkeit der Moderne selbst infrage, breiten darin verborgene Genealogien aus und eröffnen die Möglichkeit ungeahnter Register.

Die Auswirkungen dieser Situation lassen sich in Projekten beobachten, die man gewöhnlich als *Postcolonial Studies* zusammenfasst. Als intellektuelle Interventionen scheinen sie *politisch* in der Lage zu sein, eine Debatte über die Moderne in ihrer Gesamtheit zu eröffnen. Wir beziehen uns hier insbesondere auf eine Strömung der Postcolonial Studies, die sich sowohl theoretisch als auch „disziplinär" sehr direkt auf Geschichte bezieht. Was bedeutet, fragt etwa Paul Gilroy, die Kontroverse um Moderne und Postmoderne aus der Perspektive des Schwarzen Atlantik? Die Moderne hat den Menschen des Schwarzen Atlantik die Erfahrung der katastrophischen Gewalt als Fluchtpunkt der großen Fortschrittserzählungen gebracht; von der Postmoderne antizipierten sie einige Züge, die Erfahrung der Dezentrierung und der Dekomposition des Ich beispielsweise, allerdings in ganz anderen Mustern als denen, die im Westen in den achtziger und neunziger Jahren des 20. Jahrhunderts dominant wurden. „Es ist an der Zeit", fügt Gilroy hinzu, „die Geschichte der Moderne in ihren Hauptzügen aus der Perspektive der Sklaven zu rekonstruieren." (Gilroy 1993, 55) Eine Linearität kann es so nicht geben: weder eine, die darin bestünde, das Leid und die Revolte der Sklaven (und der Frauen und Männer, die unter das Joch der Kolonialherrschaft gezwungen wurden) in eine einheitliche und feste Handlung zu zwängen, noch eine, die der endgültigen Verurteilung der Moderne in ihrer Gesamtheit gleichkäme. Die „Perspektive der Sklaven" bezeichnet vielmehr das Prinzip einer permanenten Verschiebung der Geschichte und der Erfahrung einer Moderne, deren „Versprechen" und deren „Potenzial" den Befreiungsbewegungen des Schwarzen Atlantik alles andere als fremd sind (Gilroy 1993, 56). Dies zwingt, Gilroy verweist auf Walter Benjamin, die Gleichzeitigkeit von Fortschritt und Katastrophe zu denken. Man kann Geschichte so imaginieren, dass ihre lineare Bewegung von Jazzimprovisationen unterbrochen wird, wie bei Toni Morrison in ihren Romanen, um die Perspektive des Schwarzen Atlantik einzulösen.

Ein weiterer Impuls, dem Begriff der Geschichte eine neue Bedeutung zu geben, geht von einer Gruppe von Forschern aus, die sich um die *Subaltern Studies* in Delhi gruppieren. Von Ranajit Guha initiiert, gelang es dieser Gruppe, das Bild der indischen Kolonialgeschichte grundlegend zu redefinieren: in Auseinandersetzung sowohl mit der britischen kolonialen Vulgata als auch mit der Geschichtsschreibung der Nationalbewegung im 20. Jahrhundert. Im Zentrum der Arbeiten der Subaltern Studies stehen die Erfahrungen und Kämpfe, aber auch die Anpassungs- und Kompromissfähigkeit der „subalternen" Massen Indiens – der Bauern, des städtisches Proletariat, der sich formierende Arbeiterklasse – im und gegen das Kolonialsystem. Neue Quellen werden zutage gefördert, vor allem aber werden neue Methoden der Interpretation schon bekannter Quellen angewandt; die Subaltern Studies sind vom westlichen Marxismus ebenso inspiriert wie von Foucault oder vom Dekonstruktivismus. Die lebhaften Debatten in diesem intellektuellen Umfeld führen zu unterschiedlichen Positionierungen, etwa in der Frage, ob es möglich sei, die „Subalternen“ als homogenes Subjekt zu denken, deren „Stimme“ klar aus den Dokumenten spreche und die der Historiker „repräsentiere“ (vgl. Spivak 1988; 1999). Zugleich machen die Subaltern Studies auf die Dringlichkeit aufmerksam, die Moderne neu zu denken, sie zu dezentrieren und neu zu interpretieren: Das Verhältnis zwischen dem kolonialen Herz der Finsternis und den subjektiven Instanzen, seien sie nun „Subalterne“ oder indische Eliten, artikuliert und hybridisiert das Geflecht der Moderne.

„Man kann nicht für oder gegen die Moderne sein; man kann nur sehen, wie man mit ihr zu Rande kommt.“ (Chatterjee 1997, 280) Partha Chatterjees Worte umreißen das theoretische Programm der Subaltern Studies. Die Themen, denen sich insbesondere die bengalischen AutorInnen widmen, decken ein weites und faszinierendes Feld ab: Untersucht wird das Geflecht von Opferbereitschaft und Insubordination in den antikolonialen Kämpfen, aber auch etwa die Entwicklung der bengalischen Aufklärung in der Auseinandersetzung von Intellektuellen wie Rammohun Roy (etwa 1772-1833) oder Iswarchandra Vidyasagar (1820-1901) mit der englischen Kolonialgesetzgebung und der schottischen Aufklärung angesichts des *Sati*, des rituellen Witwenopfers (vgl. Chakrabarty 2000, 117ff.). Die Herausbildung „moderner“ Subjektivität, der sich andere Untersuchungen widmen, zeigt eine Genealogie, in der Momente kreativer kultureller *Übersetzung* ins Spiel kommen: Die westliche Unterscheidung zwischen Öffentlichkeit und Privatsphäre wird durchkreuzt, die Konstitution des Subjekts definiert sich nicht im Bezug auf das (bürgerliche) Individuum; als „multiples Subjekt“ (Chakrabarty 2000, 147) ist es eingelassen in die britische Kolonialherrschaft und existiert zugleich in Formen des Selbst und der Gemeinschaft (etwa Verwandtschaftsbeziehungen), die sich permanent verschieben, ohne dass es möglich wäre, Kategorien wie Modernisierung, Emanzipation oder Tradition mechanisch anzuwenden. Das erklärte Ziel von Autoren wie Chakrabarty ist es, „die Frage nach dem Verhältnis einer Pluralität von Lebenspraxen oder Lebenswelten und universalisierenden politischen Philosophien produktiv zu öffnen, die das globale Erbe der Aufklärung bleiben“ (Chakrabarty 2000, 148).

Marx in Kalkutta

Ist in diesen Untersuchungen nicht trotz allem ein theoretischer Minimalismus am Werk? Man könnte tatsächlich einen Passus wie den Folgenden von Partha Chatterjee so lesen:

> „Die wahre Moderne besteht darin, die partikularen Formen der Moderne zu bestimmen, die den partikularen Umständen angemessen sind; das heißt, die Methoden der Vernunft anzuwenden, um die spezifischen, unseren Zwecken angemessenen Instrumente der Moderne zu finden oder zu erfinden. Oder um es anderes auszudrücken: Wenn es eine Definition der Moderne gibt, die universale Geltung beanspruchen kann, dann diese: Indem sie uns lehrt, unsere Vernunftmethoden einzusetzen, ermöglicht es uns die universale Moderne, die Formen unserer partikularen Moderne zu finden." (Chatterjee 1997, 269f.)

Gibt es keinen anderen „Universalismus" der Moderne als den, Vernunftmethoden einzusetzen? Um diese Frage zu beantworten, scheint ein Rekurs auf Dipesh Chakrabartys *Provincializing Europe* angebracht. Der „antikoloniale Geist der Dankbarkeit" (Chakrabarty 2000, 255), den der Autor dem Projekt, Europa zu provinzialisieren, verordnet, spielt auf die materielle Konstitution des okzidentalen Universalismus an und bemerkt gleichzeitig die Unmöglichkeit für das kritische Denken, sich in klarer Weise außerhalb desselben zu positionieren. Chakrabartys Argumentation ist breit und voller ausführlicher begrifflicher Differenzierungen; wir wollen uns im Folgenden auf einen Strang konzentrieren, der in direkter Verbindung zu seinen historiographischen Arbeiten steht, insbesondere seiner Untersuchung der Geschichte der bengalischen Arbeiterklasse (Chakrabarty 1989). Die Auseinandersetzung mit Marx wird damit zentral.

Hier eröffnet sich die Problematik des Verhältnisses von Moderne und Kapitalismus, das ganz offensichtlich nicht auf das Gleichsetzen der beiden Termini reduziert werden darf: Zum einen, weil Kategorien der Moderne wie die Vernunftidee, die mit der Renaissance als ein den Menschen gemeinsamer Besitz formuliert wurde und in ihrer eigenen Entwicklung bis zum Prozess der Formalisierung der instrumentellen Vernunft reicht, über die Logik und die Imperative des Kapitals hinausweisen; zum anderen, weil der Kapitalismus, wie die Untersuchungen zum Kolonialismus beispielhaft zeigen, seine Herrschaft behauptet, indem er gerade von konstitutiven Momenten der Moderne absieht. Die Analyse zeigt das Gewirr säkularer Machtstrukturen und „religiöser" Praxen, die einer Säkularisierung im Sinne Webers nicht zugänglich sind, sie zeigt sie als Muster, die die britische Kolonialherrschaft in Indien und die progressive Integration des Subkontinents in die Kreisläufe des kapitalistischen Weltsystems tragen; sie dezentriert, *provinzialisiert* so Europa, indem sie den alten Kontinent als Variante kapitalistischer Entwicklung präsentiert und dabei aufweist, dass die Strukturen, die sich hier ausgebildet haben, einschließlich der hegemonialen Stellung „bürgerlicher Machtverhältnisse“, keinerlei normative oder modellhafte Bedeutung beanspruchen können (Chakrabarty 2000, 14f.).

Das Projekt zielt ganz bewusst darauf, eine Position ins Wanken zu bringen, die die Schwierigkeiten Indiens auf einen Mangel an kapitalistischer Entwicklung zurückführt und die sozialen und politischen Probleme des Landes bis in unbestimmte Zukunft vertagen möchte. Chakrabarty ist nichts an einer Debatte um „alternative“ Entwicklungsmodelle gelegen. Es geht also zum einen um die Untersuchung der historischen Formen des antikolonialen Kampfs. Dabei wird in der beachtlichen Präsenz von Geistern und übernatürlichen Mächten im Bewusstsein der Subalternen nicht das Moment einer „Rückständigkeit“ gesehen, sondern vielmehr der unmittelbar politische und moderne Charakter hervorgehoben. Zum anderen geht es um den gegenwärtigen Zustand: Pluralität steht zur homologisierenden Macht des Kapitals nicht in Opposition, sondern stellt viel eher eine seiner wesentlichen Bestimmungen dar.

Chakrabarty stellt die Marxsche Kategorie der „abstrakten Arbeit“ in den Mittelpunkt seiner Analyse. Sein Ausgangspunkt ist die Kritik der „historistischen Versuchung“, die in der Unterscheidung von „formeller“ und „realer Subsumtion der Arbeit unter das Kapital“ implizit angelegt ist. Auch wenn diese Unterscheidung unter analytischen Gesichtspunkten äußerst fruchtbar ist, kann sie dazu beitragen, eine uniforme Geschichte des Kapitalismus zu unterstellen: Eine „historistische“ Lektüre könnte der Idee Vorschub leisten, „‘realer’ Kapitalismus heißt ‘reale’ Subsumtion“ (Chakrabarty 2000, 50), also die zunehmende Eliminierung der „Differenz“ in einer abgeklärten Welt, in der sich allein die kapitalistische Herrschaft ausdehnt. Chakrabarty widerspricht dieser Sichtweise grundsätzlich. Seine Position findet Entsprechung auch in Untersuchungen wie der von Yann Moulier Boutang über die Permanenz unfreier Arbeit (vgl. Moulier Boutang 1998). Ein uniformes Bild des Kapitalismus ist unvereinbar mit Marx’ Insistieren auf der konstituierenden Macht des proletarischen Widerstands und der Insubordination; es verschleiert zudem den despotischen Charakter der kapitalistischen Herrschaft (Chakrabarty 2000, 58f.). An dieser Stelle kommt die Kategorie der abstrakten Arbeit ins Spiel. Weit davon entfernt, als etwas „objektiv“ Gegebenes gelten zu können (und deshalb auch als Modell in einer politischen Theorie des Widerstands gegen das Kapital ungeeignet: Es wäre das Bild einer proletarischen Bewegung als bloßes Spiegelbild der „abstrakten Arbeit“), ist die Kategorie in Marx’ Augen, wie vor allem seine Analyse der Fabrikdisziplin zeigt, „das hermeneutische Raster, durch welches das Kapital uns zwingt, die Welt zu lesen“

(Chakrabarty 2000, 55). Die Aufmerksamkeit muss daher auf die Spannung gerichtet werden, die notwendigerweise entsteht zwischen der Abstraktion, die das Kapital auf der Suche nach einem allgemeinen Maß menschlicher Tätigkeit vornimmt, und der Arbeit, ohne deren Unterwerfung der Mehrwert nicht abzupressen wäre. Diese Arbeit ist *lebendige* Arbeit (Chakrabarty 2000, 60).

Die „gespenstische" Geschichte des Kapitals wird in diesem Raum voller Widersprüche, so Chakrabarty, immer auf andere Geschichten treffen - in Indien wie in Europa, könnten wir ergänzen. Diese Geschichten scheinen auf den ersten Blick mit den Imperativen der Akkumulation unvereinbar. Wenn da nicht diese Dimension der „Pluralität" wäre - die Dynamik der kapitalistischen Produktionsweise bliebe letztlich unerklärlich.

Genau hier, in diesem Aufeinandertreffen von Despotismus und Gewalt, Revolte und Widerstand, von Fortschritt und Katastrophe findet sich der „universale" Charakter der Moderne. Die Pluralität der historischen Differenz und die Einzigartigkeit des Kapitals existieren im Letzteren nebeneinander, ohne dass es möglich wäre, das eine gegen das andere auszuspielen. Unsere Gegenwart zeigt diese strukturelle Verbindung in vollem Licht. Es ist, als ob die Reduktion der Pluralität der Geschichten zum „Kollektivsingular Geschichte" (vgl. Koselleck 1979), das epochale Ereignis, von dem die Moderne ihren Ausgang nimmt, sich heute alltäglich wiederholte.

Universal heißt gegenwärtig vielleicht nur das Terrain, auf dem sich jene Reduktion vollzieht, materiell strukturiert durch die weltweite Entgrenzung der okzidentalen Aufklärung, durch die Ausdehnung nicht nur des Kapitalismus, sondern auch der Kräfte der Insubordination, die die Geschichte des Kapitalismus skandieren. Das Universale wäre daher nur eine Skizze, ein Platzhalter: es steht für die Muster der Herrschaft wie für die Schwierigkeit der Befreiung. Dieser Skizze im Versuch zu folgen, die Gegenwart zu lesen: Das ist die Aufgabe des kritischen Denkens. Der Illusion von der Einheit des okzidentalen Universalismus haben die Bewegungen und die Kämpfe ein Ende gesetzt, und zugleich haben sie seine „partikularistische" Gewalt - in den Formen der Kolonialherrschaft, der Klassenherrschaft, des Patriarchats - ans Licht gebracht.

Literatur

Amselle, Jean-Loup/M'Bokolo, Elikia (1999): Au cœur de l'ethnie. Ethnie, tribalisme et État en Afrique, Paris

Appadurai, Arjun (1996): Modernity at Large, Mineapolis, London

Balibar, Étienne (2003): Sind wir Bürger Europas? Politische Integration, soziale Ausgrenzung und die Zukunft des Nationalen, Hamburg

Bauman, Zygmunt (2001): Community. Seeking Safety in an Insecure World, Cambridge

Bhabha, Homi K. (2000): Die Verortung der Kultur. Tübingen

Boltanski, Luc/Chiapello, Eve (2003): Der neue Geist des Kapitalismus, Konstanz

Brown, J.N. (1998): Black Liverpool, Black America and the Gendering of Diasporic Space, in: Cultural Anthropology. 13.Jg., H.3

Chakrabarty, Dipesh (1989): Rethinking Working-Class History. Bengal 1890-1940, Princeton

- (2000): Provincializing Europe. Postcolonial Thought and Historical Difference, Princeton

Chatterjee, Partha (1997): A possible India. Essays in Political Criticism, Delhi

Clifford, James (1988): The Predicament of Culture. Twentieth-Century Ethnography, Literature, and Art, Cambridge

Cole, Phillip (2000): Philosophies of Exclusion. Liberal Political Theory and Immigration, Edinburgh

Davis, Mike (1994): City of Quartz. Ausgrabungen der Zukunft in Los Angeles und neuere Aufsätze, Berlin

Deleuze, Gilles/Guattari, Félix (1992): Tausend Plateaus. Kapitalismus und Schizophrenie, Berlin

Galli, Carlo (2001) Spazi politici. L'età moderna e l'età globale, Bologna

García Canclini, Néstor (1999): La globalización imaginada, México, D.F.

Genovese, Eugene D. (1979): From Rebellion to Revolution. Afro-American Slave Revolts in the Making of the Modern World, Baton Rouge

Gilroy, Paul (1993): The Black Atlantic. Modernity and Double Consciousness, London

- (1998): Cultural Studies und ethnischer Absolutismus, in: Die Beute. Neue Folge, 1.Jg., H.1

- (2000): Against Race. Imagining Political Culture Beyond the Colour Line, Cambridge

Hage, Ghassan (1998): White Nation. Fantasies of White Supremacy in a Multicultural Society, Annandale

Hardt, Michael/Negri, Antonio (2002): Empire. Die neue Weltordnung, Frankfurt am Main

Hesse, Barnor (Hrsg. 2000): Un/settled Multiculturalisms. Diasporas, Entanglements, Transruptions, London, New York

Huntington, Samuel P. (1996): Kampf der Kulturen. Die Neugestaltung der Weltpolitik im 21. Jahrhundert, München, Wien

James, Cyril L.R. (1984): Die schwarzen Jakobiner. Toussaint L'Ouverture und die Unabhängigkeitsrevolution in Haiti, Köln

Klein, Naomi (2001): No Logo! Der Kampf der Global Players um Marktmacht. Das Spiel mit vielen Verlierern und wenigen Gewinnern, München

Koselleck, Reinhart (1979): Vergangene Zukunft. Zur Semantik geschichtlicher Zeiten, Frankfurt am Main

Kymlicka, Will (Hg.) (2000): Citizenship in Diverse Societies, Oxford

Lane, Tony (1987): Liverpool. Gateway of Empire, London

Le Bras, Hervé (1998): Le démon des origines. Démographie et extrême droite, La Tour d'Aigues

Mezzadra, Sandro/Petrillo, Agostino (Hg.) (2000): I confini della globalizzazione. Lavoro, culture, cittadinanza, Rom

Mill, John Stuart (1971): Betrachtungen über die repräsentative Demokratie, Paderborn

Morrison, Toni (1993): Jazz. Roman, Reinbek

Moulier Boutang, Yann (1998): De l'esclavage au salariat. Économie historique du salariat bridé, Paris

Phillips, Mike/Phillips, Trevor(1998): Windrush. The irresistible rise of multi-racial Britain, London

Ricciardi, Maurizio (2001): Rivoluzione, Bologna: Il Mulino

Rushdie, Salman (1989): Die satanischen Verse, ohne Ort

Said, Edward W. (1981): Orientalismus, Frankfurt am Main

- (1994): Kultur und Imperialismus. Einbildungskraft und Politik im Zeitalter der Macht, Frankfurt am Main

Spivak, Gayatri Chakravorty (1988): Can the Subaltern Speak? In: Lawrence Grossberg/Cary Nelson (Hg.): Marxism and the Interpretation of Culture, Urbana

- (1999): A Critique of Postcolonial Reason. Toward a History of the Vanishing Present, Cambridge

Thomas, Nicholas (1994): Colonialism's Culture. Anthropology, Travel, and Government, Princeton

Virno, Paolo (1994): Mondanità. L'idea di mondo tra esperienza sensibile e sfera pubblica, Rom

- (1999): Il ricordo del presente. Saggio sul tempo storico, Turin

Alex Demirović

Vermittlung und Hegemonie

Das Buch *Empire*[1] von Michael Hardt und Antonio Negri ist ausdrücklich theoretisch und politisch, denn die Autoren argumentieren weniger empirisch: *Empire* versteht sich als ein Beitrag zur politischen Philosophie und Theorie der gegenwärtigen Veränderung von Herrschaft (vgl. E, 26); der Absicht nach handelt es sich also nicht um Gesellschaftstheorie. Explizit formulieren die Autoren Ziele der Emanzipation und entwerfen eine Logik emanzipatorischen Handelns. *Empire* ist also eher ein großangelegter geschichtsphilosophischer Essay, der die großen Linien der kapitalistischen Gesamtentwicklung mit einer Konzentration auf die tiefgreifenden Veränderungen in den vergangenen drei Jahrzehnten nachzuzeichnen versucht. Globalisierung sei zeitdiagnostisch nicht ängstlich als Drohung zu deuten, sondern, ganz im Sinne einer aufklärerischen Tradition kritischer Gesellschaftstheorie in weltbürgerlicher Absicht, als historisch neue Möglichkeit von Freiheit. „Wir stehen keineswegs in Gegnerschaft zur Globalisierung der Verhältnisse als solcher – es waren, wie wir bereits sagten, die stärksten Kräfte des linken Internationalismus, die diesen Prozess letztlich angeleitet haben. Der Gegner ist ein besonderes Regime globaler Verhältnisse, das wir Empire nennen." (E, 59) Die Fragestellung ist plausibel, der Begriff muss allerdings erläutert werden. Seine Konturen gewinnt er durch den Unterschied zu den Begriffen der Moderne, der Souveränität und des Nationalstaats.

Moderne als krisenhafter Prozess

Die Moderne beginnt, so Hardt und Negri, mit der humanistischen Revolution zwischen dem 13. und 16. Jahrhundert und der Entdeckung der Immanenz, also mit der Einsicht, dass die Menschen selbst die konstituierende Macht sind, sich also als die Schöpfer ihrer Geschichte, ihres Zusammenlebens und ihrer experimentellen wissenschaftlichen Weltsicht begreifen können. Das Sein wird als immanentes Terrain der Erkenntnis und des Handelns entdeckt, das von den Menschen in einer konstituierenden und ontologischen Tätigkeit selbst immer von neuem gestaltet wird. Dies lässt auch die Begriffe der Macht und der Freiheit zu immanenten Begriffen werden: Die Macht der Republik erwächst nicht mehr aus übergeordneten Prinzipien, sondern aus der Versammlung ihrer Bürger. Die Macht subjektiviert sich und nimmt die Gestalt konkreter Einzelner an, die Singularitäten der Vielheit (multitudo).

Doch sogleich kommt es gegen diese Entdeckung der Würde der Menschen, ihr Schicksal mit Vernunft selbst zu bestimmen, zu einer Gegenrevolution, deren Ziel nicht die Rückkehr zur vormodernen Vergangenheit, sondern die Errichtung einer übergreifenden Macht durch Ausnutzung der entstehenden Bewegungen und deren Dynamik war: das neue Menschenbild wird in die Transzendenz verschoben; die Möglichkeiten, wissenschaftlich-rational die Welt zu gestalten, werden relativiert; der Wiederaneignung der Macht durch die Menge wird Widerstand entgegengestellt. In einem daraus entstehenden Bürgerkrieg - den Autoren stehen wohl die Bauernkriege, der Dreißigjährige Krieg und die Gegenreformation vor Augen - haben die Mächte der Ordnung im Namen des Friedens gewonnen: „Frieden war zur erbärmlichen Bedingung des blanken Überlebens geworden." (E, 89) Entscheidend für die weitere Entwicklung wurde, dass die humanistische Revolution durch die Gegenrevolution nicht still gestellt wurde. Im Begriff der Moderne wurde der Konflikt als Krise auf Dauer gestellt, denn die Moderne charakterisieren Hardt und Negri, als Krise, „die sich aus dem unaufhörlichen Konflikt zwischen den immanenten, konstruktiven und schöpferischen Kräften auf der einen und der transzendenten Macht, welche die Ordnung wiederherstellen will, auf der anderen Seite definiert" (E, 90). Das, was im weiteren historischen Verlauf geschieht, lässt sich als Versuch begreifen, die schöpferische, konstituierende Macht der Menge, das eigene Sein zu erzeugen, nicht nur in Schach zu halten, sondern auch für partikulare und herrschende Interessen auszunutzen. Der entscheidende Schritt war, dem Verständnis der Immanenz den Boden zu entziehen. Der Komplexität menschlicher Beziehungen wurde eine Vermittlungsinstanz aufgezwungen, die ihnen übergeordnet war und sich zwischen sie schob. Die Vorstellung, die Menschen könnten die „Freiheit ihres Seins unmittelbar erlangen", galt nun als „subversiver Wahnsinn" (E, 93). Solche Vermittlungsinstanzen waren a) die transzendentale Begrifflichkeit, die Trennung von Denken und Sein, wie sie seit Descartes die Philosophie bestimmte und bei Kant in der Ansicht mündete, dass die Menschen die Welt nicht direkt erführen, sondern nur als durch Verstandestätigkeit vermittelte Phänomene. b) Gegenüber den revolutionären Formen der Immanenz bildete sich auch ein transzendenter politischer Apparat, der Interessen und Konflikte vermittelte. In der Vertragstheorie von Hobbes, die den Staat als Ergebnis der Entscheidung der Bürger betrachtet, ihre Macht an einen von ihnen abzutreten, der selbst aus der Gemeinschaft herausgelöst wird, wird die „moderne Souveränität im Zustand transzendentaler Reinheit geboren. ... Diese Souveränitätstheorie war die erste politische Lösung der Krise der Moderne." (E, 98) Denn die Souveränitätsmaschine, die sich mit dem Markt verbindet und auf ihn stützt, verwandelt die Menge als eine Vielheit von Singularitäten in eine geordnete Totalität. Alles erscheint nun so, als würden Staat und Macht die Gesellschaft und die Kooperation der Menge produzieren (vgl. E, 101f.).

Die Entwicklung der kapitalistischen Produktionsweise erwies die Grenzen des absolutistisch-souveränen Staats und seiner Souveränität. Um die daraus resultierende nächste Stufe der Krise der Moderne zu lösen, begann sich der souveräne Staat auf die Nation zu berufen. Seit der Zeit der französischen Revolution kommt es zu dieser zirkulären Selbstbegründung des Staates. Die Nation, die eigentlich erst durch den Staat begründet wird, begründet dessen Souveränität, indem von der Nation behauptet wird, sie ginge ihm voraus. Die Nation ist ein konstruktiver politischer Begriff und versucht, die Souveränität und Einheit des Staates mittels drei Komponenten zu untermauern: kulturelle Identität, biologische Kontinuität der Blutsbeziehungen und räumlich-territoriale Kontinuität. Ihrerseits wird der Begriff der Nation durch den des Volks ergänzt. Das Volk gewinnt seine Identität und Homogenität durch die Differenz, die von Kolonialismus und Rassismus gegen den nicht-europäischen Anderen gezogen wird. Die Nation - so die Vorstellung der politischen Theorie während der französischen Revolution - repräsentiert das Allgemeininteresse des Volks. Auf diese Weise verschränken sich nationale Souveränität und Volkssouveränität (vgl. E, 111ff.), letztlich also die Vermittlung und die Immanenz der Vielheit. Für emanzipatorische Bewegungen war, so lassen sich die Autoren verstehen, diese politische Tradition nachhaltig von Bedeutung. Denn sie mussten sich am Nationalstaat orientieren. Dieser war eine transzendentale Macht, die Souveränität stand jenseits der miteinander kämpfenden sozialen Kräfte. Jede dieser Interessengruppen galt als bloß partikular, durch den Staat wurden in der Gesellschaft Interessen politisch vermittelt und Konflikte geschlichtet. So war der transzendentale Staat eine Instanz, ein Ort, an den man sich wenden musste und konnte, vor allem aber auch der deutlich bestimmbare Gegner, wenn es darum ging, durch Protest politische Maßnahmen zu verhindern oder Machtanteile zu erlangen, um rechtsförmig Veränderungen durchzusetzen oder gar den Charakter des Nationalstaats selbst zu verändern und ihn zu demokratisieren.

Die Art der Argumentation von Hardt und Negri hat den Vorzug, die Gesamtentwicklung der kapitalistischen Gesellschaftsformation vor Augen zu führen, nicht nur die vergangenen Jahrzehnte. Es sollen dadurch die Prozesse in den Blick geraten, die die gegenwärtigen Konturen einer möglichen gewordenen und sich vollziehenden sozialen Umwälzung erkennen lassen. Das Paradigma der Moderne hat sich erschöpft, in ihrer Krise finden sich keine neuen Kräfte der Transzendenz und Vermittlung mehr, die die Kräfte der Immanenz aufhalten könnten. Die Perspektive zeitlich so weit auszudehnen und kulturelle, politische und ökonomische Entwicklungen in ihrem Zusammenhang begreifen zu wollen, ist, nachdem dies theoretisch vielfach vernachlässigt wurde, anregend. Dennoch bleibt der Zugang geschichtsphilosophisch beschränkt und wird vielfach in kulturellen und philosophischen Begriffen gefasst: also Begriffen wie Moderne, Immanenz und Transzendenz. Wenig ist über die konkreten Kämpfe, ihre Protagonisten, ihre Erfolge und Niederlagen, über die verschiedenen Phasen und die Ungleichzeitigkeiten in diesen Kämpfen zu erfahren. Historisch waren nicht immer die emanzipatorischen Kräfte diejenigen, die immanenztheoretisch argumentiert haben, sondern sie beriefen sich auf die Mächte der Transzendenz: auf Gott, die Natur, die Gesetze der Geschichte. Problematisch ist auch, dass die Kräfte der Transzendenz als solche erscheinen, die denen der Immanenz von außen entgegentreten. Doch ihre Wirkungs- und Überzeugungskraft erlangen sie gerade deswegen, weil sie ihrerseits aus dem Innern der Konflikte hervorgehen und in so vielfachen Hinsichten immanente Probleme aufgreifen und entfalten. Für die Hegemonie und damit auch für die Fortschrittlichkeit des Bürgertums und seine Bemühungen um Konsens hat die Analyse wenig Platz - und die Frage stellt sich, ob diese Fähigkeiten der Bourgeoisie zur Organisation des Produktionsapparats, der politischen Willensbildung und der Kultur bei allen Veränderungen dieser Klasse heute in einem umfassenden Sinn tatsächlich erschöpft ist und die Nachteile und selbstzerstörerische Dynamik bürgerlicher Gesellschaftsverhältnisse so stark sind, dass sie zu einer allgemeinen Krise und Transformationsbereitschaft führen. Das aber wird kaum angemessen diskutiert. Denn eine Schwäche der Konzeption ist die, dass sie den Gegensatz von Immanenz und Transzendenz als einen homogenen und linearen Gegensatz behandelt, der den historischen Prozess bestimmt und aus sich hervortreibt, bis er schließlich ein Stadium der Erschöpfung erreicht, sodass nun alles anders werden kann. Die Zielgerichtetheit und Finalität dieses Prozesses hat aber etwas Irritierendes. Denn zu häufig hat sich die Linke eingeredet, dass die gerade lebende Generation diejenige sei, die den Tag der einen, großen Umwälzung erleben würde. Dies hat zu einer erheblichen Verkennung der mächtigen Gegentendenzen geführt und zu um so größerem Katzenjammer hinterher, zu Ratlosigkeit, zu Demoralisierung und zum Abfall von der Linken. Der Ultrarealismus, von Gramsci für die Analyse der ökonomischen Grundlagen der kapitalistischen Produktionsweise gefordert, darf aber auch vor dem realen Stand der Kämpfe nicht Halt machen. Obwohl es nun vielfache Initiativen, Kampagnen und Bewegungen gegen bestimmte Formen einer neoliberalen Globalisierung gibt, so wird man doch erhebliche Schwierigkeiten oder relative Niederlagen nicht aus den Augen lassen dürfen. Die Zapatisten konnten viele ihrer Ziele trotz einer weltweiten Unterstützung und origineller Kampfformen nicht durchsetzen; große Streikbewegungen wurden zerschlagen oder konnten von den herrschenden Kräften weitgehend ignoriert werden. Gerade in jüngster Zeit, im Frühsommer 2003, war dies der Fall in Österreich und in Frankreich. In Deutschland hat sich die IG Metall über einen Streik um die Herstellung gleicher Arbeitsbedingungen in Ost- und Westdeutschland auseinanderdividieren lassen. In vielen der OECD-Staaten gelingt es, die Reallöhne zu senken, das Arbeitszeitvolumen (Wochenarbeitszeit, Lebensarbeitszeit direkt oder indirekt durch prekäre Beschäftigung) und damit bei deutlich gestiegener Produktivität die Exploitationsrate anzuheben und die Unternehmensgewinne zu steigern sowie die Gewerkschaften als Selbstorganisation der Lohnabhängigen zu schwächen. Soweit es doch zu Erfolgen und Kompromissen kommt, handelt es sich eher um indirekte Zugeständnisse.

Postmoderne als Symptom

Geschichtsphilosophisch mündet die in *Empire* skizzierte Entwicklung der Moderne in die Postmoderne. Diese wird als ein Symptom des Bruchs mit der Moderne und der modernen Souveränität gedeutet, als ein Vorgriff auf das Empire, auf eine postmoderne Souveränität. Die Postmoderne erweise sich als unfähig, diese Veränderungen selbst zu begreifen, weil noch befangen in einem nach hinten gewendeten Kampf gegen die Moderne. Die Postmoderne beharre auf der Differenz und der Besonderheit und betone fragmentierte und hybride Identitäten. So bekämpfe sie die moderne Souveränität, die durch die eindeutig fixierten Gegensatzpaare von normal und wahnsinnig, gesund und krank, von Männern und Frauen, von Weißen und Schwarzen, von Innen und Außen gekennzeichnet ist. Die Postmoderne wende sich gegen das Schema der modernen Dialektik, die die Vielfalt von Differenzen in binäre Gegensätze hineinzwängt und damit einer einheitlichen Ordnung, der Totalität, unterordnet. Während nun die Postmoderne noch der Überzeugung sei, dass sie, indem sie das Spiel der Differenzen in Gang bringt und die Konstruktion hybrider Identitäten fördert, zu einem Befreiungskampf beiträgt, der von der antirassistischen, der antikolonialen und von der Frauen-, Schwulen- und Lesbenbewegung gegen die Tradition der modernen Binärcodes geführt wird - während sie das also tut und indem sie es tut, geschieht hinter ihrem Rücken etwas ganz anderes. Die Postmoderne nehme die neuen Machtformen nicht wahr und bekämpfe nur die „Schatten alter Feinde“ (E, 155). „Die Betonung von Hybridität und das freie Spiel der Differenzen über Grenzen hinweg sind jedoch nur in einem Kontext befreiend, in dem Macht

Hierarchien ausschließlich mittels wesenhafter Identitäten, binärer Aufteilungen und stabiler Gegensätze festlegt. Die Strukturen und Logik der Macht in der heutigen Welt sind jedoch völlig immun gegen die 'befreienden' Waffen der postmodernen Politik der Differenz. Vielmehr ist auch das Empire darauf aus, diese modernen Formen der Souveränität zu beseitigen und Differenzen zu setzen." (E, 155) Es ist der globalisierte Markt, der die Differenzen inszeniert und vermarktet, jede feste Grenze attackiert und durch unendliche Vielfalt binäre Aufteilungen überwindet. „Postmodernes Marketing erkennt die Differenz jeder Ware und jedes Bevölkerungsteils und richtet seine Strategie entsprechend aus." (E, 165) Obwohl nun die Fesselung des Spiels der Differenzen durch binäre Codes beendet wird, kommt es, wie Hardt und Negri einräumen, nicht zur freien Bewegung der Differenzen durch den globalen Raum; vielmehr werden sie durch globale Netzwerke gesteuert, die aus hochgradig ausdifferenzierten und mobilen Strukturen bestehen (vgl. E, 164).

Mit Blick auf die Perspektiven kritischer Gesellschaftstheorie steckt in der skizzierten Überlegung eine der provozierendsten Thesen des Buchs. Es werden nämlich erhebliche Vorbehalte gegen aus der Kritik am Fordismus heraus entwickelte Maßstäbe der Emanzipation geäußert. Adorno hatte an der Tradition der Aufklärung mit den von ihr zur Geltung erhobenen Normen der Gleichheit und Freiheit vor allem das egalisierende Moment kritisiert. Es erschien ihm eine logische Folge der formalisierenden Abstraktion des Tauschs zu sein. Werden zwei Waren getauscht, müssen sie mit einem Dritten gleichgesetzt und verglichen werden, von ihrer Besonderheit wird zwangsläufig abgesehen, sie sind nur Füranderes. Im Äquivalententausch wird zwangsläufig ein Nichtidentisches als das hervorgebracht, das sich jeweils dem Vergleich entzieht. Gleichheit bedarf der Differenz und erzeugt sie; würde auf Gleichheit verzichtet, wäre - im Tausch - das Ergebnis reine Willkür, doch Gleichheit kann auch die Differenz des Nichtidentischen nicht einfach lassen, sondern will sie sich wiederum einverleiben. Adorno kritisiert nun die Dialektik, die sich hier entfaltet, wegen ihres teleologischen Charakters. Denn die Dialektik des Gegensatzes von Identität und Nichtidentität will am Ende doch alles auf den Begriff bringen und das Nichtidentische dem System zuführen. Dem hält Adorno eine Zwanglosigkeit entgegen, die die Differenz und die Vielfalt freisetzt. Die Postmoderne hat - freilich nicht immer auf Adorno Bezug nehmend - diesen Gedanken fortgesetzt und tritt für Differenz ein, allerdings so, als könnte schon heute, also unter den Bedingungen kapitalistischer Produktionsverhältnisse tatsächlich die Vielfalt zur Geltung gelangen. Das ist gesellschaftstheoretisch nicht plausibel. Richtig daran ist vielleicht so viel, daß auch heute bereits der Versuch unternommen werden kann, zentrale, binär codierte Muster der bürgerlichen Gesellschaft zu dekonstruieren, also durch immanente Kritik Spaltungslinien, Risse und Übergänge dort auszuarbeiten und zu verstärken, wo Herrschaft als fester Block erscheint. Doch es gibt einen anderen und nicht zu vernachlässigenden herrschaftssoziologischen Aspekt, den Hardt und Negri aufgreifen. Aufgrund der postmodernen Dekonstruktion verändert sich der Begriff der Differenz und nimmt eine neoliberale Gestalt an. Denn heute wird noch jede Zerstörung kollektiver Solidarität im Namen der Besonderheit von Individuen gerechtfertigt; die Bedürfnisse werden durch Kommodifizierung bisheriger Gemeingüter oder die Schaffung neuer Produkte differenziert und vervielfältigt. So richtig die Autoren diesen Prozess beobachten und damit die Grenzen sehen, die allen Versuchen anhaftet, die sich allein auf eine Dekonstruktion hegemonialer Identität beschränken, so ist doch ein Einwand angebracht. Hardt und Negri ändern gerade in der Auseinandersetzung mit der Postmoderne und der Logik der Differenz ihre Argumentationsweise. Während ansonsten so gut wie alles von der Kreativität der Menge erzeugt wird, werden die Kämpfe gegen den Essentialismus der Identität und gegen die binären symbolischen Ordnungen von ihnen von vornherein in den Kontext der Ausbreitung des Weltmarkts und des Empire gestellt. Das Empire wird hier als eine expressive Totalität begriffen; es existiert schon in Gänze, und die Theorien der Postmoderne, die Differenzen und die Vielfalt drücken einfach nur die Macht des Empire aus. Damit wird Differenz von vornherein auf der Seite der Macht angesiedelt. Das ist nicht einleuchtend, denn es fragt sich, warum der Kampf für die Differenz nicht gleichzeitig auch einem Begehren der Menge entsprechen könnte, ihren neuen Bedürfnissen, ihrer Vielfalt. Es ist angesichts dieser Überlegung wohl angemessener, die Differenz im Verhältnis zur Gleichheit als eine in sich selbst widersprüchliche und ambivalente Bewegungsform unserer Lebensweise zu begreifen, als einen emanzipatorischen Begriff ebenso wie ein Konzept der herrschaftlichen Reproduktion. Die libertären und liberalen Vorstellungen der Auflösung von Kollektividentitäten verlieren ihren eindeutigen emanzipatorischen Gehalt und sind in eine komplizierter gewordene Dialektik von Gleichheit und Differenz verfangen. Allerdings übergehen Hardt und Negri diese Fragen in ihrer weiteren Argumentation; offensichtlich halten sie diese durch die Entwicklung des Empire für erledigt.

Theorie des Empire

In immer neuen Anläufen versuchen Hardt und Negri den Gedanken zu plausibilisieren, dass die Moderne, Souveränität, Identität, die historische Form von Staatlichkeit und kapitalistischer Ökonomie, aber auch die staatlich konstituierte Gesellschaftlichkeit an ihr Ende gelangt sind und in die neue Form des Empire übergehen, in dem auch das Reich der Freiheit seine unmittelbare Ankunft vorbereitet. Damit ändert sich aber auch die Form des Protests, des Widerstands, der sozialen Ziele.

Das Empire ist ein neues Muster von Herrschaft, denn es ist supranational. Das Empire bildet eine Netzwerkmacht, die die Konflikte und die Konkurrenz imperialistischer Macht durch eine einzige Macht überdeterminiert. Es handelt sich beim Empire um eine neue Autorität, eine „neue Logik und Struktur der Herrschaft", die über den Nationalstaaten existiert. „Empire ist das politische Subjekt, das diesen globalen Austausch tatsächlich reguliert, die souveräne Macht, welche die Welt regiert." (E, 9) Empire soll aber auch nicht als ein Weltstaat verstanden werden. Eher ist es ein autopoietisches System, eine Totalität, eine Maschine, eine strukturelle Logik. Diese Aneinanderreihung von theoretischen Metaphern will sagen, dass mit der neuen, imperialen Macht die Souveränität nicht mehr an einem Ort konzentriert ist und vertikal funktioniert, von oben nach unten, vom Zentrum zur Peripherie. Das Empire besteht aus einer Vielzahl von sich aufeinander beziehenden, sich ergänzenden, horizontal vernetzten „nationalen und supranationalen Organismen" der politischen Entscheidung. Anders also als der Nationalstaat hat das Empire kein territorial gebundenes Zentrum der Macht, es ist räumlich unbegrenzt und herrscht über die gesamte „'zivilisierte' Welt"; es ist dezentriert und deterritorialisierend. Durch diese Entwicklung ist die Form des Nationalstaats, nicht jedoch die Souveränität als solche geschwächt (E, 10). Das imperiale Machtnetzwerk handelt effektiv, indem es das Zusammenspiel der Einheiten des Netzwerks regelt, auch die Konflikte noch zu seinem Wachstum nutzt, Autorität hervorbringt und Gleichgewichte schafft. Es entsteht aus dem Konsens, dass es zur Lösung von Konflikten beiträgt, die es selbst erst erzeugt. Daraus resultiert auch eine besondere Eigenschaft des Empire: dass nämlich in der imperialen Souveränität Recht und Moral zusammenfallen und Konflikte nicht mehr militärisch als Kampf zwischen nationalstaatlich souveränen Subjekten ausgetragen werden, sondern das Empire die Ordnung mit Mitteln der Polizei, des Rechts und der Gerichte sowie moralisch handelnden Akteuren wie Nichtregierungsorganisationen wiederherstellt. Polizeiaktionen werden moralisch vorbereitet; als Feind des Empire gilt der Terrorist (vgl. E, 51). Der Moralismus dieser Herrschaftsform lässt das Empire immer als einen Ort des ewigen und allumfassenden Friedens erscheinen, obwohl es in der Praxis ein fortwährendes Blutbad sei (vgl. E, 13). So betrachtet setzt das Empire die Moderne fort, löst sich jedoch von den überlieferten historischen Formen.

Es ist ein origineller Zug ihrer Argumentation, dass Hardt und Negri das Empire als eine Mischung von systemischer Selbstreproduktion und Moralismus charakterisieren, die beide zusammen erlauben, Konflikte derart einzufassen, dass es sich durch diese hindurch reproduziert. Die theoretische Axiomatik des Empire finden die Autoren eher in Theorien von Niklas Luhmann und John Rawls als bei den Neoliberalen. Auf diese und ihre neoklassischen Wirtschaftsutopien gehen sie kaum ein. Dies mag ein Fehler sein, doch verschieben sie damit auf interessante Weise die Perspektive: die *pensée unique* der neoliberalen Gegenrevolution und die deregulierte Wirtschaft, die in den meisten kritischen Analysen zur Globalisierung als politisch-ideologische Haupttriebkraft gelten, spielen hier keine Rolle. Das ist fruchtbar in der Hinsicht, dass die Analyse auf die historische Vergesellschaftungsform des Kapitalismus als solche zielt. Häufig werden von sozialen Protestgruppen ja lediglich einige neoliberale Erscheinungsformen beanstandet, während so rückblickend der wohlfahrtsstaatlich regulierte Kapitalismus als grundlegende Alternative verklärt wird. Indem sie den Neoliberalismus aber so gut wie gar nicht thematisieren, stellen sie auch nicht die Frage, ob nicht die bestimmte, eben neoliberale Denkweise als kollektive Gedankenform tatsächlich notwendig ist, damit sich die neue Form der imperialen kapitalistischen Reproduktion und Regulation ausbilden kann: Inwertsetzung der Gemeingüter ebenso wie der subjektiven Potenzen. Doch erst eine Analyse des Neoliberalismus und seines konkreten Verhältnisses zu Systemtheorie, universalistischer Moralphilosophie und Postmoderne hätte zu einer konkreten Bestimmung der aktuellen Form von Hegemonie führen können. So bleiben die Hinweise noch unscharf: Systemtheorie, die das gesellschaftliche Ganze im Blick hat, und universalistische Moral sollen dem Einsatz imperialer Gewalt den Orientierungsfaden geben. Das ist ebenso ironisch wie grobschlächtig. Grobschlächtig, weil die Gegensätze zwischen Systemtheorie und universalistischen Moralphilosophien gering veranschlagt werden; ebenso bleiben die Kontroversen innerhalb des universalistischen Lagers außer Betracht; schließlich werden auch die Vorbehalte beider Strömungen gegenüber Postmoderne und Neoliberalismus nicht diskutiert. Ironisch, denn Systemtheorie und universalistische Moralphilosophie unter einem kritischen Blickwinkel zusammenzuspannen, widerspricht deren jeweiligem Selbstverständnis entschieden und ist dennoch ein interessanter Vorschlag, die Gleichzeitigkeit dieser Theorien zu denken (vgl. Demirović 2003). Denn tatsächlich hat ein Teil, aber eben doch nur ein Teil derer, die universalistische Moralphilosophien vertreten, die Politik und die UN darin unterstützt, im Namen von Menschenrechten militärisch zu intervenieren. Der Bewertung des Vorgangs lässt sich teilweise zustimmen. Denn die Menschenrechtsnormen werden zumeist nur in besonderen Fällen und für besondere Interessen aktualisiert und öffentlich inszeniert - wer mehr will, gilt schnell als Menschenrechtsfundamentalist, dem es an Augenmaß und politischer Klugheit fehlt. Auch führt die Antizipation und Erfahrung, dass die Zahl der Opfer aufgrund der militärischen Interventionen häufig höher ist als im Fall des Anlasses; dass es im Konfliktfall zu zahlreichen Menschenrechtsverletzungen, gar zu Folter und Mord im Namen menschenrechtlich ausgeübter Gewalt kommt, bei den universalistisch orientierten und ihrem Selbstverständnis nach auf die Folgen bedachten Verantwortungsethikern kaum mehr zu Nachdenklichkeit oder gar Engagement.[2] Sie folgen den von der Politik und den Medien erzeugten Aufmerksamkeitszyklen und Prioritäten. Die Erfahrungen mit dem Irak-Feldzug als Teil des Kriegs gegen den Terror lässt allerdings erkennen, dass es zu erheblichen Widersprüchen innerhalb des imperialen Lagers kommen kann und die Vereinigten Staaten ihre Politik durchaus auch unter Verzicht auf menschenrechtliche Begründungen verfolgen können. Ebenso haben die USA ausreichend Ressourcen und Interessen, um sich aus dem Netzwerkstaat auch jeweils wieder herauszuziehen und eine unilaterale oder klassische imperialistische Politik zu verfolgen. Das Empire als Netzwerkstaat wird also von den USA selbst als strategische Ressource genutzt. Dies weist darauf hin, dass das Empire noch keineswegs das Eigengewicht hat, das Hardt und Negri ihm zumessen wollen, also selbst die neue souveräne Macht zu sein. Diese Vorstellung ist wohl eindeutig übertrieben und steht auch im Widerspruch zu so vielen Einsichten der neueren materialistischen Staatstheorie, die den Staat genauer als ein spezifisches Feld von Verdichtungen sozialer Gegensätze und Auseinandersetzungen begreift und weniger - in der Hegelschen Tradition - als Subjekt der Macht (vgl. die Beiträge in Brand u.a. 2001). Indem sie diese Möglichkeit außer acht lassen, machen Hardt und Negri vermutlich einen schweren strategischen Fehler.

Denn mit der Globalisierung soll es zu einer neuen Ausgangslage und zu veränderten Formen des sozialen Kampfs kommen. Das Subjekt der vorangegangenen Kämpfe, das internationalistische Proletariat und mit ihm die industrielle Arbeiterklasse, ist durch seinen eigenen Erfolg, die Globalisierung und die Konstitution des Empire, untergegangen. Es bildet sich eine neue Menge, eine neue Multitude als positiver Akteur. Deren Kämpfe verknüpfen sich nicht mehr internationalistisch miteinander. Anders als dies über lange Zeit in der Linken als selbstverständlich galt, gibt es nach Hardt und Negri keinen privilegierten Kampf und keinen privilegierten Ort mehr, an dem sich die gesellschaftlichen Widersprüche verdichten, an dem die Herrschenden besonders verwundbar wären - die Formel vom antiimperialistischen Widerstand und der 3. Welt-Internationalismus ist demnach ebenso überholt wie der lokale Kampf gegen den Nationalstaat (vgl. E, 218, 274). Strategie und Taktik zur Ausnutzung von lokalen Widersprüchen zur strategischen Verschärfung von Konflikten - eine solche Überlegung erscheint nicht mehr angemessen, weil ein Ort außerhalb des Empire, an dem solche Kalküle angestellt werden könnten, nicht mehr existiert. Jeder Widerstand eines postmodernen Republikanismus ist dem Empire immanent, und jeder Konflikt zielt deswegen direkt auf das Empire oder kann darauf zielen, weil es keine Vermittlungen mehr gibt. Das ist, wie noch anzusprechen sein wird, problematisch, denn wenn alle Kämpfe und Auseinandersetzungen unmittelbar auf das Empire zielen, kann deren Qualität nicht mehr eingeschätzt werden. Darüber hinaus geraten der Nationalstaat als konkretes Feld der Auseinandersetzung und die damit verbundenen Prozesse der Willensbildung aus dem Blick. Das ist dort problematisch, wo der Nationalstaat oder einzelne seiner Apparate Orte der konkreten Auseinandersetzung werden. So hätte sich die amerikanische Politik nach dem 11. September vermutlich anders entwickelt, wenn ein entsprechend demokratischer Konsens in den USA die problematische Wahlentscheidung zugunsten von George W. Bush verhindert hätte und Al Gore Präsident geworden wäre. Während viele Linke sich nach wie vor auf den Nationalstaat als die zentrale politische Arena fixieren, tendieren Hardt und Negri dazu, Prozesse der Herausbildung eines neuartigen transnationalisierten Netzwerkstaats zu verdinglichen. Eher scheint es so zu sein, dass staatliche Macht und Entscheidungsprozesse sich in diesem Netzwerk zwischen internationalen, nationalen und regionalen Arenen und Knotenpunkten sehr schnell bewegen können. Von einem Ende der Vermittlung kann deswegen auch keine Rede sein.

Biopolitik und immaterielle Arbeit

Die Sicht, die in *Empire* entfaltet wird, konzentriert sich in einem kapitalismustheoretischen Argument, in dessen Zentrum der Begriff der Biopolitik steht. Für Hardt und Negri hat sich der Kapitalismus mit der Unterscheidung eines imperialistischen Zentrums und einem peripheren und zu durchdringenden Außen als blockierend für die volle Entfaltung des Weltmarkts erwiesen. Aufgrund seiner eigenen inneren Dynamik wird der nachfordistische Kapitalismus immanent und geht in einen postmodernen Kapitalismus über, in dem sich Erste und Dritte Welt ineinanderschieben, die ökonomische und politische Geographie verflüssigen und der Weltmarkt zu einem zusammenhängenden Bereich des kapitalistischen Managements und Kommandos wird (vgl. E, 263ff.). Es scheint so, dass Hardt und Negri durchaus an der These der Ausdehnung festhalten, allerdings wird nun nicht mehr vorwiegend die Peripherie, das Außen, sondern der kapitalistische Bereich selbst auf neue Weise unter das Kapitalverhältnis subsumiert: in der postmodernen Produktion werden Natur und Kultur nicht mehr bearbeitet und umgewandelt, sondern maschinell gefertigt (E, 282f.). Das, was von der älteren Kritischen Theorie immer noch befürchtet wurde, die Unterwerfung der Natur als ein widerständiges Residuum, hat sich nun ereignet. Die Widerstandsperspektive muss deswegen immanent ansetzen.

Mit dieser Umstellung des Kapitals auf eine interne, intensive Expansion geht ein neues Produktionsmodell einher. Die Menge hat im Fordismus darum gekämpft, dass ihr Wissen und ihre Affekte in die Bewertung der gesellschaftlichen Arbeit eingehen. Dies hat zu einer Neuzusammensetzung der Arbeitskraft geführt. Die Arbeit verschiebt sich sektoral von der industriellen, standardisierten, körperlichen Arbeit des Massenarbeiters zur immateriellen Arbeit im Dienstleistungsbereich. An die Stelle des Massenarbeiters tritt der gesellschaftliche Arbeiter. Für die immaterielle Arbeit ist charakteristisch, dass der Kommunikation, dem Wissen und der Information ein neues Gewicht beigemessen wird. 1) In der Industrie, vor allem im Produktionsmodell des Toyotismus, wird versucht, nicht mehr die Märkte zu kontrollieren, sondern abhängig von der Nachfrage zu produzieren. Schnelle Kommunikation zwischen Produktion und Konsumtion soll dies ermöglichen. Instrumentelles und kommunikatives Handeln, von Jürgen Habermas noch einander gegenübergestellt, fallen hier tendenziell zusammen. 2) Im Dienstleistungsbereich entwickelt sich immaterielle Arbeit, eine Arbeit, die auf nicht-materielle und nicht-haltbare Güter zielt: Dienstleistungen, kulturelle Produkte, Wissen, Kommunikation. Charakteristisch ist für diese Tätigkeit, dass sie vielfach wie die Arbeit mit Computer als ein interaktives learning by doing beschrieben werden kann, durch die eigene Operationen ausgeweitet und perfektioniert werden können. Durch die Computerisierung nimmt die immaterielle Arbeit der Tendenz nach die Gestalt abstrakter Arbeit an, denn alle Arbeiten müssen dieses Werkzeug passieren und verlieren den Charakter konkreter, inkommensurabler Tätigkeitsprofile. 3) Als immaterielle Arbeit bezeichnen die Autoren auch affektive Arbeit, die Arbeit am körperlichen Befinden, die in Bereichen wie Gesundheit oder Unterhaltung ausgeübt wird. Auch die Zunahme von Psychotherapie, Fitness, Supervision könnte darunter fallen. Theoretisch bedeutsam ist, dass die im Fordismus so plausible Unterscheidung von instrumentellem und kommunikativem Handeln - wie gesagt, das zentrale Motiv der Theorie von Habermas - hier nun obsolet ist.

Hardt und Negri sehen durchaus, dass sich in der immateriellen Arbeit neue Formen der sozialen Ungleichheit und eine „fundamentale Arbeitsteilung" bilden: Neben denjenigen, deren Tätigkeit aus der hochwertigen kreativen Handhabung symbolischer Systeme besteht, finden sich diejenigen, die im Niedriglohnsektor ermüdende und entwürdigende Arbeiten zu erledigen haben. Mit der Immaterialisierung der Produktion kommt es zu einer Deterritorialisierung, die das Kapital von den Beschränkungen durch den Raum und damit vom Zwang zur Verhandlung mit den Lohnabhängigen befreit. Die daraus resultierende zentrifugale, netzwerkförmige Bewegung der Produktion verbindet sich mit der zentripetalen Tendenz zur zentralisierten Leitung und Planung globaler Wirtschaftsoperationen und panoptischen, also individualisierten und kontinuierlichen extensiven Überwachung der Arbeiter von zentralen, wenn auch räumlich weit entfernten Orten aus. Trotz dieser Kritik überwiegt die positive Betrachtungsweise. Denn das Neue der immateriellen Arbeit ist, dass in diesem Fall die Kooperation mit anderen in der Form der Arbeit selbst steckt, die Arbeit verlangt, mit anderen zu interagieren und zu kommunizieren. Der Zusammenhang der Arbeit wird für die Arbeitenden nicht mehr länger durch das Kapital hergestellt, er ist ihnen nicht entzogen und enteignet, vielmehr erzeugen die Tätigen selbst kommunikative und affektive Netzwerke der Kooperation (vgl. E, 300ff; vgl. auch Lazzarato 1998). In diesen Netzwerken ist es schwierig, die Kommunikation zu regulieren, denn kein einzelner Knotenpunkt ist unentbehrlich. Mit der Postmodernisierung der globalen Ökonomie „wird der Reichtum mehr und mehr durch das geschaffen, was wir biopolitische Produktion nennen, durch die Produktion des gesellschaftlichen Lebens selbst. Darin überschneiden sich die Sphären des Ökonomischen, des Politischen und des Kulturellen zunehmend und schließen einander ein." (E, 11) In diesem Zitat sind die zwei Aspekte von Biopolitik deutlich benannt.

Der erste Gesichtspunkt akzentuiert den schöpferischen Aspekt der Menge nach der Seite der Tätigkeit hin. In dem Maße, wie es in der Produktion zu Formen immaterieller Arbeit kommt, die die Kommunikation, die Affekte, die Interaktion, also das gesellschaftliche Moment selbst ins Zentrum der Tätigkeit stellt, übt das Empire seine Herrschaft direkt über die Erzeugung des menschlichen Lebens aus. Das Empire nimmt die Gestalt von Biomacht an.[3] „Biomacht bezeichnet so eine Situation, in der das, was für die Macht wirklich auf dem Spiel steht, die Produktion und Reproduktion des Lebens selbst ist." (E, 39, vgl. E, 372) Beim Einsatz der Biomacht geht es darum, das soziale Leben von innen heraus zu ergreifen, das Bewusstsein und den Körper der Individuen zu durchdringen und ihre produktive Tätigkeit zu konsumieren. Es geht um die Aneignung und Kontrolle der Produktivität der gesellschaftlichen Reproduktion als schöpferische Produktion des Sozialen selbst. Hardt und Negri, dies ist deutlich, beziehen sich hier auf die Überlegungen von Marx zum „general intellect" (Marx 1983, 602). Ausgebeutet wird die allgemeine Fähigkeit zu produzieren, die gesellschaftliche Aktivität als solche, die Kooperation körperlicher, intellektueller und affektiver Arbeiter. Als historisch neue Form von Herrschaft und Ausbeutung haftet dem Empire kein Moment von Rationalität mehr an, es stellt eine mechanische und parasitäre Kontrolle und Verfügung über den gesellschaftlichen Bios dar.

Der zweite Aspekt zielt auf die Konstitution der Gesellschaft durch die Menge. Obwohl Negri selbst zu den Vertretern einer Theorie der immateriellen Arbeit zu zählen ist (vgl. Negri u.a. 1998), kritisieren er und Hardt am Begriff der immateriellen Arbeit dessen Beschränkung allein auf den Bereich der Produktion. Negri und Hardt kommen hier auf praxistheoretische Überlegungen des westlichen Marxismus zurück. Denn es geht ihnen im biopolitischen Kontext um die Produktion im radikal ontologischen Sinn, also um eine Produktion des gesellschaftlichen Lebens in seiner Gesamtheit, eine Produktion, die neben den intellektuellen auch die affektiven und körperlichen Aspekte berücksichtigt. Dies hängt mit ihrer historisch-geschichtsphilosophischen Sicht zusammen: Die Menge ist weder Opfer der Herrschaft, sie wird auch nicht durch und in den Lebensverhältnissen der Herrschenden überhaupt erst erzeugt - wie es Marx in seinen Überlegungen zur sog. ursprünglichen Akkumulation skizziert -, vielmehr ist es die Menge, die kreativ ist, das Leben erzeugt und die Gesellschaft hervorbringt, diejenigen, die herrschen, können das gar nicht, sie können sich diesen Prozess nur parasitär von außen aneignen. In diesem historischen Prozess kommt es jetzt zu einem Wendepunkt. Denn in der neuen Phase des Kapitalismus eignet sich die Menge ihre schöpferische Potenz an. Mit der biopolitischen Form von Produktion und Herrschaft verbindet sich wieder, was durch herrschaftlich vermittelte Aneignung auseinandergerissen wurde: Körper und Intellekt - instrumentelles und kommunikatives Handeln - Kommunikation, Interaktion und Affekte - Ökonomie, Politik und Kultur - Basis und Überbau (vgl. E, 55, 391). Es kommt zu einer radikalen Entdifferenzierung, zur Bildung einer „Einheitsmaschine" (E, 392). So wie imperiale Herrschaft in einem umfassenden ökonomisch-industriell-kommunikativen Apparat, einem biopolitischen Apparat ausgeübt wird, sind auch die Widerstände und Kämpfe gleichzeitig ökonomisch, politisch und kulturell, „es sind biopolitische Kämpfe, ihr Einsatz ist die Lebensform" (E, 69, vgl. E, 365), die Kämpfe werden in einem biopolitischen Raum und damit ohne Vermittlungsinstanzen ausgetragen (vgl. E, 394, 400). Auf diesem Niveau der Entwicklung bedarf es keiner Vermittlung mehr, die Voraussetzungen sind vorhanden für eine Selbstkonstitution der Gesellschaft und eine biopolitische Selbstorganisation der Menge. In dieser „absoluten Demokratie" jenseits aller Vermittlungen kommen die Bedürfnisse aller zum Ausdruck (E, 416f.).

Die Überwindung der Vermittlung oder die Verwerfung dieses Begriffs ist vielleicht aus hegemonietheoretischer Sicht eine der schwierigsten Fragen. Denn an diesem Begriff lässt sich tatsächlich nicht ohne weiteres festhalten. Vermittlung stellt einen logischen und notwendigen Zusammenhang innerhalb des gesellschaftlichen Prozesses her: Ein Moment führt zwangsläufig und teleologisch zum nächsten. So erscheint auch die als Vermittlungszusammenhang begriffene bürgerliche Gesellschaft als ein Ganzes, das in seiner Komplexität, in seiner so und hier bestehenden Gliederung, notwendig und unabänderlich ist. Mit dem Begriff der Vermittlung wird die Gesellschaft leicht auch als reduktionistisch in Begriffen von Wesen und Erscheinung gedacht: eine Wesenslogik bestimmt über viele Vermittlungsschritte die 'bloß' erscheinende, deswegen letztlich als zweitrangig eingeschätzte Oberfläche. Wurden als Wesen in der Tradition des Marxismus häufig die Produktionsverhältnisse bestimmt, so als Oberfläche der Markt, die Ideologie oder die Demokratie.

Den Autoren entgeht allerdings eine Einsicht in die Bedeutung des Begriffs der Vermittlung, weil sie ihn kritisch als gegen die Immanenz gerichtet begreifen. Das ist keineswegs so eindeutig der Fall, denn der Begriff der Vermittlung lässt ja gerade keine transzendenten Instanzen als vom gesellschaftlichen Kontext losgelöste zu. So hat deswegen insbesondere die ältere kritische Theorie diesen Begriff immer wieder sehr positiv akzentuiert, weil Vermittlung das gesellschaftliche Zusammenleben komplex gliedert und den direkten Zugriff des Ganzen auf die Einzelnen moderiert. Vermittlung führt in die Totalität Hindernisse und Verzögerungen, Eigensinnigkeiten und Autonomie ein; das Unvermittelte ist die Gewalt. Die Beseitigung von Vermittlungen, die von Hardt und Negri positiv gesehen wird, war für Horkheimer ein Hinweis auf den Übergang zum autoritären Staat.

Wird der Begriff der Vermittlung verworfen, dann wird also die rationalistische Sicht auf das Soziale kritisiert, die in der Gesellschaft einen notwendigen und gesetzmäßig determinierten Zusammenhang sieht. Demgegenüber wird Gesellschaft als ein von den Vielen gemeinsam erzeugtes Verhältnis begreifbar. Allerdings erscheint der Preis hoch. Hardt und Negri verfallen einer Ideologie der direkten Demokratie, so als könne sich das gesellschaftliche Zusammenleben völlig ungegliedert abspielen. Wenn es aufgrund der immanenten Entwicklung des Kapitalismus nun keine Instanzen mehr gibt, die gesellschaftliche Verhältnisse herrschaftlich von außen vermitteln und alles in eine Einheitsmaschine zusammenfällt, so wird man sich fragen, ob die Beschreibung dieser Entwicklung zutrifft und wirklich auf die aktuelle Möglichkeiten von Emanzipation hinweist. Hardt und Negri beziehen sich auf die Systemtheorie als ideologischer Matrix des Empire; die Systemtheorie bestärkt aber deutlich Tendenzen der funktionalen Differenzierung und Gliederung des Systems. Auch bei Hardt und Negri finden sich Andeutungen zur erweiterten Reproduktion von Ökonomie und Politik, wenn sie vom Empire als einem handelnden Subjekt sprechen, das aus einem Netzwerk staatlicher Apparate und internationaler politischer Organisationen besteht. In diesem Fall stellt sich weiterhin das Problem der Herausbildung eines Allgemeinwillens unter der Ägide einzelner Gruppen, die, indem sie ihre Lebensform ausdehnen können, zur herrschenden Gruppe werden können.

Um das Problem der Hegemonie zugänglich zu machen, ist es jedoch notwendig, gerade die Differenzen vielfältiger Lebensformen zu denken, die in spezifischen Herrschaftspraktiken zu einer einheitlichen Lebensweise, einer kohärenten Weltsicht und einem kollektiven politischen Willen zusammengeführt werden. Dass vielleicht herrschaftliche Formen der Arbeitsteilung wie die von geistiger und körperlicher Arbeit geschwächt - jedoch wohl kaum überwunden - werden, hängt eng mit der Frage der gesellschaftlichen Arbeitsteilung zusammen, ist damit aber nicht identisch. Beides gleichzusetzen, ist aber eine Tendenz bei Hardt und Negri. Wenn alle jene Trennungen schon aufgehoben wären, dann würden wir bereits nicht mehr im Kapitalismus leben, die Gesellschaft wäre heute schon völlig neu gegliedert. Aber wäre sie dann auch schon emanzipiert? Emanzipation hat wohl kaum die romantische Idee zum Ziel, jede Form der Arbeitsteilung und gesellschaftlichen Gliederung zu beseitigen. Überwindung der Vermittlung kann nur bedeuten, dass es keine dritten und über der Gesellschaft stehenden Instanzen gibt, die sich als neutral gebärden. Die Konsequenz kann aber nicht lauten, dass dann spezifische und autonome Formen der gesellschaftlichen Praxis verschwinden, vielmehr hätten diese überhaupt erst die Möglichkeit, sich in aller Vielfalt zu entwickeln. Eine Entdifferenzierung würde einer Assoziation der freien Individuen ja geradezu direkt entgegenstehen, die eher zu einer von den Individuen frei gewählten differenzierten und komplexeren Gliederung des Zusammenlebens führen wird.

Freiheit und Notwendigkeit

Von sich aus, so seit Marx die zentrale These, treibt die kapitalistische Gesellschaftsformation auf einen Zustand hin, in dem die Individuen durch Zusammenhandeln die Notwendigkeit überwinden und die Freiheit verwirklichen können. Das hängt von der Entfaltung der Produktivkräfte, also von der gesellschaftlichen Kooperation ab. Private Aneignung gesellschaftlicher Arbeit und Herrschaft wäre dann objektiv nicht mehr nötig. Dieses Stadium der Emanzipation scheint heute erreicht. Die Trennung von geistiger und körperlicher Arbeit als wichtigste Grundlage der Klassenspaltung hat heute schon keine Geltung mehr, sondern wurde in der immateriellen Arbeit überwunden. Diese immaterielle Arbeit ist gesellschaftliche Arbeit als solche; instrumentelle Arbeit, Produktion, die schöpferische Kraft der Kommunikation, Affekte und Leben bilden eine komplexe Einheit, in der biopolitischen Produktion ist nicht länger das Leben der Arbeit, sondern die Arbeit dem Leben unterworfen. Arbeit ist nicht mehr die von Industriearbeitern, sondern umfasst heute viele Kategorien von Tätigen. Die soziale Grundlage für die Emanzipation ist heute nicht mehr die Arbeiterklasse plus einigen verbündeten Klassensektoren, sondern die Menge, die das gesellschaftliche Leben erzeugt. Auch deswegen kann die Frage der Hegemonie aus dem Blick geraten.

Die These von der unvermittelten Einheit wirft die Frage danach auf, wie die Vermittlung zwischen ökonomischen Interessen und Konflikten und politischen Entscheidungen zustande kommt. Dies berührt die Frage der Demokratie. Hardt und Negri legen nahe, dass sie die mit der Bildung des Empire einhergehende Beseitigung eigensinniger Handlungsbereiche und den Zusammenbruch von Vermittlungen gutheißen. Doch kann der Funktionsverlust von Mechanismen der Konfliktvermittlung, gar ihre Zerstörung ebenso zur Schwächung emanzipatorischer Kräfte beitragen wie die Logik von Verhandlungen Interessen von Beherrschten und ihren Widerstand schwächen kann. Gleichzeitig sprechen sich Hardt und Negri für Republikanismus aus. Dieser Republikanismus stützt sich zunächst auf die Forderung nach Anerkennung zweier Rechte: volle Staatsbürgerrechte für Migranten und Existenzgeld für alle. Negri hält diese beiden Rechte für die Grundlage des Konzepts eines neuen Sozialstaats (vgl. Negri 2002). Eine dritte Forderung formuliert das Recht auf Wiederaneignung der Produktionsmittel. Da heute Wissen, Kommunikation und Affekte biopolitische Produktionsmittel sind, ist die Forderung nach freiem Zugang zu ihnen und ihre Wiederaneignung und Kontrolle eine Aktualisierung sozialistischer Forderungen. In diesen Überlegungen bleibt jedoch unklar, wie der Übergang von einer repräsentativen Form der Demokratie, die Politik sorgfältig von der Ökonomie trennt, zu einer „absoluten Demokratie“ vonstatten gehen und wie diese selbst funktionieren soll. Das ist vielleicht auch tatsächlich für eine geschichtsphilosophische Skizze eine zu technische Überlegung. Es bleibt jedoch gleichwohl die Frage, wie eine Weltgemeinschaft von Singularitäten, die die Autoren anstreben, zu koordiniertem Handeln gelangt. Es scheint so, dass sich die Erwartung von Hardt und Negri auf die Logik von Netzwerken richtet, da Netzwerke Widersprüche auslagern und Gruppen, die widersprüchliche Interessen haben, dennoch miteinander kooperieren können, weil sie sich in einem Kontext mit Dritten befinden, für die andere Problemlagen entscheidend sind (vgl. die Ausführung von Hardt in Amin/Hardt 2002, 33). Wie es hier am Ende zu Ausgleich und gesellschaftlicher Koordination hinsichtlich der ausgelagerten widersprüchlichen Interessenlagen und Lebensformen kommt, was also absolute Demokratie und Republik meint, bleibt offen. Festzuhalten ist auf alle Fälle, dass auch ein Netzwerk kein Raum ohne Vermittlung ist; und auch ein Netzwerk kann nur funktionieren, wenn es viele lokal, regional oder nationalstaatlich verankerte Gruppierungen gibt, die sich vernetzen.

Die Überlegungen der Autoren zielen denn auch allgemeiner auf den Nachweis, dass eine grundlegende Veränderung möglich sei, weil der Kapitalismus sich erschöpft habe. „Der Niedergang ist heute nicht mehr künftiges Los, sondern gegenwärtige Realität des Empire." (E, 387) Das Empire, das sich gerade bildet, ist gleichzeitig immer schon im Niedergang. Dies mag in vielen Hinsichten nicht falsch sein. Dennoch stellt sich geschichtsphilosophisch die Frage nach der Zeitperspektive. Denn im Rahmen der kapitalistischen Vergesellschaftung gibt es keine langen Zeithorizonte nach Gesichtspunkten einer gesamtgesellschaftlichen Rationalität, eher handelt es sich um *muddling through*. Im Grenzfall ließe sich sagen, dass jeder Tag, an dem sich Gewinn machen lässt, ein gewonnener Tag ist. Auf Krisen wird heute eher dann reagiert, wenn sie auftreten; alle die, die auf die Möglichkeit von Krisen und Zerstörungen hinweisen, um mittels Alarm kleine Veränderungen zu bewirken, laufen doch weitgehend ins Leere. Längere Zeitperspektiven werden nur dort ins Auge gefasst, wo sie selbst unmittelbaren Gewinninteressen entsprechen. Unterdessen geht aber alles weiter und schafft neue Fakten, die auch die Menge selbst betreffen und vielleicht beeinträchtigen. Zudem stellt sich die Frage, ob die These, wonach nun die Produktivkräfte in der Gestalt von Wissensarbeit und affektiver Arbeit derart entfaltet seien, dass sie das gesellschaftliche Leben selbst produzieren und dieses seinerseits zum entscheidenden Produktionszusammenhang wird, tatsächlich mobilisierende Wirkung hat. Horkheimer und Adorno und dann erneut Marcuse formulierten die Überlegung, dass die Entfaltung der Produktivkräfte Notwendigkeit im gesellschaftlichen Zusammenleben überflüssig machte und Freiheit möglich geworden sei. Jedoch würde der gesellschaftliche Reichtum eingesetzt, um an sich bereits überflüssige Herrschaft künstlich aufrecht zu erhalten. Die Herrschaft und ihre ganze Apparatur - und auch hier, so die Diagnose, entdifferenzierten sich Ökonomie und Kultur und nahmen die Form der Kulturindustrie an - gilt als ein künstliches Gebilde, eine Fassade ohne jede innere Rationalität. Denn sie trägt zur Selbsterhaltung der Individuen und zur Reproduktion des gesellschaftlichen Lebens nichts mehr bei. Überlegungen in diese Richtung können manchmal ermutigend wirken und emanzipatorische Prozesse performativ in Gang setzen, die Bereitschaft zu Engagement, Mobilisierung und Vernetzung erhöhen. Begünstigt wird aber auch politischer Voluntarismus, so als würde uns die Freiheit einfach so zufallen. Erneut bleibt die Frage der Hegemonie ungestellt, die Frage nach dem Prozess der Herausarbeitung aus der Notwendigkeit in die Freiheit. Wenn es nämlich in der marxistischen Diskussion immer wieder möglich ist, zeitdiagnostisch das Argument der entfalteten Produktivkräfte zu verwenden, dann verweist dies darauf, dass diese Entfaltung keineswegs ein so objektiver Indikator ist, wie die Autoren dies glauben. Vielmehr bedarf es der Einsicht in diese Freiheit bei den Individuen selbst. Dies bedeutet aber auch: Einsicht in die immer noch fortbestehenden Notwendigkeiten, die in konkreten Formen überwunden werden müssen. Hardt und Negri, und das ist wahrscheinlich einer der wichtigsten Aspekte ihrer Überlegungen, haben zum Verständnis von Notwendigkeit und Freiheit doch dadurch beigetragen, dass sie den Aufmerksamkeitshorizont, der in den vergangenen Jahren auf Identitäts- und Subjektivitätsfragen eingeengt war, erweitert und den Blick auf die Emanzipationspotentiale gelenkt haben, die sich aufgrund der Reorganisation ihrer organischen Zusammensetzung in der gesellschaftlichen Arbeit finden lassen.

Anmerkungen

1 Im Folgenden zitiert nach Hardt/Negri 2002 mit der Sigle E unter Angabe der Seitenzahl in Klammern.

2 Jürgen Habermas, der militärische Interventionen im Irak und im Kosovo unterstützt hat, weist auf dieses Problem hin. Frühere Nato-Interventionen hätten „ein erschreckendes Maß an Rücksichtslosigkeit gegenüber 'Kollateralschäden' enthüllt - das Wort verrät schon, was es verbergen soll. In Zukunft müssten die Planungen für jeden 'Schlag' Bedingungen der 'Verhältnismäßigkeit' genügen." So Habermas im Interview mit Danny Postel, auf Deutsch erschienen in Basler Zeitung vom 10.12.2002. Trotz dieser Einsichten hält Habermas an Militärinterventionen fest, sofern sie UN-mandatiert sind, obwohl die Evidenz groß ist, dass der UN-Sicherheitsrat vielfach nach Vorgaben der USA entscheidet, Verhältnismäßigkeit, die auch die Perspektive des potentiellen Opfers im Blick hat, also nicht zu erwarten ist.

3 Der Begriff der Biomacht geht im wesentlichen auf Foucault zurück (vgl. Foucault 1977, 159ff.) Ausdrücklich wird dies von den Autoren vermerkt. Allerdings ist der Gebrauch dieses Begriffs sehr eigenwillig und deckt sich nicht mit dem von Foucault (vgl. Lemke 2002). Bei diesem nämlich bezeichnet er allein eine Form der Herrschaftsausübung.

Literatur

Amin, Samir/Hardt, Michael (2002): „Der Kapitalismus ist senil geworden". Ein Gespräch, in: Mittelweg 36, 11. Jg., H. 4

Brand, Ulrich/Demirovič, Alex/ Görg, Christoph/ Hirsch, Joachim (Hrsg.) (2001): Nichtregierungsorganisationen in der Transformation des Staates, Münster

Demirović, Alex (2003): Demokratie, Politik und Staat in der transformistischen Gesellschaft. Vergleichende Anmerkungen zu den Gesellschaftstheorien Niklas Luhmanns und Jürgen Habermas'. In: Kai-Uwe Hellmann, Karsten Fischer, Harald Bluhm (Hrsg.): Das System der Politik. Niklas Luhmanns politische Theorie, Wiesbaden

Foucault, Michel (1977): Sexualität und Wahrheit. Der Wille zum Wissen, Frankfurt am Main

Hardt, Michael/Negri Antonio (2002): Empire. Die neue Weltordnung, Frankfurt am Main

Lazzarato, Maurizio (1998): Immaterielle Arbeit. Gesellschaftliche Tätigkeit unter den Bedingungen des Postfordismus. In: Negri u.a. (1998)

Lemke, Thomas (2002): Biopolitik im Empire. Die Immanenz des Kapitalismus bei Michael Hardt und Antonio Negri, in: Prokla 129, 32. Jg., H. 4

Marx, Karl (1983): Grundrisse der Kritik der politischen Ökonomie. In: MEW 42, Berlin

Negri, Antonio 2002: Die neue Bewegung Ringelreihen, in: Le Monde diplomatique, August 2002

Negri, Toni/Lazzarato, Maurizio/Virno, Paolo (1998): Umherschweifende Produzenten. Immaterielle Arbeit und Subversion, herausgegeben von Thomas Atzert, Berlin

Judith Revel

Devenir-femme der Politik

> „Feminismen und Marxismen sind den Imperativen okzidentaler Ideologien aufgesessen, wenn sie sich bemühten, ein revolutionäres Subjekt aus der Perspektive einer Hierarchisierung der Unterdrückung und/oder aus einer unterschwelligen Position moralischer Überlegenheit zu konstruieren, aus Unschuld oder aus größerer Nähe zur Natur. Ohne Rückgriff auf einen ursprünglichen Traum einer gemeinsamen Sprache oder auf eine ursprüngliche Symbiose, die Schutz verspricht, ... befreit uns die Anerkennung unseres vollkommen in die Welt eingeschriebenen Seins von der Notwendigkeit, Politik auf Identifikation, Avantgarde-Parteien, Reinheit und Mütterlichkeit zu gründen."
> *Donna Haraway*

> „L'Homme est mort? La Femme aussi."
> *Michelle Perrot*

Gleich zu Beginn zwei Fragen: Wenn wir vom Frau-Werden der Arbeit sprechen, können wir dann tatsächlich auch vom Frau-Werden des Politischen oder der Politik sprechen? Und ist Frau-Werden des Politischen eigentlich gleichbedeutend mit Politisch-Werden der Frauen?

Es ist ein paar Jahre her: Christian Marazzi arbeitete damals in seiner Untersuchung *Il posto dei calzini* einige Momente heraus, um das adäquat zu beschreiben, was sich heute als radikaler und grundlegender Wandel der Arbeit, ja als Paradigmenwechsel darstellt, und zwar entlang zweier Achsen, die bis dato als charakteristisch für so genannte Frauenarbeit galten. So zum einen entlang der Überlagerung von Arbeitszeit und Lebenszeit mit all ihren Implikationen (die Non-Remuneration von affektiver Arbeit und von Hausarbeit, die „doppelte Belastung" durch Familie und Beruf, die fortschreitende Zentralität von Affekten im Produktionsprozess, die Unmöglichkeit, weiterhin von „Arbeitszeit" im strengen Sinn zu sprechen etc.), zum anderen entlang der Ausbeutung und der Unterwerfung der Arbeitskraft von Frauen, was immer schon Prekarisierung und Flexibilisierung ungeheuren Ausmaßes hieß. Was die Untersuchung zeigte, war die Art und Weise, wie die *gesamte* Produktion daran war, sich entlang dieser Linien zu reorganisieren (vgl. Marazzi 1998).

Das Buch von Marazzi bietet so zwei Ebenen. Zum einen wäre es zu lesen als Vorstellung einer Reihe von nützlichen Werkzeugen, um die Lage der Arbeit von Frauen und die häufig furchtbaren Bedingungen, unter denen sie arbeiten, zu beschreiben. Doch zugleich lässt sich mit der Untersuchung allgemeiner erkennen, wie umfassend der Wandel ist, der die Arbeit im ausgehenden zwanzigsten Jahrhundert erfasste - und es ist an den Frauen, die Durchsetzung wie die Auswirkungen dieses Wandels gesellschaftlich, historisch und politisch zu antizipieren. Heute sprechen wir vom Übergang zum Postfordismus, führen die Kategorie immaterieller Arbeit ein, sehen eine Verschiebung des Baryzentrums der Wertschöpfung, weg vom Zyklus der Warenproduktion und hin zu gesellschaftlicher Kooperation, zu Affekten, zur Sinn- und Sprachproduktion. All das gehört zum theoretischen Rahmen einer allgemeinen Beschreibung, die nicht allein Frauen angeht. Der „Stammplatz der Socken", von dem Marazzis Titel ironisch spricht, verweist mithin auf eine allgemeine Tendenz: „Frauenarbeit" ist heute die Norm - sowohl was Elend und Strapazen als auch was die ungeheuren Möglichkeiten der Verwertung betrifft.

So betrachtet ist es tatsächlich sinnvoll, vom Frau-Werden der Arbeit zu sprechen. Die so genannte Feminisierung der Arbeit bedeutet eben nicht - den Werbeleuten zum Trotz, die gern mit solchen Gemeinplätzen spielen - die Einführung aus der Luft gegriffener, nebulöser, aber angeblich weiblicher Eigenschaften (Sanftheit, Kreativität, Lebendigkeit, Spontaneität) in die hässliche Welt des Schmieröls und der Turbinen. Das Frau-Werden der Arbeit verziert die Blaumänner nicht mit feinen Spitzen; es reartikuliert die Formen und Mechanismen der Ausbeutung der Arbeitskraft ebenso wie das Aussehen letzterer.

Es wäre allerdings auch unsinnig davon auszugehen, das massive Auftreten von weiblichen Arbeitskräften auf dem Arbeitsmarkt wäre verantwortlich für die Feminisierung. Feminisierung der Arbeit bedeutet vielmehr, dass die Dispositive der Unterwerfung, die in historischer Perspektive vor allem Frauen betreffen, ausgeweitet werden: Das heißt Abhängigkeiten werden ausgenutzt und in den Verwertungsprozess integriert, und auf brutale Weise geht das, was man zuvor für radikal geschieden von der Welt „produktiver" Arbeit hielt - Liebe, Sorge um sich und andere, Kooperation, gegenseitige Hilfe, Teilen -, aus der Sphäre der Affekte, in die traditionellerweise die Frauen eingeschlossen waren, in die Produktionssphäre über.

Ein ziemlich düsteres Bild, wird da eingeworfen werden - und mit einigem Recht. Aber genau diese paradigmatischen Veränderungen der Arbeit sind der Ausgangspunkt jeglicher Untersuchung heute, die auf eine neue Kartografie der Welt zielt und neue politische und gesellschaftliche Subjekte zu identifizieren versucht. Das Arbeitsmittel zu besitzen und es mitzunehmen - wohin eine und einer auch geht - ist ein Vorzug der neuen Gestalten lebendiger Arbeit: frei sich zu bewegen und Grenzen zu überqueren, frei wegzugehen, nicht abhängig, schon gar nicht von den Managern der Produktion. Dass es sich hier lediglich um ein Moment handelt, dass wir hier über eine Tendenz sprechen - geschenkt: Die Bewegungen drücken gegen nationale Schranken, die Flucht der Gehirne überwindet die Grenzen, Frauen und Männer bewegen sich, die Erde dreht sich.

Das politische Problem des Kampfes gegen die Ausbeutung und gegen die vielfältigen Gesichter der Macht stellt sich derweil völlig neu. Lange Zeit wurde dieser Kampf wesentlich mit dem Kampf um die Wiederaneignung der Arbeitsmittel identifiziert, wurde verstanden als eine Schlacht gegen die Lebens- und Produktionsbedingungen, denen die Arbeitenden unterworfen waren, als historisches Erkennen des einen revolutionären Augenblicks, mit dem man sich verband, auf jenem langen dialektischen Pfad voller Hindernisse, der einen in eine leuchtende Zukunft führen würde. Das einzige, was tatsächlich niemals explizit problematisiert wurde, war die Frage des revolutionären Subjekts. Allenfalls galt es als eine Frage der Einheit - „Proletarier aller Länder ...“ -, weil, wie bekannt, aus der Einheit Stärke erwächst und es zudem schwierig ist, sich einen dialektischen Prozess vorzustellen, der nicht antizipierend um die Identität und Unverrückbarkeit seiner Momente weiß. Daraus ergab sich, dass Fragen nach der Homogenität dieses Subjekts, nach seiner Erscheinungsform, seiner Organisierung niemals anders gestellt wurden denn vor dem Hintergrund ebenso massiver wie diskreditierter Formen, als da wären Klasse, Partei, Gewerkschaft. Frauen waren darin, auch wenn die Bedingungen der Ausbeutung und des Leids für sie die gleichen waren, wenn nicht völlig ausgeschlossen, so doch marginalisiert, als ob sie eine zu vernachlässigende Nebenrolle spielten.

Heute hat die Veränderung der Arbeit, hat der Paradigmenwechsel die Kategorien bedeutungslos werden lassen; und die Krise der politischen Repräsentation hat schließlich den Parteien und Gewerkschaften die Basis weggezogen. Sicher bleibt auch weiterhin die Frage „Was tun?“, doch vor allem stellt sie sich als Frage nach der Art und Weise, wie die neuen Protestbewegungen politisch zusammentreffen, wie - nicht hierarchische, nicht vereinheitlichende - Organisierungen aussehen können, die jene in der Lage wären hervorzubringen, und schließlich welche Strategien des Widerstands zu entwickeln wären. Frauen haben weithin - und ohne dass dies eigentlich ihre Entscheidung gewesen wäre - die Veränderungen der Arbeit antizipiert. Was wäre, wenn Frauen entsprechend auch etwas zu dem zu sagen hätten, was einige heute die Multitude nennen? Bedeutet das Frau-Werden der Arbeit ein Frau-Werden der Politik? Wäre der „place des chaussettes de la multitude" heute nicht eigentlich die Frage für den Widerstand gegen das Empire?

Norm, Gender, Sex

In Europa wie anderswo war die Frage der Unterdrückung und der Kampf gegen eine Macht, die im wesentlichen als männlich identifiziert wurde, für die Frauenbewegungen ein wichtiges Moment. Doch wäre es naiv zu glauben, die Machtbeziehungen wiesen den Unterdrückern wie den Unterdrückten ein für alle Mal definierte Rollen zu. Die Untersuchungen von Michel Foucault aus der zweiten Hälfte der 1970er Jahre nehmen in dieser Hinsicht zwei wesentliche Verschiebungen vor. Wenn es stimmt, dass die Macht niemals eine kohärente, einheitliche und stabile Entität ist, sondern im Gegenteil aus einer großen Vielzahl von „Machtbeziehungen" besteht, in die determinierte historische, gesellschaftliche und epistemologische Bedingungen eingehen, dann ist sich nicht damit zu begnügen, in der kritischen Beschreibung einen „Kern" oder ein „Wesen" der Macht auszumachen, sondern es bedarf vielmehr des Aufweisens der komplexen Artikulationen, in denen sich Praxen, Wissen und Institutionen treffen. Und wenn es außerdem stimmt, dass es nur Macht gibt, die von den einen über die anderen ausgeübt wird, wobei die einen wie die anderen nacheinander oder gleichzeitig die Subjekte und Objekte der Machtausübung sind, dann ist eine Genealogie der Macht untrennbar von der Geschichte der Subjektivität. In dieser Perspektive wäre eine Reduzierung des Protests, des Widerstands und der Selbstorganisation von Frauen auf einen Geschlechterkonflikt, worin unmittelbar der Dualismus Unterdrücker/Unterdrückte verdoppelt würde, nicht bloß eine Simplifizierung, sondern sie bliebe auch deshalb zweifelhaft, weil sie Geschlecht als „natürliche", unhinterfragte Grundlage einer kollektiven Subjektivität identifizieren würde, als apriorische Möglichkeitsbedingung - defintitionsgemäß ahistorisch - einer Historiographie der Praxen der Spaltung und Unterwerfung, die Frauen, und sie in erster Linie, betrafen. Der amerikanische Philosoph Thomas Laqueur hat untersucht, wie die Repräsentation sexueller Differenz nicht nur der gleichen geschichtlichen Epoche angehörte wie bestimmte Dispositive der Disziplinierung, sondern ihnen direkt korrespondierte, da sich die neuen Praxen der Machtausübung über die Individuen auf den Dualismus männlich-weiblich bezogen (vgl. Laqueur 1992) Diese neuen Praxen nehmen ihren Ausgang in der zweiten Hälfte des 18. Jahrhunderts und sind durch zwei Merkmale gekennzeichnet: Die Macht wird in die Körper eingeschrieben - von daher auch die Wichtigkeit, jeder und jedem einen ein für alle Mal gegebenen, „objektiven" Körper zuzuweisen –, im Fall einer Frau, wie Michelle Perrot schreibt, „un corps fragile, malade, hystérique, à protéger et à cacher“ (Perrot 1997, 96). Und es geht um die Definition eines Kodex - Foucault spricht von Norm -, der sich als natürliche Regel präsentieren wird (hier wird deutlich, wie wichtig die Illusion ist, Geschlechter in Naturgegebenheiten zu verwandeln). Foucault schreibt: „Die Disziplinen ... definieren einen Kodex, der nicht jener des Gesetzes, sondern jener der Normalisierung sein wird, und sie werden sich zwangsläufig auf den theoretischen Horizont nicht mehr des Rechts, sondern des Felds der Humanwissenschaften beziehen. Ihre Rechtsprechung wird die eines klinischen Wissens sein.“ (Foucault 1999a, 48)

Das Auftauchen der Biomacht weist Frauen nun einen Körper zu, der, selbst eine Hervorbringung der Macht, im selben Moment eine Position im Diskurs des Wissens und eine Funktion in der allgemeinen Ökonomie der Disziplinen definiert. Der Foucault häufig - und vermutlich zu Recht - gemachte Vorwurf des Androzentrismus tut dieser Analyse im übrigen keinen Abbruch: Ein doppeltes Dispositiv der Disziplinierung (der Individuen) und der Kontrolle (der Bevölkerungen) produziert gleichzeitig und in einem Zug eine natürliche Norm („den weiblichen Körper“) und eine homogenisierte Bevölkerungsgruppe („die Frauen“). Davon ausgehend ist es die Funktion der Frau - beispielsweise in der Familie - gleichzeitig zum Modell der Unterwerfung par excellence zu werden und ein Relais der Macht, die sie reproduziert, und zwar in einem privaten Raum, der nicht weniger von Kontrolle durchzogen ist als der öffentliche.

Foucault hält sich tatsächlich kaum mit Unterdrückung und Ausbeutung von Frauen auf; sein Interesse gilt viel eher der Disziplinarmacht der Ehefrauen und Mütter, gegen die sich beispielsweise ein Pierre Rivière erhebt, der „rotäugige Muttermörder“ (vgl. Foucault (Hg.) 1975). Doch im Gegenzug aus „der Frau“ eine Gestalt außerhalb der Mechanismen der Macht machen zu wollen, zeugte von einer an Verblendung grenzenden Naivität: Eine solche Exteriorisierung ist unmöglich (es gibt kein „Außerhalb“ der Macht). Der Rekurs auf einen Geschlechtsunterschied, der auch und vor allem ein Unterschied zur Macht wäre, evoziert eine Vorstellung von Unschuld, die nichts anderes wäre als ein Spiegelbild der Eva als Verführerin und Sünderin, während tatsächlich der Normalisierungsdiskurs bestätigt wird, indem unterstellt ist, es gebe ein Frau-Sein, eine weibliche Population mit definierten Zügen und klaren Konturen: eine Identität, von der geglaubt wird, sie könne die Möglichkeit, die Herrschaft loszuwerden, durch eine Einheit begründen, der frau außerhalb der Geschichte angehört. Paradoxerweise aber werden gerade dadurch die Mechanismen der Unterdrückung verstärkt. Es steht dabei außer Frage, dass Frauen sich in ihren Kämpfen und für ihre Forderungen ein ums andre Mal zusammenschließen mussten - wir stehen heute alle in der Schuld jener, die in oft schwierigen und hart geführten Konflikten fundamentale Rechte erstritten. Doch ist es eine Sache, unter bestimmten Umständen, räumlich oder zeitlich begrenzt, strategisch als Kollektivsubjekt aufzutreten und ganz bewusst politische Forderungen zu stellen (und für ein solches kollektives Subjekt mag auch die Notwendigkeit bestehen, für eine gewisse Zeit und angesichts bestimmter Ziele einen absoluten Separatismus gegenüber Männern zu verfolgen), eine andere Sache ist es, von „Frau" zu reden ohne sich klar darüber zu werden, dass dies eine politische Konstruktion mit konjunktureller und begrenzter Reichweite ist.

Heutzutage ist die Kritik des Geschlechterdualismus in gewissem Sinn verallgemeinert. Allerdings hat die normative Klassifikation Bestand: Anstelle der Differenzierung entlang des Geschlechts findet sich nun vermehrt eine in Bezug auf die Sexualität, ganz als ob letztere nicht selbst eine Objektivierung der Macht wäre. Deren „Wahrheit" besteht darin zu sagen, was ein Individuum ist, indem sein intimstes Geheimnis offenbart wird: Ist dies nicht Teil unserer Kultur, von den Individuen zu verlangen, die Wahrheit über ihre Sexualität zu offenbaren, um die Wahrheit über sich selbst sagen zu können?

Doch wenn es offensichtlich ist, dass die Konstruktion einer Norm des Sexualverhaltens - das heißt der Norm der Heterosexualität entsprechend der Vorstellung biologischer Reproduktion - Moment jener „Gesellschaftsorthopädie" der Biomacht ist (vorbereitet durch zwanzig Jahrhunderte christlicher Seelsorge), warum werden dann, statt die Norm selbst zu kritisieren, nur deren Inhalte in Frage gestellt? Warum die Heterosexualität und das Familienmodell durch andere Modelle ersetzen, die gleichermaßen normativ wären? Foucault erklärte dazu im Blick auf die verschiedenen Bewegungen zur sexuellen Befreiung lapidar: „Es ist äußerst schädlich, dass sie sich auf diverse Geschlechtskategorien verteilt haben: Befreiung der Frau, Befreiung der Homosexuellen, Befreiung der Hausfrauen. Wie könnte man Menschen wirklich befreien, wenn man sie in Gruppenzwänge einbindet, die eine Unterordnung unter bestimmte Ideale und Ziele erfordern? Warum sollen sich an der Bewegung zur Befreiung der Frau nur Frauen beteiligen?" (Foucault 2003, 848f.) Und ein paar Jahre später: „Wenn Identität zum Hauptproblem sexueller Existenz wird, wenn Leute glauben, sie müssten ihre 'eigentliche Identität' 'enthüllen' und daraus müsste das Gesetz, das Prinzip, der Kodex ihrer Existenz werden; wenn sie beständig die Frage stellen: „Entspricht das meiner Identität?", dann kehren sie, denke ich, zurück zu einer Ethik, die der alten heterosexuellen Männlichkeit sehr nahe ist. ... Die Beziehungen zu uns selbst sind keine identitären; viel eher sind sie Beziehungen der Differenzierung, der

Kreation und der Innovation. Stets der-die-dasselbe zu sein ist wirklich langweilig. Wir müssen Identität nicht verwerfen, wenn Leute über den Umweg der Identität zur Lust finden, aber wir müssen Identität auch nicht als allgemeingültige Regel betrachten." (Foucault 1999b)

Devenir-femme, devenir-minoritaire

In diesem Sinn ist das, worauf Gilles Deleuze und Félix Guattari mit dem Konzept des Frau-Werdens hinweisen, buchstäblich das Gegenteil einer identitären Position oder Wendung: Werden ist die Produktion von Differenzen. „Ein Werden ist keine Entsprechung von Beziehungen. Aber ebenso wenig ist es eine Ähnlichkeit, eine Imitation oder gar eine Identifikation. ... Wir würden die Form der Evolution, die zwischen Heterogenen abläuft, lieber als 'Involution' bezeichnen, vorausgesetzt, man verwechselt die Involution nicht mit einer Regression. Das Werden ist involutiv, die Involution ist schöpferisch. Regredieren bedeutet, sich zum weniger Differenzierten zu bewegen. ... Werden ist ein Rhizom" (Deleuze/Guattari 1992, 324-326). Denn Werden besitzt kein Subjekt, das von ihm zu unterscheiden wäre, und zugleich als Subjekt von Anfang an als Kriegsmaschine gegen die Herrschaft und die Mystifikation des Einen (des Staats, der Familie, des Volks, der Partei, des Geschlechts) auftritt. Werden ist die Multitude als unendliche Produktion von Differenzen, als Arrangement von Differenzen als Differenzen. Die dualistischen Auffassungen von Sex/Gender im Rekurs auf ein Drittes zu überschreiten und zu kritisieren (wie in der Figur der Cyborg) oder Freiräume und transidentitäre Übergänge zu fordern (etwa Transgender), sind interessante Ansätze; doch auch hier besteht das Risiko, Identität zu reproduzieren, indem Identitäten vervielfältigt werden, statt sich von ihr und von ihnen zu befreien. Daher die Notwendigkeit, das Konzept des Werdens politisch zu reformulieren: als Schaffung neuer Arrangements von Differenzen, die allein eine Konstitution des Gemeinsamen erlauben. Das Gemeinsame, *Commune*, ist nicht das Ende der Differenz, es ist ihre Produktion.

Es ist die „molekulare Frau", von der es in *Mille Plateaux* heißt, dass sie „in die molaren Konfrontationen hineinschlüpft und unter ihnen und durch sie hindurchgeht". Ohne diese differentielle Produktion von Differenzen ist das Gemeinsame undenkbar: Man muss „die weibliche Form nicht imitieren oder übernehmen, sondern Partikel aussenden, ... damit auch der Mann es wird oder werden kann" (Deleuze/Guattari 1992, 376, 375).

Vom Frau-Werden der Politik zu reden ist ein Appell, minoritär zu werden, der Appell zum Exodus, das heißt zu etwas, das noch zu schaffen ist. Frau-Werden ist nicht die Antwort auf die Macht der Männer, so wenig minoritär werden mit einem Lob der Minderheiten zu tun hat. Frau und minoritär werden heißt, dass es darum geht, die Koagulation zu verhindern, das Verankern von Positionen, die Suche nach selbstgefälligen Ähnlichkeiten und vorgezeichneten Abstammungslinien, die Wiedereinsetzung des Einheitszwangs und der Gewalt der Hierarchie. Frau-Werden, minoritär werden heißt eine Politik, die die eigenen Widerstandsstrategien hinterfragt, und zwar ausgehend vom Organisieren transversaler Arrangements, die zugleich Produktion von Subjektivität, Praktiken der Freiheit und Hervorbringungen des Seins umfassen. Das Generative ist heute definitiv nicht auf das Biologische zu verkürzen: Politik heißt eine Ontologie der Kreation - das Frau-Werden der Politik ist eine Ontologie der Multitude.

Literatur

Deleuze, Gilles/Guattari, Félix (1992): Tausend Plateaus. Kapitalismus und Schizophrenie, Berlin

Foucault, Michel (Hg.)(1975): Der Fall Rivière. Materialien zum Verhältnis von Psychiatrie und Strafjustiz, Frankfurt am Main

- (1999a): Vorlesung vom 14.Januar 1976, in: ders.: In Verteidigung der Gesellschaft, Frankfurt am Main

- (1999b): Sex, Macht und die Politik der Identität. Interview, Juni 1982, in: diskus. Frankfurter StudentInnenzeitschrift 48.Jg., H.3

- (2003): Schriften in vier Bänden. Dits et Ecrits, Band III, Frankfurt am Main

Haraway, Donna (1995): Ein Manifest für Cyborgs, in: dies.: Die Neuerfindung der Natur. Primaten, Cyborgs und Frauen, Frankfurt am Main, New York

Laqueur, Thomas (1992): Auf den Leib geschrieben. Die Inszenierung der Geschlechter von der Antike bis Freud, Frankfurt am Main, New York

Marazzi, Christian (1998): Der Stammplatz der Socken. Die linguistische Wende der Ökonomie und ihre Auswirkungen in der Politik, Zürich

Perrot, Michelle (1997): Michel Foucault et l'histoire des femmes, in: Au risque de Foucault, Ed. Centre Georges Pompidou, Paris

V.
Anhang

Antonio Negri

Die Theorie des Lohns und ihre Entwicklung Vorlesung*

Die antithetische Form: ein Dreh- und Angelpunkt in den *Grundrissen*.[1]

Das Neue an der „Darstellung" der kapitalistischen Entwicklung bei Marx ist, dass sie deren antithetische Form selbst aufweist und darin eine Explosion der Logik der Separation freisetzt. Der antithetische Charakter des Kapitals ist nicht allein Resultat - er ist *auch* ein Resultat; aber die antithetische Form ist der Schlüssel, ja das allgemeine Merkmal der Entwicklung. In gewisser Hinsicht muss der Konstitutionsprozess, der zur Definition des gesellschaftlichen Charakters des Kapitals führte, geradewegs umgekehrt werden. Das ist offensichtlich, folgt man dem Ansatz von Marx, der im Verlauf der Argumentation immer wieder auf das Thema des Mehrwerts zurückkommt, auf eine darin gesetzmäßig wirkende Radikalität. Davon ausgehend verweist der Begriff des gesellschaftlichen Kapitals auf eine Dualität und nimmt eine zutiefst antagonistische Bedeutung an, die folgende Regel erkennen lässt: Je weiter sich die kapitalistische Vergesellschaftung ausdehnt, desto stärker vertieft sich (qualitativ) und vergrößert sich (quantitativ) ihr antagonistischer Charakter.

Die Entwicklung der räumlichen und zeitlichen Kategorien greift die fundamentale Widersprüchlichkeit auf. Der vorliegende Aufbau der *Grundrisse* beruht darauf. Die Schlussphase der Argumentation beginnt dort, wo die Schranken der expansiven Effekte der Mehrwerttheorie und der Ausbeutungstheorie gezeigt werden; bereits im Exkurs über die Krise und im Abschnitt über die „Formen, die der kapitalistischen Produktion vorhergehn" tauchten die Schranken zuerst synchronisch-kategorial, dann diachronisch-historisch auf. Doch nunmehr findet die Darstellung und Exemplifizierung ein neues - gesellschaftliches, kollektives, allgemeines - Terrain. Die Dominanz des Antagonismus zeigt so ihre ganze Originalität und Reichweite.

---

* Die Vorlesung „Die Theorie des Lohns und ihre Entwicklung" ist die siebte in einer Reihe von neun Vorlesungen, die Antonio Negri 1978 auf Einladung von Louis Althusser an der École Normale Supérieur in Paris hielt. Negris „Quaderno di lavoro" zu diesen Vorlesungen wurde im Jahr darauf unter dem programmatischen Titel *Marx oltre Marx* (Marx über Marx hinaus) publiziert. (Anm. d. Hg.)

Der Prozess der Verwertung muss, in diese allgegenwärtige Dimension vorangetrieben, dem Auftreten proletarischer *Selbstverwertung* das Feld überlassen, der Ausdehnung ihrer antagonistischen Potenzialität. Diesen Dreh- und Angelpunkt in Marxens Denken, seinen deutlich werdenden definitiven Charakter, haben wir im Folgenden ausführlich zu analysieren. Man könnte sagen, dass das „Kapitel über die Maschinen" (590ff.), das unserer Untersuchung hier den kategorialen Rahmen gibt, die *Grundrisse* abschließt, insofern sich der logische Rhythmus der Marxschen Argumentation hier am ausgeprägtesten zeigt. Was auf das Maschinenkapitel in den *Grundrissen* folgt (also praktisch das ganze Heft VII von Marxens Manuskript), sind eher Ergänzungen der vorgelegten Analyse, sind Vertiefungen und ein Weiterspinnen einzelner Fäden der Argumentation, die zuvor oder an anderer Stelle liegengelassen wurden - wichtiges, aber nicht wesentliches Material. Wir befinden uns an einem entscheidenden Kreuzungspunkt, mitten im „Zweiten Abschnitt", jener zweiten Seite in der Analyse der *Grundrisse*, die der Zirkulationstheorie gewidmet ist. Wenden wir uns daher dem Text zu.

Die Argumentation Marx' wogt in ihrem Fortgang stürmisch hin und her, das Thema wird in Wellen entwickelt, die anbranden und verebben. Eine Welle brachte das Konzept des gesellschaftlichen Kapitals, und in ihrem Zurückgehen wird die Antithese sichtbar: *die Subjektivität der Arbeiterinnen und Arbeiter*. Machen wir uns also auf, diese Kategorie, die Logik der Separation in ihrer höchsten Form zu entdecken, dort, wo die Verdichtung des Kapitals am größten ist: Das ist auch die Vorgehensweise von Marx.

Das Buch vom Lohn und die Auseinandersetzung darüber: Seine zentrale Stellung in der Entstehung und Entwicklung des Marxschen Denkens. Vom Lohn zum Subjekt.

Die Lohnform verbirgt die notwendige Arbeit ebenso wie die Kreativität, das zeigt die Theorie über den Mehrwert in aller Deutlichkeit. Diese verborgene und doch einzigartige, als Produktivkraft wirkende Realität zeigt sich in den Bewegungen des Mehrwerts. Zur Subjektivität der Arbeiterinnen und Arbeiter zu gelangen, ihre Rolle zu entdecken, heißt vor allem, *sie in der Lohnform freizulegen*, die Hülle zu zerstören, die die Lebendigkeit des Werts verbirgt, sie verschlingt und so organisiert, dass sie als Produktivität des Kapitals erscheint. Es bedeutet im Wesentlichen, Gesetzmäßigkeiten in den Bewegungen des Lohns zu entdecken, die durch (relative) Unabhängigkeit anderen Waren gegenüber auf jene besondere latente Realität verweisen. Dieses Projekt ist im „Plan" der *Grundrisse* präsent, jenem Plan, den Marx für den Verlauf seiner Untersuchung entwarf. Im

Aufbau des *Kapital* gibt es das Projekt nicht mehr. Das Buch, das sich speziell dem Lohn widmen sollte, verschwindet. Roman Rosdolsky geht dem Problem, warum der Plan verändert wurde, explizit nach und formuliert dazu zwei Fragen: 1. Welche Themen hätten in jenes Buch Eingang finden sollen? 2. Warum verzichtete Marx auf ein gesondertes „Buch von der Lohnarbeit"? (Rosdolsky 1968: 79-85) Auf die erste Frage gibt Rosdolsky eine schlüssige, auf die zweite eine weniger zufriedenstellende Antwort.

Doch betrachten wir das genauer: Welche Gegenstände sollten in den Bereich des Buchs über die Lohnarbeit fallen? Eine genauere Analyse führt zu einer Liste der grundlegenden Themen in den *Grundrissen*:

- Der Lohn als Existenzform des Proletariats den anderen beiden Klassen - in der Zirkulation - gegenüber. (188)
- Die Formen des Lohns. Der Stücklohn. Die Entmystifizierung der damit verbundenen Illusion, einen bestimmten Anteil zu erhalten. (207-208)
- Das Verhältnis von Lohn und Gesamtbevölkerung und das Verhältnis notwendiger Arbeit zu Mehrarbeit. Umgekehrt die Bezahlung notwendiger Arbeit als Bezahlung der Reproduktion eines gesellschaftlichen Ganzen. (312-315)
- Die notwendige Arbeit als Grenze des Tauschwerts des lebendigen Arbeitsvermögens (Untergrenze des Lohns?). (329)
- Ungekehrt das Drücken des Lohns unter die durch die notwendige Arbeit gesetzten Grenzen. Historische Entwicklung der Formen des Lohns. (340)
- Erneut über die historische Entwicklung der Formen des Lohns: Entmystifizierung des Lohns und des Scheins eines Äquivalententauschs. Das Arbeitsvermögen als „Eigentum" des Arbeiters. (376-377)
- Die „kleine Zirkulation" beziehungsweise der Lohn als Einkommen/Revenue im Bereich der Zirkulation. (428)
- Lohn und Überschuss an Arbeitern. (508)
- Die These von einem notwendigen Minimum des Lohns. Modifikation der These im Verlauf der Untersuchung. (706-707)

Während Rosdolsky diese und andere Fragestellungen (grundlegende Fragestellungen wie die Rückführung konkreter auf abstrakte Arbeit oder die Reduktion individueller menschlicher Arbeiten auf unterschiedslose einfache Durchschnittsarbeit[2]) im Blick behält, kommt er bei der Beantwortung seiner zweiten Frage zu dem Schluss, Marx habe das besondere „Buch von der Lohnarbeit" aufgegeben, weil „die strikte Separierung der Kategorien des Kapitals und der Lohnarbeit, wie sie der alte Plan vorsah, nur bis zu einem gewissen Punkt tragbar gewesen und später aufgegeben werden musste" (Rosdolsky 1968: 85). Das heißt, dass die aufgelisteten Themen als untergeordnete in der Untersuchung des Kapitals angesehen werden müssen.

Doch ist das nicht wahr. Es ist in Bezug auf die aufgelisteten Themen nicht wahr, ebenso wenig bezogen auf andere, auf die wir im Folgenden noch stoßen werden; und es ist stimmt auch ganz allgemein nicht. Denn all jene Momente werden nicht als den Bewegungsgesetzen des Kapitals untergeordnete angesehen, sondern vielmehr als dem Klassenkampf untergeordnet, „so dass die *Proportion* ein reales Moment des ökonomischen Lebens selbst wird. ... Im Kampf der beiden Klassen - der sich bei Entwicklung der Arbeiterklasse notwendig einstellt - wird das Messen der wechselseitigen Distance, die eben durch den Arbeitslohn selbst als Proportion ausgedrückt ist, entscheidend wichtig. Der *Schein des Austauschs* verschwindet im Prozess der auf das Kapital gegründeten Produktionsweise.“ (498-499) An diesem Punkt müssen wir die Fragestellung neu formulieren. Rosdolsky hilft uns dabei durch eine für ihn zweitrangige Überlegung. Er merkt an, dass die Themen der Reduktion konkreter auf abstrakte Arbeit und der Reduktion besonderer Arbeiten auf durchschnittliche gesellschaftliche Arbeit das Kapitel vom Lohn genau genommen nicht verlangten. Tatsächlich aber sind die Reduktionen mit der Ausarbeitung der Mehrwerttheorie verbunden, sie bilden die Grundlage der Theorie des Kapitals. Die Reduktionen führen zu grundlegenden Begriffen, ja zu tatsächlichen Grundlagen. Warum die ständige Wiederholung? Weil, so könnte man auf Rosdolsky antworten, die Marxsche Entdeckung des Mehrwerts (und der Reduktionen, auf denen er beruht) im Buch über das Kapital nicht erschöpfend zu behandeln sind. Weil jedes Mal, wenn dieses grundlegende Moment auftaucht, es der Analyse eine andere Logik aufzwingt: die *Logik der Separation* gegen eine Logik der dialektischen Lösungen. Vielleicht, so könnte man sagen, wurde das „Buch von der Lohnarbeit“ nicht geschrieben, nicht weil es - in der Theorie des Kapitals - eine Fragestellung eröffnete, die bereits gelöst gewesen wäre, sondern weil im Gegenteil die ganze Theorie des Kapitals durch nichts anderes sich begründen und sich entwickeln kann als durch die Theorie über den Lohn. Daher die Anspielungen, daher die Inhalte. Meine Perspektive ist radikal, das weiß ich: Ich beklage das Fehlen des „Buchs von der Lohnarbeit“, weil damit ein Moment der Uneindeutigkeit verbunden ist. Hier sind wir möglicherweise an dem Punkt zu zeigen, dass über diese Uneindeutigkeit ziemlich alle Interpreten gestolpert sind, Marx selbst jedoch nicht.

Kehren wir zum Kern der Fragestellung zurück. Das Kapitel vom Lohn *begründet* das Kapitel vom Kapital, insofern konkrete Arbeit in abstrakte Arbeit verwandelt wird, unterschiedlich qualifizierte Arbeiten in durchschnittlich einfache Arbeit. Diese Verwandlung ist keine abgeschlossene Synthese, etwas Gegebenes, auf dem aufzubauen wäre. Es ist eine *Tendenz* - eine antagonistische Tendenz. Die Arbeit in der Produktion und das Arbeitsvermögen gehören nicht zu einem bewegungslosen Motor, der das Kapital schafft; sie durchlaufen im Gegenteil alle Artikulationen des Kapitals und durchdringen als Widerspruch all seine Vergegenständlichungen. Das Kräfteverhältnis zwischen den Klassen auf einer bestimmten Stufe der kapitalistischen Entwicklung drückt real und kollektiv das aus, was im Kapitalverhältnis immer schon präsent war. Die Zirkulation des Kapitals ist daran räumlich und zeitlich vermittelnd beteiligt und sie erlaubt es, dass der Dualismus des Konzepts in der Dualität zweier Subjekte hervortritt. Aber dies geschieht immer auf der Grundlage des gleichen kontinuierlichen Prozesses. Es gibt keine eigenständige Kategorie „Kapital", die von diesem Antagonismus losgelöst existieren würde, jenseits des Flusses dieser ununterbrochenen Separation. Genauso wenig kann es eine Theorie des Lohns geben, die der Theorie vom Kapital untergeordnet wäre. Wo der Lohn im ersten Band des *Kapital* erstmals Gegenstand wird und viele der in den *Grundrissen* explizit angerissenen Themen zusammenfasst, tritt er als „unabhängige Variable" auf. Seine Gesetzmäßigkeiten ergeben sich aus der subjektiven Verdichtung der Revolte gegen die Arbeit, die in der kapitalistischen Entwicklung stets lebendig ist, und stellen sich unmittelbar als unabhängige Regeln dar. Das ganze kategoriale Geflecht, das bis zu dem Augenblick, da der Lohn ins Spiel kommt, im *Kapital* entwickelt ist, muss sich in der Folge wandeln: vom Abpressen des absoluten Mehrwerts zur Produktion und Extraktion des relativen Mehrwerts, vom Kapital, das formell subsumiert, zum Kapital, das die Gesellschaft real, materiell subsumiert. Das Anwachsen des Werts der notwendigen Arbeit ist bestimmt durch den Kampf um die Arbeitszeit und deren Verkürzung; dies erfordert eine *allgemeine Verschiebung* des kategorialen Rahmens, um die Akkumulation und die kapitalistische Reproduktion zu fassen. Die Begründung der Theorie vom Kapital ist dieser Dynamik ständig unterworfen.

So viel in kategorialer Hinsicht. Doch das genügt nicht. Die Tatsache, dass der Lohn immer und immer wieder als unabhängige Variable im kapitalistischen Prozess auftritt, zeitigt auf allen Stufen der Entwicklung eine Reihe von Auswirkungen. Das Kapitel vom Lohn ist nicht nur die implizite Begründung, sondern vielmehr der *Leitfaden* für die Entwicklung der Marxschen Theorie über das Kapital. Im gleichen Moment, da es gelingt, die ersten Kategorien zu bestimmen, wird es notwendig, historische Variationen und Besonderheiten in Rechnung zu stellen. Darin zeigt sich die Perspektive des Lohns als bestimmend. Die Gegenüberstellung gibt es von Anfang an, schließlich „kann der Austausch eines Teils des Kapitals gegen lebendiges Arbeitsvermögen als ein besondres Moment betrachtet werden und muss so betrachtet werden, da der Arbeitsmarkt durch andre Gesetze regiert wird als der Produce market etc." (427) Tatsächlich ist die notwendige Arbeit hier das Hauptproblem, es entfaltet sich immer mehr, irreversibel, auf erweiterter Stufenleiter. All das „gehört in den Abschnitt vom Arbeitslohn etc." (427) Was bedeutet hier „andre Gesetze"? Es bedeutet, dass die Logik der Separation bestimmend ist, es bedeutet, dass der Lohn in seiner gesellschaftlichen Quantität eine unabhängige und variierende Größe ist, und es bedeutet, dass die Rigidität des Lohns für die Analyse ein unhintergehbares Moment darstellt. Gewiss ist auch diese Rigidität Veränderungen unterworfen. Beispielsweise wird angenommen, um die Gesetze des Profits in einer gewissen Konstanz zu bestimmen, dass die notwendige Arbeit durch das notwendige Minimum des Lohns fixiert sei. Doch ist diese Annahme völlig abstrakt. Tatsächlich muss die Rigidität historisch untersucht werden, sie ist selbst durch das reale Kräfteverhältnis bestimmt. „Die festen Unterstellungen werden alle selbst flüssig im Fortgang der Entwicklung." (707) Es ist deshalb in der Praxis so, dass „in jeder bestimmten Epoche das Maß der notwendigen Arbeit vom Kapital als festgelegt betrachtet und so behandelt werden muss; unabhängig davon, wie dieses Maß sich in verschiedenen Epochen und verschiedenen Ländern auch unterscheiden mag. ... Die Betrachtung dieser Veränderungen selbst gehört insgesamt in das Kapitel, das sich mit der Lohnarbeit befasst." (707) Damit, in der Spannung zwischen diesen einander widersprechenden Bestimmungen, ist eine Potenzialität gegeben - *die Wirklichkeit des Klassenkampfs*. Der Lohn ist im gleichen Maß eine unabhängige Variable, in dem für das Kapital Quantität, Qualität und somit der Wert der notwendigen Arbeit festgelegte Größen sein „müssen". Der Widerspruch, der das Kapitalverhältnis konstituiert, entwickelt sich im Innern dieses Widerspruchsverhältnisses. Es gibt keine Alternative: Das Kapital entwickelt sich nur durch die Logik der Separation. Im Zentrum der Separation steht der Lohn, die Masse der notwendigen Arbeit, deren Wert das Kapital festlegen muss, koste es, was es wolle, - und der im Gegenteil mobil und variabel ist, in letzter Instanz nicht durch den Austausch bestimmt, sondern Ergebnis des Klassenkampfs, dem es nicht gelingt, zur Diktatur des Proletariats zu werden. Die Unabhängigkeit determiniert den Kampf, die Potenzialität und die Entwicklung, der Kampf ist die Grundlage der Werte der notwendigen Arbeit und setzt sie als historische Entität: Merkmal der Gesamtheit der Wünsche, der Verhaltensweisen und angenommenen Werte, die nur durch den Kampf zu verändern und vorwärts zu treiben sind - angesichts der Potenzialität, die nur der lebendigen Arbeit zukommt, aufgrund der historischen Veränderungen, die sie durchmacht, einer Potenzialität, die dennoch mit der Produktion und den Transformationen des Kapitals verbunden ist.

Diese *Potenz der lebendigen Arbeit* gilt es zu untersuchen: In der Lohnform zeigt sie lediglich einen mystifizierten Aspekt ihrer Existenz, eine durch das ökonomische Kalkül des Kapitals aufgezwungene Unbeweglichkeit. Doch jenseits der vom Kapital behaupteten Notwendigkeit spürt man im Lohn und über den Lohn hinaus den Herzschlag der lebendigen Arbeit, ihrer gesellschaftlichen Wirklichkeit und ihrer antagonistischen Potenz. Wahrzunehmen ist dieser Puls auch auf allen Stufen der Marxschen Argumentation, kontinuierlich, ununterbrochen, im Innern jedes Moments der kapitalistischen Entwicklung. Das Problem ist insgesamt verworren. Die objektivistische Interpretation der so genannten „Kapitallogischen Schule" - die nicht endenden Verweise auf die dem Kapital zukommende Macht, die Entwicklung in ihrer Gesamtheit zu beherrschen und zu steuern - ist natürlich abzulehnen, doch scheint auch der Subjektivismus, das Kapital *tout court* als Objektivation zu behandeln, zu nichts zu führen. Das sind keine theoretisch spannenden Fragen - es sind fürchterliche Vereinfachungen. Was uns hier interessiert, ist vielmehr die Ambiguität des Prozesses, sein irreduzibler Verlauf, das Außerkrafttreten einer Gesetzmäßigkeit der Herrschaft auf allen Ebenen. In den *Grundrissen* lässt sich jeder theoretische Übergang nur im Zusammenhang der Veränderungen lesen, in Abhängigkeit von den Kräfteverhältnissen. Mit vollem Recht kann man die Unentschlossenheit im *Kapital* angesichts der Fragestellung beklagen. Dort finden sich kleine Lichtblicke, singuläre Momente der theoretischen Einsicht. Das *Kapital* zeigt - im Gegensatz zu den *Grundrissen* - den Antagonismus nicht in seiner Gesamtheit und Reichweite. Der Lohn, das Quantum notwendiger Arbeit, bietet nicht nur die Begründung der kapitalistischen Entwicklung, sondern bestimmt ihre Gesetzmäßigkeiten. Hier findet sich die *schöpferische Dimension* der notwendigen Arbeit, ihre unbezwingbare Tendenz. Aus der Zustandsbeschreibung entfaltet sich die Theorie vom Lohn: die Logik der Entwicklung. Es ist unmöglich, die *Grundrisse* (mit ihrer Antizipation des Verlaufs der Geschichte) zu lesen, ohne die Konsequenz zu ziehen, dass es die Separation ist, die den Prozess bestimmt. Die Separation ist, vom proletarischen Standpunkt aus betrachtet, die Verdichtung einer geschichtlich gegebenen Realität. Auf diesem Terrain waltet die schöpferische Kraft der freien Subjektivität.

Die Analyse geht noch einen Schritt weiter. Der mystifizierende Schleier, der die Arbeit in Gestalt des Lohns umhüllt, ist heruntergerissen - notwendig ist, ihn wegzuräumen. Alle Momente kommen zusammen und bilden einen Knotenpunkt, einen schöpferischen Zusammenhang: Das erste Schlüsselmoment der dynamischen Entwicklung der Produktion ist zunächst einmal die Potenz der lebendigen Arbeit als Antrieb der Verwandlung von Natur in Geschichte. Von den ersten Seiten der Untersuchung an, die mit dem Geld beginnt, das ein zwar ätherisches, doch mächtiges Terrain des gesellschaftlichen Kommandos darstellt, erhebt sich, in unermüdlicher Art, die lebendige Arbeit. Entwickelt wird die „reale Abstraktion", die Gesellschaft von Arbeitern, die Vermittlung in der Produktion. *Das Thema der abstrakten Arbeit ist der rote Faden: ein konstituierender Prozess.* Je mehr die Arbeit sich abstrahiert, sich vergesellschaftet, und das ist das zweite Moment in diesem Zusammenhang, das die Untersuchung verschiebt, desto mehr weitet sich die Sphäre der Bedürfnisse aus. Die Arbeit schafft ihre Bedürfnisse und zwingt das Kapital, sie zu befriedigen. Die voranschreitende geschichtliche Entwicklung der Bedürfnisse konkretisiert sich als Einheit, als Zusammensetzung unterschiedlicher Einheiten entsprechend der Entwicklung abstrakter, gesellschaftlicher Arbeit. Diese Bedürfnisse bestimmen die Ausformung des Lohns. Drittes Moment schließlich: Die Individualität ist dabei, Subjektivität zu werden. Das heißt, dass die Verknüpfung der Bedürfnisse, die individuelle Materialität ihrer Zusammensetzung den Prozess beseelt. Im Kapitalverhältnis zerbricht die Unterordnung unter die ökonomische Notwendigkeit, und das Verhältnis erwacht in der einzigen Art zum Leben, in der das der Materie möglich ist: als Verhalten, als Haltung, als Potenz. Diese Potenz ist Subjektivität, sie ist irreduzibel. Das Kapital selbst ist gezwungen, sich als Verhältnis anzuerkennen, als proportionale Beziehung, deren Ordnung die Separation bestimmt. Die Form des Verhältnisses ergibt sich aus dem Kampf der beiden Seiten. Der Klassenkampf und die Politik stehen so im Zentrum der ökonomischen Theorie. *Die Mehrwerttheorie führt das Faktum der Ausbeutung in die ökonomische Theorie ein; mit der Marxschen Theorie der Zirkulation begegnet uns dort der Klassenkampf.* Somit wird deutlich, was das „Buch von der Lohnarbeit" für Marx bedeutet. Es ist der Übergang der Theorie von der Ökonomie zur Politik, das Auftauchen des Politischen im Ökonomischen und umgekehrt. Von der Keimform der bürgerlichen Gesellschaft, deren Beschreibung die Mehrwerttheorie unternimmt und deren Geheimnis sie lüftet, geht die Untersuchung dazu über, das organische, entwickelte, reife Kapitalverhältnis zu enthüllen. Alle Fäden laufen an diesem Punkt zusammen. Aus dieser Entdeckung erwachsen enorme Konsequenzen. Bei allen Schwierigkeiten, die es bereitet, auf diese zweite Seite der Marxschen Theorie zu gelangen: Vor uns weitet sich der Horizont. Das „Buch von der Lohnarbeit" hat also ein Thema, nur eines, das es verschiebt: vom Lohn zum Subjekt, vom Kapitalverhältnis zum Klassenkampf. Marx schrieb kein besonderes Buch über den Lohn, weil sein ganzes Werk dieses Thema wieder und wieder bearbeitet. Es ist eine beständige Annäherung an den Klassenkampf, an die Subversion, an die Revolution.

Zirkulation und kleine Zirkulation. Geld und kleine Zirkulation. Die Logik der Separation und die Theorie der Zirkulation: Die Lohntheorie als Leitfaden erlaubt eine Neubegründung der Theorie des Subjekts.

Im Folgenden geht es darum, die unabhängige Entwicklungslogik der proletarischen Subjektivität zu untersuchen. Beginnen wir mit dem Kapitel über die „kleine Zirkulation" (574ff.). Es zeigt die Möglichkeit, in der Lektüre des Kapital die Perspektive umzudrehen, den Standpunkt der Subjektivität einzunehmen. Ob diese Möglichkeit Wirklichkeit wird, hängt ganz offensichtlich von der Entwicklung der Klassenverhältnisse im Verlauf der Geschichte ab. Hier soll hervorgehoben werden, dass die Begriffe die theoretische Möglichkeit (die Tendenz) der proletarischen Unabhängigkeit im Innern des Kapital aufzeigen.

> „Wir können innerhalb der Zirkulation als des Gesamtprozesses unterscheiden zwischen der großen und der kleinen Zirkulation. Die erstre umfasst die ganze Periode von dem Moment, wo das Kapital aus dem Produktionsprozess heraustritt, bis es in ihn zurückkehrt. Die zweite ist kontinuierlich und geht gleichzeitig mit dem Produktionsprozess selbst beständig vor sich. Es ist der Teil des Kapitals, der als Salair ausgezahlt wird, ausgetauscht wird gegen das Arbeitsvermögen." (574)

Welches sind also nun die Inhalte dieser zweiten, „kleinen" Zirkulation? Welches ihre Auswirkungen? Vor allem ist die kleine Zirkulation der Bereich, in dem sich der Wert der notwendigen Arbeit bestimmt und reproduziert.

> „Die Arbeitszeit, die im Arbeitsvermögen enthalten ist, d.h. die Zeit, notwendig, um das lebendige Arbeitsvermögen herzustellen, ist dieselbe, die nötig ist - unter der Voraussetzung derselben Stufe der Produktivkräfte -, es zu reproduzieren, d.h. zu erhalten." (574)

Dieses Herstellen und Reproduzieren/Erhalten des Arbeitsvermögens sind in der Zirkulation präsent, doch in spezifischer Weise. Das bedeutet: „Die Zirkulation des als Salair gesetzten Teils des Kapitals begleitet den Produktionsprozess, erscheint als ökonomische Formbeziehung neben ihm und ist gleichzeitig und *interwoven* mit ihm." (575) Das bedeutet also weiter, dass das Kapitalverhältnis, der Austausch, die Ausbeutung keinesfalls *die Unabhängigkeit des proletarischen Subjekts* auslöschen. Im Gegenteil: Die Verflechtungen der beiden Formen der Zirkulation sind Merkmal für das Auftreten eines Subjekts, unbeugsam, nicht zu bändigen. Die mit ihm verbundenen Werte beeinflussen die kapitalistische Entwicklung. „Hier ist der einzige Moment im Kreislauf des Kapitals, wo die Konsumtion unmittelbar hereintritt." (576) *Produktive Konsumtion*? Es geht nicht darum, sich auf das Terrain dieser Problematik zu begeben. Hervorgehoben werden soll einzig und allein die irreduzible Unmittelbarkeit des Verhältnisses.

„Das zirkulierende Kapital erscheint hier also direkt als das für die individuelle Konsumtion des Arbeiters bestimmte; überhaupt für unmittelbare Konsumtion bestimmte und daher in der Form von fertigem Produkt existierende. Wenn daher einerseits das Kapital als Voraussetzung des Produkts, erscheint ebenso sehr das fertige Produkt als Voraussetzung des Kapitals - was sich historisch dahin löst, dass das Kapital nicht die Welt von vorn anfangen, sondern Produktion und Produkte vorfand, bevor es sie seinem Prozess unterwarf. Einmal im Gang, von sich selbst ausgehend, setzt es sich beständig in seinen verschiednen Formen als konsumierbares Produkt, Rohstoff und Arbeitsinstrument voraus, um sich in diesen Formen beständig zu reproduzieren. Sie erscheinen einmal als die von ihm selbst vorausgesetzten Bedingungen und dann als sein Resultat. Es produziert in seiner Reproduktion seine eigenen Bedingungen. Hier finden wir also - durch das Verhältnis des Kapitals zum lebendigen Arbeitsvermögen - und den Naturbedingungen der Erhaltung des letztren - das zirkulierende Kapital auch nach der Seite des Gebrauchswerts hin bestimmt." (576)

Nach der Seite des Gebrauchswerts: Er ist die Grundlage des irreduziblen Charakters des Verhältnisses. Die Produkte werden durch die Berührung mit der notwendigen Arbeit im Akt der Konsumtion in Gebrauchswerte verwandelt. Einzig der notwendigen Arbeit kommt diese Fähigkeit zu, der kapitalistischen Verwertung Widerstand entgegenzusetzen, der sie selbst (aus sich selbst) erhält und reproduziert, einen Widerstand, der nicht die unbewegliche Wiederkehr des Gleichen ist, sondern *Zyklus*, Bewegung und Zuspitzung. „Das Zahlen des Salairs ist ein Zirkulationsakt, der gleichzeitig mit und neben dem Produktionsakt vorgeht." (577) Simultaneität und Parallelität sind die Zeichen der Unabhängigkeit des proletarischen Subjekts, seiner eigenen Selbstverwertung im Gegensatz zur kapitalistischen Verwertung. Die neuzeitliche Ökonomie beschreibt das Verhältnis dieser beiden einander entgegengesetzten Formen von Verwertung als Doppelhelix, als Strudel aus konvergierenden Parallelen: Sie wissen nur zu gut um die aus diesem Verhältnis entspringenden Krisen; es stellt die formale Möglichkeit der Krise überhaupt dar. Die Perspektive darauf wächst mit steigendem Potenzial des Proletariats. Die Beziehung ist nicht mehr dialektisch, sondern ein antagonistisches Verhältnis, das beständig beherrscht ist, das Risiko und Insurrektion birgt. Das Kapital ist an dieses Verhältnis gebunden. Um es neu zusammenzusetzen, muss es die Beziehung anerkennen, nicht nur abstrakt, nicht nur formal, sondern auch inhaltlich.

„Die kleine Zirkulation zwischen Kapital und Arbeitsvermögen. Diese begleitet den Produktionsprozess und erscheint als Kontrakt, Austausch, Verkehrsform, unter deren Voraussetzung sich der Produktionsprozess engagiert. Der in diese Zirkulation eingehende Teil des Kapitals - das Approvisionnement - ist das capital circulant κατ' εξοχήν. Es ist nicht nur der Form nach bestimmt; sondern sein Gebrauchswert, d.h. seine stoffliche Bestimmung als konsumierbares und direkt in die individuelle Konsumtion eingehndes Produkt macht selbst einen Teil seiner Formbestimmung aus." (579)

Das „doppelte" Auftreten des Lohns (vgl. 495) verschwindet. Er zeigt sich, völlig umgestaltet, vor allem als proletarische *Revenue*. Dergestalt gibt es keinen dem Kapital komplementären Charakter, der Lohn taucht stattdessen in antagonistischer Manier auf. Marx' Beharren auf dieser Dynamik der kleinen Zirkulation ist von größter Bedeutung. Die theoretische Annahme verbindet wie üblich Rigidität und Flexibilität: Rigidität, was die damit angezeigte allgemeine Tendenz angeht, Flexibilität im Hinblick auf die historischen Verhältnisse, die sie wahrnimmt. Die letztere Perspektive lässt Marx, was nicht verwundert, häufig zu den wirklichen Bedingungen des Prozesses zurückkehren und mit historischem Scharfsinn darauf insistieren, dass das Kapital in der ihm zeitgenössischen Phase die kleine Zirkulation beherrsche und sie der großen unterordne. Doch mindert das keineswegs die antagonistische Potenz, mit der die kleine Zirkulation auftaucht: und zwar nicht nur als Tatsache, sondern als Entwicklungsdynamik, als Prozess, als Tendenz. Tatsächlich findet sich in der kleinen Zirkulation der Übergang vom einfachen Fakt zum Schwungrad der Entwicklung. Nachdem in abstrakter Weise zu sehen war, wie die schöpferische Macht der Arbeit zum Subjekt wird, lässt sich nun dieser Übergang im Konkreten verfolgen. Die kleine Zirkulation ist der Ort, an dem sich die Sphäre der Bedürfnisse, was die notwendige Arbeit angeht, entfaltet. Das heißt: eine Form annehmen und sich dynamisch konstituieren, sich in der Zusammensetzung der Arbeitsvermögen, der Arbeiterklasse, behaupten, sich reproduzieren und ausweiten und schließlich die Potenziale des Kampfes bestimmen.

An diesem Punkt werden diverse Aufgaben deutlich. Erstens steht eine Vertiefung des beschriebenen konstitutiven Zusammenhangs an. Zweitens wird es darum zu tun sein, die allgemeinen - antagonistischen - Folgen zu analysieren, die sich aus diesem ersten realen Auftauchen des proletarischen Subjekts ergeben. Es ist hier nicht der Ort, diesen Fragestellungen nachzugehen: Was mich betrifft, so habe ich das für ein paar Aspekte im letzten Teil meines Buchs *La forma Stato* versucht (Negri 1977). Dennoch sollte man nicht vergessen, dass hier einer der zentralen Punkte der politischen Diskussion im Marxismus berührt ist. Die Art und Weise, wie die genannten Themen weiterentwickelt werden sollten, entzweit den revolutionären Marxismus. Für den Augenblick kümmert mich allerdings wenig, wer sich auf welche Seite schlägt (falls es überhaupt eine theoretische Wahl solcher Art geben sollte); mir geht es darum hervorzuheben, dass die Spaltung an diesem Punkt unvermeidlich ist. Für Marx ist das historische Urteil über die Möglichkeit der Selbstverwertung ein objektives. Doch für uns, angesichts der Zusammensetzung (und Stärke) der Arbeiterklasse und des Proletariats, ist es vor allem anderen *subjektiv*. Das bedeutet, dass in jedem Verhältnis sich ein Wille behauptet, jede Bestimmung Grundlage einer Entwicklung ist, sich in jeder Begegnung eine Tendenz zeigt. Darüber hinaus scheint der Ansatz der Selbstverwertung bereits einen Punkt erreicht zu haben, sodass das revolutionäre Projekt als Herausbildung antagonistischer Macht auf der Grundlage der Klassenbewegung zu bestimmen ist. Einer Bewegung der *Macht*: Denn tatsächlich erhebt im Gebrauchswert das Proletariat Anspruch auf die Macht und übt sie unmittelbar aus. Die notwendige Arbeit ist einzig - und sei es auch abstrakt - in Kategorien der Macht zu definieren: Entschlossenheit, Unbeugsamkeit, Fordern, der Wille zum Aufstand und zur Subversion. Gebrauchswert: Unerlässlich, um die kleine Zirkulation zu definieren. Der Dualismus ist tendenziell absolut: eine Proklamation der Macht. Heute determiniert der Dualismus für das Kapital die Krise; wo er das nicht tut, macht er zumindest die Entwicklung prekär.

Wohlgemerkt, dieser Ansatz bewegt sich bereits jenseits des Marxismus. Ein großer Teil der Vulgärmarxisten versteht Marx nicht mehr, und die Darstellung der Theorie ist die Gelegenheit, die Entzweiung von Marx' Denken in eine objektivistische (ökonomistische) und eine subjektivistische (politizistische) Richtung zu beklagen und gleichzeitig das Fehlen angemessener und hinreichender politischer Perspektiven zu bedauern. Dergestalt wird Marx zum Objektivisten und Ökonomisten verzerrt, zu einem Alibi der Lähmung revolutionären Denkens und Handelns. Es gilt daher, die *Einheit* des Marxschen Denkens *jenseits des Marxismus* aufzuzeigen, jenseits der Enge der Orthodoxie. Damit wird nicht geleugnet, dass einzelne Überlegungen Aspekte hervorheben können, die ganz offensichtlich von der Einheit des Projekts abweichen. Noch soll damit geleugnet werden, dass viele der Schriften von Marx (insbesondere die im Umfeld der deutschen Zweiten Internationale veröffentlichten) ohne weiteres objektivistisch gelesen werden können. Wir haben oft genug schon auf die Lücke hingewiesen, die zwischen den *Grundrissen* (und der darin zu findenden Einheit) und dem *Kapital* (und den dortigen dialektischen Rückschritten) klafft. Unser Widerspruch gilt der Annahme, man könne das Marxsche Denken verstehen, wenn man von objektivistischen Überlegungen ausgeht und Marx' Diskurs auf Ökonomie zurückführt. Diese Perspektive erlaubt eine radikale Kritik des vorherrschenden Vulgärmarxismus, seiner Verbindung von Katastrophen- und Beraterblick, Objektivismus und Opportunismus, die sich alle aus dem Ökonomismus speisen. Es lohnt sich, mit einigen Gemeinplätze aufzuräumen. Betrachten wir beispielsweise, um beim Thema der kleinen Zirkulation zu bleiben, den Umgang mit den so genannten „Reproduktionsschemata" im zweiten Band des *Kapital*. Es ist klar, dass die Logik der Separation, wie wir sie in den *Grundrissen* dargestellt sehen, der Möglichkeit widerspricht, dass solche Schemata tatsächlich funktionieren;

sie sind demnach lediglich eine Approximation, eine möglichst adäquate Annäherung an eine Wirklichkeit, die tatsächlich zutiefst zerklüftet und antagonistisch ist. Damit ist nicht gesagt, dass die Schemata auf den Müll gehören. Sie können dazu dienen, sich der produktiven Zirkulation als Konzept anzunähern, und zwar vom Standpunkt der Einheit des Prozesses aus. Aus diesen auf sehr hohem Niveau entwickelten Abstraktionen die Interpretationsmuster für den Klassenkampf zu entwickeln, ihrer Logik - positiv oder negativ - zu folgen, um darin emphatisch die Orte und die Ziele dieses Kampfs aufzufinden, ist hingegen schräg und philisterhaft. Das Geflecht von Verhältnissen, in dem sich, durch den Antagonismus hindurch, die Reproduktion vollzieht, ist etwas anderes, etwas weitaus komplexeres.

Der Zusammenhang, in dem das Konzept der Selbstverwertung steht, verweist auf das Konzept des Geldes, wie es auf den ersten Seiten der *Grundrisse* entwickelt wird: Geld als allgemein, gesellschaftlich, abstrakt und antagonistisch. Tatsächlich wird der antagonistische Charakter des Verhältnisses hervorgehoben. Das Geld *vermittelt* die kapitalistische Entwicklung (an diese Funktion knüpft die quantitative Theorie an) beziehungsweise stellt das Kommando des Kapitals in den Vermittlungen der Klassenverhältnisse dar, die es konstituieren (auf diesen Aspekt rekurriert die Geldtheorie Keynes'). Angesichts der proletarischen Selbstverwertung verblassen diese Funktionen. *In der kleinen Zirkulation scheinen die Funktionen des Geldes zurückgedrängt*, obwohl Geld darin im Sinne der einfachen Warenzirkulation funktionieren kann. Im Bereich der kleinen Zirkulation gilt nicht die Folge G-W-G': Das Geld, das zwischen Proletariern ausgetauscht wird, ist Gebrauchswert. *Das Geld ist der proletarischen Selbstverwertung untergeordnet.*

Doch die Analyse bleibt abstrakt und utopisch, solange nicht die Tatsache in die Überlegungen mit einbezogen wird, dass die Antithese sich in einem kollektiven Kräfteverhältnis entwickelt. Beispielsweise ist es unmöglich, das antagonistische Klassenverhältnis, wie es sich auf dem Niveau gesellschaftlicher Ausbeutung heute (mit dem Staat als Unternehmer, der Rolle öffentlicher Ausgaben etc.) entwickelt, zu verstehen, ohne die genannten Dimensionen in Rechnung zu stellen. Der Reduktion des Geldes auf eine Funktion des kapitalistischen Kommandos auf der einen Seite entspricht die Unterordnung unter die proletarische Selbstverwertung auf der anderen Seite des Verhältnisses. Das macht den Antagonismus aus. All das begann Marx in den Grundrissen theoretisch zu untersuchen. Die Voraussetzungen waren gegeben: die Subjektivität der beiden Klassen, die gesellschaftliche Verallgemeinerung der Klassenbildung, der Antagonismus der Klassenkonfrontation auf dem Gebiet der Zirkulation und der Reproduktion. Die Möglichkeit, die Kategorien des Kapitalverhältnisses neu zu bestimme ausgehend von den Erkenntnissen Marx', die Möglichkeit der Neubegründung und Reformulierung angesichts der Dimensionen des *gesellschaftlichen Kapitals* heute, hängt am Verhältnis „Geld (Kommando)" vs. „Selbstverwertung" mehr als an jedem anderen von Marx untersuchten Gegenstand. Nur von dieser Problematik ausgehend bietet sich uns die Gelegenheit, die tatsächlichen Dimensionen des Klassenantagonismus heute zu verstehen. Zugleich zeigt sich hier die Möglichkeit, zu einem Verständnis der politischen Mechanismen des Kapitals zu kommen und die *Frage der Macht* zu begreifen. Denn in dieser Gegenüberstellung ist das Kapitalverhältnis unmittelbar ein politisches Machtverhältnis. Das gleiche gilt für die Perspektive der Arbeiterklasse. Nachdem die Marxsche Theorie vom Lohn ihr Potenzial als Grundlage einer Theorie der Subjektivität zeigte, sind wir nun in der Lage, daran anknüpfend die wesentlichen Kategorien einer *Theorie des Klassenkampfs* zu entwickeln. Es geht folglich darum, die Logik der Separation auf allen Ebenen zu forcieren, darum, die Krise in jedem Moment, jedem konkreten Erscheinen des Kapitals als konstitutiv anzunehmen. Es geht darum, sich die Schemata im *Kapital* erneut vorzunehmen und sie angesichts der radikalen Veränderungen, die die Entwicklung der Klassenkämpfe heute hervorgebracht hat, zu revidieren. Was mich angeht, so bin ich jedes Mal verwundert über die Tragweite der Marxschen Intuition, über die außerordentliche Antizipation in den *Grundrissen*. Doch das entbindet uns nicht von der an dieser Stelle notwendigen Weiterentwicklung.

Fassen wir zusammen. Die Marxsche Theorie vom Lohn und die dadurch geschaffenen theoretischen Öffnungen markieren meines Erachtens das grundlegende Moment, durch das die Theorie des Klassenkampfs in die Theorie der Zirkulation eingeführt wird. Nachdem die gesellschaftliche Bestimmung des Kapitals und seine Progressivität ausführlich hergeleitet und beschrieben wurden, wird der Antagonismus als Motor sichtbar. Das hat bedeutende Auswirkungen. Zunächst für die Analyse der Arbeiterklasse: Schritt für Schritt zeigt sich hier ein Standpunkt der Subjektivität, der mehr und mehr Materialität gewinnt und dazu übergeht, die tatsächliche Klassenzusammensetzung wahrzunehmen. Der Weg ist eröffnet, und wir werden im Folgenden sehen, wie Marx ihn geht. Zweitens definiert die Logik der Separation das allgemeine Terrain, auf dem die Untersuchung fortschreitet; ein Terrain, auf dem sich bereits Antizipationen einer Neubegründung und Verschiebung der theoretischen Grundkategorien finden. Folgen wir daher der Entwicklung des Marxschen Denkens in den *Grundrissen* weiter, in den Passagen, die an die Untersuchung der „kleinen Zirkulation" anschließen.

Das Kapitel über die Maschinen: Die Logik der Separation am Werk. Das kollektive Potenzial der Subjektivität und die Herausbildung des gesellschaftlichen Individuums der kommunistischen Revolution

Wir können uns nun dem „Kapitel über die Maschinen" zuwenden, also dem höchstentwickelten Beispiel für das Wirken der antagonistischen und konstituierenden Dialektik, das sich in den *Grundrissen* (und vielleicht im gesamten Werk Marx') findet. Das „Kapitel über die Maschinen" umfasst die verbliebenen Seiten des Hefts VI und den Anfang des Hefts VII im Marxschen Manuskript (590-608). Diese Passagen wurden Ende Februar 1858 geschrieben und sie bilden den *Apex* der theoretischen Spannung in den *Grundrissen*. Das Kapitel zieht zugleich eine logische Schlussfolgerung. Der Entwicklungsprozess des Kapitals durchläuft bis dahin eine Reihe kritischer Momente, sowohl vom Standpunkt der synchronen Entfaltung der Kategorien betrachtet als auch von dem ihrer historischen, diachronen Bestimmung: bis zu dem Punkt, wo der Antagonismus in Gestalt der Subjektivität der Arbeiterklasse auftritt. In diesem Moment beginnt die Subversion. Doch versuchen wir, die Fäden zusammenlaufen zu lassen, um den Prozess in seiner Gesamtheit und in seiner ganzen Komplexität zu verstehen.

Marx' Argumentation nimmt zunächst die Dialektik der *lebendigen Arbeit* wieder auf. Die lebendige Arbeit findet sich eingegangen in „die bewegte Einheit" der „wesentlichen Momente des Arbeitsprozesses". Die Einheit wird vertieft und verändert ihre Form, und das umso mehr, als das Kapital die Arbeit durch die Maschinerie oder vielmehr „*ein automatisches System der Maschinerie*" subsumiert.

„Das automatische System der Maschinerie ist „in Bewegung gesetzt durch einen Automaten, bewegende Kraft, die sich selbst bewegt; dieser Automat, bestehend aus zahlreichen mechanischen und intellektuellen Organen, so dass die Arbeiter selbst nur als bewusste Glieder desselben bestimmt sind. In der Maschine und noch mehr in der Maschinerie als einem automatischen System ist das Arbeitsmittel verwandelt seinem Gebrauchswert nach, d.h. seinem stofflichen Dasein nach in eine dem *Capital fixe* und dem Kapital überhaupt adäquate Existenz und die Form, in der es als unmittelbares Arbeitsmittel in den Produktionsprozess des Kapitals aufgenommen wurde, in eine durch das Kapital selbst gesetzte und ihm entsprechende Form aufgehoben. Die Maschine erscheint in keiner Beziehung als Arbeitsmittel des einzelnen Arbeiters. Ihre *Differentia specifica* ist keineswegs, wie beim Arbeitsmittel, die Tätigkeit des Arbeiters auf das Objekt zu vermitteln; sondern diese Tätigkeit ist vielmehr so gesetzt, dass sie nur noch die Arbeit der Maschine, ihre Aktion auf das Rohmaterial vermittelt – überwacht und sie vor Störungen bewahrt. Nicht wie beim Instrument, das der Arbeiter als Organ mit seinem eignen Geschick und Tätigkeit beseelt, und dessen Handhabung daher von seiner Virtuosität abhängt. Sondern die Maschine, die für den Arbeiter Geschick und Kraft besitzt, ist selbst der Virtuose, der eine eigne Seele besitzt in den in ihr wirkenden mechanischen Gesetzen und zu ihrer beständigen Selbstbewegung, wie der Arbeiter Nahrungsmittel, so Kohlen, Öl etc. konsumiert (*matières instrumentales*). Die Tätigkeit des Arbeiters, auf eine bloße Abstraktion der Tätigkeit beschränkt, ist nach allen Seiten hin bestimmt und geregelt durch die Bewegung der Maschinerie, nicht umgekehrt. Die Wissenschaft, die die unbelebten Glieder der Maschinerie zwingt durch ihre Konstruktion zweckgemäß als Automat zu wirken, existiert nicht im Bewusstsein des Arbeiters, sondern wirkt durch die Maschine als fremde Macht auf ihn, als Macht der Maschine selbst.

Die Aneignung der lebendigen Arbeit durch die vergegenständlichte Arbeit - der verwertenden Kraft oder Tätigkeit durch den für sich seienden Wert, die im Begriff des Kapitals liegt, ist in der auf Maschinerie beruhnden Produktion als Charakter des Produktionsprozesses selbst auch seinen stofflichen Elementen und seiner stofflichen Bewegung nach gesetzt. Der Produktionsprozess hat aufgehört, Arbeitsprozess in dem Sinn zu sein, dass die Arbeit als die ihn beherrschende Einheit über ihn übergriffe. Sie erscheint vielmehr nur als bewusstes Organ, an vielen Punkten des mechanischen Systems in einzelnen lebendigen Arbeitern; zerstreut, subsumiert unter den Gesamtprozess der Maschinerie selbst, selbst nur ein Glied des Systems, dessen Einheit nicht in den lebendigen Arbeitern, sondern in der lebendigen (aktiven) Maschinerie existiert, die seinem einzelnen, unbedeutenden Tun gegenüber als gewaltiger Organismus ihm gegenüber erscheint. In der Maschinerie tritt die vergegenständlichte Arbeit der lebendigen Arbeit im Arbeitsprozess selbst als die sie beherrschende Macht gegenüber, die das Kapital als Aneignung der lebendigen Arbeit seiner Form nach ist. Das Aufnehmen des Arbeitsprozesses als bloßes Moment des Verwertungsprozesses des Kapitals ist auch der stofflichen Seite nach gesetzt durch die Verwandlung des Arbeitsmittels in Maschinerie und der lebendigen Arbeit in bloßes lebendiges Zubehör dieser Maschinerie; als Mittel ihrer Aktion.

Die Vermehrung der Produktivkraft der Arbeit und die größte Negation der notwendigen Arbeit ist die notwendige Tendenz des Kapitals, wie wir gesehn. Die Verwirklichung dieser Tendenz ist die Verwandlung des Arbeitsmittels in Maschinerie. In der Maschinerie tritt die vergegenständlichte Arbeit stofflich der lebendigen als die beherrschende Macht entgegen und als aktive Subsumtion derselben unter sich, nicht nur durch Aneignung derselben, sondern im realen Produktionsprozess selbst; das Verhältnis des Kapitals als der die verwertende Tätigkeit sich aneignenden Wert ist in dem fixen Kapital, das als Maschinerie existiert, zugleich gesetzt als das Verhältnis des Gebrauchswerts des Kapitals zum Gebrauchswert des Arbeitsvermögens; der in der Maschinerie vergegenständlichte Wert erscheint ferner als eine Voraussetzung, wogegen die verwertende Kraft des einzelnen Arbeitsvermögens als ein unendlich Kleines verschwindet; durch die Produktion in enormen Massen, die mit der Maschinerie gesetzt ist, verschwindet ebenso am Produkt jede Beziehung auf das unmittelbare Bedürfnis des Produzenten und daher auf unmittelbaren Gebrauchswert; in der Form, wie das Produkt produziert wird, und in Verhältnissen, worin es produziert wird, ist schon so gesetzt, dass es nur produziert ist als Träger von Wert und sein Gebrauchswert nur als Bedingung hierfür. Die vergegenständlichte Arbeit erscheint in der Maschinerie unmittelbar selbst nicht nur in der Form des Produkts oder des als Arbeitsmittel angewandten Produkts, sondern der Produktivkraft selbst. Die Entwicklung des Arbeitsmittels zur Maschinerie ist nicht zufällig für das Kapital, sondern ist die historische Umgestaltung des traditionell überkommnen Arbeitsmittels als dem Kapital adäquat umgewandelt. Die Akkumulation des Wissens und des Geschicks, der allgemeinen Produktivkräfte des gesellschaftlichen Hirns, ist so der Arbeit gegenüber absorbiert in dem Kapital und erscheint daher als Eigenschaft des Kapitals, und bestimmter des *Capital fixe*, soweit es als eigentliches Produktionsmittel in den Produktionsprozess eintritt. Die *Maschinerie* erscheint also als die adäquateste Form des *Capital fixe* und das Capital fixe, soweit das Kapital in seiner Beziehung auf sich selbst betrachtet wird, als die *adäquateste Form des Kapitals überhaupt*. Andrerseits, soweit das Capital fixe in seinem Dasein als bestimmter Gebrauchswert festgebannt, entspricht es nicht dem Begriff des Kapitals, das als Wert gleichgültig gegen jede bestimmte Form des Gebrauchswerts und jede derselben als gleichgültige Inkarnation annehmen oder abstreifen kann. Nach dieser Seite hin, nach der Beziehung des Kapitals nach außen, erscheint das *Capital circulant* als die adäquate Form des Kapitals gegenüber dem capital fixe." (592-594)

Ein Kommentar zur zitierten Passage müsste alles wiederholen; das lohnt nicht. Zweckmäßiger erscheint es, sich auf die neuen Momente zu konzentrieren, um zu verstehen, wie Marx sie im Fortgang einsetzt. Der erste Aspekt ist intensiv: *Der Arbeitsprozess ist als ein bloßes Moment in den Verwertungsprozess aufgenommen.* Der zweite Aspekt ist extensiv: *Die Produktivität des Kapitals breitet sich in die Zirkulation aus.* Die reale Subsumtion der Arbeit kann nur (und zugleich) als reale Subsumtion der Gesellschaft existieren. Der Gesellschaft oder mit anderen Worten: als reale Subsumtion der gesellschaftlichen Produktivkräfte und vor allem des Wissens und der Wissenschaft. „Der ganze Produktionsprozess aber [ist bestimmt] als nicht subsumiert unter die unmittelbare Geschicklichkeit des Arbeiters, sondern als technologische Anwendung der Wissenschaft." (595) Marx unterstreicht im Fortgang die Subsumtion der gesellschaftlichen Produktivkräfte - in ihrer Gesamtheit - und ihre funktionale Unterordnung unter die Entwicklung des Kapitals. Schließlich wird die gesamte Analyse *verschoben*, zunächst bezogen auf den intensiven Aspekt, also im Hinblick auf den Arbeitsprozess und seine Subsumtion unter den Verwertungsprozess. Hier bezieht sich die Verschiebung auf die kapitalistische Auflösung des Gebrauchswerts.

„In demselben Maße, wie die Arbeitszeit - das bloße Quantum Arbeit - durch das Kapital als einziges wertbestimmendes Element gesetzt wird, in demselben Maße verschwindet die unmittelbare Arbeit und ihre Quantität als das bestimmende Prinzip der Produktion - der Schöpfung von Gebrauchswerten und wird sowohl quantitativ zu einer geringern Proportion herabgesetzt wie qualitativ als ein zwar unentbehrliches, aber subalternes Moment gegen die allgemeine wissenschaftliche Arbeit, technologische Anwendung der Naturwissenschaften nach der einen Seite, wie [gegen die] aus der gesellschaftlichen Gliederung in der Gesamtproduktion hervorgehende allgemeine Produktivkraft - die als Naturgabe der gesellschaftlichen Arbeit (obgleich historisches Produkt) erscheint. Das Kapital arbeitet so an seiner eignen Auflösung als die Produktion beherrschende Form." (596)

Sodann, zweitens, bezogen auf den extensiven Aspekt. Das zirkulierende Kapital stellt sich hier als produktives dar, und zwar dadurch, dass es die Reproduktion der Gesellschaft plant und kontrolliert. Die Subsumtion der Gesellschaft ist zur Produktion der Gesellschaft geworden. Die Verschiebung ist abgeschlossen: Es „erscheint nun als Eigenschaft des *Capital circulant* das Erhalten der Arbeit in einem Produktionszweig durch *co-existing labour* in einem andren" (596).

„Dieser Austausch der eignen Arbeit mit der fremden erscheint hier nicht durch die gleichzeitige Koexistenz der Arbeit der andren vermittelt und bedingt, sondern durch die Avance, die das Kapital macht. Es erscheint als Eigenschaft des Teils des *circulating capital*, der an den Arbeiter abgetreten wird, und des circulating capital überhaupt, dass der Arbeiter während der Produktion den zu seiner Konsumtion nötigen Stoffwechsel vornehmen kann. Es erscheint nicht als Stoffwechsel der gleichzeitigen Arbeitskräfte, sondern als Stoffwechsel des Kapitals; dessen, dass circulating capital existiert. So werden alle Kräfte der Arbeit transponiert in Kräfte des Kapitals; im Capital fixe die Produktivkraft der Arbeit (die außer ihr gesetzt ist und als unabhängig (sachlich) von ihr existierend); und im Capital circulant einerseits dies, dass der Arbeiter selbst die Bedingungen der Wiederholung seiner Arbeit sich vorausgesetzt hat, andrerseits der Austausch dieser seiner Arbeit durch die koexistierende Arbeit andrer vermittelt ist, erscheint so, dass das Kapital ihm die Avancen macht und andrerseits die Gleichzeitigkeit der Arbeitszweige setzt. (Die beiden letztren Bestimmungen gehören eigentlich in die Akkumulation.) Das Kapital setzt sich als Vermittler zwischen den verschiednen labourers in der Form des Capital circulant." (597)

An diesem Punkt ist die kapitalistische Aneignung der Gesellschaft vollendet. Die Subjektivität des Kapitals setzt sich selbst als Maßstab. Die Maschinerie und die Wissenschaft sind in ihre Konstitution und Produktion eingegangen. Doch die Separation ist damit nicht zu Ende. Der Antagonismus reproduziert sich auf höchster Stufenleiter: Durch die Verschiebung drängt die antagonistische Dialektik danach, in Bewegung gesetzt zu werden.

An Marx' Darstellung wird alles Mögliche kritisiert, die groben Blöcke im Fortgang der Argumentation, die scheinbar unvermittelte Abfolge, die bisweilen mechanische Art, wie etwas entwickelt wird. Man wünscht sich dann besser motivierte Verknüpfungen, eine subtilere Dialektik. Man möchte diese unvorhergesehenen Verschiebungen, die plötzlich auftauchen und einem den Atem nehmen, überspringen, haftet ihnen doch der Geschmack eines gewissen „Katastrophismus" an. Doch scheint es schwierig sich vorzustellen, wie eine streng logisch aufgebaute Beweisführung gleichermaßen machtvoll sein oder gleichermaßen die unglaubliche Fähigkeit besitzen könnte, die kapitalistische Entwicklung vorherzusagen. Das Denken besitzt hier eine außergewöhnliche theoretische Spannung. Die Bruchlinie zeigt sich. *Die Separation ist ein notwendiges Moment im Fortgang des Prozesses.*

„In dem Maße aber, wie die große Industrie sich entwickelt, wird die Schöpfung des wirklichen Reichtums abhängig weniger von der Arbeitszeit und dem Quantum angewandter Arbeit, als von der Macht der Agentien, die während der Arbeitszeit in Bewegung gesetzt werden und die selbst wieder - deren powerful effectiveness - selbst wieder in keinem Verhältnis steht zur unmittelbaren Arbeitszeit, die ihre Produktion kostet, sondern vielmehr abhängt vom allgemeinen Stand der Wissenschaft und dem Fortschritt der Technologie, oder der Anwendung dieser Wissenschaft auf die Produktion." (600)

Die plötzliche Verschiebung macht die Separation in dem Prozess, worin sie verborgen war, sichtbar: Sie gewinnt die Form unabhängiger Subjektivität. Die Bedingungen des Prozesses sind bereits beschrieben:

„Der wirkliche Reichtum manifestiert sich vielmehr - und dies enthüllt die große Industrie - im ungeheuren Missverhältnis zwischen der angewandten Arbeitszeit und ihrem Produkt, wie ebenso im qualitativen Missverhältnis zwischen der auf eine reine Abstraktion reduzierten Arbeit und der Gewalt des Produktionsprozesses, den sie bewacht. Die Arbeit erscheint nicht mehr so sehr als in den Produktionsprozess eingeschlossen, als sich der Mensch vielmehr als Wächter und Regulator zum Produktionsprozess selbst verhält. (Was von der Maschinerie gilt ebenso von der Kombination der menschlichen Tätigkeiten und der Entwicklung des menschlichen Verkehrs.) Es ist nicht mehr der Arbeiter, der modifizierten Naturgegenstand als Mittelglied zwischen das Objekt und sich einschiebt; sondern den Naturprozess, den er in einen industriellen umwandelt, schiebt er als Mittel zwischen sich und die unorganische Natur, deren er sich bemeistert. Er tritt neben den Produktionsprozess, statt sein Hauptagent zu sein. In dieser Umwandlung ist es weder die unmittelbare Arbeit, die der Mensch selbst verrichtet, noch die Zeit, die er arbeitet, sondern die Aneignung seiner eignen allgemeinen Produktivkraft, sein Verständnis der Natur und die Beherrschung derselben durch sein Dasein als Gesellschaftskörper - in einem Wort die Entwicklung des gesellschaftlichen Individuums, die als der große Grundpfeiler der Produktion und des Reichtums erscheint. Der *Diebstahl an fremder Arbeitszeit, worauf der jetzige Reichtum beruht*, erscheint miserable Grundlage gegen diese neuentwickelte, durch die große Industrie selbst geschaffne. Sobald die Arbeit in unmittelbarer Form aufgehört hat, die große Quelle des Reichtums zu sein, hört und muss aufhören, die Arbeitszeit sein Maß zu sein und daher der Tauschwert [das Maß] des Gebrauchswerts. Die *Surplusarbeit der Masse* hat aufgehört, Bedingung für die Entwicklung des allgemeinen Reichtums zu sein, ebenso wie die *Nichtarbeit der wenigen* für die Entwicklung der allgemeinen Mächte des menschlichen Kopfes. Damit bricht die auf dem Tauschwert ruhnde Produktion zusammen, und der unmittelbare materielle Produktionsprozess erhält selbst die Form der Notdürftigkeit und Gegensätzlichkeit abgestreift. Die freie Entwicklung der Individualitäten, und daher nicht das Reduzieren der notwendigen Arbeitszeit, um Surplusarbeit zu setzen, sondern überhaupt die Reduktion der notwendigen Arbeit der Gesellschaft zu einem Minimum, der dann die künstlerische, wissenschaftliche etc. Ausbildung der Individuen durch die für sie alle freigewordne Zeit und geschaffnen Mittel entspricht.

Das Kapital ist selbst der prozessierende Widerspruch [dadurch], dass es die Arbeitszeit auf ein Minimum zu reduzieren strebt, während es andrerseits die Arbeitszeit als einziges Maß und Quelle des Reichtums setzt. Es vermindert die Arbeitszeit daher in der Form der notwendigen, um sie zu vermehren in der Form der überflüssigen; setzt daher die überflüssige in wachsendem Maß als Bedingung - question de vie et de mort - für die notwendige. Nach der einen Seite hin ruft es also alle Mächte der Wissenschaft und der Natur, wie der gesellschaftlichen Kombination und des gesellschaftlichen Verkehrs ins Leben, um die Schöpfung des Reichtums unabhängig (relativ) zu machen von der auf sie angewandten Arbeitszeit. Nach der andren Seite will es diese so geschaffnen riesigen Gesellschaftskräfte messen an der Arbeitszeit, und sie einbannen in die Grenzen, die erheischt sind, um den schon geschaffnen Wert als Wert zu erhalten. Die Produktivkräfte und gesellschaftlichen Beziehungen - beides verschiedne Seiten der Entwicklung des gesellschaftlichen Individuums – erscheinen dem Kapital nur als Mittel, und sind für es nur Mittel, um von seiner bornierten Grundlage aus zu produzieren. In fact aber sind sie die materiellen Bedingungen, um sie in die Luft zu sprengen." (601-602)

Die Logik der Separation führt dazu, die Frage nach dem Verhältnis von notwendiger Arbeit und *Surplusarbeit* zu verschieben und sie auf einer anderen Ebene zu situieren: als Frage nach der Fähigkeit des Kapitals, die Gesellschaft zu subsumieren. Das verändert das Verhältnis grundlegend: sichtbar werden zwei einander entgegengesetzte Subjektivitäten, verfeindet bis zum Punkt ihrer wechselseitigen Zerstörung. Ein für das Kapital unerreichbares Ziel, denn es ist auf die Ausbeutung angewiesen. Doch für das Proletariat ist es *möglich*, da der Versuch des Kapitals, die proletarische Subjektivität zu zerstören, sein *Vermögen*, seine Potenzialität ins Immense steigert.
Das Kapital versucht, die notwendige Arbeit zu verringern, um den Anteil des abgepressten Mehrwerts zu erhöhen. Doch je mehr es im Einzelfall, d.h. im Fall einzelner Arbeiter, erfolgreich ist, desto stärker kommt die notwendige Arbeit der Kollektivität zugute, wird sie kollektiv wieder angeeignet, als Produktivkraft, die das Kapital doch alleinig beherrschen will. Die Verringerung der individuellen notwendigen Arbeit entspricht der Ausdehnung kollektiver notwendiger Arbeit, sie schafft das „gesellschaftliche Individuum", das nicht nur zu produzieren imstande ist, sondern den produzierten Reichtum genießen kann. Nach einem ersten Durchgang nimmt Marx das Argument erneut auf, geht Pfaden nach, die er zunächst ausließ, entwickelt jede einzelne Kategorie, die die Verschiebung möglich machte, und reformuliert das Wertgesetz auf dem erreichten Niveau von Komplexität. Den Kategorien werden nun in jedem Fall ihre Umkehrungen entgegengestellt: Gegen die Surplusarbeit, den Motor der Entwicklung, steht die Nichtarbeit, gegen den Kapitalismus der Kommunismus.

„Die *Schöpfung von viel disposable time* außer der notwendigen Arbeitszeit für die Gesellschaft überhaupt und jedes Glied derselben (d.h. Raum für die Entwicklung der vollen Produktivkräfte der Einzelnen, daher auch der Gesellschaft), diese Schöpfung von Nicht-Arbeitszeit erscheint auf dem Standpunkt des Kapitals, wie aller früheren Stufen, als Nicht-Arbeitszeit, freie Zeit für einige. Das Kapital fügt hinzu, dass es die Surplusarbeitszeit der Masse durch alle Mittel der Kunst und Wissenschaft vermehrt, weil sein Reichtum direkt in der Aneignung von Surplusarbeitszeit besteht; da sein *Zweck direkt der Wert*, nicht der Gebrauchswert. Es ist so, malgré lui, instrumental in creating the means of social disposable time, um die Arbeitszeit für die ganze Gesellschaft auf ein fallendes Minimum zu reduzieren, und so die Zeit aller frei für ihre eigne Entwicklung zu machen. Seine Tendenz aber immer, *einerseits disposable time zu schaffen, andrerseits to convert it into surplus labour*. Gelingt ihm das erstre zu gut, so leidet es an Surplusproduktion und dann wird die notwendige Arbeit unterbrochen, weil keine *surplus labour vom Kapital* verwertet werden kann. Je mehr dieser Widerspruch sich entwickelt, um so mehr stellt sich heraus, dass das Wachstum der Produktivkräfte nicht mehr gebannt sein kann an die

Aneignung fremder surplus labour, sondern die Arbeitermasse selbst ihre Surplusarbeit sich aneignen muss. Hat sie das getan – und hört damit die *disposable time auf, gegensätzliche Existenz* zu haben – so wird einerseits die notwendige Arbeitszeit ihr Maß an den Bedürfnissen des gesellschaftlichen Individuums haben, andrerseits die Entwicklung der gesellschaftlichen Produktivkraft so rasch wachsen, dass, obgleich nun auf den Reichtum aller die Produktion berechnet ist, die *disposable time* aller wächst. Denn der wirkliche Reichtum ist die entwickelte Produktivkraft aller Individuen. Es ist dann keineswegs mehr die Arbeitszeit, sondern die disposable time das Maß des Reichtums. Die *Arbeitszeit als Maß des Reichtums* setzt den Reichtum selbst als auf der Armut begründet und die disposable time als existierend *im und durch den Gegensatz zur Surplusarbeitszeit* oder Setzen der ganzen Zeit eines Individuums als Arbeitszeit und Degradation desselben daher zum bloßen Arbeiter, Subsumtion unter die Arbeit. *Die entwickeltste Maschinerie zwingt den Arbeiter daher jetzt länger zu arbeiten als der Wilde tut oder als er selbst mit den einfachsten, rohsten Werkzeugen tat.*“ (603-604)

In dieser von Marx unerbittlich formulierten Einforderung des Kommunismus als der Befreiung von Ausbeutung hat man bisweilen Zeichen eines Individualismus oder humanistischen Mitleids gesehen. Selbst wenn dem so wäre, gäbe es daran nichts auszusetzen. Doch ist dem nicht so: Bewegen wir uns auf der kategorialen Ebene, so ist daran zu erinnern, dass die kommunistische Zerstörung des Wertgesetzes (besser: sein Sturz und seine Umkehrung) darauf aus ist, das individuelle Moment, also die individuelle Produktivität abzuschaffen und zu negieren, auf der – vom kapitalistischen Standpunkt aus betrachtet und entsprechend der Marxschen Analyse – es beruht. Die kategoriale Verschiebung ist hier abgeschlossen. Dem gesellschaftlichen Kapital entspricht der gesellschaftliche Arbeiter. Aus der zeitlichen Dimension ergibt sich notwendig die räumliche. „Wie mit der Entwicklung der großen Industrie die Basis, auf der sie ruht, Aneignung fremder Arbeitszeit, aufhört, den Reichtum auszumachen oder zu schaffen, so hört mit ihr die *unmittelbare Arbeit* auf, als solche Basis der Produktion zu sein, indem sie nach der einen Seite hin in mehr überwachende und regulierende Tätigkeit verwandelt wird; dann aber auch, weil das Produkt aufhört Produkt der vereinzelten unmittelbaren Arbeit zu sein und vielmehr die *Kombination* der gesellschaftlichen Tätigkeit als der Produzent erscheint.“ (604-605) In der kommunistischen Revolution ist das Individuum gesellschaftlich: Gesellschaftlich, konkret, mit Enthusiasmus und Entschiedenheit handelnd, den Genuss vervielfachend, Quelle des Glücks.

„Die wirkliche Ökonomie – Ersparung – besteht in Ersparung von Arbeitszeit; (Minimum (und Reduktion zum Minimum) der Produktionskosten); diese Ersparung aber identisch mit Entwicklung der Produktivkraft. Also keineswegs *Entsagen vom Genuss*, sondern Entwickeln von power, von Fähigkeiten zur Produktion und daher sowohl der Fähigkeiten wie der Mittel des Genusses. Die Fähigkeit des Genusses ist Bedingung für denselben, also erstes Mittel desselben und diese Fähigkeit ist Entwicklung einer individuellen Anlage, Produktivkraft. Die Ersparung von Arbeitszeit gleich Vermehren der freien Zeit, d. h. Zeit für die volle Entwicklung des Individuums, die selbst wieder als die größte Produktivkraft zurückwirkt auf die Produktivkraft der Arbeit. Sie kann vom Standpunkt des unmittelbaren Produktionsprozesses aus betrachtet werden als Produktion von *capital fixe*; dies capital fixe being man himself. Dass übrigens die unmittelbare Arbeitszeit selbst nicht in dem abstrakten Gegensatz zu der freien Zeit bleiben kann - wie sie vom Standpunkt der bürgerlichen Ökonomie aus erscheint - versteht sich von selbst. Die Arbeit kann nicht Spiel werden, wie Fourier will, dem das große Verdienst bleibt, die Aufhebung nicht der Distribution, sondern der Produktionsweise selbst in höhre Form als ultimate object ausgesprochen zu haben. Die freie Zeit, die sowohl Mußezeit als Zeit für höhre Tätigkeit ist - hat ihren Besitzer natürlich in ein andres Subjekt verwandelt und als dies andre Subjekt tritt er dann auch in den unmittelbaren Produktionsprozess. Es ist dieser zugleich Disziplin, mit Bezug auf den Menschen betrachtet, wie Ausübung, Experimentalwissenschaft, materiell schöpferische und sich vergegenständlichende Wissenschaft mit Bezug auf den gewordnen Menschen, in dessen Kopf das akkumulierte Wissen der Gesellschaft existiert. Für beide, soweit die Arbeit praktisches Handanlegen erfordert und freie Bewegung, wie in der Agrikultur, zugleich exercise." (607)

Metamorphosen der Werttheorie. Subjektivität. Methode.

Es wird Zeit für ein paar abschließende Bemerkungen zum so wichtigen „Buch vom Lohn" - also zur Entwicklung der Logik der Separation. Die Darstellung der antithetischen Form der kapitalistischen Entwicklung ist abgeschlossen. Vor allem betrifft das die Mehrwerttheorie, also die Begriffe und Kategorien des im ersten Teil der *Grundrisse* entworfenen theoretischen Gerüsts, das im zweiten Teil vollständig umgestülpt wird. *Die Mehrwerttheorie wird umgekehrt.* Während, vom Standpunkt des Kapitals aus, die Arbeit dem Kommando der Surplusarbeit unterworfen ist, ordnet sich in der revolutionären proletarischen Perspektive die notwendige Arbeit die Surplusarbeit unter. Im ersten Teil der *Grundrisse* erschien die Werttheorie, vom Standpunkt der ausgebeuteten Klassen aus betrachtet, als abstraktes nachgeordnetes Anhängsel der Mehrwerttheorie. Hier nun ist die Werttheorie nicht mehr länger nachgeordnet. Sie durchläuft eine wesentliche Verschiebung und eine grundlegende Metamorphose. Genauer gesagt: Wenn in der Werttheorie das Maß nicht länger ein Quantum Arbeitszeit sein kann, oder die Verausgabung vereinzelter Arbeit, wenn die erste Verschiebung dazu führt, gesellschaftliche Arbeit und die kollektive Dimension der Arbeit sichtbar zu machen, dann führt im gleichen Augenblick die Unmöglichkeit, ein Maß an die Ausbeutung zu legen, zur Veränderung der *Form* der Ausbeutung. Die Leerstelle, die in der Werttheorie auftaucht, die Leerstelle, die darauf beruht, dass jedes Moment nur ein allgemeiner Hinweis auf gesellschaftliche Tätigkeit ist, auf die Freisetzung gesellschaftlicher Tätigkeit und ihre Begründung durch kollektive Individualität, schafft das Wertgesetz nicht ab; es wird jedoch zur formalen Angelegenheit. Formale Angelegenheit bedeutet nun beileibe nicht weniger Effizienz oder weniger Gewicht. Als Form ist das Wertgesetz im Gegenteil effizient und wichtig, doch einzig durch seine Irrationalität, die der Vorstellung der progressiven und rationalen Funktion der Ausbeutung ein Ende setzt. Die Form ist die entleerte und miserable Grundlage der Ausbeutung. Die Wertform ist schlicht und einfach Kommando, schlicht und einfach die Form des Politischen. Wir sehen hier den Umschlagspunkt, wo die Kräfteverhältnisse, die aus der Entwicklung des Kapitalverhältnisses rational - in ihm eingeschlossen und von ihm reguliert - abgeleitet wurden, eine Umkehrung erfahren. Das rationale Verhältnis kehrt sich um, die Inversion ist vollständig. Das Mehrwertgesetz herrscht weiterhin, doch unter umgekehrten Vorzeichen. Die *Nichtarbeit*, die Verweigerung der Arbeit markiert dabei den proletarischen Standpunkt, von dem aus das Wertgesetz umgekehrt wird. Dies geschieht im zweiten Teil der *Grundrisse*. Statt von der Theorie des Lohns könnten wir daher auch von den Metamorphosen des Wertgesetzes sprechen, die Vorstellung des Kommunismus ist synonym mit der Verweigerung der Arbeit und die erweiterte Reproduktion gleichbedeutend mit proletarischer Selbstverwertung.

Insgesamt geht es um den Weg der Befreiung, um den Weg zum Kommunismus. Doch davon zu sprechen heißt, das Subjekt, das diesen Weg einschlägt, zu benennen. Ein Subjekt, das materiell den Schlüssel in der Hand hält, das Mehrwertgesetz umzuwälzen. Nun sind wir zu dem Ergebnis gekommen, dass das Wertgesetz entleert ist, nichts weiter als die leere Form des kapitalistischen Kommandos, leer und effizient, effizient und irrational, irrational und gewalttätig.

Was heißt es, vom proletarischen Standpunkt aus betrachtet, den Schlüssel in der Hand zu halten, das Mehrwertgesetz umzukehren? Für manche steckt darin die Vorstellung: Das Kapital wird durch diese Umkehrung zu Gebrauchswert für die Arbeiterklasse. Doch das ist falsch. Die Vorstellung versteht weder die Logik der Separation noch den Dualismus des Kapitalverhältnisses. Zugleich verkürzt sie das, was Umkehrung heißt: so als ginge es darum, den Begriff des Kapitals umzustülpen, statt die Realität, statt das Verhältnis. Das bedeutete keinen Bruch mit dem Kapitalverhältnis, sondern entgegengesetzte begriffliche Wertigkeiten, durch die Hypostasierung eines höheren Willens, durch Vorstellungskraft, Selbsttäuschung und Mystifizierung. Mystifizierung, weil proletarisches Handeln hier als „Äquivalent" des kapitalistischen Handelns erscheint. Proletarisches Handeln übernähme damit das Kommando über das Kapitalverhältnis, statt - gestützt auf die notwendige Arbeit - die kapitalistische Aneignung der Mehrarbeit zu zerstören. Es ist eine typisch sophistische Vorstellung: Die *Kritik* sieht das Kapital als

Verhältnis, mit dem gebrochen werden soll, doch in der *Theorie* wird das Kapital zu etwas, das zu beherrschen ist. Doch nur dem Kapital ist es möglich, die eigene Negation zu verdinglichen; der Arbeiterklasse ist das nicht möglich, sie weist die Negation zurück. Das Kapital mystifiziert das Verhältnis, es verdinglicht es und umgibt es mit Objektivität, während das proletarische Subjekt dieser Mystifikation den Schleier herunterreißt und das Verhältnis in den Vordergrund rückt.

Es gibt mehrere Gründe, diese Differenzen zu betonen. An erster Stelle wegen der Irrtümer, die jene von mir kritisierte Perspektive transportiert: Sie hypostasiert das Kapital, wenn sie es zum Gebrauchswert für die Arbeiterklasse macht, während proletarischen Gebrauchswert nur jener Teil der akkumulierten Mehrarbeit birgt, der wiederangeeignet werden kann, der die Nichtarbeit freisetzt, die Befreiung der Arbeiterklasse, die Selbstverwertung. Dieser Teil birgt die Negation, das Vermögen der Negation. Zum zweiten pflegt die von mir kritisierte Lesart in mystifizierender Art von einer Autonomie des Politischen auszugehen. Das Politische wäre in diesem Fall nicht die neue Form, die das Wertgesetz annimmt, sondern ein Verhältnis jenseits und außerhalb des Kapitals, ein übergeordnetes und unabhängiges Verhältnis. In den *Grundrissen* finden sich keine dem Kapital übergeordneten Verhältnisse, keine, die nicht funktional zum Kapitalismus existieren, keine Formen, die nicht das kapitalistische Kommando im Verlauf seiner Entwicklung annimmt. Der Bruch erfolgt von innen, es existieren keine außerhalb des Verhältnisses liegenden Bezugspunkte, seine Zerschlagung beginnt mit der proletarischen Subjektivität, als Negation, als Potenz, als Vermögen (das proletarische Vermögen ist bereits als allgemeines Moment präsent). Bei Marx, in den *Grundrissen*, in seinen Schriften insgesamt finden wir nur das: Es gilt den Riss zu vertiefen, der innerhalb des Kapitalverhältnisses vorgezeichnet ist, es gilt, vom antagonistischen Charakter des Mehrwertgesetzes auszugehen. Gewiss finden sich in Marx' Werk Widersprüche und Ungereimtheiten, die, wir geben es zu, einige Stellen attraktiver machen als andere; doch nicht, weil wir an anderer Stelle nicht die gleiche Einheit der Kritik der Politischen Ökonomie und der Kritik der Politik finden können wie in den *Grundrissen*. Doch hier - und das wird in der Polemik deutlich - tritt die Subjektivität auf den Plan. In Marx' Darstellung ruht der Akzent auf der Herausbildung proletarischer Subjektivität, auf der Separation als entscheidendem Moment in der Mehrwerttheorie, das auf die Theorie des Lohns verweist, auf die Entwicklung und die Dynamik, die mit der Arbeiterklasse verbunden ist, und zwar - befreit vom Kapitalverhältnis - durch die Analyse der „kleinen Zirkulation". Die Verschiebung, die auf diesem antagonistischen Terrain vorgenommen wird - durch die Analyse der Maschinerie, des gesellschaftlichen Kapitals, der realen Subsumtion der Gesellschaft -, führt theoretisch zum gesellschaftlichen Individuum und zum Kommunismus, beides die Negation des Kapitalverhältnisses. Es ist nicht die Umkehrung des kapitalistischen Kommandos, sondern die Umkehrung des Verhältnisses zwischen notwendiger Arbeit und Surplusarbeit: als die Negation und Wiederaneignung der Surplusarbeit. Die Subjektivität existiert im Kapitalverhältnis, sie versucht nicht, alternative Wege zu entwerfen, sie weiß, wie durch die Entwicklung der Separation dieses Verhältnis zu zerschlagen ist. Der Weg der Subjektivität ist Intensität, er ist die kontinuierliche Neuzusammensetzung sukzessiver Negation. Er führt zu dem Punkt, an dem die notwendige Arbeit die Surplusarbeit zerstören kann.

In der Intensität, die die Separation ausmacht, finden wir das höchste Maß der Freiheit. Das gesellschaftliche Individuum ist Vielheit, die Intensität der Differenz ist die Grundlage des Kommunismus. Wo das Kapitalverhältnis zerstört wird, ist seine befreite Negation keine Synthese. Sie kennt keine wie auch immer gearteten formalen Äquivalente: Proletarische Macht ist nicht die Umkehrung der Kapitalmacht, auch nicht formal, proletarische Macht ist vielmehr die Negation der Kapitalmacht, die Negation der zentralisierten und homogenisierten Macht der Bourgeoisie, der politischen Klasse des Kapitals, die Auflösung jeglicher Homogenität. Dieser methodologische „Plural“, diese Vielheit triumphiert. Der befreiten Subjektivität ist kein einheitliches und vereinheitlichendes Schema der Organisierung der gesellschaftlichen Wirklichkeit aufzuzwingen. Die Mehrarbeit war im Verlauf der kapitalistischen Entwicklung ein vereinheitlichendes Moment, der Lohn formte das Kapital nach. Wenn sich im Lohnverhältnis Selbstverwertung und Wiederaneignung der Surplusarbeit entwickeln, setzt dies den Entwicklungsgesetzen ein Ende. Es gibt keinen Profit mehr, wenn die Produktivität der Arbeit nicht mehr in Kapital verwandelt wird. Es gibt keine kapitalistische Rationalität mehr. Die Subjektivität befreit nicht nur sich selbst, sie befreit die Gesamtheit der Möglichkeiten. Sie eröffnet neue Horizonte. Die Produktivkräfte der Arbeit beruhen auf ihrer Gesellschaftlichkeit und verbreiten sich gesellschaftlich. Sie sind ein Magma der Berührung und Neuzusammensetzung, ein Netzwerk aus Strömen des Glücks, von Vorschlägen und Vorhaben, die sich ausbreiten. Die kommunistische Revolution, das Auftreten des gesellschaftlichen Individuums in all seiner Potenzialität, schafft diesen Reichtum der Alternativen, diese Vorschläge und Vorhaben. Sie schafft die Freiheit. An keiner anderen Stelle taucht in der Weise wie auf diesen Seiten der *Grundrisse* der Kommunismus als Synonym der Freiheit auf.

Anmerkungen

1 Karl Marx (1857/58): Grundrisse der Kritik der politischen Ökonomie, in: MEW 42. Zitate aus den *Grundrissen* werden im Text nach dieser Ausgabe (durch Seitenzahlen in Klammern) nachgewiesen.

2 Zum Problem der qualifizierten Arbeit vgl. Rosdolsky 1968, 597-614.

Literatur

Marx, Karl: Grundrisse der Kritik der politischen Ökonomie, in: MEW 42

Negri, Antonio (1977): La forma Stato. Per la critica dell'economia politica della Costituzione, Mailand

Rosdolsky, Roman (1968): Zur Entstehungsgeschichte des Marxschen ›Kapital‹. Der Rohentwurf des Kapital 1857-1858, 3 Bde., Frankfurt am Main

Zu den Autorinnen und Autoren

Thomas Atzert, Publizist, Übersetzer; Mitarbeit in der Untersuchungsgruppe Rhein-Main. Veröffentlichungen: (Hg.) Umherschweifende Produzenten. Immaterielle Arbeit und Subversion, Berlin 1998; (Hg. m. J. Müller) Kritik der Weltordnung. Globalisierung, Imperialismus, Empire, Berlin 2003

Antonella Corsani, Ökonomin, lehrt an der Universität Paris 1. Veröffentlichungen: (m. A. Negri u. M. Lazzarato) Le bassin du travail immatériel dans la métropole parisienne, Paris 1996; (m. Ch. Azaïs u. P. Dieuaide) Vers un capitalisme cognitif. Entre mutations de travail et territoires. Paris 2001

Alex Demirović, Sozialwissenschaftler, lehrt an der Universität Frankfurt am Main. Veröffentlichungen: Demokratie und Herrschaft, Münster 1997; Der nonkonformistische Intellektuelle. Die Entwicklung der Kritischen Theorie zur Frankfurter Schule, Frankfurt am Main, 1999; (Hg.) Modelle kritischer Gesellschaftstheorie, Stuttgart 2003

Nick Dyer-Witheford, Medienwissenschaftler, lehrt an der University of Western Ontario. Veröffentlichung: Cyber-Marx. Cycles and Circuits of Struggle in High-Technology Capitalism, Urbana, Chicago 1999

Cornelia Eichhorn, Mitarbeit in der Untersuchungsgruppe Rhein-Main. Veröffentlichung: (Hg. m. S. Grimm) Gender Killer. Texte zu Feminismus und Politik, Berlin 1994

Luciano Ferrari Bravo, Politikwissenschaftler, lehrte an der Universität Padua. Veröffentlichungen: Imperialismo e classe operaia multinazionale, Mailand 1975; Dal fordismo alla globalizzazione. Cristalli di tempo politico, Rom 2001. Luciano Ferrari Bravo starb am 25. April 2000.

Michael Hardt, Philosoph, Literaturwissenschaftler, lehrt an der Duke University (Durham). Veröffentlichungen: An Apprenticeship in Philosophy: Gilles Deleuze, Minneapolis 1993; (Hg. m. P. Virno) Radical Thought in Italy, Minneapolis 1996; (m. A. Negri) Die Arbeit des Dionysos, Berlin 1997; (m. A. Negri) Empire. Die neue Weltordnung, Frankfurt am Main 2002

Tanja Martini, Politikwissenschaftlerin; Mitarbeit in der Untersuchungsgruppe Rhein-Main

François Matheron, Philosoph; Publizist, Redakteur der Zeitschrift *Multitudes* (Paris); Mitherausgeber der posthum veröffentlichten Schriften von Louis Althusser

Sandro Mezzadra, Politikwissenschaftler, lehrt an der Universität von Bologna. Veröffentlichungen: (Hg. m. A. Petrillo) I confini della globalizzazione. Cultura, lavoro, cittadinanza, Rom 2000; Diritto di fuga. Migrazioni, cittadinanza, globalizzazione, Verona 2001

Warren Montag, Komparatist, lehrt am Occidental College, Los Angeles. Veröffentlichungen: The Unthinkable Swift, London, New York 1994; Bodies, Masses, Power: Spinoza and His Contemporaries, London, New York 1999; Louis Althusser, New York 2003

Jost Müller, Literatur- und Politikwissenschaftler; Mitarbeit in der Untersuchungsgruppe Rhein-Main. Veröffentlichungen: Mythen der Rechten, Berlin 1995; Sozialismus, Hamburg 2000; (Hg. m. Th. Atzert) Kritik der Weltordnung. Globalisierung, Imperialismus, Empire, Berlin 2003

Antonio Negri, Philosoph, lebt heute, nach 14 Jahren politischen Exils in Paris, wieder in Rom. Veröffentlichungen: (m. M. Hardt) Die Arbeit des Dionysos, Berlin 1997; (m. M. Hardt) Empire, Frankfurt am Main 2002; Time for Revolution, London 2003; Guide. Cinque lezioni su Impero e dintorni, Mailand 2003

Judith Revel, Philosophin; Forscherin am Centre Michel Foucault (Paris). Veröffentlichungen: Foucault, le parole e i poteri. Dalla trasgressione letteraria alla resistenza politica, Rom 1996; Le vocabulaire de Foucault, Paris 2002

Thomas Seibert, Philosoph; Redakteur der Zeitschrift *Fantômas.* Veröffentlichungen: Geschichtlichkeit, Nihilismus, Autonomie: Philosophie(n) der Existenz, Stuttgart 1996; Existenzphilosophie, Stuttgart 1997; Existenzialismus, Hamburg 2000

Paolo Virno, Philosoph, lehrt an der Universität von Cosenza. Veröffentlichungen: Grammatica della moltitudine. Per un'analisi delle forme di vita contemporanee 2002; Quando il verbo si fa carne. Linguaggio e natura umana, Turin 2003

Frieder Otto Wolf, Philosoph, Politikwissenschaftler. Veröffentlichungen: (Hg. m. H. Martens u. G. Peter) Zwischen Selbstbestimmung und Selbstausbeutung. Gesellschaftlicher Umbruch und neue Arbeit, Frankfurt am Main 2001; Radikale Philosophie, Münster 2002

Kritische Theorie und Kulturforschung

herausgegeben von
Ursula Apitzsch,
Alex Demirović und
Heinz Steinert

Band 7
Christine Resch/
Heinz Steinert
Die Widerständigkeit der Kunst
Entwurf einer Interaktions-Ästhetik
2003 – 217 Seiten – € 24,80
ISBN 3-89691-707-2

Band 6
Ursula Apitzsch/
Mechtild Jansen (Hrsg.)
Migration, Biographie und Geschlechterverhältnisse
2003 – 176 Seiten – € 19,90
ISBN 3-89691-706-4

Band 5
Kerstin Rathgeb
Helden wider Willen
Frankfurter Swing-Jugend – Verfolgung und Idealisierung
2001 – 231 Seiten – € 19,90
ISBN 3-89691-705-6

Band 4
Gottfried Oy
Die Gemeinschaft der Lüge
Medien- und Öffentlichkeitskritik sozialer Bewegungen in der Bundesrepublik
2001 – 296 Seiten – € 24,80
ISBN 3-89691-704-8

Band 3
Christian Schneider/
Cordelia Stillke/
Bernd Leineweber
Trauma und Kritik
Zur Generationengeschichte der Kritischen Theorie
2000 – 227 Seiten – € 24,80
ISBN 3-89691-703-X

Band 2
Tomke Böhnisch
Gattinnen –
Die Frauen der Elite
1999 – 263 Seiten– € 24,80
ISBN 3-89691-702-1

Band 1
Christine Resch
Die Schönen Guten Waren
Die Kunstwelt und ihre Selbstdarsteller
1999 – 346 Seiten – € 24,80
ISBN 3-89691-701-3

WESTFÄLISCHES DAMPFBOOT

Hafenweg 26a · 48155 Münster · Tel. 0251-3900480 · Fax 0251-39004850
e-mail: info@dampfboot-verlag.de · http://www.dampfboot-verlag.de

Forum Frauenfrauenforschung

Band 17
Regina-Maria Dackweiler/
Ursula Hornung (Hrsg.)
frauen – macht – geld
2003 – 284 Seiten – € 24,80
ISBN 3-89691-217-8

Band 16
Gudrun-Axeli Knapp/
Angelika Wetterer (Hrsg.)
Achsen der Differenz
Gesellschaftstheorie und ihre feministische Kritik II
2003 – 319 Seiten – € 24,80
ISBN 3-89691-216-X

Band 15
Claudia Gather/Birgit Geissler/
Maria S. Rerrich (Hrsg.)
Weltmarkt Privathaushalt
Bezahlte Haushaltsarbeit im globalen Wandel
2002 – 238 Seiten – € 20,50
ISBN 3-89691-215-1

Band 14
Ursula Hornung/Sedef Gümen/
Sabine Weilandt (Hrsg.)
Zwischen Emanzipationsvisionen und Gesellschaftskritik:
(Re)Konstruktionen der Geschlechterordnungen in Frauenforschung – Frauenbewegung – Frauenpolitik
2001 – 284 Seiten – € 20,50
ISBN 3-89691-214-3

2. Auflage

Band 13
Gudrun-Axeli Knapp/
Angelika Wetterer (Hrsg.)
Soziale Verortung der Geschlechter
Gesellschaftstheorie und feministische Kritik
2. Aufl. 2002 –338 Seiten – € 23,00
ISBN 3-89691-213-5

Band 12
Ilse Lenz/Hildegard Maria Nickel/
Birgit Riegraf (Hrsg.)
Geschlecht – Arbeit – Zukunft
2000 – 272 Seiten – € 19,50
ISBN 3-89691-212-7

Band 11
Christine Eifler/Ruth Seifert (Hrsg.)
Soziale Konstruktionen –
Militär und Geschlechterverhältnis
1999 – 281 Seiten – € 20,50
ISBN 3-89691-211-9

WESTFÄLISCHES DAMPFBOOT

Hafenweg 26a · 48155 Münster · Tel. 0251-3900480 · Fax 0251-39004850
e-mail: info@dampfboot-verlag.de · http://www.dampfboot-verlag.de